纯粹知性……这片土地是一个岛屿，……周围是一片广阔而汹涌的海洋、亦即幻相的大本营，……在我们冒险航行于这个大海、从一切纬度去搜索它，去确定在其中是否可以希望什么以前，最好事先还再看一看我们正要离开的那片土地的地图，并且首先要问，我们是否能以这片土地上的东西为满足，或者如果任何别的地方都没有我们可以居住的基地，我们是否就不得不被迫满足于它；其次再问一问，我们究竟能以什么名义占领这块土地，并能有把握抵挡一切敌对的要求。

——康德：《纯粹理性批判》

想通过道德认识来建立道德指令的愿望似乎是可以理解的；但科学哲学家必须先来研究错误地引导别人把道德了解为经由领悟到一个较高的世界而获致的一种知识形式的那种道德指导。真理来自外部：观察物理客体使我们知道什么是真的。但伦理来自内部：它所表述的是一个"我要"，而不是一个"有"。这就是要求于科学哲学家的重新确定哲学愿望的方向。能够控制自己愿欲的那些人将会发现，他们所获得的要比他们失去的多得多。

——H. 赖欣巴哈：《科学哲学的兴起》

本书为黑龙江省教育厅人文社会科学研究项目（项目编号为10552056，10544021）、哈尔滨师范大学学校科学基金项目（人文社会科学类，项目编号为SM2005-08）以及哈尔滨师范大学学术著作基金项目（项目编号为SZ2006-05），其出版得到了哈尔滨师范大学学术著作出版基金以及博士科研启动基金的大力赞助。

"识知"与"智知"

牟宗三知识论思想研究

刘爱军 著

目　　录

序　言

　　这部著作是以我的博士论文《"识知"与"智知"——牟宗三知识论思想研究》("Knowledge by Sensible Intuition" and "Knowledge by Intellectual Intuition"——on Mou Tsung－san's Theory of Knowledge)为基础而写成的。自从我 2001 年考入北京大学哲学系中国哲学专业攻读中国现代哲学方向的博士研究生以后,便一直想写一篇有关中国现代哲学知识论方面的论文,因为自己许多年来一直感兴趣的一个研究方向就是哲学中的知识论。我的硕士论文是"'自我中心困境'问题研究",它主要依据美国新实在主义者 B. 培里(Perry,Ralph Barton,1876－1957)的一个哲学命题而展开了对于知识论问题的诸多论述。这种对于知识论方面的研究热情,使我经常会阅读和搜集有关这方面的著述。由于北京大学图书馆在国内大学中所具有的独特优势,我在攻读博士学位的三年中,经常会到图书馆浏览知识论方面的东西。在图书馆外文社科阅览室的入口处,有一个书架专门摆放每周新进的外文原版书籍,其中有许多就是知识论方面的。因为喜欢知识论问题,自己也曾因此复印了一百余本西方知识论方面的英文原著。在留意于西方知识论思想的同时,我因为自己所研究方向的独特性,也十分感兴趣于中国现代哲学家在知识论方面的研究成果。尽管在知识论方面的研究上中国现代哲学家所做的工作并不是很多,而且真正从事这方面问题研究的哲学家只有寥寥的几个人,如张东荪、金岳霖、牟宗三等,但是,中国现代哲学家在展示研究不足的同时,也体现出来自身的独具特色。他们这些人往往不是照搬西方人的说统,而是在研究过程中融合了自己本民族的哲学传统和自己对问题的独特反思精神。在这当中,牟宗三应当说是最具代表性的哲学家之一。

综观牟宗三(Mou Tsung-san,1909—1995)六十余年的哲学研究生涯,除了一些文章之外,他主要在以下五个方面展开了研究工作:一是在西方哲学著作的翻译上,这以《名理论》、《康德纯粹理性之批判》、《康德的道德哲学》、《康德判断力之批判》等为代表;二是在逻辑学的研究方面,其研究成果集中体现在《逻辑典范》、《理则学》这两部书当中;三是有关中国哲学史方面的研究,体现在著作上便是《中国哲学十九讲》、《才性与玄理》、《佛性与般若》、《心体与性体》、《从陆象山到刘蕺山》、《名家与荀子》等;四是有关中西哲学比较和会通方面的研究,这体现在《四因说演讲录》、《中西哲学之会通十四讲》、《中国哲学的特质》等;五是哲学体系和哲学思想本身方面的研究,它的研究成果有《认识心之批判》、《政道与治道》、《历史哲学》、《道德的理想主义》、《智的直觉与中国哲学》、《现象与物自身》、《圆善论》等,这些哲学著作在他的一生哲学事业中占有十分重要的地位,体现出来牟宗三作为一名真正的哲学家所具有的原创之处。

可见,牟宗三的著述是十分丰富的,如果站在同情和理解的角度来看待他的哲学,我们会发现他的哲学当中有许多值得吸收借鉴和予以深度阐释批判的地方。如何才能深入而准确地把握牟宗三的丰富哲学思想,是摆在我们面前的一个十分重要的问题。我认为,妥善解决这一问题的一个办法就是,尽量以一个角度来作为一条红线,以它来贯穿牟宗三基本的原创著作,并以此来分析和评判他的哲学。知识论便是既符合这一要求也是我们至少应当选择的一个角度。牟宗三一生的哲学研究体现出来的是两个路向,即以儒学为主的中国哲学和以康德哲学为主的西方哲学。

在牟宗三的思想中，将两种哲学联系起来的一个重要渠道便是知识论。在前者是儒家的道德知识论，在后者则是以康德理性派为主的科学知识论。于是，事实世界与价值世界、知识与道德、自然与人性的关系问题，道德本心如何建立、如何加以认知，它又是如何开出知识世界的问题，便成为牟宗三长期研究和论述的主题。从知识论的角度入手，必然会对我们理解他的哲学起到事半功倍的效果，也会使我们从中探析出其哲学的制限之处。

应当承认，从知识论角度来分析和研究牟宗三的哲学也存在诸多困难。其一，牟宗三在研究知识论的时候，往往将其和形而上学本体论联系起来进行考察，知识论成为其形而上学哲学体系的一部分。也就是说，知识论不是被看做哲学当中具有自身独立性的东西来加以研究的，而是被归属于形而上学当中来加以研究。众所周知，形而上学又是整个哲学家庭中十分抽象深奥的部分，它纯粹属于思辨哲学的内容。以形而上学来言说知识论，无疑增加了我们理解牟宗三知识论思想的障碍。其二，牟宗三对于知识论的研究主要是利用和参照康德的哲学来完成的，而我们都知道，康德的哲学尤其是《纯粹理性批判》又是极其晦涩思辨的哲学，其中不仅术语繁杂，而且理论论述也十分抽象复杂。这样，理解康德知识论的难度也必将存在于对牟宗三知识论思想的理解当中。其三，牟宗三在研究知识论的时候并不是仅仅停留在康德的水平上，他除了利用中国哲学的资源外，还广泛地运用了罗素和怀特海的数理逻辑思想。如果我们只停留于亚里士多德为代表的传统逻辑，而对于这样的新式逻辑不能充分掌握，那么，客观而清晰地理解牟宗三的知识论思想也不是一件容易的事情。其四，理解牟宗三知识论思想的又一个困难即是，牟宗三与许多中国现代哲学家如胡适等人不同，他在阐述自己的知识论思想的时候，往往是自己翻译和编造了许多在我们看来十分晦涩的术语，如"感触直觉"、"智的直觉"、"直觉的统觉"、"良知自我坎陷"、"格度"、"纯理"、"无执的存有论"、"执的存有论"、"道德底形而上学"等等。这些术语如果不能结合牟宗三本人的原著，是很难准确加以把握的，它们往往增加了对牟宗三知识论思想进行理解的语言方面的困难。最后，如果我们能够理解和评判牟宗三的知识论思想,还得需要我们具备逻辑哲学、数学哲学、中国哲学尤其是儒家哲学、康德哲学与西方近现代哲学中的知识论思想、西方哲学中的形而上学思想等等这些方面的哲学背景知识,可是能够掌握这些背景知识又决不是一件容易的事情。

尽管理解和诠释牟宗三的知识论思想有如此多的困难,但我认为这样的理解和诠释又是绝对必要的,它一方面有利于从整体上准确、系统地把握牟宗三的哲学思想,另一方面也有利于发掘出以牟宗三为代表的新儒家知识论的理论缺失之处。基于此,我通过自己多年的研究成果,通过仔细研读牟宗三的相关著述,最终决定撰写一部有关牟宗三知识论思想方面的著作。

《"识知"与"智知"——牟宗三知识论思想研究》一书,是以牟宗三的《认识心之批判》、《智的直觉与中国哲学》、《现象与物自身》等著作为论述的基本文本,所采取的方法则主要是逻辑分析的方法。据此,我一方面努力对牟宗三所提出的诸多知识论基本概念和理论进行客观而必要的厘清,以便展现其认识理论的逻辑理路和体系架构;另一方面也试图弄清他利用康德哲学和中国哲学所创发的关于知识论思想方面的见识与洞见,以便展露和挖掘出其间所步入的学理误区、偏失之处和理论症结所在,并进而得出本书的一个基本结论:知识世界与道德世界是两个不同的领域,我们无法以道德界来统摄、消融和归纳知识界。

这部著作共13章,从总体上可以分为四部分。第一部分即第1章,它主要是站在现代中国哲学知识论研究的视域范围内,从总体上考察牟宗三的知识论思想,如牟宗三知识论思想的理论背景、发展历程、基本主张、主要特征、理论缺陷及价值所在。第二部分为第2章至第8章,论述的是牟宗三关于"认知的知识"的思想,主要讨论他依据"感触直觉"(感性直观)而由"识心"所阐发的现象界知识的理论。第三部分即第9章至第11章,这是研究牟宗三关于"道德的知识"的思想,主要是考察他依据"智的直觉"(知性直观)而由"自由无限心"所阐发的本体界知识的理论。第四部分即第12章和第13章,它一方面侧重从"道德的形而上学"与"良知自我坎陷说"这两个方面来考察和评析牟宗三对于两类知识之关系的看法,另一方面则主要是从整体上对于牟宗三的两类知识的思想提出批判,并在这种批判之中提出我本人对于知识与道德之关系的主张。如果说第二和第三部分是处于牟宗三的认识理论之中而做出的一种内部梳理与内部批判,那么第四部分主要是对牟宗三知识论思想中所涉及的知识与道德的关系问题做总体的评价,从而得出一个总的理论研究结论,这是一种跳出牟宗三知识论思想本身而进行的一种外部梳理与外部批判。

根据以上四个部分的论述,我认为,牟宗三的知识论思想从总体上讲至少有两个主要的理论不足之处:其一,以逻辑学、本体论来统摄和涵盖知识论,从而未能处理好三者之间的关系问题,以至于陷入"本体论中心主义"与"逻辑中心主义"的窠臼当中。其二,以中国儒家哲学中具有道德意义的心性本体来开显出道德的形而上学,并借此来处理道德与知识、内圣与"新外王"、本体界与现象界之间的关系问题,这无疑体现出一种泛道德主义与中国文化本位主义的极端立场。针对于此,本书也有两个基本的主张:其一,知识论与逻辑学、本体论虽然有某种联系,但是在研究知识论问题的时候,我们只能从知识论的立场出发并以知识论为中心。其二,知识与道德、事实与价值、科学与人文之间,是具有本质区别的。作为一名道德理想主义者,牟宗三基于"智的直觉"所展露的"道德的形而上学",实际上并不能开显出"识心之执"及其所成就的知识世界。总之,知识与道德是人类现实的实践活动所处理的两个基本的关系,即人与自然和人与人之间的关系,它们均有着各自明确的性质、范围、意义而不可加以混淆,尽管它们在某种程度上的确存在着某种有限的关联。

绪　　论

在 20 世纪 90 年代之初,如果我们去问一名文科系的大学生或老师:你知道牟宗三是谁么?你了解他的基本思想吗?知道的人可能寥寥无几。那时候,即使是哲学系的学生和老师,也有许多人对于牟宗三先生的哲学思想了解甚少,甚至连名字都不熟悉。造成这种局面的原因可能有很多,不过分析起来,抛开政治上的原因不谈,牟宗三的基本著述未能在新中国成立后的大陆出版和中国现代哲学教育教学中未能将牟宗三及新儒家列为一讲,也许是两个主要的原因。在传统的中国现代哲学教科书中,我们往往必讲梁漱溟、熊十力、胡适、冯友兰、金岳霖、毛泽东等人,可偏偏就不涉及牟宗三甚至当代新儒家的内容。这样的情形虽然在今日的中国哲学界依然存在,但却得到了明显的改观,人们由过去忽略、漠视、批判牟宗三的哲学,转变为如今的同情、正视与系统研究。

时间到了 21 世纪之初,有关牟宗三思想的研究可谓一派繁荣。许多出版社都以出版牟宗三本人的著述和研究牟宗三思想的著述为主要的计划,许多师生都以能阅读和谈论牟宗三的思想为荣,许多硕士和博士研究生都以牟宗三的思想作为论文写作的对象。2008 年之初,当我们打开互联网上具有全球影响力的 Google 搜索引擎时,如果输入"牟宗三"这一中文关键词,那么相关的信息会多达 24 万条之多。可见,本世纪之初,伴随近些年来对当代新儒学研究的热潮,人们对作为儒学第三期之杰出代表的牟宗三思想的研究确实呈现出一种如火如荼的盛况。

造成这一盛况的原因想必主要有这样几个:一是牟宗三本人的著作及有关牟宗三的介绍与研究著作不断出版,人们开始接触、了解并深入研究了牟宗三的思想;二是以牟宗三为首的当代新儒学在整个中国哲学的发展史中,越来越成为一个不可越过的派别。与一些中国现代哲学家因后期受到政治因素的过多影响不同,当代新儒学的港台及海外代表则能够充分地将学术与政治分离开来,在纯学术的立场上撰写出来数量不斐的著作,而且这些著作在质量上也十分令人赞叹,牟宗三就是其中最为重要的一个代表。三是现实中国和世界社会发展的实际情况也推进了对以牟宗三为代表的当代新儒学的研究热潮。各个时期的儒学历来都具有极强的现实性品格,它们对于现实问题的解决途径采取一种道德的路向,凸显出一个道德主体来,以道德来说明人和外部世界。在经济繁荣的现今社会,许许多多道德沦丧、人文精神失落、信仰危机等问题往往呈现出前所未有的激烈程度,于是具有极强解决现实问题功能的当代新儒家便不断得到重视,牟宗三思想研究热就是这一大背景的产物。

在绪论中,我将根据自己所收集的近 20 年来学术界有关牟宗三思想的研究成果,并根据对这些成果的归纳、整理和分析,来力图提供一幅主要是大陆学者迄今对于牟宗三思想所做研究的总画面。这样做的好处,一方面是可以清晰地呈现出学者们的研究现状和水平,另一方面也可以从中得出这些研究背后所存在的理论缺失之处。

一、关于牟宗三本人及其思想的历史评价与定位

牟宗三先生不仅是儒学第三期的代表,实际上也是 20 世纪整个中国现代哲学家当中著述丰富、思想极具原创性、中西哲学融通富有成果的典范。正如他自己在评价自己一生时所言:"只写了一些书,却是有成,古今无两。"[1]具体讲来,牟宗三的著述极为丰富、深刻和富有原创性,其中

关于逻辑方面的有《逻辑典范》、《理则学》，关于中国哲学史的研究有《名家与荀子》、《才性与玄理》、《佛性与般若》（上下）、《心体与性体》（三册）、《从陆象山到刘蕺山》、《中国哲学十九讲》，关于历史哲学的有"新外王"三部著作，即《道德的理想主义》、《历史哲学》、《政道与治道》，关于知识论方面的有《认识心之批判》（上下）、《智的直觉与中国哲学》、《现象与物自身》、《圆善论》，关于中西哲学之会通方面的有《中西哲学之会通十四讲》、《中国哲学的特质》、《四因说演讲录》等。另外，他还以谨严的学术态度独自翻译并注解了康德的三大理性批判，即《康德的道德哲学》（含康德的《道德形而上学原理》与《实践理性批判》两部著作）、《康德纯粹理性之批判》（上下）、《康德的判断力之批判》，这是康德逝世后近二百年来海内外的第一人。

因此，我们可以说牟宗三是研究中国现代哲学史的人所绝对不可越过的一个哲学家，但纵观目前学术界对他的评价和定位，却往往存在着两种极其相反的态度。一是极力贬低和批判牟宗三本人及其所代表的儒学传统，认为他是文化复古主义者，是道德理想主义者，文化本位主义者；一是极力提高甚至神话牟宗三本人，认为未来中国哲学便是如何吸收和转化牟宗三理论的问题，有的甚至称其为"哲学界的完人"[2]、"说法第一的大师"[3]、"中国哲学宇宙的巨人"[4]等。事实上，这两种评价和看待牟宗三及其思想的态度均是一种过激的行为，我们实际上应当做的是平心静气地、踏踏实实地来多花些时间研读牟宗三的基本著作，从中探析出牟宗三的理论造诣之处及其缺失之所在，从而才能为未来的理论创新与实践践履开辟崭新的天地。

二、关于牟宗三思想本身的研究

有关牟宗三思想方面的研究成果占据了绝对的数量，它具体体现在：（1）关于牟宗三与中国哲学、中国哲学家之关系的比较性研究。牟宗三先生曾自言，自从遇见熊十力先生后便是沿着双线学思路向来展进的，"一是从美的欣趣与想像式的直觉解悟，转入如何为何之架构的思辨，……二是从外在化提升一步，而内转以正视生命，契入儒圣之学"[5]。

因此,牟宗三实际上是一个学贯中西的哲学家,在中西哲学两方面均有诸多的造诣之处。学者们一方面围绕牟宗三与未来的中国哲学发展,牟宗三与中国哲学的流进等问题展开了论述;另一方面则在牟宗三与诸中国哲学家之关系方面进行了研究,如在牟宗三与孔子、孟子、朱熹、胡宏、王阳明、王畿、熊十力、唐君毅、徐复观、胡适、钱穆等中国哲学家之间做了比较性研究。(2)关于牟宗三与儒学之关系的研究。(3)对牟宗三所提出的具体理论的研究,如关于牟宗三"智的直觉"、"良知自我坎陷"说、"圆善论"、"道德的形而上学"、"新外王"等理论进行了研究。(4)对牟宗三与西方哲学尤其是康德学之关系的研究。由于牟宗三的思想主要是从康德的三大批判入手的,因此研究二人之间关系的文章也就最多。此外,学者们也对牟宗三的道德形而上学与海德格尔的基础存在论的关系、牟宗三与现象学的关系、牟宗三与后现代主义的关系等进行了充分的研究。(5)关于牟宗三文化观的研究。

三、牟宗三思想研究中的理论缺失之处

虽然时下对牟宗三及其所代表的现代新儒学的研究呈现出种种热潮,但依据上述研究现状的分析和整理,我们认为学界的研究中至少存在如下几点理论缺失之处:

1. 缺乏对牟宗三逻辑思想的研究

牟宗三曾经深受罗素与怀特海的《数学原理》、杜威的《逻辑:探究的理论》的影响,在其一生的著述中,我们几乎处处可以发现逻辑分析方法的具体应用。他本人也曾讲到欲理解其以罗素和维特根斯坦为背景而写成的《认识心之批判》(上、下),"必须有读《数学原理》(罗素与怀特海合著者)之训练"[6]。牟宗三在逻辑方面的研究成果不菲,这主要以1941年出版的《逻辑典范》和1955年出版的《理则学》两部专著为代表,另有1987年出版的《名理论》(译注)。此外还有数十篇的关于逻辑学方面的学术论文,如《矛盾与类型说》,《逻辑与辩证逻辑》,《论逻辑中的二分法》,《AEIO的四角关系(上、下)》,《略评金著〈逻辑〉》,《论函蕴》,《主辞存在与否之意义(上、中、下)》,《关于逻辑的几个问题》,《论析取与絜

合(上、下)》,《论约翰生的逻辑系统》,《命题之内的意义与外的意义
(上、下)》,《传统逻辑与康德的范畴》,《评述杜威论逻辑》(译述),《公孙
龙子之名理(一、二、三、四、五)》等。因此,欲真正把握牟宗三的著作及
其思想,如知性的逻辑性格,对其逻辑思想的研究确实必不可少。

2. 缺乏对牟宗三知识论思想的研究

正如北京大学张世英先生于《天人之际》一书中所言,中西哲学的差
异即在于:中国哲学重主体与客体的统一,而西方哲学则重主体与客体的
分离。中国重视天人合一、重人伦日常的情结,也往往体现于对哲学思想
的研究当中,即过度地将牟宗三与儒学联系起来。我们并不反对这种联
系,只是没有对作为其思想基础的知识论进行系统性的耙梳和整理,这种
联系如何能被准确而合理地加以进行? 毫不夸张地讲,牟宗三是以知识
论(主要是由康德所代表的近代知识论)并结合中国哲学来展开其全部
学思历程的。从《认识心之批判》(上、下)到《智的直觉与中国哲学》,再
从《现象与物自身》到《圆善论》,其间无处不体现着他的知识论思想的层
层转进,步步深入。1972 年秋,牟宗三曾专门为学生讲解"知识论"这门
课程。他将知识分为两类:(1)智知,智的直觉所成者;(2)识知,感触直
觉所成者。[7]这两类知识分别开显的是"执的存有论"与"无执的存有
论"、"识心"与"智心",这些均构成了牟宗三全部哲学体系中最为核心而
关键的术语和概念。如果我们不了解其知识论,我们是无法理解其哲学
的,高度重视其知识论思想即是重视科学精神的一种具体体现。如果我
们不懂得其知识论,我们怎样察识牟宗三所提出的"格度"与"范畴"之内
的意蕴,如何窥明其"智的直觉"与"知体明觉"的真实含义。

3. 缺乏对牟宗三佛学思想的研究

严格讲,如果我们做中西哲学之会通的工作,势必会涉猎到以儒、释、
道为核心的中国传统哲学,因而就难以避免要谈到佛学。比如梁漱溟、胡
适、方东美、汤用彤、熊十力、唐君毅等现代中国哲学家,他们都曾对佛学
有过较深入的研究。牟宗三也不例外,他本人早年就曾游学于熊十力先
生左右长达十余年之久,因此受其佛学的熏习与影响也就在所难免。牟
宗三本人不仅有于 1977 年出版的洋洋洒洒的两大册诠解唯识宗、华严

宗、天台宗的《佛性与般若》，而且综观其全部哲学思想中最为核心的概念即"智的直觉"之开出，也主要是参照佛学思想而导引出的。同时，他也是利用佛学大乘起信论"一心开两门"之义理，以自由无限心（知体明觉）开出"智思界"、"感触界"的。另外，他所提出的有关圆教、圆善方面的理论，也离不开对佛学的专研。如果我们研读《智的直觉与中国哲学》的第 19 部分"道家与佛教方面的智的直觉"，第 20 部分"天台宗之圆教：从无住本立一切法"，第 21 部分"华严宗真常心系统中智的直觉之全体大用"，《现象与物自身》的第 7 章"执相与无执相底对照"，《圆善论》的第 6 章"圆教与圆善"，我们便不难发现牟宗三思想与佛学的密切关联。虽然佛学义理庞杂而晦涩难解，但很明显，研究牟宗三的佛学思想是我们理解他的全部思想工作不可或缺的一环。

4. 缺乏对牟宗三与康德学之关系的系统研究

整体地观察牟宗三的全部思想体系，康德是影响其思想的一个最为关键性的西方哲学家。牟宗三 40 岁之前花十余载工夫所撰写的《认识心之批判》，即是诠解康德《纯粹理性批判》的一部极富理性思辨力和思想原创性的力作。正如其自己所讲，此书"所以名曰'认识心之批判'，亦即等于重写一部《纯理批判》也"[8]。在这部书中，牟宗三阐发的主要是知性的逻辑性格。在《智的直觉与中国哲学》一书中，他则是"重述康德，引出康德书中所说的智的直觉之意义与作用"[9]。在《现象与物自身》中，他诠解的是康德的知性的存有论的性格，并对康德现象与物自身之区分做出了自己独到的解释。在《圆善论》中，他对康德论善及圆善之思想进行了进一步的诠释。在《中西哲学之会通十四讲》中，他主要是依据康德的"经验的实在论"与"超越的观念论"来对中西哲学进行极有见地的融通。除了这些著作直接与康德思想相关涉之外，牟宗三还以极其严谨而踏实的学风译注了康德的三大理性批判，即 1982 年出版的《康德的道德哲学》，1983 年先后出版的《康德纯粹理性之批判》（上、下），及 1992 与 1993 年分别出版的《康德判断力之批判》（上、下），这种翻译和注解为康德逝世后近二百年间东西方第一人。

5. 缺乏对牟宗三思想进行系统的研究

时下随着中国传统文化、国学、儒学的研究热潮,牟宗三显然也成为了一名深受学界人士青睐的中国现代哲学家。因此,关于他本人思想的著作和传记也如雨后春笋般涌现出来。但是,综观学术界出版的关于牟宗三的著述,我们不难发现,感应时潮的居多,而真正高水平的严谨学术著作却凤毛麟角,这无疑成为今天滞碍我们准确和系统理解牟宗三思想的一个主要因素。

到 2007 年末为止,专门研究牟宗三哲学思想的专著,主要有颜炳罡的《整合与重铸:当代大儒牟宗三学术思想研究》(台北:台湾学生书局1995 年版),郑家栋的《牟宗三》(台北:东大图书股份有限公司 2000 年版),闵仕君的《牟宗三道德的形而上学研究》(成都:巴蜀书社 2005 年版),陈迎年的《感应与心物——牟宗三哲学批判》(上海:上海三联书店2005 年版),杨泽波的《牟宗三三系论论衡》(上海:复旦大学出版社 2006年版),殷小勇的《道德思想之根——牟宗三对康德智性直观的中国化阐释研究》(上海:复旦大学出版社 2007 年版),以及王兴国的《契接中西哲学之主流——牟宗三哲学思想渊源探要》(北京:光明日报出版社 2006年版)与《牟宗三哲学思想研究》(北京:人民出版社 2007 年版)。这些专著的作者都有着多年研究牟宗三思想的学术经历,他们的著述代表了大陆学者对牟宗三思想研究的最高水平。不过,这些著作主要侧重于思想史和形而上学两个方面,而且对牟宗三庞大思想的研究来说,还只是初步的工作。

除了上述研究性的著作之外,还有黄克剑、林少敏主编的《牟宗三集》(北京:群言出版社 1993 年版),郑家栋主编的《道德理想主义的重建——牟宗三新儒学论著辑要》(北京:中国广播电视出版社 1993 年版),王岳川主编的《牟宗三学术文化随笔》(北京:中国青年出版社 1996年版)等有关牟宗三著述的文集,不过它们只是作者依据个人的理解和态度而对牟宗三著作进行的一种汇编,并不是对牟宗三思想本身的深入研究。另外,像颜炳罡的《当代新儒学引论》(北京:北京图书馆出版社1998 年版),郑家栋的《当代新儒学史论》(南宁:广西教育出版社 1997 年版),黄克剑的《百年新儒林——当代新儒学八大家论略》(北京:中国青年出版社 2000 年版)，幺峻洲的《当代新儒学与当代新儒家》(北京：教育科学出版社 2000 年版)，黄克剑、周勤的《寂寞中的复兴——论当代新儒家》(南昌：江西人民出版社 1993 年版)，郑家栋的《本体与方法——从熊十力到牟宗三》(沈阳：辽宁大学出版社 1992 年版)与《现代新儒学概论》(南宁：广西人民出版社 1990 年版)等，则是将牟宗三放入新儒家学派之中，将其视为第三期儒家代表人物来做出一种类似教科书式的泛泛介绍，这些书对于牟宗三先生之学术思想的了解也便仅仅停留在了解和介绍的水平。至于李山的《牟宗三传》(北京：中央民族大学出版社 2002 年版)，颜炳罡的《牟宗三学术思想评传》(北京：北京图书馆出版社 1998 年版)，虽然也在宣传和介绍牟宗三思想方面发挥了不小的作用，但它们也主要是处于一般介绍之水平。

总之，我们不能否认，上述著述在推动学术界对牟宗三本人及其所代表的第三期儒学乃至整个中国传统哲学的研究方面起到了抛砖引玉的作用。不过，更多严谨而丰富的学术性研究也是需要的。我们深信：伴随牟宗三先生全集出版工作的完成，伴随港台和大陆学者的进一步交流，伴随大陆出版界正陆续出版牟宗三先生著述的简体本，伴随一些肯埋头苦干的学界人士的不断涌出，伴随时下学术研究风气的不断好转，关于牟宗三先生思想的研究也会不断地走向系统和深入。

注　释

[1] 蔡仁厚：《牟宗三先生学思年谱》，见《牟宗三先生全集》(32)，台北：联经出版公司 2003 年版，第 92 页。

[2] 许义灶：《哲学界的完人》，《鹅湖月刊》1995 年第 12 期。

[3] 王财贵：《说法第一的哲学大师》，《鹅湖月刊》1995 年第 12 期。

[4] 曾昭旭：《中国哲学宇宙的巨人：悼念牟宗三先生》，《东方文化》1996 年第 12 期。

[5] 蔡仁厚：《牟宗三先生学思年谱》，第 4 页。

[6] 牟宗三：《认识心之批判》(上)，见《牟宗三先生全集》(18)，"重印志言"。

[7] 牟宗三：《现象与物自身》，见《牟宗三先生全集》(21)，第 39 页。

[8] 牟宗三：《认识心之批判》(上)，"序言"。

[9] 牟宗三：《现象与物自身》，"序"。

第1章 牟宗三与中国现代
哲学中的知识论

　　知识论(epistemology or the theory of knowledge)历来都是哲学这门古老学科中的一个重要的部门,它主要研究认识的性质、能力、范围、前提和基础,以及知识的定义、证实与可靠性等等。

　　早在古希腊时期,普罗泰哥拉(Protagoras)为了解决现象与实在的关系,便提出了"人是万物的尺度"这一重要的知识论命题。同时,作为一名知识论的真正创始人,柏拉图在什么是知识、知识从何而来、感官能否提供知识、理性能否提供知识、知识与真信念的关系等诸多知识论的重大问题上,也都进行了广泛而深入的讨论和分析。不过准确地讲,只是到了近代,正是因为有了诸如笛卡尔、培根、洛克、贝克莱、休谟、康德这样的哲学家,知识论才真正成为哲学探讨的核心领域,哲学中的知识论转向才得以真正实现。在现当代,虽然语言哲学一度曾取代知识论而成为哲学研究的中心,但是知识论的研究依然取得了巨大的成就。一些研究知识论的专家,如罗素(Russell,Bertrand)、石里克(Schlick,Moritz)、刘易斯(C.

I. Lewis)、艾耶尔(A. J. Ayer)、齐硕姆(Chisholm, Roderick)等,往往成为哲学界中的重要人物。时至今日,有关知识问题的研究仍然吸引着众多哲学家的注意力,可谓方兴未艾。

知识论之所以成为哲学界千百年来所始终关注的一个领域,是因为它一直与本体论、宇宙论等形而上学问题,与科学知识问题,与伦理道德、宗教信仰问题等有着广泛而密切的联系。知识论往往成为解决知识论领域之外的哲学问题的一种方法和途径,它在问题研究的过程中具有方法论上的优先性。由于知识论具有这种有利于分析和解决问题的特质,所以许多中国现代哲学家在解决哲学问题的时候,往往都对知识论问题有所涉猎、介绍与研究,比如熊十力、张东荪、胡适、金岳霖、唐君毅、张岱年、冯契、贺麟、牟宗三等人。不过,在当代新儒家学者当中,有关知识论问题方面的研究,牟宗三可以称得上是一个最为杰出的代表,其理论应当说最具深度、最富创新、最为系统。

我们下面的分析所采取的步骤是:通过将牟宗三的知识论思想放置于整个中国现代哲学知识论研究的广阔理论背景和基本状况之下,通过对他的有关知识论方面的基本著作进行客观的厘清和整理,我们力图将其知识论与其同时代中国学者的知识论思想进行比较性研究,并从中探析出牟宗三知识论思想的基本特质及其成就所在。同时,我们也将结合现当代知识论研究的现状与成果,来进一步分析出牟宗三知识论思想所体现出来的主要理论不足之处。

第 1 节 中国现代哲学知识论
思想的一般性考察

综观牟宗三的全部著述,我们可以毫不夸张地说,他是 20 世纪整个中国哲学界著述丰富、思想深邃、富于原创性的哲学家之一。与中国传统的哲学家不同,他积极地吸取了自己所处时代的中国哲学、西方哲学、数理逻辑等方面研究的前沿成果,从而在将中国传统哲学与西方哲学进行有机结合方面,做出了杰出的贡献。这种贡献的造成,是与他早年对于知识论、方法论的炽热研究有着直接而密切关系的。因此,牟宗三也成为了中国现代哲学家当中为数不多的一名研究知识论的专家。不过,在具体而全面地考察他的知识论思想之前,我们如果能从宏观上将此思想放在20世纪上半叶中国知识论研究现状和水平的广阔视野之中来进行研究,将此思想与他的同时代中国哲学家的知识论思想进行横向的比较,那么这无疑会对我们合理而客观地把握牟宗三的知识论思想并发现其间的理论制限,是不无裨益的,这一点实际上也是理论上所必需的。

伴随20世纪上半叶西方哲学知识论的高涨,中国的一些哲学家也对此做出了一些回应。他们不仅翻译了一些有关知识论方面的著作,而且也对此问题进行了积极而广泛的研究,从而呈现出来诸多的研究性专著[1]。在这些有关知识论思想的研究者当中,最富代表性的应该有三位,他们是张东荪、金岳霖以及牟宗三。

张东荪由于有着广阔的西学功底,从而真正地涉猎了知识论并有所贡献。他对于知识论的研究成果主要是以《认识论》这部著作为代表。此书共分5章,前4章即"知识之由来"、"知识之性质"、"知识之切否"、"知识之标准",是为初学者而写的,它们主要是由张东荪的门人王光祥根据嘉默佛尔德与艾文斯的《哲学基础》(Gamertsfelder and Evans, Fundamentals of Philosophy)中的一章而写成的。只有书中的第5章,据张东荪本人讲,"乃是我个人的主张","其内容与拙作'条理、范畴与设准'一文大体上差不多。"[2]在这一章,张东荪提出了最能代表其思想的"多元认识论"主张。其间所含的主要观点即是:知识是一种结构,在此结构中有诸多不同的成分,它们是不能相互还原的。心作为主观作用,它在知识结构中提供两个方面的东西,即范畴和设准。[3]

客观而公允地讲,张东荪《认识论》一书确实为古老的中国哲学界注入了一股新鲜的空气。但是,从此书的思想的体系性、理论的深邃性上看,均是要逊色于金岳霖与牟宗三的知识论的。他虽然提出了能够代表其知识论研究水平的"多元认识论"这一思想,但是他并没有对此进行过系统而详尽的论述,此思想并不具备一个完整的体系。实际上,它主要是张东荪结合康德思想而杂糅了当时的一些知识论的主张而提出的。因此,张东荪的知识论研究在更多的意义上讲只能算是一种开创性的工作,一种初始的涉猎,而不是一种深层次和成体系的研究。

与张东荪不同,金岳霖对于知识论的研究是系统而深入的。他早年曾极大地受到了英国经验主义者主要是罗素的早期思想的影响,从而继承了其新实在论的主张。不过与冯友兰将新实在论与程朱理学结合起来以建构新理学,并以人生哲学为其逻辑归宿有所不同,金岳霖哲学研究的着重点更多的是放在知识论与方法论上。在 20 世纪 30 至 40 年代末,他先后完成了《逻辑》、《论道》、《知识论》这三部分别代表他的逻辑学、形而上学、知识论思想的著作。在这其中,金岳霖于建国前完成的长达 70 余万字的《知识论》,可以说是中国现代哲学史上少有的一部成体系的知识论专著。此书以 20 世纪上半叶西方知识论的研究成果为基本材料,具体而详尽地讨论了知识论的"出发方式"、"所与"、"思想"、"归纳原则"、"时空"、"因果"、"事实"、"命题"、"真假"等一系列知识论的基本问题,其论述问题的广泛、透彻、深刻,即使是在今日的中国,也是不多见的。同时,尽管金岳霖的知识论具有诸多的理论缺失之处,但其思想本身所具有的较高水准,无疑为中国哲学的现代化所急需的知识论与方法论提供了某种可以利用的宝贵资源。

在中国现代哲学史上,除了金岳霖之外,知识论思想最为丰富、体系最为完整的另一名哲学家便是牟宗三。与张东荪和金岳霖曾游学于海外不同,牟宗三完全是在国内完成学校教育的,他的知识论研究因此也就明显地打上了中国哲学的烙印。他并不是照搬西方原有的知识论研究模式,而是时常将知识问题的研究与中国哲学尤其是儒家哲学联系起来加以考察,从而在中国哲学的现代化问题上提出了诸多至今仍然富有意义的见解。他的知识论研究,实际上是在完成其师熊十力所未能完成的事业。在此方面,他进行了许多积极的探索,并且取得了丰富的成果。

作为当代新儒学奠基者的熊十力,也曾经在知识论方面做过一些努力,尽管他本人始终未能完成一部真正意义上的知识论专著。为了融和西方科学与中国传统儒家形上学,熊十力在两个既相互区别又相互关联的领域,即"性智"与"量智"之间进行了严格的区分。在他的一生最重要的著作《新唯识论》中,他本来想写两部分,即"境论"与"量论"。"境者,所知名境,本佛典。今顺俗为释,如关于本体论及宇宙论、人生论等,有其所知、所见或所计持者,通名为境。"量论是佛教的名词,即知识论或认识论。"量论,相当俗云知识论或认识论。量者,知之异名。佛家有证量及比量等,即关于知识之辨析也。"[4]熊十力十分明确地区分了性智与量智[5],并对二者的辩证关系曾有过系统的论述。

但是,熊十力并没有写出有关知识论方面的著作。对于自己最终没有能写出量论,熊十力自己的解释是这样的:"《新论》刊行之一部分只是谈体,但此书孤行,读者总多隔阂,诚如来函(笔者注:指唐君毅给熊十力的一封信),须完成《量论》为佳。然衰世百艰,又且乎焉老至,精力实不堪用,此诚无可如何。"[6]实际上,熊十力未能写出知识论即"量论"部分,其根本的原因即是他的学力问题。[7]造成此种状况的原因,我们认为具体讲来有这样几个:

其一,熊十力自己对于西方哲学并无深入的了解和研究,而知识论恰恰是西方所有而东方所无的,因此不吸取西方哲学知识论的研究成果,是如何也写不出"量论"的。其二,熊十力不懂西文,这也极大地制约了他对于西方知识论的了解和吸收。与此不同,张东荪、牟宗三尤其是金岳霖的外语水平是相当高的,这使得他们能够阅读和研究西方的知识论思想。其三,在熊十力一生所处的时代,中国学者对于知识论的研究水平,以及与西方交流而引进知识论思想与专著的水平都是比较低的,这往往也成为熊十力未能写出知识论专著的一个至关重要的原因。最后,最重要的一点就是,作为一名立足于与道德紧密相联的中国传统哲学尤其是儒学和佛学的哲学家,往往注定了熊十力永远也达不到与科学紧密相联的西方知识论所具有的水平。在熊十力的理论论述当中,知识论与本体论始终有着难以割舍的关联。他不是也不能站在知识论的立场以知识论为中心来谈认识。这点正如刘述先所言:"很明显,对于熊十力来说,哲学是一种生存上的关怀,他的知识论与他的形而上学和人生哲学是分不开的。"[8]

因此,即使熊十力在研究中采取了经验论的认识方法,但这也不是西方式的。不管一个人赞同与否,我们认为其方法是典型的当代新儒家的知识论方法。就熊十力拒绝全部超自然的与神秘的理论来讲,此方法是一种经验论者的方法。真理是最容易最简单的,只要每个人能够认识到自身中的形而上学这一深层的东西,它便可以被每一个人所证实所体会。但是,熊十力实际上是拒绝了西方意义上的经验主义方法,因为他拒绝感官心理学和经验主义者的构造方法。刘述先的这一评述是客观而公正的。

总之,熊十力并未完成一部有关知识论方面的专著,这一点昭示了如下一个事实:如果完全站在中国传统哲学的立场,不去吸收和借鉴西方的知识论和方法论思想,我们是无论如何也写不出真正意义上的知识论著作的,而且中国哲学的现代化也会无从谈起。牟宗三正是在吸取熊十力知识论研究中的这一教训的基础之上,通过广泛地研析西方哲学的诸多思想来从事知识论的研究和写作的。接下来,我们将重点谈论与此有关的四个问题:(1)牟宗三是基于什么理论和知识背景,受什么思想的影响来从事知识论研究的?(2)牟宗三的知识论研究的主要作品及其基本主张为何?其知识论的贡献又如何?(3)与张东荪及金岳霖相比,牟宗三知识论思想的基本特征究竟体现在哪里?(4)如果结合其自身的知识论思想以及现当代知识论发展的现状来加以考察,牟宗三的知识论从总体上来讲所具有的理论不足之处又在哪里?有关牟宗三知识论思想中所存在的具体问题,以及我们对于知识论的一些基本看法和主张,这些均将在本书第2章以后予以详述。

第2节 牟宗三知识论思想的理论背景

与局限于本体论、宇宙论、价值论研究的诸多现代中国哲学家相比,牟宗三之所以能够从事知识论方面的研究,这是和他从在北大读书时起便对罗素、怀特海、康德等西方哲学家的著作进行研究和阅读分不开的。

扎实的西学功底为他从事知识论方面的研究打下了坚实的基础,也提供了广阔的理论背景。关于此,具体讲来有如下几点:

其一,牟宗三曾感兴趣和专研于罗素与怀特海合著的《数学原理》、罗素独著的《数学原则》。通过他们二人的著作,牟宗三开始了解和研究了数理逻辑,此种研究一直持续到其30岁而从未间断过,这不仅为他日后研究知识论提供了逻辑理论资源,同时也提供了崭新的逻辑分析的方法论。纵观牟宗三的全部哲学著作,以逻辑分析的方法来处理和解决问题,往往成为其理论的一大特色。他是以理性的、分析的、先验的[9],而不是以感性的、综合的、经验的方式来从事理论研究。

其二,牟宗三还广泛地研读了罗素与怀特海的其他一些与知识论有关的著作。他在北大读书时,北京大学哲学系的张申府正在讲授罗素哲学和数理逻辑这两门课程。牟宗三因为是这首班中的学生之一,因此受到了张申府的直接影响。在此其间,他把怀特海的《自然知识之原则》与《自然之概念》翻译成了中文,也曾将罗素《物之分析》的第四部——最精彩的一部译成了中文。他对于罗素的哲学著作一直都在留心。在抗战时期,他阅读了罗素的《意义与真理》一书,并写了长文来予以介绍和评述。不过从总体上看,罗素对于牟宗三知识论思想研究的影响主要是体现在他的逻辑学上,而怀特海的影响则体现在宇宙论与本体论上。

其三,牟宗三也十分热衷于康德哲学。对于逻辑的认识上的转变,可以说敲开了他研究康德哲学之门。实际上,牟宗三在一生的治学当中,始终没有停止过对于康德哲学的吸收、研究、批判与发展。他曾把康德的三大批判与中国传统哲学的智慧有机地结合起来,于是撰写了《认识心之批判》、《智的直觉与中国哲学》、《现象与物自身》等直接或间接与知识论有关的著作。

我们都知道,康德哲学确实是很重要的,它不仅是对近代西方经验论与唯理论两派哲学的一次大综合,而且也成为西方现代诸多哲学流派,如现象学、解释学、科学哲学、新康德主义之所以产生的理论源泉。康德哲学的重要性正如郑昕先生所说:"超过康德,可能有新哲学,掠过康德,只能有坏哲学。"[10]此话虽有些过头,但终究是有些道理的。牟宗三正是在理解和诠释康德哲学的过程中,将其与中国本有的哲学传统结合起来,并运用现代数理逻辑方法而最终创立了一个融本体论、知识论、逻辑学、价值论于一体的庞大哲学体系。因此,如果没有康德的哲学,牟宗三是无论如何也不会撰写出如此诸多具有代表性意义的论著的。

第3节 牟宗三知识论思想的基本主张

下面我们将从整体上来把握和疏通牟宗三一生有关知识论思想方面的基本著述及其中所体现的主要知识论思想。

早在北京大学哲学系学习期间,牟宗三便已经开始涉猎有关知识论的思想,这主要体现在他在大学三年级时所撰写的《周易的自然哲学与道德函义》一书中。虽然这本书主要是基于易学来研究中国的形而上学和道德哲学的,但其中也不乏一些有关知识论的原初思想。这具体讲来有如下两点:

其一,《周易》所体现出来的是一种实在论的知识论,就是以象象来界说或类推卦象所表象的世界之本质的知识论。由这样的知识论所获得的知识有两种成分,一方是经验的直接所与(immediate given of experience),一方是象或象。象或象即是一种概念的解析(conceptual interpretation)。象在知识中是必须的,离开了象我们的知识便成立不了。因为离开了象,我们没有比较,没有相似,没有类推。只有当前的直接经验,知识是不可能的;只有感官的直接所与,知识也是不可能的。象是知识成立的必须条件,也是真妄的源泉。

其二,知识论可分为两大支派:一为知觉之因果说(causal theory of perception),以罗素为代表;一为知识可能之先验说(a priori theory of the possibility of knowledge),以康德为代表。牟宗三讲:

> 属于因果说,则认条理是世界的,世界自有其条理,一切范畴原则都不过是用来解析生成世界的,都不过是生成世界之所显示。故

曰气化流行,生生条理。属于先验说的,则认条理是思想的范畴,悟性的规律。生生条理之世界乃是悟性之范畴的世界。这是两派的主要分水岭。属于前者,主从知识之因果关系而至经验之归类;属于后者,分析知识成立之成分而主重思想之组织,悟性之作用。[11]

尽管牟宗三在《周易的自然哲学与道德函义》这本书中已经或多或少地涉猎了如上一些知识论的思想,但这只是涉猎而已,却并没有深入地对它们加以研究。此时他研究的重点是中国易学中的形而上学的有关问题,而不是真正的知识论问题。这一方面是因为他当时对于康德哲学的研究还有待吸收和消化,另一方面也是源于他尚未能真正掌握日后研究知识论所需要的逻辑分析方法,也就是说对于怀特海与罗素的数理逻辑及逻辑本质的研究,也还有待进一步的深入。

牟宗三继《周易的自然哲学与道德函义》之后写作了《逻辑典范》,这本厚厚的逻辑学专著为《认识心之批判》的创作提供了主要的问题和基本的动力。在这部逻辑著作中,牟宗三就已经提出他在《认识心之批判》中所系统论述的一个思想,即逻辑与数学显于知性[12]而归于知性。逻辑系统显于知性,表明的是它并非无来历;归于知性,表明的是它并非无安顿。于是,他由套套逻辑的形式性,认识到逻辑的纯理性。由归于知性而认识到逻辑为纯理,牟宗三于是称自己已经由形式主义转到理性主义,由约定主义转到先验主义。可以说,正是对于逻辑的崭新认识,才促使了牟宗三直接去写作有关知识论的著作。"自我对于逻辑有了那步扭转的认识后,我即开始预备一部《知识论》。在十年的时光内,我一直未停止思考。于三十八年来台的那一年,大体已写成。这便是我所名之的《认识心之批判》。"[13]

牟宗三所撰写的真正意义上的知识论作品,是他于 1937 年 9 月在《哲学评论》上发表的一篇长文,即《觉知底因果说与知识底可能说》。促使牟宗三写作此篇长文的一个直接原因就是,他不满意于刘易斯、张东荪的知识论思想。他承认,自从美国的刘易斯(Lewis)发表了其名著《心与世界秩序》,张东荪发表了《认识论的多元论》[14]以后,知识论有了新的曙光。但是牟宗三也点出了他们二人的不足。认为他们虽都想着将实在论、康德派及唯用论结合起来,虽然都对于知识论中的主要概念之本性有新的解说,有清楚的认识,但他们对于知识论的建设理论却不能十分成功或甚至在不相干的路上发展。

此篇长文是牟宗三吸收张东荪的《认识论》一书的思想,并将罗素派的觉知因果说和康德派的知识可能说结合起来而进行的一种新的解析。也就是说,是对于前文曾提到的牟宗三在《周易的自然哲学与道德函义》中所提出的两类知识理论的综合。在文章当中,他对于感觉与思维、"纯粹所与"与"显现所与"、内在关系与外在关系、先验与范畴、时间空间与范畴、知识中的范畴与必具条件、先验与超越、设准与真妄等一系列知识论的具体问题都一一做出了缜密的论述。

此外,他在此文中还提出了知识论的几个基本设准,它们为牟宗三此后关于知识论的研究打下了坚实的理论基础。这些设准是:知识论决不可混同于形而上学,知识论里面的范畴或概念决不可混同于形而上学里面的范畴或概念;讲知识必须承认外界,随之也必须承认外界的条理;讲知识必须承认主体思维作用;讲知识须把知识看成是一种关系,从这关系所成的结果上再解剖或解说其中的各组织分子;知识既是一种关系,所以在知识论里当然不能有唯心唯物的主张;知识论是解析"知"这个关系的"生"与"成"的科学。[15]

通观牟宗三的此篇长文,我们发现它只不过是对于知识问题的一些散论,一种初步的研究,这并没有形成一个完整的体系。牟宗三的第一部真正意义上的成体系的知识论作品应当是《认识心之批判》这部大部头的著作,它是牟宗三40岁以前纯哲学学思的重要结集。

在这部书当中,牟宗三承认自己完全废弃了康德所凭借的传统逻辑中的十二个判断,以及由此判断来谈范畴的主张。他自己首先对于逻辑有了先验主义与理性主义的认识,然后由逻辑的显于知性而归于知性,就逻辑系统之所以形成,而发现知性所自具的形式条件便是经验知识所以可能的先验的形式条件。他称这是由纯粹逻辑系统所表达的纯理在实际理解中的外在化。而纯理如果脱离实际理解而从纯粹理解上来谈,则经过外在化,既说明了纯粹逻辑系统自身的形成,也说明了数学与几何的形成。

不过,在此书的"重印志言"中,牟宗三也承认此书具有不足之处,这主要是基于他自己对中国哲学及康德哲学随后30余年的研究来作为评判标准的。他认为自己最大的失误乃在于只能了解知性之逻辑性格(logical character of understanding),并不能了解康德的知性之存有论的性格(ontological character of understanding)之系统。当时于知识论尚只是一般之实在论之态度,而非康德之经验的实在论与超越的观念论之系统。造成此种状况的原因是,当时牟宗三所用的虽然是康德的思路,但并非就是康德的哲学,因为他当时对康德的哲学并不完全了解。他还不能进到康德哲学的里面,只是思考的方式类乎康德罢了。

牟宗三继《认识心之批判》后的另一部与知识论有关的著作是《智的直觉与中国哲学》。此书一方面是他接着其《认识心之批判》来进一步梳解康德哲学的原义,另一方面也是补充他的《心体与性体》(综论部)关于讨论康德的道德哲学处的不足。此时,牟宗三承认对于康德的范畴论应该谦逊一点。他承认知性的涉指格可以分为两层,一是逻辑的涉指格(logical reference-scheme),一是存有论的涉指格(ontological reference-scheme)。

但是,牟宗三说《智的直觉与中国哲学》一书的重点不止于此,它还注重超越的统觉,超越的对象 X,物自身,作为"超越理念"的自我,"智的直觉"与"感触直觉"之对比的疏导。由此可见,牟宗三此时的理论重点已逐步转向形而上学即本体论方面,而不是写作《认识心之批判》时所关注的知识论问题。为了获得形而上的道德的知识,与康德不同,牟宗三承认人类作为有限的存在可以有"智的直觉",并认为"智的直觉"之所以可能,须依中国哲学的传统来建立。"智的直觉"的有无,是建立"道德的形上学"的关键。"智的直觉"的提出,实际上为牟宗三后来具体地提出两类知识的划分奠定了理论基础,也表明他开始由对于科学知识论的探讨转向道德知识论的研究,由科学知识领域转向道德知识领域。

继《智的直觉与中国哲学》之后,牟宗三的第三部有关知识论的重要著作便是《现象与物自身》一书。如果说前一部书是一种前奏的话,则后一部书即是系统而完整通透的陈述。此书是牟宗三因在1972年秋为学生讲授知识论一课程而写作的一部知识论著作,它可以代表其知识论体系的最终完成。

此书依据中国传统哲学所肯定的"人虽有限而可无限"以及"人可有智的直觉"这两义,来发现康德哲学中的通识和洞见。同时,也力图将"认知的知识"与"道德的知识"统一起来。牟宗三所采取的途径是从上面说起。所谓的从上面说起,就是由道德意识显露一自由的无限心,由此说"智的直觉"。一方面,自由的无限心既是道德的实体,由此开道德界;又是形而上的实体,由此开存在界。存在界的存在即是"物之在其自己"之存在,因为自由的无限心是无执无着的。由自由的无限心之开存在界成立一本体界的存有论(noumenal ontology),即无执的存有论,它是以中国哲学传统为主。另一方面,由自由无限心的朗现开"知性",这一步开显名曰知性之辩证的开显。知性,认知主体,是由自由无限心的自我否定而形成的,它本身在本质上就是一种"执"。它执持它自己而静处一边,成为认知主体,它同时也把"物之在其自己"之物推出去而视为它的对象,因而也成为现象。由此成立的是一"现象界的存有论"(phenomenal ontology),也称"执的存有论"。

《现象与物自身》一书并不仅仅是有关知识论的著作,它实际上是牟宗三哲学思想体系的一种展现。此时作为理论论述重心的,是形而上学的问题而不是知识论的问题,是"智知"而不是"识知"。牟宗三以道德主体开出道德的形而上学,并以此统一和安排了本体界与现象界、道德界与知识界。在这样的安排之下,知识论的确成了道德本体笼罩下的知识论,而不再具有《认识心之批判》中所体现出来的独立性。在论述知识论思想的那一部分当中,我们发现牟宗三的思想基本停留在以前的研究水平,只不过增添了知性之存有论性格的论述,也就是康德意义上的范畴理论。

依据以上对于牟宗三知识论思想的概要性的介绍,可以看出,随着牟宗三对于康德哲学的进一步研究,随着他对于中国传统哲学的系统分梳,他逐步由早期对于科学知识论的关注转向后期对于道德知识论的重视,并且以道德知识为主来统领科学知识。这一点,也许正是以牟宗三为代表的新儒家知识论的最大一个弊窦。

不过尽管有如此的不足,从整体上考察牟宗三的上述知识论基本思想,我们完全可以断言:他的确是中国 20 世纪一名杰出的知识论研究专家。我们之所以这样断言,一方面是因为他在知识论方面之著述的丰富性、多样性以及理论论述的深邃性、原创性,都是很少有人能与之相匹敌的。即使在今天看来,情形也是这样的。另一方面,与张东荪、金岳霖等中国现代研究知识论的哲学家相比,牟宗三并不是将知识论论述的重心、讨论的范围基本上限制在西方知识论的视域范围之内,而是将知识论的探讨始终牢牢地与中国传统哲学结合起来。

在现代中国,传统文化价值受到了西方价值的巨大冲击与挑战,也出现了前所未有的被动局面。面对此种情形,诸多志士仁人开始踏上了寻求将中国传统文化价值与西方文化价值有机结合起来的漫漫征程。然而事实上,在介绍、了解、吸取西方合理的思想价值与认同、继承、发展中国传统的价值观、人生观的过程中,建立一种科学而合理的方法论与知识论则显得尤其的突出和重要。方法论与知识论研究的水平如何,往往直接决定了中西文化相结合的广度与深度。正是在提供崭新的方法论与知识论方面,牟宗三与其同时代的人相比,确实做出了别人所不易达到的贡献。此书即是论述他在此方面的贡献,并探析出其中所涵蕴的理论制限之处。

第 4 节　牟宗三知识论思想的基本特质

以上考察了牟宗三著作中所体现出来的有关知识论方面的基本思想,以及其间所体现出来的理论成就之处。那么,牟宗三的知识论究竟具有哪些基本特征呢? 对于这些特征的论述,我们主要是通过将牟宗三与金岳霖的知识论进行比较而进行的。二种知识论之间,既有相同点也有区别之处。

一、两种知识论的相同之处

1. 知识论与逻辑学是紧密地联系在一起的

牟宗三与金岳霖均把知识论与逻辑学结合起来,他们都是逻辑学家,都曾对逻辑尤其是数理逻辑有过专门而独特的研究,都曾受到罗素《数学原则》及罗素与怀特海合著的《数学原理》二书的极大影响。关于逻辑方面的著作,在金岳霖有《逻辑》一书,在牟宗三则有《逻辑典范》、《理则学》等专著。另外,他们都是以逻辑的方法来处理哲学问题的。一方面,他们都有逻辑中心主义的倾向,将逻辑学与知识论、形而上学有机地统一了起来;另一方面,他们又都在论述中采取了分析哲学家所力倡和所具有的逻辑分析的方法。

2. 他们的知识论都是完整而成体系的

他们均重视知识论的研究,不仅有在知识论方面的专著,如金岳霖有《知识论》,牟宗三有《认识心之批判》、《智的直觉与中国哲学》、《现象与物自身》等,而且他们对于认识问题的研究都非常广泛、深入而细致,并且形成了自己独特的理论体系。金岳霖以客观的呈现即"所与"为知识论的出发题材,以有效原则为出发原则,然后通过所与的收容与应付、思议与想像、归纳原则、事实、命题、真理等一系列问题的层层展开和论述,最终建立了一个精密的知识论体系。牟宗三以道德形而上学来统摄本体界的存有论和现象界的存有论,从而开出道德的知识与认知的知识,这也体现出了认识理论的完整性、体系性。当然,牟宗三的知识论体系由于包括道德知识的一面,因而显得比金岳霖的体系要庞大和宽泛得多。

二、两种知识论的不同之处

1. 尽管金岳霖的知识论思想明显的是受到了贝克莱、休谟、罗素等西方经验主义哲学家的影响,但是他在谈论知识论问题时,实际上是兼顾了经验论与理性论的观点。这正如他自己所言:"本知识论既不主张经验主义,也不主张理性主义,虽然经验与理性并重;因为主义一来就有抹杀彼此底毛病。本书从第一章到第五章注重经验,从第六章到第八章注重理性。从第八章起,二者并重,这样说法的知识论既不能满足经验派底主张也不能满足理性派底主张。"[16] 与此不同,牟宗三则主要侧重的是康德的哲学思想,因此是以其先验主义、理性主义来谈论知识论问题的。

2. 金岳霖所探讨的主要是一种现代意义的知识论,因为就其所处理的知识论问题本身来讲,我们不能不这样来说。比如,他对于所与、内在关系与外在关系、归纳原则、真假等问题的研究,都是紧紧地跟随当时的知识论研究状况而进行的。与此相比,牟宗三应当是一名研究近代知识论的学者。尽管他运用了现代数理逻辑的成就来进行知识论问题的探讨,但是他立论和阐释的基本材料和对象,主要还是近代以康德为首的理性派的知识论思想。也就是说,他虽然吸收了数理逻辑的研究成果,但他在研究知识论的时候,主要还是以康德的知识论思想与主张为理论出发点,因此体现出的是一种近代意义的知识论。

3. 二人虽然都将哲学知识论的探讨与中国传统哲学结合起来,但是,这一点在金岳霖的知识论当中只是一种涉及而已,其间夹杂着的更多的是一种情感上的需求。金岳霖的知识论所体现出的思想,更多地表明他是一名研究西方知识论的专家。与此相比,牟宗三在此种结合方面,则显得十分突出。他在论述知识论问题的时候,始终是将其和中国哲学中所富有的智慧相结合,尤其是在对"智的直觉"这一思想的论述上。金岳霖是为了解决知识论问题而研究知识论,牟宗三则是为了解决中国哲学的现代化问题而从事知识论研究的。

牟宗三不是纯西方意义上的知识论研究者,他在探讨知识论问题时,往往是结合了东方传统儒家、道家与佛家的思想来进行的,因此是从中西合璧的角度来研究和探讨知识论的。这一点想必是与他在上大学期间就开始熏习于熊十力而长达十余年分不开的,正是从熊十力那里,牟宗三才真正地了解到儒家传统中的重要的形而上见识。所以,牟宗三始终一贯地将知识论的探讨与中国哲学紧密地结合在一起,这表明他是一名研究中国哲学问题的专家。造成此点差异的一个主要的原因,我们认为是与金岳霖早年曾游学于英美多年并直接受到西方哲学精神的广泛影响,而牟宗三则接受的基本上是本土化的教育,是不无关联的。

4. 金岳霖在新中国成立后受政治因素的影响和干扰较大,因此其一生基本的和高水准的代表著作都是于新中国成立前完成的,其知识论方面的代表作也只有《知识论》这一部书为代表。金岳霖在后期所写作的与知识论有关的《罗素哲学》一书,实际上并不科学、理性和客观。在此书中,学术领域之外的东西往往左右了他对问题的研究方向与水准,其间对于罗素知识论思想的论述,也明显地具有为了批判而研究而不是为了研究而批判这一基本特征。相比之下,牟宗三一生的学术研究则表现得更为自由和开放,它对于知识论思想的阐释与学术之外的东西基本上是没有关联的,因此他关于知识论方面的著述也就远远多于金岳霖,其在海外影响力也远比金岳霖大。

5. 金岳霖与牟宗三知识论的一个最大的差别,是体现在他们对于形而上学与知识论之关系的看法上。他们均提出了自己的形而上学体系,但是金岳霖基本上是将形而上学与知识论放在不同的领域内来加以研究的。也就是说,体现其形而上学思想的《论道》与体现其知识论思想的《知识论》一书,是没有什么根本联系的,它们往往分属于不同的领域。与此不同,牟宗三则始终是结合着本体论来谈论知识论问题的。在他那里,本体论、宇宙论等形而上学问题与知识论问题始终处于一种不分离的交融状态。知识论问题的解决往往被归结于形而上学问题的解决。

第 5 节　牟宗三知识论思想的理论
制限及其价值所在

以上是在与金岳霖的知识论思想进行比较后,牟宗三的知识论当中所体现出的一些基本特征,其间实际上已经显露出其认识理论的某些制限之处。因此最后,我们将从总体上谈一下牟宗三知识论思想的理论不足之处。

牟宗三知识论的一个明显不足之处即是,它未能处理好本体论与知识论、道德与知识之间的关系问题。综观其对于知识论的研究,他主要是采取了两个途径来安排形而上学与知识论的,它们均体现出了一种因本体论与知识论未曾加以严格区分而产生的杂糅状态。一是自下而上的途径,即所谓的"下学而上达"[17],也就是由知识论的探讨进而寻求知识论的最终形而上学根据,然后将形而上学建立在道德的基础上,从而建立道德的形而上学。一是自上而下的途径,即所谓的"上达而下开",也就是从道德主体出发,由此开出道德界,再由道德界开存在界,从而建立道德的形而上学,然后由本体性之道德主体的自我否定来开出知性主体与现象世界,并基于此来谈论知识论。在牟宗三所采取的两种途径当中,都十分明显地体现出来将本体论与知识论放在一起来加以讨论的倾向,并最终表现出一种将知识论归于道德形而上学领域的极端做法。

这种将知识论归结于道德本体论,无疑表明了牟宗三并未能处理好知识与道德的关系。分别体现知识与道德的"识知"与"智知",在牟宗三的理论中是有轻重之分、层次之别的。"认知的知识"得到了牟宗三的强调,因为内圣需要开出科学与民主这两个"新外王"。但是,在《认识心之批判》当中,就已经体现出来对于"智知"的重视。知识论背后的根据应当是道德本心,知识论问题的最终解决只能求助于道德的形而上学。经《智的直觉与中国哲学》而到《现象与物自身》,牟宗三以道德统领知识、以本体开认识的主张可谓达到了极致。以道德来谈知识、以道德本心的自我否定来开创出知识,这不能不说是一种道德本位主义的体现。

牟宗三在处理道德与知识之关系的时候之所以步入道德本位主义的窠臼当中,是源于他的中国哲学尤其是儒家哲学的情结。诚然,中国传统哲学于人生、道德、意义、价值、境界等有关人的领域有着自己独特的价值和魅力,但是以此来谈知识论,却是一种错误的做法。中国传统哲学千百年来未能开出科学与民主,这已经是一个不争的事实。如果我们依然跳不出传统的樊篱,以传统哲学来谈知识论,这必将以失败告终。也就是说,尽管道德与知识存在着某种联系,但是二者之间的区别则是根本的。谈科学、谈认识、谈知识的获得,我们只能以强调主体与客体二分的知识论为中心,站在知识论的立场来谈知识论。我们不能以重视主体与客体不分的道德境界作为知识论的前提和出发点,因为此种做法实在是未能真正地谈论知识论,而只是为了达到道德本体的圆满而权宜地进行知识论问题的研究罢了。

停留于康德的近代知识论研究范围之内,未能将问题的展开和论述与现当代知识论的研究成果相结合,这不能不说是牟宗三知识论研究中的又一大缺陷。

纵观 20 世纪的知识论研究,我们发现,无论是它所涉及的理论内容的丰富性,还是它对于理论问题探讨的广度与深度,都足以值得我们对之加以赞叹。当我们研究知识论的时候,是无论如何也不能越过现当代知识论这一研究阶段的。遗憾的是,即使到了今天,在 21 世纪下的中国哲学界,我们依然找不到高水平的有关当代知识论的原创性研究专著[18],更谈不上与西方学者在此方面进行问题的交流和对话。为了能够在知识论研究的漫漫征程中长期富有成效地前进下去,我们必须得对当代知识论的研究成果有所继承有所发挥,对此阶段的诸多知识论问题有所探究。遗憾的是,从总体上看,牟宗三尽管生活于这样的研究时代,但他的知识论恰恰缺少对此时代的知识论的一种积极回应。

牟宗三对于知识论思想的全部研究,主要是以康德的知识论为基本佐料的,基本上未能脱离近代知识论的视域范围。《认识心之批判》实际上是牟宗三结合当时以罗素、维特根斯坦等人为代表的数理逻辑的思想,以逻辑主义、先验主义的立场而对于康德知识论的一种重新诠释与评判。而《现象与物自身》一书对于"认知的知识"所做的阐释,更是囿于康德的知识论范围之内。无论是对于感性直观[19]、认识心、知觉现象、格度(即形式图式)、范畴等问题的研究,还是对于"智的直觉"(即知性直观)、现象[20]与物自身之区别的研究,牟宗三都是以康德的理论为论述的主要对象和材料。由于他的知识论研究的基础是康德的知识论,因此他对于知识论问题的研究便深深地体现出了近代知识论的研究特征:关注于认识的能力、来源、界限、范围、必然性等问题,而不是注重知识的概念、知识的证实、内在主义、外在主义、基础主义、怀疑主义等方面的问题。

尽管牟宗三也曾对罗素的《意义与真理的探究》有所研究,但是他的研究兴趣主要还是在于罗素的逻辑观,而不是他的知识论。因此,罗素的其他有关知识论方面的著作,如《哲学问题》、《我们关于外在世界的知识》、《人类的知识——其范围与限度》等,都始终没有成为牟宗三关注和研究的对象。在他的知识论思想中,我们难以找到西方现当代知识论者们的身影。摩尔(G. E. Moor)、罗素(Russell, Bertrand)、洛夫乔伊(A. O. Lovejoy)、布芮恩(Brain, Lord)、哈曼·芬(Hermann Von)、赫尔姆霍兹(Helmholtz)、考夫加(Koffka, Kurt)、普赖斯(H. H. Price)、艾耶尔(A. J. Ayer)、奥斯汀(J. L. Austin)、赖尔(Ryle, Gilbert)、阿芬·古德曼(Goldman, Alvin)、刘易斯(C. I. Lewis)、阿兰·古德曼(Goldman, Alan)、蒙塔古(W. P. Montague)、塞拉斯(R. W. Sellars)、齐硕姆(Chisholm, Roderick)、莫塞尔(Paul K. Moser)、索萨(Sosa, Ernest)等现当代知识论学者,并不是他所关心的人物。于是,知识的定义、知识的种类、知识的证实、知觉理论、感觉材料理论、基础主义、连贯主义、怀疑主义等现当代知识论中的重大问题,也不是牟宗三所阐释的对象。总之,牟宗三的知识论缺少一种时代性,一种前沿性。

当然,牟宗三未能将知识论问题的探讨与现当代知识论的研究联系起来,这其间存在着诸多主观与客观上的原因。抛开这些原因不谈,我们说牟宗三是一位近代知识论意义上的学者,这并不减损我们于学理上研究其知识论所具有的重大价值。

从理论上讲,一方面,对牟宗三结合中国哲学而进行的关于康德知识论的诠释和创新进行系统研究,这势必会为我们更好地、更准确地理解和把握牟宗三本人的思想提供积极的帮助。借此,我们既可看到其理论创新的一面,也可挖掘出其理论缺失的一面。这不仅对于新儒学思想的现代化,甚至是对整个中国哲学的整理和重建也未必不具有启发之意义。另一方面,如果将牟宗三的知识论放置于现代知识论研究的背景当中,我们当然会客观地窥析到其理论的不足之处,但同时我们反过来将现当代知识论放置于牟宗三的近代知识论视域之中来加以考察,则也必将洞悉到它的理论欠缺之处。实际上,与牟宗三的知识论相比,金岳霖知识论的一个主要不足即在于,他未能对知识论与中国哲学之间的关系问题做出论述。我们认为,时间和年代的先后并不能抹杀理论本身的价值,这是我们在对待牟宗三先生知识论时所应当采取的正确态度,也正是基于此种同情的理解,我们才可以真正察识到今天来研究牟宗三知识论思想所能带给我们的理论价值与意义。

从现实意义的角度来讲,凭借对牟宗三"识知"思想的研讨和分析,我们完全可以真正而全面地伸张与科学精神紧密相联的知识之学,从而力图在民众心中生起和深化此种精神,并提供某种理性资源以备利用。再有,诚然牟宗三对"智知"即道德知识的理论展述还存在诸多可供商榷的地方,但其本人所极力倡导的道德本体、所十分强调的自由无限心,无疑对扭转时下人文精神失落之现状,对填补人们的内在精神空间,以及寻求人类理想的精神家园,也是不无裨益的。最后,通过诠释牟宗三依据中国哲学传统来解释"感触界"与"智思界"的中国情结,通过认同他依据理性的批判精神去踏踏实实地会通中西哲学的学术风范和人格魅力,这无疑在某种程度上会对弘扬中国传统文化和扭转时下浮泛无根之学风具有积极而深远的现实意义。当然,这是我们在批判和研究牟宗三知识论思想之时所获得的一种知识论之外的收获。

注 释

[1]首先,体现在翻译上,就有罗軏青译的由日本学者淀野耀淳著的《认识论之根本问题》(上海:商务印书馆 1931 年版);施友忠译的蒙塔古(W. P. Montague)著的《认识之方法》(上海:商务印书馆 1934 年版;此书同时又被钟兆麟翻译成《哲学方法概论》,上海:开明书店 1934 年版)。其次,反映在著作上,有傅统先的《知识论纲要》,作者刊,1933 年 5 月初版。书分导论、知识之起源、知识之价值、知识之真伪 4 篇共 20 章。柴熙著的《认识论》(上海:商务印书馆 1949 年版),罗鸿诏著的《认识论入门》(上海:商务印书馆 1934 年版),范寿康著的《认识论》(上海:商务印书馆 1927 年版,1933 年国难后 1 版,1935 年国难后再版),张东荪著的《认识论》(上海:世界书局 1934 年版)。(关于此可参看北京图书馆编《民国时期总书目》(1911—1949)"哲学·心理学"部分,北京:书目文献出版社 1991 年版)

另外,就是金岳霖著的《知识论》(北京:商务印书馆 1983 年版)。此书虽然在 1983 年才正式出版,但据金岳霖在《知识论》一书的"作者的话"中所言,它实际上在抗战期间,作者在昆明时就已经把它写完了。不幸的是,有一次空袭警报,作者把稿子包好,跑到昆明北边的蛇山躲着,自己席地坐在稿子上。等警报解除后,他站起来就走。等到他记起时,返回去稿子已经没有了。到了 1948 年12 月 12 日或 14 日,他又写完了,交给了商务印书馆。因为是解放前期,所以没能出版。一直到 1982 年中国社会科学院举办了金岳霖教授从事哲学和逻辑学教学和研究 56 周年纪念活动,才由商务印书馆于 1983 年 11 月正式出版了这本写于解放前的知识论专著。除此之外,就是牟宗三著的共两大册的《认识心之批判》(上、下)(香港:香港友联出版社 1956 年版、1957 年版)。

[2]张东荪:《认识论》,上海:世界书局 1934 年版,"自序"。

[3]"设准",即英文 postulate 一词,有时也被译为"公设",它最初源于数学。在数学的体系当中,首先需要一些基本的原则来作为论证的根据。基本原则包括定义、设准和公理。设准是不经过证明必须要设定的。在欧几里得几何学中,第一篇开头就提出五条设准,如"以任何一个中心点和距离画出一个圆形"。

[4]熊十力:《新唯识论》(语体文本),见《熊十力全集》(第 3 卷),武汉:湖北教育出版社 2001 年版,第 6 页。

[5]对于熊十力的"性智"与"量智",刘述先的解释是这样的:The former may be translated as the original wisdom and is what we rely upon to grasp ontological reality;the latter may be translated as the measuring wisdom and includes both our commonsensical and scientific ways of understanding which postulate a real, external world. (Shu Hsien Liu, *The contemporary development of a neo-Confucian epistemology.* See, Arne NaEss and Alastair Hannay (Eds). *Invitation to Chinese Philosophy*, Universitetsforlaget, 1972. p. 19.)

[6]熊十力:《十力语要卷二·答唐君毅》,《熊十力全集》(第 4 卷),武汉:湖北教育出版社 2001 年版,第 195 页。

[7]这正如牟宗三所言:"量论始终没有写出来,但照熊先生本人的用心范围,那书在那时代,他老先生是不容易写出来的,故他一直都没有写。"(牟宗三:《熊十力先生追念会讲话》,《时代与感受》,见《牟宗三先生全集》(23),台北:联经出版公司 2003 年版,第 290 页)再如,"熊先生念兹在兹想接着现有的《新唯识论》写出'量论'部分,也写不出来。本来依熊先生的计划,《新唯识论》应有两部:上部'境论',讲形上学;下部'量论',讲知识论,但'量论'一直写不出来,其实就是因为学力不够。"(牟宗三:《客观的了解与中国文化之再造》,《牟宗三先生晚期文集》,见《牟宗三先生全集》(27),第 428—429 页)

[8] Shu Hsien Liu, *The contemporary development of a neo-Confucian epistemology*. See, Invitation to Chinese Philosophy, p. 27.

[9]"先验"与"先天"是康德哲学中非常重要的两个概念。"先天"表明的是独立于一切经验,它的特性或标志是必然性和严格的普遍性。"先验"主要指有关认识能力或先天的认识方式(空间、时间和范畴)的知识。"先验"与"先天"的不同主要体现在知识的层次不同。"先天"是具有特定性质的关于对象的知识,独立于经验,等等。"先验"之为知识,不是关于对象的,而是关于某些知识的,这些知识必定是先天的知识。"先天"是属于第一层次的知识,"先验"是属于第二层次的知识,是知识的知识,它属于知识论或认识论的范围。"先验"是讨论先天知识的可能性。"先验的"指的并不是什么超出一切经验的东西,它指的固然是在经验之先的("先天的"),但是限定了不过是使经验知识可能而已。"先验"也不同于"超验"。先验的由于指有关知识中的先天因素与经验对象关系的问题,因此涉及的是具有内在性的先天知识,这与以可能经验之外的东西作为对象的超验完全不同。有关牟宗三对于康德"先验的"和"超验的"两个术语的误读,武汉大学哲学系的邓晓芒教授的论述最为详尽和深刻。(见邓晓芒:《牟宗三对康德之误读举要(之一)——关于"先验的"》,《社会科学战线》2006 年第 1 期)

[10]郑昕:《康德学述》,北京:商务印书馆 1984 年版,第 1 页。

[11]牟宗三:《周易的自然哲学与道德函义》,见《牟宗三先生全集》(1),第 465 页。

[12]知性在康德那里包含如下三个方面的基本含义:(1)知性与感性的本质上的区别在于,感性是接受性,知性是主动性;(2)知性的主动性表现在其根本性的先天的(必然的和普遍的)综合作用;(3)纯统觉(纯自我意识,"我思")是综合作用的主体,这也就是知性本身。纯统觉作为主体不能离开综合作用,离开综合作用,它是无意义的纯形式。因此,纯统觉的综合统一性是知识的最高原则。

[13]牟宗三:《我了解康德的经过》,《牟宗三先生晚期文集》,见《牟宗三先生全集》(27),第 43 页。

[14]此文又名《条理、范畴与设准》。《认识论的多元论》曾登在 1932 年的《大陆杂志》第 1 卷第 3、4、5 期;《条理、范畴与设准》曾登在 1931—1933 年的《哲学评论》第 4 卷第 2、3、4 期。

[15]牟宗三:《觉知底因果说与知识底可能说》,《牟宗三先生早期文集》(上),见《牟宗三先生全集》(25),第 296 页。

[16]金岳霖:《知识论》,北京:商务印书馆 1996 年版,第 18 页。

[17] 孔子曾讲："不怨天,不由人,下学而上达。"(《论语·宪问》)

[18] 根据笔者掌握的情况来看,目前祖国大陆有关当代西方知识论研究的专著有如
下几部:胡军:《知识论引论》,哈尔滨:黑龙江教育出版社 1997 年版;陈嘉明:
《知识与确证——当代知识论引论》,上海:上海人民出版社 2003 年版;胡军:
《知识论》,北京:北京大学出版社 2006 年版;徐向东:《怀疑论、知识与辩护》,北
京:北京大学出版社 2006 年版。

[19] 直观 Anschauung 一词的德文意思,即是直接地看到,因此直观就是直接的感性
知识,是直接和对象发生关系的知识。康德关于直观的定义是:"一种知识不论
以何种方式和通过什么手段与对象发生关系,它借以和对象发生直接关系、并
且一切思维作为手段都以之为目的的,还是直观。"(康德:《纯粹理性批判》,邓
晓芒 译,A19 = B33,北京:人民出版社 2004 年版,第 25 页。)"感性"是主体从感
官中接受外界物自体刺激的一种认识能力。康德关于感性的定义是:"通过我
们被对象所刺激的方式来获得表象的这种能力(接受能力),就叫做感性。"(康
德:《纯粹理性批判》,邓晓芒译,A19 = B33,北京:人民出版社 2004 年版,第
25 页。)

[20] 康德哲学中的"现象"一词,有时用德文 Erscheinung 表达,它可以译为"出现"、
"显现";有时又用拉丁文 Phaenomenon 来表达,它具有空中出现的异象、显象的
意思。这两种表达法经常互用,但也有差别。Erscheinung 有时指未经范畴整理
过的感性现象,Phaenomenon 则往往指那些经过范畴的综合而统一为对象的
现象。

第2章 知识论的前提

我们知道,任何一门知识论的建构和研究都有其出发的起点或前提,我们不可能毫无出发的起点而处于茫茫世界中去认识现实的事物。为了寻求认识的起点,我们只能从作为认识主体的人本身与作为认识客体的对象本身处来加以考察,从它们二者在认识关系中因相互作用而产生的经验性的材料出发。从整体上来考察牟宗三有关知识论方面的思想,我们发现他也是以经验性的"直接的呈现"来作为知识论的题材和出发点的。

第1节 直接的呈现

我们主张,不仅仅是对于知识论问题的研究,实际上对于每一个哲学问题的研究,我们都是从某种可以称为是材料的东西出发的。所谓材料就是指普通认识的东西,它们像普通的认识一样总是模糊的,复杂的,不精确的,然而不知道什么原因却能得到我们的同意。我们认为,从整体上来讲和从某种解释来看,它们确定无疑是真的。一般来说,对于知识论来讲,可以作为材料的东西大致有这样几个方面:首先是对于日常生活的特殊对象,如家具、房屋、市区、其他的人们等等的直接认知;其次是这种特殊的知识通过历史、地理、新闻等扩大到超出我们亲身经验的特殊事物;最后是借助于自然科学把所有这种特殊事物的知识加以系统化。我们也认为,哲学的探究虽然在每个细节上是怀疑论的,但就整体来说却不是怀疑论的。因此,如果我们不抱有任何绝对的怀疑和独断的立场,我们必须得承认,普通认识的大部分为我们从事哲学的分析提供了必需的材料。

对于各种不同的普通认识,我们还可以区别出不同等级的确实性。不超出我们个人感觉所直接认知的东西,对我们来说是最确实的。如果借用罗素在《我们关于外在世界的知识》第 3 讲"论我们关于外在世界的知识"中所言,作为知识研究起点的材料可以分为"硬材料"和"软材料"两种。"硬材料"是指那些不受批判反思的消解影响的材料,"软材料"是指经过反思过程的作用对我们的心灵或多或少变得可疑的材料。硬材料中最硬者有两种:特殊的感官事实和逻辑的普遍真理。对这样两种材料稍加分析,我们便会发现后一种实际上是知识研究中的某种工具,对于经验知识的探究来讲,它们的意义仅在于此。因此,经验知识研究的材料最终被归结为我们的经验,或确切地讲被归结为我们认知主体的特殊的感官事实。

与康德、罗素等绝大多数哲学家一样,牟宗三也认为在研究知识论问题的时候必须得从认知主体的经验开始。他说:"知识必起于经验,一切知识中的经验之基本对象是生理自我中心中之特体事。"[1] 而自我中心中所具有的特体事,是由生理感引起的。生理自我(一聚生理事,主体事,自我)与外物相接触,于是便呈现或引起一件特体事。每一件特体事是一生起或缘起,是一现实的呈现,现实的呈现便是一切经验知识的基本对象。

当然,我们这里应当注意的是,牟宗三所说的认识开始于经验并不是说认识来源于经验,因为牟宗三与康德等理性主义者一样,虽然承认谈论知识得从经验开始,但是知识不仅仅是关于经验的,其背后还有理性的成分在里面。而经验论者才恰恰主张我们不仅应从经验开始,而且知识的来源即是经验。

那么,现实的"直接呈现"与主体和客体的关系是怎样的? 在牟宗三看来,一方面,每一现实的直接呈现与生理事(或主体事)发生内在关系,也就是说主体事接触外物所引起的特体事必受主体事的制约,必然在主体事的如此制约中而现为如是的生起,因此必与主体事为内在关系。但是牟宗三又认为,尽管特体事与主体事有内在关系,但在此关系中所呈现的生起事有其独立性或各自性。另一方面,每一个现实的直接呈现与主体事外的物理事也发生内在关系,引起一呈现。因为,"凡自事言,事与事之关系皆内在关系。内在关系亦曰动的物理关系"[2]。内在关系说的是关系项进入某一关系或不进入某一关系,有性质的不同。不过,牟宗三认为此种内在关系不同于形上的心与其所实现的万有间所具有的内在关系。物理事之为内在关系成功物理世界之结构,成功物理事的生起与消灭,因而成功变化的历程。形上心之为内在关系成功形上学。于是,凡物理事皆为内在关系,而内在关系不尽为物理事。

牟宗三主张直接的呈现与主体事、客体事之间处于一种内在关系,这是我们所不能完全同意的。我们认为,尽管在认知主体与外物处于一种认识关系时,他们有某种内在的关联,因此具有与他们未曾进入认识关系前所不同的性质。但是,他们之间及其与呈现的关系还应当具有一种外在关系。牟宗三的说法虽然不能全错,但起码不全面。金岳霖就曾指出了内在关系说的困难。内在关系说,如果从知识论方面着想,有两方面的困难可以使知识论完全说不通。

　　　从头一方面着想,知识即一关系,如果所有关系都是内在的,知识关系也是内在的,如果所有的关系都影响到关系者使它在关系中不一样,那么知识底对象在知识中与不在知识中不一样,而对象底本来面目根本得不到。这就是说,如果我们坚持内在关系论,我们所知道的决不是事物底本来面目。……从第二方面看来,任何个体与任何其他的个体都有内在关系,如果我们要知道一个体,我们非知道它所有的关系不可,因为它受所有的关系底影响。如此说来,如果我们要知道一个体,我们非知道整个的宇宙不可。知道整个的宇宙当然是不可能的,既然如此知道任何个体也是不可能的。如此说来,如果我们坚持内在关系论,知识根本就不可能。[3]

金岳霖对于内在关系的评判是很有道理的。当然,牟宗三并不是不承认外在关系的存在,比如他只是说事与事的关系是内在关系,而"认识心"与事的关系则是外在关系。但是,既然是在所谓的事与事之间提出内在关系,则难免也会遇到金岳霖上述所谈到内在关系所具有的困难。我们认为,对象是客观的现实存在,它具有独立的存在,它即可以进入认识关系中成为认识的对象,它也可以不进入认识的关系而成为独立的存在物,不以我们的主观感觉和意志为转移。虽然我们谈论知识论只能站在知识论的立场以知识论为中心,但是我们不应排除在本体论上对于客观现实世界的某种承诺。

基于作为知识论前提的生理自我中心中的特体事即"觉相",牟宗三还进一步研究了究竟什么是"所与"(the given)这一问题。关于知识材料的给定性或所与性,康德就有过明确的论述。在康德的知识论中,构成知识的材料即质料,来自于感性。但是,质料不是感性自身所提供,感性只是接受能力,是被动的。感性自身只有空间、时间形式,没有质料,质料是感性从外面接受进来的,或者更确切地说,质料是感性以外的东西对主体的独立作用在主体方面产生的结果。于是,从认识主体方面来看,知识的质料具有一种给定的特性。

与康德的观点一致,牟宗三也看到了知识材料的所与性。但与康德不同,他又认为,"所与"并不仅仅是直接的现实呈现,主体事与物理事以及特定的当下呈现都是"所与"。主体事与物理事[4],对直接呈现而言,为条件制约。但"自经验知识言,一事起处,即全体与之俱起也。一现一切现,固皆为当下,固皆为所与。"[5]同时俱起的即为一全体的呈现,全体呈现的范围即为经验知识的"所与"。由于经验知识的"所与"是处于全体呈现的范围内,所以必然被知,因此他赞同贝克莱的"存在即被知"这个命题,并认为此命题有所谓的知识论上的两个证明。

> 吾人认识之对象不能越过生理感中心之交摄,吾人亦不能越过此中心而认识一对象,即吾人不能认识那认识范围以外者。依此而言,凡知识对象皆内在于此生理感之中心。吾所知者即是吾生理感所交摄者。

> "有一存在而永不被知",此在逻辑上是可能者,即"存在即被知"并非分析命题,故存在而不被知亦非自相矛盾。此现实世界之为现实既无客观的实现原则以说明之,则逻辑上很可以有一存在而不被知。吾人认识心并不能在原则上或先验根据上将此不被知之存在否决之或消灭之。但此可能之存在,亦只因该命题不矛盾而决定,此只为形式之决定,亦并无一原则足以决定其为真实可能者,即确定地决定此对象以为永不被知之领域。以此之故,该命题,从其不矛盾方面言,是可能者;但从其真实可能方面言,则"有一存在……"中之"存在"即无真实根据可资提出者。依此,在认识范围内,吾人即说:凡是存在都是现实者,凡是现实者都是可被知者。[6]

我们认为,牟宗三直接因其对所与的看法而赞成贝克莱的"存在即被知"这一命题,这是值得商榷的。事实上,即使是在知识论中,"存在即被知"也不像牟宗三所说的是正确的。此主断所体现出来的完全是一种本体论唯心主义的错误主张,即认为一切物体的存在都离不开感知它们的心灵或者说存在于心灵之中,这正如贝克莱所说:"天上的星辰,地上的山川景物,宇宙中所包含的一切物体,在人心以外都无独立的存在;它们的存在就在于其为人心所知觉、所认识,因此它们如果不真为我所知觉,不真存在于我的心中或其他被造精神的心中,则它们便完全不能存在,否则就是存在于一种悠久神灵的心中。"[7]可见,对象和感觉,在贝克莱看来,是同一个东西,两者是不能彼此分离的。本体论唯心主义在知识论中是错误的,其错误就在于,它把被认识这一仅仅是人所共知的关系,当做是客体构成中的决定性因素。但事实是,正如戴绿色眼镜的人发现了自己戴有绿色眼镜，所以天地万物都是茫茫尽绿一般，但这一点丝毫不能证明凡物皆绿，而只能证明自己戴的是绿色眼镜。

所以，我们说牟宗三对于贝克莱的"存在就是被感知"这一主断的赞同，是有偏颇之处的。他赞同此主断，是因为他的"所与"理论。他实际上是受到了罗素《我们关于外在世界的知识》、《心的分析》、《物的分析》等书的影响，因而继承了罗素的中立一元论思想。此种主张与马赫（Mach，Erust）的感觉要素说，美国实用主义者詹姆斯（James，William）的彻底经验主义如出一辙。这些人均将中立性的感觉材料看做是最为基本的成分，并以此通过运用逻辑的方法来构造心和物。于是，物和心不再是独立的客观存在物，而是由具有主观性的材料以逻辑的方式加以构造的，是事素（events）的集合体。正是基于此，牟宗三才有了客体事与主体事的说法，并将其与直接的呈现的关系看做是内在关系，并都可称之为"所与"。

牟宗三对于"所与"的上述宽泛的理解，实际上是直接受到了张东荪的影响。张东荪就曾把"所与"分为纯粹的与不纯粹的。具体讲来，他认为"所与"有三种：(1)直接的——感相（sensa）；(2)背后的——条理（order）；(3)心理的，它又分唤旧的（mnemonic）所与——联想，知觉上的所与——预见（prediction）或省略的所与（elliptical given），概念上的所与——习惯的解释（traditional interpretation）三种。[8]

牟宗三正是在张东荪的影响下，并结合怀特海的思想而认为"所与"可以分为"纯粹所与"（pure a given）与"现显所与"（apparent a given）。他赞同自然的世界根本上是事素（event）的世界，关系是事素的关系，流转是事素的流转。每一件事素扩及其他事素，而每一件事素也被其他事素所扩及。扩及关系（relation of extension）即是事素间的根本关系。每一件事素与其他任何一件事素如果发生了扩及关系，那么他们因为这个关系的缘故便可以有一种结聚，因为这个结聚便可以有一种定型（pattern）。这个定型一方面是他们呈现的焦点，一方面是他们呈现的样子。由呈现焦点可以窥出他们的因果链子，由呈现的样子可以固定我们认识的对象。这个呈现的样子称之为"物相"。"事素"与"物相"在呈现焦点上具备因果关系。物相是果,事素的关系是因。

牟宗三进而认为,知识上的感觉关系也是事素的关系。肉体方面,名之曰"中座事素"(events of percipients)。中座事素与其周围的客观事素发生事素的根本关系。每一中座事素因为与其他事素发生扩及关系的缘故,便可以与那与之发生关系的事素发生"相配关系"。每一件中座事素必然与一件与之相应的事素相配合。这种配合是一种结聚,一个定型。此定型是"呈现焦点",具有其"呈现样式"。"这种呈现样式之定型就叫做'感觉定型',或亦曰'感觉物相'。""感觉物相就是'现显所与';发生此感觉物相的那些事素即是'纯粹所与'。"[9] 在他看来,"现显所与"与"纯粹所与"之间也是一种因果关系。这种因果关系可以说是上层下层的因果关系。这一层的因果关系好像影与形的关系。影或上层是"现显所与",形或下层是"纯粹所与"。

牟宗三有关"所与"的论述特别重视因果,这表明他吸收了罗素等人的知觉因果说。知觉因果说是实在论的根据,因为它能证明外界,能证明世界条理。但从行文上,我们看到牟宗三的论述更接近的则是怀特海的思想。另外,尽管他的上述有关"所与"的理论受到了张东荪的影响,但二者之间也存在着区别。一方面,张东荪认为"现显所与"是不纯粹的,因而在存在上不是真有的。而牟宗三则认为"现显所与"也是真实的,因为我们不能禁止事素发生关系,我们也不能禁止其有结集有定型。另一方面,牟宗三认为"纯粹所与"既然是事素之关系与事素之流转,那么此种关系与流转也就是张东荪所谓的相关共变之条理。张东荪即是以相关共变之条理作为"纯粹所与",并认为其是真实的。牟宗三赞赏张东荪此举"确是一个最新奇的大发现"。不过,他认为张东荪本来是十分怀疑这个真的外界条理(genuine external order)的,但是后来张东荪觉得这种条理不是没有,只是很少,并且这些很少的却又不是十分显明,因此我们不易知道。

张东荪曾言:"我迄今天为止,以为在积极方面有三个,是可以见到的;在消极方面只有一个。亦许不止这三个,但我们却无法去发现他。所以不得已我只说有三个,至于那一个消极的可以说并不是条理,却亦是外界所固有的一种性质罢了。""三个条理是什么? 我名之曰(一)原子性(atomicity);(二)连续性(continuity);(三)创变性(creativity)。那一个消极的则我名之曰(四)可塑性(plasticity)。"[10]对此,牟宗三认为,张东荪讲到三种条理而归依到康德,于是他的大发现又成为黯淡的了。他自己则主张,这个相关共变的条理就是物界的真正条理,除此之外,再没有另一种条理。在他看来,张东荪所提出的原子性、连续性、创变性只是表示世界有条理而已。条理只是关系或方式;条理不是性质,更不可以有三个或四个的区分。从条理方面讲,这三种东西总摄起来,其实就是一种因果关系。要解剖这个条理的世界不能不根据作为"现显所与"的定型或物相。此定型被怀特海称为"永相"(eternal object),也可叫做典型或格式,此格式是公的、共的、不变的。我们由此公共不变的定型才可以进而窥探其他因果关系即世界条理,也始可进而摹状世界的本性,形容世界的本性。

第 2 节　评析牟宗三的知识论前提思想

以上便是牟宗三对于知识论前提的看法。我们认为,对于这一前提的提出和阐释,对于知识论的研究来讲确实是必要的。罗素于《意义与真理的探究》一书中,就曾对知识论的前提有过专门的论述。[11]他认为知识论的研究是需要一个前提的,此前提必须得具有三个特征:它必须是一个逻辑前提;是一个心理前提;且就我们所能确定的范围来讲是真的。第一个特征说的是如果给定任何一个命题系统,通常均可以以不定量的方法来说出某些命题以作为前提,并由其演绎出剩余的命题。第二个特征在于表明:一个不由任何其他信念而引起的信念。例如,不由其他信念引起的最明确的信念类,就是直接产生于知觉(perception)的那些信念。第三个特征则揭示的是:由于两个心理前提可能彼此冲突,因此心理前提在被接受为知识论的前提时,应加以分析。

牟宗三所提出来的作为知识论前提的"直接的呈现",实际上属于一种知觉知识。应当说这一前提具有了罗素所提出的三个基本特征。它首先是我们从事建构知识论体系的逻辑前提,因为除此之外,我们没有更好的选择。其次,作为外物与我们共同作用的产物,它又具有心理上的明证性,我们无法找到另外更为原始而基本的信念。最后,作为直接呈现的"所与",也得到了牟宗三的分析。牟宗三将知识论前提的探讨与知觉联系起来的做法是有合理之处的,是与西方知识论研究中重视知觉作用的传统一脉相承的。知觉在知识中具有重要的作用,这正如罗素所说:"我们假设知觉能产生知识,尽管如果我们逻辑上粗心大意它可以产生错误。没有这一基本假设,在考察经验世界之时,我们会退到完全的怀疑主义。……必须得接受知觉所产生的信念,除非有积极的理由来拒绝它们。"[12]

总之,牟宗三基本上继承了经验主义的一个一贯的立场,即以主客体相互作用所产生的"直接的呈现"为知识论的起点。在此,我们可以将牟宗三与金岳霖的有关理论进行比较,以便洞察出二人关于知识论的前提与"所与"的看法所存在的相一致和相区别的地方。

金岳霖也主张知识论的前提是我们的官觉现象。他认为,知识的大本营是对于耳闻目见的世界的知识。而注重知识者即官觉者,当然得讨论官觉事实,而官觉事实中是有"所"的。"所"有内容的所与对象的所之分。金岳霖认为既然注重官觉及直接呈现于官觉之内,那么对于两种不同的"所"中我们所注重的是内容的所。内容的所亲切直接。官觉内容或官觉内容的所,是普通所谓经验的大本营,也是知识的大本营。于是金岳霖说:"间接的知识总是要根据于直接的亲切的知识。知识底大本营是官觉经验,而官觉经验底大本营是官觉内容。""与其从能出发,不如直接从所出发。是对象的所除开它底对象性外又独立于官觉。所余的只是内容的所。假如我们从官觉出发而论知识,我们会很自然地从内容说起。"[13]他认为知识论的出发题目即是内容的所。基于此,金岳霖也提倡一种官觉中心说(确切地说应是正觉中心说),因为感觉分析起来十分复杂,有官觉、梦觉、幻觉、妄觉,官觉中又有正觉、错觉、野觉的分别。因此牟宗三单言生理自我中心是粗糙的,它需要加以详细地分析论述。对于此点,金岳霖的分析显然要比牟宗三详尽得多。

关于"所与"的问题,牟宗三与金岳霖的论述并不相同。在金岳霖看来,"所与"是正觉的客观的呈现,就是外物或外物的一部分。"所与有两方面的位置,它是内容,同时也是对象;就内容说,它是呈现,就对象说,它是具有对象性的外物或外物底一部分。"[14]可见,金岳霖的所与理论是从侧重客观的外物一面来谈的。而在牟宗三这里,所与由于包括主体、客体、特定的当下呈现,因而范围要更广一些。不过,金岳霖对于所与的探讨要比牟宗三的深刻得多。金岳霖不仅谈到了"所与"的特殊性,"所与"的收容与应付的工具(如习惯、记忆、想像、意志与注意、相信与归纳、语言、抽象等),还谈到了"所与"的分别,"所与"中的性质,"所与"与"东西"的关系,"所与"与"事体"的关系,"所与"与"动"的关系,"所与"与"变"的关系,"所与"与"命题"、"真假"的关系,等等一系列的关于"所与"的纷繁复杂的问题。

以上谈的是牟宗三关于知识论之前提的理论及其与张东荪、金岳霖的比较研究。接下来谈一下我们对于有关问题的认识和看法。

牟宗三强调认识应始于经验,知识论应有一个所从出发的起点,这是我们所赞同的。我们知道,如果我们想建立一个知识论体系的话,那么显然得有一个论述和研究的起点。比如洛克就曾指出:"我们底一切知识都是建立在经验上的,而且最后是导源于经验的。"[15]现代英国经验主义哲学家罗素也主张,知识的题材应该是感觉材料(sense-data),它是主体自我与客体物质共同作用的产物。在知识论的建构之初,我们必须得承认:知觉是知识的进口。"知觉是知识底进口——知觉既是趋向知识的第一步和第一级,而且是知识底一切材料底进口。"[16]谈经验知识,我们不能回避经验知识的基础是什么这一问题,此基础即是直接的呈现。正因此,我们赞同牟宗三对于自我中心在认识中之作用的承认。不过,他对于此作用只是予以了承认,对其根据却并没有进一步加以详述和论证。

我们为什么必须得从与认识主体有关的直接呈现出发来建构我们的知识论?这是因为,我们所认识的对象是外在的现实世界,而从事认识活动的主体是现实存在的我们自己。于是,当我们去认识对象的时候,我们也首先只能从我们人本身的现实感性物质条件和精神条件出发。也就是说,我们在认识之始,只能从我们的感官开始去认识对象,这是我们去认识外物的一个逻辑的起点。在这一认识对象的过程中,便形成了主体与客体相互作用的产物,即所谓的直接的呈现,比如颜色、声音、形状、硬度等等感性的材料。当然,我们在认识的过程中,难免会有思想与精神成分参与其中,这些成分的作用虽然是事实上必需的,但决不是逻辑上先行的。以经验性的呈现为知识论出发的起点(the starting point for knowl-edge),这是从事知识论建构的一个必然的逻辑起点。除此之外,我们别无选择。

早在 20 世纪初,美国的新实在主义者培里(Ralph Barton Perry)就提出了"自我中心困境"(the ego-centric predicament)这一知识论的重要论题。此困境即已表明了,当我们从事具体的认识活动时,我们必须得以自我中心中的所得来作为认识所从出发的起点。[17]

也就是说,如果假定我们所有的经验均是私人的,因为任何其他一个人都不能拥有这些经验,那么,作为一个经验主体,每一个人很明显都处于如下三个基本情境之中。其一,如果所有经验都是私人的,那么我们是怎样获得他人所经验到的经验知识,便显得很难理解。我们不能拥有他人的经验以便观察它像什么,因为我们所拥有的任何一种经验均是我们的经验而不是他们的。其二,如果独立于我们的经验,那么我们是怎样获得关于外在世界的经验知识也显得很难理解。因为我们拥有的所有经验上被给予的东西是私人的,那么似乎它只能支持关于世界的已被证实的信念,此时这一世界为我们所经验。其三,我们是怎样以为他人所理解的语言来描述这个世界的,这是很难理解的。通过借助于其他一些已经拥有意义的语词来定义我们的一些没有意义的语词,我们赋予了后者以意义,而且这一定义过程是表面的;也就是说,我们是用所定义的那些语词来命名在经验中被给予的东西。如果经验是私人的,那么任何其他一个人均不能理解为我们所直接定义的语词和用来进行定义的语词的意义。任何其他一个人均不能理解我们力图描述的世界。前两点表征的是认知主体对他人和外在世界的认知均离不开个人的主观经验知识这一知识论情境,它们与我们获得知识的能力相关。第三点表征的是,一个认知主体无法以一种公共的描述世界的语言来同他人进行交流这一知识论的基本情境,它与我们同他人进行交流的能力相关。

这样看来,知识论中确实存在着一个最为基本的情境:认知者不能离开其自身和事物的认知关系来认识事物,亦即我们不能把自己排除在认识活动之外去发现未被认识到的东西。因为,既然遇到甚至想到某事物在某种意义上就意味着去认识该事物,同时一个被认识的客体就已经伴随着一个认知者,那么人们就永远找不到这样的客体:它在某种意义上未被认识,或者它不伴随着一个认知者。因此,每一认知者在解决任何一个问题时,总会发现自己的影子,意识对象和意识不可分离。于是,我们承认自我中心中的呈现是知识论的阿基米德点,它是我们从事具体的认识活动之初所必然承认的一个基本的理论和事实前提。

这种作为经验知识的基础即知识论的出发点的"直接的呈现",也就是一种"所与",它指的是直接呈现在我们感官之前且我们未对其做任何概念性解释的东西。"所与"在知识论的研究中具有重要的意义,它几乎是整个20世纪的知识论所探讨的一个最为核心的内容,许多从事知识论研究的学者都曾对此理论有过系统而深入的研究。摩尔(G. E. Moore)在1910年所做的一系列演讲,首先把"感觉材料"(sense-data)问题带入了哲学知识论当中。之后,普赖斯(H. H. Price)于《知觉》一书中对"所与"给予了支持和证明,罗素于《哲学问题》、《我们关于外在世界的知识》中则详细讨论了"感觉材料"、"硬材料"与"软材料"的问题,艾耶尔(A. J. Ayer)在《经验知识的基础》、《知识问题》中则对引入"感觉材料"的方法、合法性问题进行了集中的讨论。另外,刘易斯(C. I. Lewis)在《知识与价值的分析》、《心与世界秩序》中,奥斯汀(J. L. Austin)在《感觉与可感性》中,赖尔(G. Ryle)于《心的概念》中,也都对于感觉材料有过深入的研究。

牟宗三对于所与的论述,显然是受到了上述西方知识论的影响。不过此种影响也基本上限于刘易斯的有关理论。他对于"所与"的论述并不系统,而只是一种涉猎。他没有具体考察"所与"的含义,"所与"的种类、形态与程度等问题,对于"所与"与格式塔心理学,"所与"与概念,"所与"与信念,"所与"与知识之间的关系,更是丝毫没有加以研究。他不是将直接的呈现称作"所与",而是将直接的呈现、主体事、客体事通通称为"所与"。"所与",在他的知识论当中是有着特殊的规定的。实际上,只有直接的呈现即牟宗三所谓的"现显所与"才可以算得上是真正意义的所与。牟宗三之所以把主体事与客体事也称为所与,是根源于他排斥本体性的心与物的存在,从而将其归结为事素之间的逻辑构造。而实际上,主体与客体,当它们不处于认识关系中,它们自身都是具有客观实在性的,具有相当的稳定性,这与才起即逝而具有极大变易性的感觉材料(与所与相关)是截然不同的。也就是说,作为结果的感觉材料与作为原因的主客体,其本质显然具有根本的差异。

坚持"所与"理论,就是坚持一种基础主义的知识论。只要我们从事经验知识的研究,那么为此知识的建构寻求一种适当的基础便是必须的,此基础即是在经验中所给予我们的东西,即"所与"。在 20 世纪中后期,传统基础主义因遭到了反基础主义者的激烈批判而式微。实际上,这种现状并不是基础主义本身的问题,而是由研究知识基础的方法、对知识基础的解释的不合理造成的,比如将感觉材料的存在与"所与"的存在混同为一个东西。说基础主义面临着一种衰退,还不如说研究知识基础所涉及的问题具有复杂性、艰深性。传统基础主义所面临的困难,主要是来源于人们经常将所与的如下两个特性混合在了一起:第一,某些信念是非推论地获得的,即我们是以某种更为直接的方式,而不是因为某种依据其他信念的证实或推论过程才拥有它们的。第二,所与通过保证这些信念的真理性而支持了它们。第一点结束了去证实那些来源于其他信念的信念所面临的无穷回溯的威胁,第二点则保证了此证实是真的而不是假的。实际上,这两个特性是应当加以区别的。未能探求这两个特性是否或在什么程度上是基础主义的知识论所需要的,这正是传统基础主义的不足。

也就是说,传统基础主义不恰当地认为:如果能够确证地持有基本信念,那么它们便是无误的或确定的,并因此可以被认为是真的。而基础主义的真正本质却在于:每一个被认为或确证地被相信为真的命题,它或者对于认知者是基本的,或者通过最终能够追溯到已认知或确证的基本信念的方式来得到支持。这实际上是一种弱的基础主义。原初信念是可误的,但在原则上可以极强地证实次级信念,并能够发挥一种重要的认识作用,尽管它不能承保无误的知识概念。不管怎么说,尽管传统基础主义面临着困难,但是基础主义实际上是建构实在主义知识论的一个最好的方式。与知识论以及认知者相关的唯一一个问题就是:知识从哪开始,以及知识如何超越出发点而加以获得。因此,我们应当坚持所与的信条(the doctrine of the given)。对于此信条,艾芬·费尔斯(Evan Fales)曾给予了如下详细的解释:

　　(a)存在着某些理解或经验,一个体对它们的内容或特性具有直接的即非推论的通道(即使它们在真理的获取上发挥作用的通道);
　　(b)在这些经验中,至少有一些是这样的:它们的内容(以及命题意识中的真理价值)至少有一些能够直接而确定地由拥有这些内容的个体来决定;
　　(c)这些经验在获取知识和已被证实信念上,起着一种基础的作用。[18]

可见,"所与"是一个感觉经验的内容或特性即可感特性(qualia),即经验的可感的、感官上的特性。以此来理解的"所与"也就是知觉所与(the perceptually given),它的本性并不在于它是确定无误的,而在于它不来源于任何其他判断。这样的所与在哲学上的重大作用即是,它为经验知识提供了出发点。以知觉所与来作为经验知识的基石这一观点也遭到了一些批判,比如塞拉斯(Wilfred Sellars)于《经验主义与心的哲学》中便提出了一个所谓的所与面临的二难困境[19]。另外,一些唯物主义者,例如达耐特(Daniel Dennett)、哈曼(Gilbert Harman)、米切尔·泰(Michael Tye),对于可感特性(qualia)的否认,实际上也包含着对于所与存在的反驳。不过这些反驳,从根本处来讲,实际上并未能对所与理论构成实质性的威胁。它们或者混淆了"可感特性"与"所与",或者未能提出有效而合乎逻辑的反驳证据。这正如艾芬·费尔斯在批驳塞拉斯时所言:

> 我认为,很明显,塞拉斯反对所与的论断,直接暴露了传统上由基础主义知识论的一个特别表述(感觉材料表述)所提供的论断的谬误;这些谬误自身并不足以表明不存在所与(或甚至不存在感觉材料)。不过除此之外,塞拉斯还提供了这样一个关于语言获得和知识的理论(或毋宁说一个理论纲要),它并没有假定对任何一类行为(这些行为能够完成基础主义者所要求于它们的作用)的直接意识。如果塞拉斯的理论是连贯的,那么它在基础主义之外,而且因此在知识论研究中引起所与的任何理论之外,便提供了另一种知识论上的选择。可是,表明——如果已经表明——基础主义不能给予经验知识以唯一可能的描述是一件事;证明基础主义是错误的,则是另一件事。[20]

因此,如果我们采取一种弱的基础主义的立场;如果将所与理论与感觉材料理论区分开来;如果承认所与具有一种命题结构,具有概念化的成分;如果接受原初判断的或然特性,接受所与本身具有原初判断所拥有的客观的或然性程度,那么所与是经验知识基础的主张,便依然会具有其强大的理论说服力和客观的必然性。感觉经验本身是经验知识的基础,而且是基础性的。直接来源于感觉经验的信念是初级的或基本的(primary or basic)经验信念。感觉经验和这样的经验信念,就构成了知识的经验基础(empirical basis of knowledge)。派生的、推论的、非基本的信念,则指的是全部演绎地或归纳地从此基础所推论出的信念。

综而言之,抛开知识的信念大厦是如何从所与这一基础而建立起来的这个问题不谈,知识的建构必须得有出发的起点,此起点即是所与。这样的"所与"是主客体共同作用所产生的东西,即所谓的直接的呈现。它是我们从事认识活动所从出发的题材,是与主体及客体本身有着根本区别的。因此,我们不赞同金岳霖将"所与"看做是外物或外物的一部分。

当然,这样的知识论出发点是具有私人性的,因为任何所与都是我们自己用自身的感官来感觉、认识对象时所造成的,它们显然离不开主体的参与作用。但是,承认这样的带有主观私人色彩的知识论前提,并不必然表明我们获得不了客观性的知识。实际上,知识的获取过程,难道不就是从我们自己的所与出发并不断地将其客观化的过程吗? 在知识论领域,我们应当坦然地承认我们认识之初是摆脱不掉私人性的,因为我们只能从带有私人色彩的“所与”出发来从事我们的认识和建构。以此认识和建构来获取知识,不是一蹴而就的,它往往需要一个漫长的不断前进和发展的过程,即知识客观化的过程。

第 3 节　直觉的统觉、意义与因果关系

知识论的前提是直接的呈现,但是生理自我中心的现起事(特体事)是一忽而过的,从而需要将其摄取和综摄,以作为经验知识的对象;而把住特体事,则需要直觉的统觉(the apperception of intuition)。

一、直觉的统觉的含义及作用

那么何谓直觉的统觉? 牟宗三说:“生理感引起一件事,然而有感即有觉。此觉名曰直觉的统觉。”[21] 直觉的统觉是认识心的一种功能,牟宗三也称之为“感触的统觉”。他认为,认识心可用以下两义定:“一、以了别对象为性,不以创生或实现对象为性,依是,与对象之关系是对立而旁处之观论(广义的)关系,不是主宰而贯彻之体用关系。二、其了别之用必以对象为所知,必限于对象而彰其实。假若无对象,则其用不显;假若无实对象,则其用为虚幻。”[22]

认识心的了别作用,在牟宗三看来,大体可以分为三个阶段:知觉、想像及理解。综言之,俱可曰统觉。这一主张明显与张东荪反对采取统觉的看法是相区别的。张东荪认为,自己的知识论的多元论于理论上无假定统觉的必要。这是因为我们每一个“简单的认知”(a simple apprehension)都是一个"整个的"（a whole），并且是一个"连续的整个"（a continuous whole）。在这整个之中自具有关联,所以也可以说是一个联系的整体（a connected whole）。因此他主张认识是对于整个儿之中起"分化"（differentiation）,而不是把"杂多"统一起来。认知是一种合成的产物（joint product）,其中有由外界映来的条理,有由内界自具的格式,又有中立性质而本不存在的感相。我们只能在事后来分析认识,决不能在未认识以前来创造认识。于是,张东荪主张应当毅然决然把超越的综合能力的统觉删除。张东荪的上述主张完全是受到了新黑格尔主义的整体观的影响,但又与其存在着差异,即他不是采取一种绝对唯心论,而是同时承认独立存在的外界具有条理。

张东荪上述对于统觉的看法是与康德的先有杂多而后进行综合的主张有着根本区别的。实际上,张东荪对于统觉的看法并不能构成对于康德的真正批判,因为他对于认识的分析强调的是认识结果的静态分析,而康德强调的则是对于认识过程的动态分析。牟宗三正是继承了康德的这种对于认识的分析方法。他认为,统觉的基础形态为"直觉的统觉",它随生理感的现起而呈用,其用为直而无曲的直接摄取。我们通常说"感觉"、"印象"或"知觉",这多注重物理一面,而不注重心用一面;而实际上是一感即觉,而感为生理感,觉即心觉。"感觉"者,才感即觉也。"印象"则说的是心觉的被动性,纯接受性,即对象作用于我们的心,犹如铭刻而印之。从物理方面说,虽铭刻而印之,但从我们的接受来说,也必定是以心觉来接受,接受之即摄取之。"知觉"是由感而成的觉,于是知觉也属于心觉。这样,感觉,印象与知觉异名而同实。直觉的统觉是就心觉的用来说的。

牟宗三认为,感触直觉[23]就是陷于感性中的认知心(亦曰识心)。陷于感性就是随顺官觉来起用,起着直接摄取的作用。"凡随顺官觉而觉者皆是一直的(直而无曲),故曰直觉。以随官觉故,故曰感触的(sensible)直觉:五官为万物所影响(所感动)而吾心被动地起而接受之即摄取之,此即曰感触的直觉。"[24]这种摄取依据洛克的说法也就是所谓的"把握"。洛克于《人类理解论》中就认为,人心在进一步地趋向知识时,有除了知觉之外的第二种官能出现,这种官能就是所谓的把握,它是能把由感觉和反省得来的那些简单观念加以保留的。保留的途径有两个:第一,它能把心中当下所得的观念,现实地在它的眼前保留一时,这就是思维(contemplation)。记忆(memory)是第二条把握的途径。它的作用是将那些曾经在心中印过的观念,或那些隐而不显的观念回忆起来。可见,人心对于"直接的呈现"有主观的把住力(retention)。

在牟宗三看来,直觉的统觉对于现起事的作用具体来说是这样的:感触直觉是一个"呈现原则"(principle of presentation),它将一个现实而具体的存在物认知地呈现给我们,其统觉作用对生理感中之现起事的摄取是直而无曲的。"直"说的是,如生理感之现起之所是而如如地摄取之,或曰接受之。比如听一声,即如其为一声来觉之;见一色,即如其为一色来见之。"无曲",说的是没有思想的辨解历程(discursive process)。于是,直觉的统觉具有被动性、接受性。

生理感中的现起事是直觉的统觉所摄取(apprehension)的对象,它为直觉的统觉所觉摄后便成为了"现象","所谓现象即是生理感中心中之现实事而为统觉所综摄者"[25]。那么,在牟宗三看来,现起事与直觉的统觉具有怎样的关系呢? 其一,二者的关系是一一相应的关系。这是因为心觉如其所如地综摄(synopsis,或译为"综观"。)现起事。这一综摄,从事一方即对事之现起的全体历程上讲,是无漏的;从心觉一方讲,是如其所如,既无过也无不及。无过是因为直觉的统觉直而无曲;无不及是因为如其所如不能有所不及。其二,生理感的现起与心觉之间具有外在关系。

牟宗三认为凡事之关系均为内在关系,而理与理间、数量关系、时间关系、空间关系均为外在关系。也就是说,凡形式关系均是外在的,实际关系是内在的。他在感觉上主内在关系,在思维或理解上主外在关系。但是,心觉是一动用,因而必为现起,而可名之曰现起事。它不是理也不是数量,怎么能说它与生起事处于外在关系呢?

对此难题,牟宗三的答复有两点:第一点,认识心的了别对象是如其所呈现之是而了别之,心觉之觉一现起事也是如其所呈现之是而觉之。

此种心觉只是一直而无曲的统觉,其本身无所涌现,统觉与现起事为外在关系。第二点,认识心之静处而与物对,因而具有外在关系。不过,牟宗三又承认认识心与现起事为外在关系,不同于纯形式的理、数量或时间空间之为外在关系,它是实际的。理或数量或时空之为外在关系成功逻辑之系统、数学之系统,以及只是形式之时空系统。而认识心之为外在关系,则成功知识论。总之,凡理或数量皆为外在关系,而有外在关系者不尽皆为理或数量。

二、直觉的统觉与意义

直觉的统觉具有把住现起事的重要作用,这种作用体现在对于"意义"的把握。"意义"是牟宗三在谈论知识论之始的一个非常重要的概念,它涉及到了因果关系问题,也体现了他的一种实在主义的知识论立场。因此,我们必须得对直觉的统觉与"意义"间的关系问题,做出仔细的分析。

牟宗三主张,与现起事具有外在关系的"直觉的统觉"觉摄现起事,所觉摄的东西,从内容上讲就是一忽之现起中所呈现的"意义"。直觉的统觉能够独立自足地供给我们以意义。意义实际上与直觉的统觉为等价关系,从而保证了意义的客观性具有直觉的确定性。直觉的统觉可以觉摄现起事所呈现出的意义,原因即在于直而无曲的统觉对于现起事有把住的作用。直觉的统觉,也就是经验统觉,对于现起事必有取着。"此种取着吾人即名为此统觉之'把住'。此统觉如现起事之为一忽之历程而把住之。"[26] 于是现起事留下一影子即表象,此种表象称之为直觉的统觉之表象。

既然牟宗三认为直觉的统觉觉摄现起事,是觉其意义,那么意义究竟为何? 这一问题涉及到知识的可能性。牟宗三认为知识的可能性可从两方面来讲:一方面,从知识自身讲,知识可能的客观方面的根据在于"因果的直觉确定性"。此根据只有内在的意义,而无外指的意义。内在即内处于直觉的统觉世界。"因果之直觉确定性"只保证有直觉之统觉之时之处即有因果性,无直觉的统觉之时之处,则根本不能说。因此,因果性系属于直觉的统觉来谈,因果所贯穿的现象也系属于直觉的统觉来谈。另一方面,从知识以外来谈知识的可能,即为知识寻找一先验形而上学的根据。因为:

> 如无超越之根据,则此直觉的统觉世界之全部终在飘萍之境也。内在于直觉的统觉世界者,似若觉其有内在之秩序;然总括此世界而观之,则左右前后皆无保障无安顿。譬如沙滩上之大楼,大楼自身有其内在之秩序,而外于此大楼自身之基础即沙滩者,则甚不稳矣。即以此故,吾人说"因果之直觉确定性"只有内在之意义,而无外指之意义。理解自身并不能稳定此世界。吾人由此渐渐逼迫至超越形上学之必要。[27]

接下来我们将具体地论述牟宗三对于知识的第一种可能性的看法。直觉的统觉可以独立地供给我们以"意义",此"意义"也被他称作"型",也就是所觉的对象。事不可留,是变的;意义可留,是不变的型。意义因为是心觉之所摄,从而为所,所以属事,为客观的,它不属于心觉。意义属事,随缘起事而呈现,那么它究竟如何呈现?

三、直觉的统觉与因果关系

型或意义在生理感之因果关系所制约之事中呈现,即在生理感之引起之为呈现原则中呈现。生理感引起一件事是事的呈现原则,生理感的引起是一种因果关系。"彼之如此而呈现者由于生理感之因果关系之制约。制约而成为如此之呈现,即有其为如此呈现之形式,此即此呈现之事之意义。吾因此意义而得觉其为某某之殊事。"[28]每一事的呈现都有其形式或意义,它便是直觉的统觉的真实对象。牟宗三认为"凡有直觉的统觉即有意义"为一普遍的命题,它有直觉的确定性(intuitive certainty),从而,意义与直觉的统觉有等价关系。由于意义的根据在因果之伦系,所以因果关系与直觉的统觉也有等价关系,从而保证事之生起的因果性也有直觉的确定性。

牟宗三具体地将因果关系分为垂直因果和横面因果。他认为生理感的引起为垂直因果。比如为耳所听之声为目所见之色,此声此色即在生理器官的制约中,我们即在此制约中来觉声色。不过他又认为,声色与生理器官的垂直因果容易说明,但撞钟与钟声间的因果关系则不易说明。再比如,水与火灭、吃砒霜与死、打弹与弹间之冲击等,也不容易说明。这样的因果,牟宗三称为横面因果。对于此种因果,他主张我们在直觉统觉中不能够获得因果超越而客观的根据,同时他也反对康德认为可以在知性中获得此根据这一主张。

不过,牟宗三又认为,虽然在直觉的统觉中不能谈因果的必(有理性的根据)与不必(无理性的根据),但是可谈因果的有与无。直觉的统觉独立地给我们以意义,觉一件事即觉一意义。如果两件事相连生,除非其无意义可给,如果有,那么相连而生的两件事就有一意义或脉络弥纶于其中,从而形成一个如此呈现的有结构的整体。虽然此一结构的整体,所谓的脉络或伦系,不必即是因果关系,如对比、相反、同异、大小、左右、上下等等关系也可说为结构的整体,从而给我们以意义。但牟宗三对此的解释是:如果从物理界的实际变化来说,因果是最广泛最普遍的,从而可与"意义"相一致。如果因果关系是最基本的物理关系,那么在直觉的统觉范围内便以意义的呈现来说明其为实有。于是因果关系与直觉的统觉有等价关系,因此关系,我们说因果关系有直觉确定性,虽无理性必然性。因此直觉确定性,我们说"凡直觉的统觉所觉之事皆非无因而起者"这一普遍命题不是一个归纳的普遍化,而是表示个个当下现实统觉的综称。因此,这一普遍命题乃是一个放得下的当然之全称命题,所以也有直觉确定性,虽无逻辑必然性。

然而,在牟宗三看来,因果关系在两种情况下是会脱落的。

其一,假如生理感所引起的缘起事只被视为材料而不被视为有意义,或将其外延化而只视之为一件一件之量的事,如一点然,如一时空单位然,而不视之为一动态之物理历程,那么因果关系便会脱落。此点实际上是牟宗三对于休谟因果观的批判。他认为休谟过分重视单一事的感觉或印象,所以只能认识点之事,而不能认识线之事。"休谟不认脉络为实有,只有点而无线,即将一切关系脱落而无余。于是,只为点事之相继与会合,于感觉亦只为点感觉之相继与会合。推而至于极,事为刹那事,感觉为刹那感觉。点点相续而无连络,点点会合而无交涉。吾之世界即为吾点之感觉所纳之点事所成之世界。依此而言,吾于事象自无因果关系可言。"[29]牟宗三认为休谟的这种感觉论破坏了因果关系的存在,而他自己则主张因果关系为物理关系。如果它为具体的物理事,那它必为一变化的历程,必有脉络弥纶于其中。

其二,假如我们以一种冷观或不关心之观照的态度来观察事象,那么因果关系也会脱落。牟宗三认为,认识心有两种,一是成知识的认识心,另一种是超"成知识的认识心"之认识心,此种心虽超知识,但也被称为知识心,因为它并非形而上的心或道体的心。因此,即使在成知识的认识心范围内,对因果关系予以暂时的直觉确定性,但在"超成知识的认识心"之认识心上仍可以脱落因果关系。牟宗三认为道家和佛家的超成知识的认识心即超理智的认识心,不是儒家所达到的道体的心,于是脱落了因果关系。他认为自己于《认识心之批判》中所想做到的是如下的两步工作:一是在成知识的认识心内,建立因果关系的直觉确定性;二是在道体的天心上建立因果关系的理性的必然性。

为了回应因果关系所可能有的两种脱落情况,牟宗三提出了自己对于因果的三种态度:第一,直觉的统觉上之直觉的确定性;第二,理解上使用概念之逻辑必然性以客观化之;第三,自形上学上寻出其理性之根据以保证之。依第一点,因果关系虽然有直觉的确定性,但仍隶属于主体;依第二点,客观化因果关系是知识论的任务;依第三点,因果关系的理性根据之保证足以极成其最后而真实的客观性及普遍性,这是属于形而上学的。牟宗三的《认识心之批判》一书即是以第二个问题为主而谈论因果关系的。

那么牟宗三究竟是如何具体保证因果关系的呢? 换句话说,因果关系的根据在他的哲学中究竟是什么? 对此,他具体地提出了对因果关系的两种论证。

其一,从具体物理事及生物生理的实践生活证实因果关系的直觉的确定性。他认为,机动的物理事反对外延的量化,物理事实带机动性、黏着性,具有连绵性,因此是强度的。每一强度事生起后总有一个归结,依此总有一个归结来谈因果关系。生物生理的实践生活则是实现此机动的物理事。于生活的实践或践履或行动上,才能实际地证实因果关系的实有。另外,普遍的因果性有直觉的确定性,即直觉的统觉可以直接供给我们寄托于普遍因果性中的意义,于是谈直觉的统觉可以直接供给我们以因果之事实。不过,统觉是觉之事,它以作为做之事的实践为本。觉必在生活行动中,本生活行动的历程而觉。我们觉事象有关系,是基于做之实然、定然。

其二,自然因果的理性的根据是意志因果。牟宗三认为,基于生物生理之实践生活而对因果关系所做的证实,虽然是一种证实,但具有不足之处。限于知识来谈自然因果,其实有之证实在于生物生理生活之实践。这虽证实因果关系实有,然而因为其属于事,又因为生物生理生活自身也是事,其自身所引起所遭遇者也是事,因此虽证实因果关系实有,但所谓证实仍只证实其属事之关系,而非属理之关系。如其为属事之关系,则虽以践履证实之,而仍不能有理性之根据,也就是其关系仍不能为理之必然关系。其关系有事之联结,由践履而知其为实然为定然,但是不能称之为必然,因为其非属理所以无必。

牟宗三称,第二种论证是从超越生物生理生活的动的实践生活,即从实践理性的生活来论证因果关系。生物生理生活证实自然因果,实践理性生活证实意志因果,理性生活宿于生物生理生活中而为其主,也就是意志因果宿于自然因果中而为其主。基于此,他认为,只想从思想上建立因果的先验性与必然性,则必与事实无补。因为因果关系是一种产生的关系,只有以充足理由式的意志因果才能保证因果关系的必然性,才能获得因果关系的先验的理性根据。思想上的范畴或形式条件不能使因果关系由实然、定然变为必然。思想中的因果观念为普遍必然的,但它不能产生事实上的必然。

我们知道,在因果关系的问题上,康德也提出了自己的说法,他不承认自然界本来具有因果关系。他是以知性的因果性范畴来说明和解释现实世界如何具有因果关系。这是知性为自然立法的一个表现。但是,康德的说法是有偏颇之处的。实际上,思想上必然的因果对于经验事实的关系只有两种可能:第一,我们不能不如此着想:假若我们不用此等概念,我们不能思,也不能对对象有所思,即不能当做一对象而思之,这是以我们必如此思来厘定所思的对象必须接受此思的方式;或者说我们必如此应用,而对象也必然接受此应用。由于对象必接受我们思想上的必然的因果,所以以此来先验地保证事实有因果且为必然的因果。这一点表明的是我们如此思想中的必然在应用上的必然有效,它是主观的或内在地自足的。事实与思想为异质的两层,事实本身的因果总不能因我们必如此思而成为必然的。第二,我们不但必如此想,而且必须如此地构造之。依此,经验事实虽然与思想为异质的两层,但事实只为材料,形式则尽在思想,思想的必然因果必落下而成为事实(现象)的必然因果,而必然的应用与有效也就成就了事实的必然。

基于此两种可能的分析,我们认为,康德是模棱含混于上述两种可能之间。因此在他的关于因果关系的理论当中,便时常存在着某种二元对立的状态。他一方面认为客观对象的因果决定人们主观的感知次序,另一方面又说人们的先验范畴通过时间次序产生了客观对象的具体因果,因果又是知性规范感知而给予对象的;一方面认为先验的因故范畴自身并无意义,也不能独立存在,它只能存在于经验之中,另一方面又说它可以逻辑地独立于任何一个具体的经验因果,而且是所有经验因果的前提条件;一方面他反对因果属于理性本身,可以加以超验的使用,具有超验的普遍有效性,他自己主张因果的使用和有效性必须体现在经验中;另一方面他也反对因果只是知觉表象的主观习惯,毫无确定有效的客观性质。他自己主张因果必须具有普遍的有效性,它不能来自经验,不能从经验中归纳概括出来。康德为了反对休谟的怀疑论和莱布尼兹——沃尔夫的独断论,从而既主张因果的客观性也主张因果的先验性,这是他在因果问题上陷入矛盾的一个基本症结所在。

牟宗三看到了康德在处理因果问题时所陷入的混乱和窘境,于是他严格地区别了客观世界中的因果关系和思维世界中的因故格度(the formal scheme of ground-consequence,根据归结形式图式）。一方面他直接继承怀特海的思想而直接承认现实世界存在着因果关系,另一方面又依据他对于逻辑的独特理解而提出了知性中存在着因故格度,并以此来引导和诱发因果关系,而不是将其看做现实因果关系的根据。关于此种解决因果问题的做法,我们下文还将详细予以评述。牟宗三认为,由于思想上的必然因果是主观的、内在地自足的必然,所以它的应用与必然的有效,一定得在事实因果之直觉确定性建立后才会可能。这种直觉的确定性,从所方面来说,必系于具体物理事的恢复;从能方面来说,必系于心觉之自生理机体中彰著出。意义即是内在于物理事中,它呈现而被心觉所摄。有直觉确定性之意义,如果特殊化之,即为因果关系,因此因果关系也有直觉的确定性。有直觉确定性的因果关系,即是心觉所直觉的形式或意义。

总之,牟宗三主张,我们不能从自思想上之概念的必然来谈因果关系的先验根据。康德所说的先验根据只是我们使用因果概念的逻辑权利与使用此概念的先验性。我们不能以此使用的逻辑的必然性及先验性来证明事之因果的必然及其先验根据。从牟宗三的解决途径来看,他明显采取的是我们上文曾提到的处理思想上必然的因果与现实世界之关系的第一种可能。康德的观点是:我们必须如此思,而且必须如此思借以思对象,因此对象必遵守此思之方式,而且只有具有此方式才可成其为对象。牟宗三则认为,此种论据实有滑过之处,即将虚的倒映,内在地自足者之投射作为实际的存在。假如我们能从理解上证明我们所使用的不是因果观念,那么使用因果观念的逻辑必然性也是得不到的。我们所使用的不是因果概念,而是类乎因果之因故,我们借此可以客观化事之因果。

四、对牟宗三因果关系理论的一点评价

客观而公允地讲,牟宗三对于因果关系的重视是有意义的,因为科学知识论中存在的一个基本的预设就是结构的预设,即现实世界是有结构的。于是,"认识论的基本问题,仍可以一般地表述为:认识结构与现实结构是如何达到(部分地)一致的?"[30] 在对于世界的认识问题上,我们

赞同假设实在论的立场。素朴实在论主张存在一个实在的世界,它就像我们知觉到的那样。这种主张足以鼓舞我们去认识外部的世界,但其可以被许多合理的理由所驳倒。宽泛意义上的批判实在论也主张一个实在的世界,但认为它不是在所有方面都像显现给我们的那样。严格的批判实在论则同样认为存在着一个实在的世界,但它的结构并不像显现给我们的那样,而且在可以直接经验之物与不依赖于经验而存在的东西之间,此派人士做出了严格的区分。与这些主张均不同,假设实在论认为,我们假定存在着一个实在的世界,它具有确定的结构,这些结构是部分地可知的,并且审察,我们凭借这些假设会取得多大的进展。

但是,牟宗三将现实世界的结构单一地归结为因果关系则是不科学的。世界的结构为何单单是因果关系? 现实世界的结构是复杂而丰富的,牟宗三单单以因果关系来规定此结构,显然剥夺了世界的这一结构的丰富性。而且,即使世界的结构是由因果关系来加以规定的,他所提出的对于因果关系的二种证明,或曰两种保证,也是我们所不能够赞同的。

牟宗三的第一个根据是基于生物生理的实践生活,而因果关系的保证正是理论中的事,它不是实践中的事,它只能在理论中来加以研究。现实生活中我们是否见到和应用因果关系,这并不能成为因果关系本身的一个有力的根据和证明。因果关系的讨论,只能放置于理论的视域之中来谈论,它所涉及到的是:两种现象的过去恒常的一致,是否会有其未来的同样如此的关联。此问题涉及到了归纳原则等十分复杂的哲学问题。它并不是牟宗三先生如下所言的这样简单:"吾欲知由太阳可以取暖乎? 只须将吾身体置于正午之阳光中。吾欲知由太阳光可以取火乎? 只须取一凸镜摄集阳光于一点。钻木取火,原始人已知之,实践故也。此即以行动而证实因果也。"[31] 这是以常识的态度和立场来谈论因果关系,这一做法显然是不科学、不合理的。也就是说,知识论虽然离不开常识,但是它远远高于常识,远远多于常识。我们不能站在常识的观点上来解决哲学知识论中的问题,来证明因果关系的客观存在。

牟宗三对因果关系的第二个保证,更不能令我们赞同。以意志因果来最终保证自然因果,以道德实践来保证生物生理实践,这是无论如何也保证不了因果关系的。单不说意志因果也属于实践生活中的事,它无法合理和充分地保证因果关系,就是意志因果本身也是大成问题的。我们要问:可以保证自然因果的意志因果难道不需要一种保证吗? 如果需要,由什么来保证呢? 意志因果既然是一种因果,当然需要一种保证,以一种需要加以保证的因果来保证另一种因果,这可能吗? 显然,这必然会陷入循环论证的怪圈。牟宗三之所以会提出自然因果的最终先验的理性的根据在于意志因果,这实际上是他的德性优先于知识的道德理想主义在作怪。而德性优先于知识的说统,在我们看来,又有其不可避免的困难之所在,关于此可参见后文的论述。

总之,牟宗三并未能真正地解决好因果关系问题,尽管他为此确实做出了比一般人更为细致和丰富得多的艰辛的理论探索。

事实上,如果我们谈论因果关系,我们就不能不谈因果律,而谈因果规律又涉及到归纳方法,归纳方法又涉及到归纳原理。归纳原理是归纳方法的根据,是因果律的根据。而这样来理解的事实上的因果关系显然不是逻辑上的必然的因故联结,也不能是道德领域中的意志的因果,而只能是一种概然的一定。逻辑上的因故归结这两个概念的联结,当然具有必然性,但是它与事实无关,是属于牟宗三所谓无体的形式系统。意志因果属于道德领域,不属于认识领域,而且意志是纯粹心理范围内的意志,还是属于心理与事实发生关系的意志,牟宗三也没有做解释。总之,我们在言称意志因果与自然因果之间的关系的时候,是不能如牟宗三那样轻易下结论的。

牟宗三之所以提出存在因果关系并对其做出了论证,这主要是受到了怀特海思想的影响。怀特海认为我们的知觉(perception)本来有两种模式:一种是呈现的直接性之模式(mode of presentational immediacy),另一种是因果的效应性之模式(mode of causal efficacy)。"知觉不只刹那感觉之直接呈现,且为因果伦系之发展历程。不惟直接呈现之感相为可觉,即此因果伦系亦可觉。惟吾人之觉知既具因果实效式,则因果实效式中之直接呈现亦必非休谟之刹那感觉与单纯生起。"[32] 休谟和康德只是承认第一种模式,因此休谟认为事中没有因果关系,康德则认为因果关系是一个知性概念,是我们的知性依此概念而先验地决定的。牟宗三则是继承了怀特海的思想,也主张事中存在因果伦系,它是在知觉中呈现的,这种呈现也是知觉地直接的,不是推得的。进而,他认为知觉"事"中这一直接呈现的因果效应,就是我们知性凭借思解三格度所成的超越的运用所当之机。因此,这一主张体现出来一种实在论的倾向,牟宗三自己称之为"暂时的实在论"(provisional realism),即超越运用下的实在论。可见,牟宗三不是如休谟、康德那样去讨论因果关系的存在与否、它的普遍性必然性等问题,他实际上是以取消或回避这些重大问题的方式而直接承认了因果关系的客观实在性。

不过,我们知道康德知识论所具有的主要特色之一,即是在于其力图扭转人们的实在论心态的。他所实现的哲学上的"哥白尼式的革命",可以说正式标志着西方哲学开始由本体论转向知识论的研究。他之所以能开创这种转向,主要是因他处理问题的角度有了一个根本的变化。时间与空间是人的先天直观形式,也就是说它们是经验直观的普遍必然的形式或条件。先天直观指的是空间与时间对于经验直观、对于感觉有普遍的、必然的效用。因此康德认为,并不是说外在的事物本身具有时间性与空间性,而是认识主体通过其认识机构中的直观把时空形式加于外物之上。同样,康德也反对客观外界事物之间本来就具有因果关系,而主张这种关系是认识主体通过其认识结构中的知性把因果范畴加在外物之上而产生的。对于康德的这些看法,我们会在适当的场合予以评判。

与康德不同,牟宗三承认世界本身是具有因果关系的,这是正确的。但是,他一方面继承了康德对于认识主体之作用的强调,另一方面又承认怀特海的思想而认为客观现实世界之因果关系的存在,从而造成了如下一些理论难题:既然世界本来具有因果关系,那么其根据何在?假如世界本来具有因果关系,那么我们谈论与事实无关的逻辑学上的因故格度还有必要吗?作为事实世界中的因果关系与作为逻辑世界中的因故格度,它们之间的关系又如何加以保证?牟宗三单是以直觉的统觉来谈论属于客观现实世界的因果关系这一复杂问题,显然是做不到的。

牟宗三对于因果关系的承认显然具有一种实在论的倾向,既然具有实在论的倾向,那么它只能是一种对于因果关系的本体论上的承诺,而并没有对其本身做出细致的论述。因此,此种主张也就免除不了观念论者如休谟对其客观必然性所提出的批判和质疑。事实上,牟宗三在此同样混淆了本体论与知识论的问题。对于因果关系的质疑以及对其所进行的某种解决,是属于知识论范围内的问题,它是我们站在知识论的立场处理问题所必然面临的一个理论难题。即使我们姑且以某种原因承认因果关系的存在,这也是本体论领域内的事情。如果放入知识论领域,其成立与否,如成立如何认识,如不成立又如何加以反驳等等这样的问题,都是必然会呈现出来的一些问题,这些问题是牟宗三本人无论如何也是要面对的。

从哲学史上看,康德之前的哲学家们并没有处理好本体论与知识论的关系。尽管自培根和笛卡尔起,近代哲学一直重视知识论。但是在康德以前,知识论与本体论往往纠缠在一起而没有分离开来,一般来说知识论是处于从属的地位。正是因为康德才改变了这一情况,旧的本体论被否定了,知识论宣告独立。但是在康德之后,黑格尔又以本体论来引出知识论,二者之间的关系同样未能处理好。牟宗三并没有继承康德于《纯粹理性批判》中所郑重申明的一个基本主张,即知识与道德、知识论与形而上学是分属两个不同的领域,因此陷入到因混淆二者而产生的困境之中,从而造成了本体论与知识论之间始终存在的一种不合理的杂糅和混淆状态。

注　释

[1]牟宗三:《认识心之批判》(上),见《牟宗三先生全集》(18),台北:联经出版公司2003年版,第3页。

[2]牟宗三:《认识心之批判》(上),第4页。

[3]金岳霖:《知识论》,北京:商务印书馆1996年版,第149—150页。

[4]对"主体事"与"物理事"的理解,可参看牟宗三翻译的怀特海的《观念的冒险》一书的第11章译稿,"客体事与主体事",《牟宗三先生译述集》,见《牟宗三先生全集》(17),第357—377页。

［5］牟宗三:《认识心之批判》(上),第5页。

［6］牟宗三:《认识心之批判》(上),第6—7页。

［7］贝克莱:《人类知识原理》,北京:商务印书馆1958年版,第20页。

［8］关于此请参看张东荪:《认识论》,上海:世界书局1934年版,第123页。

［9］牟宗三:《觉知底因果说与知识底可能说》,《牟宗三先生早期文集》(上),见《牟宗三先生全集》(25),第308页。

［10］张东荪:《认识论》,第51—52页。

［11］Please see, Russell, Bertrand. *An Inquiry into Meaning and Truth*, London: Routledge, 1997. Chapter 9, "*Epistemological Premises*".

［12］Russell, Bertrand. *An Inquiry into Meaning and Truth*, p. 133.

［13］金岳霖:《知识论》,第27页。

［14］金岳霖:《知识论》,第130页。

［15］洛克:《人类理解论》(上册),北京:商务印书馆1997年版,第68页。

［16］洛克:《人类理解论》(上册),第115页。

［17］"自我中心困境",在培里看来主要有如下四个方面的内容:

第一,为了要想发现一个事物(T)恰恰是怎样为某一认识关系 $R^c(E)$ 所规定的,就要去发现一些关于在此关系之外的事物(T)的例子,以便于可以把它们和在这关系之内的事物的例子加以比较。但是我们无法发现这样的例子,因为"发现"也是欲避免的这种关系的一种。因此,我不能做这样的比较,也不能以此方式回答我原先的问题。这是认识以内的对象无法同认识以外的对象相比较的困境。

第二,为了要证明认识关系 $R^c(E)$ 对事物所进行的规定,就必须得考察同一个事物(T)在它和除开我以外的某个认知者(E)进入这样关系之前之后的情况,但做此比较时,我就建立了这件事和我自己的关系,因此不能使得这个事物(T)完全免于这种关系。这是认知者无法就同一对象和他人进行沟通的困境。也就是说,当他把自己的意见告知认知者时,他人的意见业已进入了认知者的意识范围,从而认知者同样无法把其意识内的"他人意见"同意识外的原来的"他人意识"相比较。

第三,在自身意识领域之内,可设法确定抽象出这个认识关系,以便外在地去论述经过抽象以后剩下的其他关系。然而,在我对这些认识关系做了抽象以后,我仍然必须去"处理"剩余关系。这种"处理"本身又是应当废弃的这种关系的一种。这是认知者无法摆脱认识关系去认识事物的困境。一个人不能离开意识而存在,因为一想到它,事实上就把它置于意识之内了。因此,认知者无法真正求得事物的原型。

　　第四,实际上,如果我减除了一切的认识关系,我也不能看见这个事物发生了什么事情;如果我停止了思维我就不能思考它发生了什么事情,对一切认知模式都是如此。如果这样免除了所有的知识,我并没有在经验上消除被知的事物,而仅仅减除了知道那个事物是否被减除的可能性。这是消除认识关系也就中断认识并失去认识对象的困境。认识关系是我们从事认知活动的一个基本前提,如果消除此种关系,则我们事实上并未进行认识,因而也就舍弃了认识对象,更谈不上获得知识了。(关于此请参看〔美〕R. B. 培里:《现代哲学倾向》,北京:商务印书馆1962年版,第127—128页;或培里《自我中心困境》一文,《江西社会科学》1995年第3期)

[18] Fales, Evan. A Defense *Of The Given*. London:Rowman & Littlefield Publishers, INC., 1996. p. 6.

[19] 关于此二难困境可参看:Sellars, Wilfrid. *Science, Perception, and Reality*. New York:Humanities Press, 1963. p. 129. 除此之外,另一位当代知识论学者班玖也对于"所与"理论提出了批判,关于此可参看:BonJour, Laurence. *The Structure of Empirical Knowledge*. Cambridge, Mass.:Harvard University Press, 1985.

[20] Fales, Evan. A Defense Of The Given. p. 132.

[21] 牟宗三:《认识心之批判》(上),第19页。

[22] 牟宗三:《认识心之批判》(上),第8—9页。

[23] 感触直觉即我们通常所翻译的"感性直观"。康德认为,只有主体具有的先验的感性直观形式与外界提供的感性材料相结合,才会产生现实的即经验的感性直观。

[24] 牟宗三:《现象与物自身》,见《牟宗三先生全集》(21),第134页。

[25] 牟宗三:《认识心之批判》(上),第374页。

[26] 牟宗三:《认识心之批判》(上),第16页。

[27] 牟宗三:《认识心之批判》(下),见《牟宗三先生全集》(19),第622页。

[28] 牟宗三:《认识心之批判》(上),第20页。

[29] 牟宗三:《认识心之批判》(上),第25页。

[30] 〔德〕福尔迈:《进化认识论》,舒远招译,武汉:武汉大学出版社1994年版,第

78 页。

[31] 牟宗三：《认识心之批判》(上)，第 29 页。

[32] 牟宗三：《怀特海论知觉两式》，《牟宗三先生译述集》，见《牟宗三先生全集》
　　　(17)，第 224 页。

第3章 知识的客观化

由"直觉的统觉"所获得的现象是具有主观性的,这是因为生理机体所接触的生起事是气质的事,它总是主观的、私人的。在牟宗三看来,这种"主观的"意思可以从两个方面来讲:

> 一、为生理机体所制约,而隶属于生理之主体;二、为直觉的统觉所觉,虽不为想像之游戏或主观之幻像,然直觉的统觉是我之觉,我之觉虽有其所觉,可以直接给吾以意义,然此所觉之"意义"总隶属于吾之当下之觉,而不能为客观而公共,因此而为主观的。从其隶属于生理机体言,气质的事是生理地主观的;从其隶属于直觉的统觉言,则是心觉地、或观点中的主观的。从此主观的境况中,吾之生理感接触一件事,吾之统觉即随此事之生起而摄取一"意义"。意义不变,而事总是变。意义虽不变,而总隶属于心觉之主体。[1]

可见,生起事即知觉现象或感觉现象是主观的、变化的,"而如果是主观的变化的,则知觉现象即不能为知识之客观的对象,而感觉或知觉亦不能给吾人以知识,依是,知觉现象如何能客观化而为知识之真实对象,乃知识论中必须努力解答之问题。"[2]这样看来,具有主观私人色彩的知觉现象显然不是知识,于是涉及到如何客观化生起事从而获得客观而公共的意义这一问题。为了解决这一问题,牟宗三主张要以理解上使用概念之逻辑必然性来客观化由生起事所体现出来的因果关系。

第 1 节 现象的本体与知觉现象的客观化

牟宗三谈到,意义是在事的生起过程中呈现的,事一起即逝,过而不留。如果只有变的事,而没有恒常的持续不变的东西,那么变化的事之所以成为变化的事便不可理解。事不成其为事,而随事的生起历程而现的意义便虚浮而无实。于是,不仅需客观化一个意义,而且须客观化一件事。这是客观化生起事及其意义的必要性。

那么究竟如何进行生起事的客观化呢?牟宗三认为:"自客观化一件事言,不变者之本体是不可少的。"[3]不变者之本体是变的事之为变的事的标准,也是变的事的承载体,变的事是情态。变者之事是不变而能变的本体在时空中所呈现的变化。不变的本体不能从材质或气质上着想,因为材质自身如果是不变的本体,那么虽不变但不为能变,它必为"干枯的死体";如果材质或气质都是变者之事,那么它不能成为本体,必须有不变而能变的本体使它变化。不变的本体也不能从理式方面着想,形上的理式不在我们的认识范围之内,知识论的理式是因果之伦系,它是直觉的统觉所觉之事的"意义"之所在。意义本身不变而恒住,但是如果说情态是因果理式的情态,显然不对。以因果线代本体,根本不可能。因果律或者在情态与情态间发现,或在不变而能变的本体与其情态间发现,但无论从何处发现,都不能代替本体。

如果不变之本体不能从材质或气质、不能从理式上讲,那么承载情态及情态间的因果关系的本体,究竟为何物? 牟宗三认为:"不变者之本体暂定为个体之'个性',或个体之统一,此是情态(谓词)所隶属之暂时的主体(主词)。"[4]情态黏着于个性或个体的统一而成为一个个体。这种个体的统一,牟宗三称之为"现象的本体",即表现出的本体,或"暂时主体"。牟宗三对"暂时主体"的理解主要有如下几点:

其一,"暂时主体"是非科学的。"暂时主体"虽类似但不同于科学实验中所达到的电子或量子。因为电子或量子本身的存在不是必须肯定的,而且对它们的认识也受实验的限制。与此不同,"暂时主体"是认识上必然的,是理论上必须肯定的。

其二,"暂时主体"是非逻辑的。"暂时主体"也不同于逻辑原子论中的原子式的个体。因为原子式的个体是运用逻辑分析所平置而成的,但"暂时主体"不由逻辑分析而平置,也不即以个体为主体。不由分析而平置,是因为"暂时主体"为认识上必须的,是情态及情态间的关系所以可能的理论上必须肯定的。它是知识论的、批判的,而不是逻辑分析的、试探性的。不即以个体为主体,是因为个体必带情态,而只有个体的个性或个体的统一性才有持续不变的本体的意义。如果只是个体,那么没有不变的。

其三,"暂时主体"是非形而上的。"暂时主体"既然由个体之个性来表显,那么它也不同于德谟克利特(Democritus)的物理原子论中的原子及莱布尼兹(Leibniz,Gottfried W.)的单子。因为原子与单子都是对宇宙最后真实有肯定,而"暂时主体"对最后真实无所肯定。牟宗三认为,作为批判的或知识论上必须预定的"暂时主体",需要一种超越的决定,凭此既可与逻辑的、科学的、形而上的本体区别开来,也可客观化生理机体与心觉观点中的生起事。

知识论上必须的主体是暂时的现象的主体,这是因为现象的个体是需要形上实体及超越对象来作为根据和保证的。个体之为个是由于恒常的主体,此主体相应个体而为主常。不过个体是一聚,由于聚本身可以散,所以聚本身不是恒常的本体。恒常的本体源于所以聚者。"所以"是指"内在的所以"来讲的。内在的所以聚者即是将许多现象聚于一起的那个型式,也就是重重叠叠的因果律。此型式将现象纳于一起,"同时即显示出整一的个,而从整一的个将其所统者抽去即反显一拆不开之统一,故曰个体之统一,此统一即形成一单一。此单一即是吾人所说之认识论之主体,此单一若与其所统之情态合,即说为是情态之主,而情态即是此主之谓。主谓之合名曰个体。"[5]单一的本体是现象的,是个体之为个的内在的所以然。由暂时的现象的主体之"个体之统一"的超越所以然方面着想,所获得的是形上实体,依据形上实体而摄聚情态于一起,所得到的是非现象的超越对象。

基于以上的分析,我们可以知道在牟宗三这里,现象的个体是不同于非现象的超越对象的,它本在获得形上实体前,需要客观化,需要另有途径来决定它。决定它为客观的个体就是显示出现象的本体。而为了决定出现象的个体之为个,决定出恒常持续的现象的本体,那么所做的决定必须是超越的[6],必能有必然性。牟宗三主张,这种超越的决定必须得溯根于心觉之能上,从此心觉之能向外对于现象施行套套的措置才可成功此超越的决定,一套为时空系统之超越的决定,一套为纯理系统在理解中进行具体运用时所表现的概念系统之超越的运用。

决定现象中个体之为客观所需要的两个系统,即时空系统与理性运用中之概念系统,它们的作用是不同的。于时空系统方面说超越的决定,是因为时空为心随直觉的统觉而建立的,建立后来直接用于现象而成功时相与空相。时相空相就是时空系统对于现象的超越的决定。如此决定后,在现象的时相方面,说其时间的久历或继续;在现象的空相方面,说其空间的广袤或体积。于是现象个体之为个便有形式的轮廓或表征,从而时空系统的超越决定对于个体之为个为形式的决定。

与此不同,纯理系统在理解中所表现的概念系统,对于现象是一种运用而不是决定。因为概念系统对于现象只能有诱导的运用,而不能放下而平铺于现象。这种超越的运用可以透过纯形式的时空而达到现象的实际,所以是对于现象的个体之为个的实际的决定。牟宗三于是说:"时空系统之超越决定决定个之为个之形式轮廓,因而如此可名曰生起事之形式的客观化。概念系统之超越的运用决定个之为个之实际轮廓,因而如此可名曰生起事之实际的客观化。"[7]个体之为个既然能超越地决定出,那么它的个性或个体之统一便随着此种决定而显示出来,因而显示了它的恒常持续而不变的特性,即恒常的本体。

在此,我们可以看到牟宗三的主张与康德存在着根本的区别。康德是将本体视为范畴之一,他以持续常住作为它的图型[8],从而作为沟通现象和纯粹理智概念之一的本体的媒介。于是,康德力图建立本体的客观有效性这一问题。不过,康德对于本体的这一看法是存在着诸多困难的。

其一,如果视本体为一个先验的纯粹概念,那么在建立其客观有效性的时候,实际上只表示我们的辨解的思考必须如此,我们先验地有使用此概念的逻辑权利,可是思考的必须如此思并不表明所思方面必有此常住,而且必如此思也不能于外界投射出一个实际存在的常住。现象的本体是实有的,决不只是一个概念,不是概念的必然使用可决定出的。

其二,康德以时间作为论证常住的根据。不可觉之时间自身是恒常的,它要成就种种时间决定即时间中现象的关系,必须在客观方面预定一个表示时间自身的"恒常体"。恒常的时间落在现象中成为种种时间中现象的关系,但这些关系都表示变化,因而预设一不变者。此不变者决不能是时间自己。现象方面必须有一个持续常住的东西,它既表示作为种种时间底据的、为一种纯形式的时间自身的恒常,也可作为变化的现象的本体。但由于时间自身是独一而同质的,康德由此而逼出的持续体也必是独一同质的。此持续体,如果视为本体,必是弥漫于全体现象宇宙而为一个不可分的连续体,从而不能建立个体的持续体。

其三,康德自时间自身论持续体,似乎不应再进而说它是什么,但他又进而必意谓它是物质体,又只限于外感,内感无体。

与康德不同,牟宗三自己则认为应当从"个之为个"处来谈本体,从而将本体视做个体的个性和个体之统一,它是由重重叠叠的因果关系的结构形成的。这样来看的"本体"是"力"与"理型"的合一。一方面,只说统一之单一,则其为本体只有形式的意义即"理型";另一方面,本体既恒常而又能变,则统一之单一又有实际的意义即"力"。理型的单一由统一来显示,力的单一由重重叠叠的因果关系的辐辏来显示。

从客观上讲,尽管康德所提出的本体一概念具有上述的一些困难,但牟宗三提出应从"个体之为个"处来谈论本体,这也是很成问题的。此处所涉及的是本体与属性之关系的问题,即现象与实在之关系的问题。很明显,现象是变动不居的,因为它是作为主体的我们以我们的感官官觉和客观对象共同作用来产生的,它显然并不能代表事物真正的本质。能够代表事物之实在本质的是呈现现象并作为现象根据的物理客体,每一个体或事物都有自己的物理客体。全部的物理客体之总和,就是作为本体而存在的物质。

据此,我们说康德承认物自体的存在是有其合理之处的。因为只有承认现象背后作为物自体而存在的本体,我们才能保证现象的存在具有客观的根据。也就是说,当我们从事知识论研究的时候,我们不可能一片空白地从零开始,空无所有地去建构某种理论体系。我们建构知识的大厦时,首先应有基地和材料。从材料方面讲,我们作为认识主体得具有一个正常人所具有的认知能力,如感官能力、思辨能力、已有知识的储备等等。从基地方面讲,我们虽然要认识客观事物的本质,但是我们得首先承认作为事物之本质的本体的存在。承认其存在是一回事,能否认识以及如何去认识它,则是另一回事。这是我们在从事知识论建构之初的一种本体论上的承诺。

康德知识论的一个基本的观点便是,物自体提供感性材料,主体自我提供认识形式。比如体现在"先验感性论"部分即是,独立于我们意识之外的客观对象提供经验的感觉材料、印象、质料,而我们主体则具有整理这些材料的先验的感性直观形式,也就是空间与时间。应当说,康德对于物自体的承认基本上是正确的。当然,康德又认为这样的物自体是不可以认识的,因为它在我们的现象领域之外。由感性形式给认识带来的限制有两方面的内容:第一,我们无法直接把握一个具体对象的自身;第二,我们无法达到由每一个现实对象的无限综合而成的总体。这一认识上的不可知论是我们所不能赞同与接受的。认识本体当然不易,但是我们难道不是从现象出发而逐步去认识本体的吗?本体决定现象,但是现象也可以逐步地揭露本体。现象与本体之间是具有一种辩证的认识关系的。

牟宗三此处所说的"现象的本体",实际上就是康德的术语。但是,他只是将其借鉴过来,也就是说,他与康德对于"现象的本体"的理解是不同的。在康德那里,种种表象(appearances),就其按照范畴的统一性而被思维为对象来说,被称为现象(phaenomena)。康德的哲学是严格的现象论,他不仅将第二性质的东西归为现象界,而且将第一性质归为现象界,因此他的现象界范围比前人的要广。那么何谓本体呢? 康德说:

> 诸现象就其按照范畴的统一性而被思考为对象而言,就叫作Phaenomena。但如果我假定诸物只是知性的对象,但仍然能够作为这种对象而被给予某种直观,虽然并非感性直观(作为 curam intuitu intellectuali),那么这样一类物就叫作 Noumena(Intelligibilia)[9]

> 如果我们把某些作为现象的对象称为感官物(Phanomena 现相),而把我们直观它们的方式和它们自在的性状本身区别开来,那么在我们的概念中就毕竟已经蕴含着这样的意思:我们要么按照后一种自在的性状而把这同一些对象(哪怕并没有在这种性状中直观到它们)仿佛置于与前面那种对象的对立之中,并把它们叫作知性物(Noumena 本体),要么也对另外一些完全不是我们感官的客体、而只是由知性当做对象来思维的可能之物这样做。现在要问:我们的纯粹知性概念是否在本体方面具有意义,是否能成为关于本体的知识形式?[10]

可见,在康德看来,经验的极限或现象的整体(如宇宙、心灵、上帝)属于本体界。表象本身自行指出了本体的客观实在性,并且使我们有理由把对象划分为现象与本体,从而把世界划分为感性世界与知性世界(mundus sensibilis et intelligibilis)。也就是说,康德认为必须得有一种知识是可能的,而在这种知识里面,并没有感性,而且只有这种知识才有绝对客观的实在性;通过这种知识,对象将如实地被表现,而在我们知性的经验性使用上,事物只是像它们表象的那样为人们所知。他承认,除了范畴局限于感性条件的经验性使用之外,还有一种纯粹的然而又是客观上有效的使用。因为有一种完全和感性境界不同的境界会展现在我们面前,这是一个似乎在精神中被思维的(甚至也许是直观到的)世界。因而,这个世界对知性来说是个非常高贵、而不是不那么高贵的沉思对象。此世界也就是本体的世界。

这样来看的本体,康德认为有消极与积极两种意义。如果我们所谓的"本体"是指一个就其不是我们感性直观的对象,因而抽掉了我们直观它的方式的东西,那么这就是消极意义上的本体。如果我们把本体理解为非感性直观的对象,那么我们就是预先假定有一种特殊的直观方式,即知性的方式,而这种方式我们是不具有的,甚至它的可能性也是我们所不能理解的。这就是在积极意义上的本体。但是,由于知性的概念不能应用于知性存在物,所以康德认为,我们所称作"本体"的东西就必须只作为消极意义上的事物来理解。也就是说,本体这一概念,在康德知识论中,只是一个消极性的限制概念,它的作用就是要抑制感性的僭越,因此它就只有消极的用途。除了作为一个消极性的限制概念外,康德的本体还有其他三个方面的含义:其一,与物自体重合,这体现在先验辩证论部分;其二,与理性的理念相对者,这体现在先验辩证论及附录部分;其三,由第二个方面加以整理而得出的本体为主体活动的形式。

从整体上来讲,"现象的本体"在康德哲学中指的是"形上的本体",即现象背后的作为其根据的本体,它属于本体界。为了稳定和安排现象界的情态和情态间的关系,牟宗三也抬出了"现象的本体"。但是牟宗三将"现象的本体"理解为现象当中的本体,它是属于现象界的。它是就"个体性的本体"来谈的,即个体之个性或个体之统一。这种作为个体之个性或统一的本体,显然并不是一个,而是随着个体的不同而无限地多的。本体怎么能如此地多呢? 我们主张,世间的万世万物是有统一性的,其统一性的根据即在于其物质性。

牟宗三并未对此客观性的物质范畴予以承认,而科学知识论中的一个最为基本的预设就是实在性的预设。它说的是:存在着一个独立于知觉和意识的现实世界,也就是说,一个不依赖于意识而有规律地建构起来和联系着的世界是客观存在的。这个世界可以通过知觉、思维和主体间的科学来加以研究,是具有可知性与可理解性的。牟宗三未能对于客观的物质客体的世界有所承认,这是不符合科学本身的认识成果的。他之所以未能这样去做,想必是因为他受到 19 世纪末 20 世纪初西方哲学消解本体的思潮所致。当时的一些哲学家反对物质本体,反对精神本体,而主张一种非心非物的中立性的经验性东西的存在,并认为它才是根本的。牟宗三正是受到此种思潮的影响而不承认物质本体的客观存在,但是他又不得不解决现象及现象之间的关系,从而造成了他提出所谓的现象的本体。本体和现象是不同的,既然是本体,又何来的现象呢?

实际上,牟宗三所谓的现象的本体并不是客观的本体,而只是经验现象可能的条件,这样的本体是需要由生起事及其意义的客观化才能够决定的。作为个体之为个、个体之统一的本体,在牟宗三看来,是在生理机体中心中的生起事及其意义的客观化中来加以决定的。他注意此种客观化,但却不是采取康德以十二个范畴的概念系统作为经验可能的条件这一思想。他认为康德的哲学有"两头凑"的弊病,于"范畴的先验演绎"部分中,以先验的统觉携先验概念统摄一切表象时,似乎是自上而下的构造的综合论;但在论"原理的分析"时,以时间作为论证先验原则的根据,又似乎是自下而上借以迎接范畴的下贯。

牟宗三认为,自下而上有两个问题:第一,单只是时间并不足以作为建立先验图型及诸般先验原则的根据;第二,必须得在客观方面先预定一些特性,以此来使范畴的应用变得有效,而此种预定,在图型方面虽有先验想像来撰成,但是单就时间根据并不足以撰成之,必然溢出于时间外以透至对象方面之肯定;在原则方面虽根据时间来作成其论证,来显示在理论上必然有此原则所肯定之对象之特性,但是时间自身仍不能决定之,也必然溢出于时间外而透至对象方面之肯定,这种肯定是知识论上理论地逼迫出之需要,并不是根据范畴而成的,因为有这一肯定,范畴才能应用。于是,牟宗三说,康德自下而上的工作,有实在论的意味,有背于先验演绎中的自上而下的精神,因而成为"两头凑之两部哲学"。

认识到康德的这一困难后,牟宗三于是在两头凑的办法外另取了一个途径,即单注意生理机体中心中生起事及其意义的客观化。从其为生理机体的变形中客观化,从心觉观点中客观化。客观化不是以康德的范畴来作为生起事形式的条件,而只是使其脱离生理感中心及心觉观点而具有客观而公共的意义。他认为,如果生起事得到了客观化,那么对象方面就会必然实有恒常体及因果关系等特性。对象实有此特性,虽不能经验地觉其有客观性,但可以先验地加以决定,先验地决定的对象就是生理感中心中的生起事及直觉的统觉所觉的意义。如果生起事得到了客观化,那么纯粹概念就会必然可以应用,而个体之为个,个体之统一即可决定出,从而也就决定出生起事隶属于个体而作为它的情态,于是情态也具有了客观性。另外,在这一决定中,也决定出一条因果即直觉的统觉所觉的"意义"的客观化。

第 2 节　非存在的关系命题与知觉现象的客观化

客观化生起事对于经验知识的形成是至关重要的,而此种客观化则需要超越的决定和运用,但是客观化生起事及其意义的超越决定和运用是如何可能的呢? 牟宗三认为应当首先建立两个系统,一为时空系统,一为纯理系统,而对于"存在的关系命题"与"非存在的关系命题"的区分则是进一步讨论的线索。

一、存在的关系命题与非存在的关系命题

关于命题分为存在的命题与非存在的命题,在哲学史上由来已久。洛克的分类可以说具有代表性,他认为命题有两种:

一种命题是关系于与观念相应的事物之存在的。……这种知识只是属于特殊事物的。……至于第二种命题则是表示抽象观念底契合或相违,以及其相互关系的。这一类命题是可以成为普遍的、确实的。……这一类普遍命题底确实性,只是依靠于那些抽象观念中所发现的契合或相违的。……在前一种情形下,我们底知识所以成立,乃是外界存在的事物借我们底感官在我们心中产生了那些观念的结

果;在后一种情形下,我们底知识所以成立,乃是因为心中的各种观念(不论它们是怎么样的)产生了那些普遍而确定的命题的结果。这类命题多半都叫做永恒的真理 aeternae veritates,而且它们全部亦实在是如此的。[11]

与洛克不同,牟宗三基于现代逻辑并结合康德的命题分类思想,将命题分为存在的关系命题、非存在的关系命题以及先验的综合命题三种。他主张,存在的关系命题属于存在系统,一个存在系统须要有主谓命题与关系命题[12]两者,而且必须以主谓命题为基本形式。因为一个存在系统是"有体的"。"有体的"是指:其一,以存在的对象为首出,此系统中的命题,无论是关系的或主谓的,都论谓此对象。也就是说,其中的命题都有所说,都有所"意指"而为其内容。其二,此存在的对象都有其特殊的定义,此定义指谓对象的"实在的性相",而决不是随意赋予的。此等定义即是此存在系统中首出的基本概念。所有的律则或规律都由此来推出,并都反而论谓此等概念。

那么究竟何谓"存在关系"? 牟宗三认为,"凡发生实际影响的关系,如物理化学的影响,吾名之曰'存在关系'"[13]。存在的关系,就关系项来说,有两种,或为个体间的关系,或为个体所具有的情态间的关系。总而言之,此种关系不外因果关系。在牟宗三看来,并无本体间的关系,无论本体为现象的本体,或为形上的实体。

就存在的关系命题来说,关系命题必须预定主谓命题,否则关系自身不可能;关系命题必限于现象范围内。牟宗三说:"存在的关系命题必预定主谓命题:关系只是关系,不能变为主谓,但整个的关系可以为本体之谓词。"[14]这是因为作为存在的关系命题中的关系项个体或情态必须可以停住,才会有关系。情态可以停住,是因其所隶属的个体;个体可以停住,是因为现象的本体。

存在的关系命题一定预定主谓命题。也就是说,从存在系统方面说,主谓命题逻辑地先于关系命题,前者为主后者为从。关系命题是从,则情态隶属于个体,情态间的关系虽然不能化为主谓,而此关系之整个却仍可以隶属于具此情态的个体而为其谓词。情态为谓,整个的关系也为谓。而如果由个体而进至个体之所以为个的超越的原因也就是形上实体,那么个体间的关系也必然成为最后本体即形上实体的谓词。总之,关系不可化除,但整个关系却可以有所隶属而为谓词。情态间者,隶属于个体;个体间者,隶属于最后的形上本体。不过,关系为谓不是说发生此关系的两个关系项可以化为一主一谓,关系命题不能化为主谓命题。但是整个关系可以成为一个体或形上实体的谓词,这是因为:凡关系命题必为综合命题,此综合必有能综合关系项的东西存在,就情态间的关系来说,这种综合者是个体或现象的本体;就个体间的关系来说,这种综合者是形上的实体(形上的心或道体的心或宇宙的心)。

牟宗三进一步认为,既然存在的关系命题只是个体间的或情态间的,而个体与情态都是经验或可能经验的对象,那么整个存在关系命题的世界就是呈现于认识心的现实世界或现象世界。这一个世界的现实性以及实在性由生理主体的感受与揭发而得到证实,认识心的心觉之唯一的对象世界,就是这一感发世界,唯一的实在世界。于是,他主张贝克莱的"存在即被知"论断具有合理性,它虽无客观的或本体论的意义,但却有主观的或知识论的意义。不过,他又认为,如果建立了形上的心,便可极成或证实这一命题;同时,对于存在的关系命题的世界,它的实在性也得到了极成和客观的证实。总之,存在的关系命题对认识心言与对形上心言皆为实在的。

二、非存在的关系命题与先验综合命题

牟宗三认为,非存在的关系命题可以分为两大类:一类属于纯形式系统的,它包括纯逻辑命题、算术学命题、几何学命题、关于时空关系的命题等四个方面。这些命题是非存在的,非形式体性学(本体论)的,也无存在性上的地位。另一类属于形式体性学,它包括柏拉图的理型与理型间的关系,亚里士多德的纲目差间的关系,它们只涉及理或共相,而不涉及时空中特殊的存在者。由它们构成的关系命题所组成的系统叫形式体性学。也就是说,这种非存在关系源于存在的关系命题所呈现的"关系型

式",关系型式间的关系即为此种"非存在关系",于是此种"非存在关系命题"虽不涉及特殊存在,但却有存在学上的地位(ontological status)。

非存在的关系命题,它的含义究竟怎样?牟宗三认为,"非存在的关系命题,如其所是而观之,不预定主谓命题,因为它是无体的"[15]。非存在的关系命题属于"非存在系统",即纯形式系统。此系统纯以关系命题来构成,这些关系命题不预定主谓命题作为其基本形式,因为此种非存在系统是"无体的"。无体的是指:它以"规律"为首出,不以"项"为首出。其中的每一关系命题都直接表现一法则或原则,此法则或原则都由根本的法则或规律展转推演而得,或都是根本法则或规律的重复变形,因此彻头彻尾是一"理"的展现,都是此理此法则的呈现。这样,此系统无所论谓,无特殊的意指作为其内容。其中的每一个命题也不是论谓一首出的对象,因为首出的自始即为规律。而且此系统中的"项"即"关系者",并不是有性有相有用的存在对象,直无意义,只是一符号。它们如果不在一命题式子所呈现的关系中,便没有已成的固定项可言。即使在命题式子所呈现的关联中,但只表现一规律的命题也不论谓此命题中的项,也不能说此项创生如此的关系。根据"无体的"含义,牟宗三认为纯形式系统为无体的系统,从而无主谓命题。无体的系统只是一理之推演,一律则之展现,于是可以只为关系。

也就是说,非存在的关系命题的"项",在无体的系统中"或是无意义的,或是依'即表示该无体的系统自己'之规律而产生。"[16]比如自逻辑系统来讲,它是以命题间的关系组成的,其中的项是命题。如果命题是未分解的,关系项是命题,如 P、Q。此时命题只是一符号,表示关系或律则的界限点,毫无意义或作用可言。如果命题是已分解的,如 A 或 E,I 或 O,则真正的关系项当在 S,P,而不是命题,而形成关系或推理式的关键则在"凡"与"有","肯定"与"否定"。S,P 也无作用,只是些界限点;凡、有、肯定、否定都只是些关系或规律即纯逻辑概念。这些概念一经形成,那么全系统就是以这些概念的结合所显示的关系的重叠变形(tautology)。数学系统,时间空间系统也是如此。

牟宗三称,凡关系命题都是综合命题,非存在的关系命题当然也不例外。但是,对综合非存在的关系命题而使其成为如此之关系的先验根据的追问必然使我们从非存在的关系命题转到先验综合命题,从形式主义转到先验主义。从形式主义的立场看,虽表面为带有综合性的关系,其实只是重叠变形之分析的;从先验主义的立场看,虽表面为重叠变形之分析的,其实都是先验综合的。作为非存在关系命题之两面的分析与综合均须有一种构造来加以说明。从分析一面说,是逻辑的构造;从综合一面说,是直觉的构造。后者代表心,前者代表理。此两种构造永远合一等流,即表示心理合一。而只有心理合一,先验主义方能极成。

具体讲来,牟宗三认为,先验综合命题可以从两个方面来说:随存在的关系命题说与随非存在的关系命题来说。由于存在的关系命题须预定本体,所以以此方面所说的先验综合命题须从“本体之成用”方面加以建立。而如此所建立的先验综合,一方面是形上学的,一方面须关联于现象,对现象世界有担负。于是,牟宗三认为此方面的先验综合命题不是从认识心上说的,而是从形上心上说的,从而没有作为《认识心之批判》的内容。非存在的关系命题从其为关系方面言为纯形式,与现实存在无关,从而其为综合必为先验综合。其为先验综合,一是必须自认识心上去建立,二是建立此种先验综合命题,其直接之负担,即为说明此种非存在的关系命题自身,因而也即是非存在的系统自身之形成。说明其自身之形成,即是说明其先验的根据。

三、非存在的关系命题与纯粹理性

以上是牟宗三对于存在的关系命题、非存在的关系命题以及先验综合命题的看法。他认为,非存在的关系命题涉及到逻辑的纯粹理性。上文曾谈及无体的形式系统有四个:纯逻辑系统;纯算术学系统;纯几何系统;时空系统。牟宗三主张前三个系统有赖于纯粹理性的显示,后一系统有赖于时空的建立。在此,我们略谈一下他对于纯粹理性的看法,有关此方面的详细论述,将在本书第 4 章“纯粹理性与逻辑及数学”来予以展述。

依牟宗三的见解,纯逻辑系统中的命题只是关系命题。使一个表示逻辑的纯形式系统的关系命题之所以能为"只是关系"的首出的规律,即是"理性"的客观化。此理性是理解中的逻辑的纯粹理性,其首出是规律,比如非与或,凡与有,肯定及否定。规律,一方面不能由经验对象抽撰而成,一方面也不能代表对象;既不是存在的规律,也不是指示对象的对象概念。此规律为逻辑的,它的根据即在逻辑的纯粹理性,也就是纯粹理性的客观化。在此,牟宗三的理路是:对于无体系统中的非存在关系命题,首先如其所是而观之,以首出的规律之重叠展现来表明其纯然是关系,来表明其为"重叠地分析的",因此形成形式主义。然后,再表明首出的规律是基于纯粹理性,因此形成先验主义。

逻辑、数学、几何,在他看来,都是纯粹理性的客观化或外在化。逻辑,就其是无形的不可符的而言,它即是纯理自己。它客观化或外在化而为规律,则是有形的可符的,从此点言逻辑为一充分形式化的形式系统,此形式系统即为一符号系统,它表示纯理自己。数学也是纯粹理性的外在化。纯理自己,由其客观化而成为一个形式系统来讲,是一个重叠地展现自己的历程。从有形上讲,这即是一个形上的推演系统;从无形上讲,此推演系统表示的是纯理自己的重叠地开展。

牟宗三认为:"此重叠地展现其自己之历程是一个无穷地连续者。就此无穷地连续之历程,而忽视其为纯理,单注意其为一步骤之历程,吾人即可于此施以'直觉之构造'而成'步位串'。此'步位串'即表示数目之产生。"[17] 于是,数目即是纯理展现历程所显示的"步位历程"的外在化。这种外在化是由直觉的构造成立的。由此种外在化可成立数,于是对于数目的演算所成立的数目式即数目的关系式,也便在该外在化中外在化为一个可符的形式系统即数学系统。数学系统彻头彻尾是规律即数目关系式的重叠展现,于是此种展现是逻辑的,可以纯逻辑地加以建立。几何是纯理开展的"布列相"(co-ordination form)的外在化,此种外在化也由直觉构造而成立。由此构造首先成立的是由三矢向所形成的逻辑的、非有体的三度形区,由此三度形区可逻辑地构造出种种几何系统,每一个系统都是由分解原始形区所推演出的一定概念的重叠展现所形成。

总之,从纯粹理性,可以建立数学与几何的先验根据或理性的必然。

时空关系命题形成一个形式系统,是由于数学与几何应用于时空所形成的超越的决定。

那么成就逻辑、数学、几何的纯粹理性与非存在的关系命题的关系为何? 牟宗三认为,纯粹理性之外在化使无体的形式系统中之关系命题为重叠地分析的,这就是逻辑构造的先验基础。具体讲来,牟宗三说命题之为分析的,有属于"主谓"的,有属于"只是关系"的。属于主谓的,是基于个体或本体具有此属性,或者自我们的认识来说,是基于我们对于一存在对象的真实定义。属于"只是关系"的,基于规律,即纯理自己的客观化。无体的形式系统中的形式命题即关系式都是首出规律的变形(modification),因而皆是重叠地分析的。每一个关系式是一逻辑构造,整个系统自己是一逻辑构造,此构造是"理之间架"如是呈现的客观化。因此,每一非存在的关系命题之所以为逻辑的构造,它的先验基础就是纯理自己显示其自己。

以上谈的是牟宗三以纯理自己的客观化来谈无体的非存在关系命题之为重叠地分析的,即它的逻辑构造。但非存在关系命题还有其综合的一面。无体的非存在关系命题,自其一往为规律之展现言,为重叠地分析的;自其为关系言,则又为综合的。先验综合命题一方表示无体的形式系统之理的必然,一方表示其为直觉之综合。因此单指出纯理的客观化,先验综合不能达到极成的地位。这样,纯理必须落实而有归宿。落实和归宿处就在心觉。心觉润泽理之骨干,即实现之,即心觉发之而顿时即成为一综合的构造即实现的直觉的构造。实现的直觉构造一经客观化而表现为形式系统,便成功此系统中每一个关系式既是规律的重叠展现,又是直觉的先验综合。

"分析的"是说"关系式"为规律,且为首出规律之重叠展现的变形;"综合的"是说"关系式"是一直觉的构造。"规律"是实现的直觉构造所发之"理"的客观化,由此知道"实现的直觉构造"所示的"心"不只是一主观之用。"综合"是"实现的直觉构造"所发之用所成的关系,由此知道表示规律的关系形式不是游离飘荡而无归宿的。这样看来,先验综合是心、理合一所成的"实现的直觉构造"。"若分析言之,则理表示逻辑构造,心表示直觉构造。合而言之,即是一个先验综合,由此而形式系统之超越的必然性始得极成。"[18]

综合以上的考察,牟宗三于是认为无体的形式系统即是一个先验综合命题的系统,因而也就是一个原则的系统,它不是一个命题的系统,它只是运用或决定对象使之成为命题系统的形式条件。也就是说,非存在系统中的"先验综合命题"成就的是无体的形式系统的超越的必然性。它所成就的形式系统,一方面不是知识命题的系统,一方面其呈现为如此的形式系统与其所以如此呈现的"先验综合"也不是一回事。形式系统是一客观化的既成系统,先验综合表示的却是一种超越的活动。依既成系统来讲,其中的每一个关系式由于不离先验综合的构造,因此其为命题名曰先验综合命题。因此,一个无体的形式系统即为一个"先验综合命题的系统",它不是知识系统,而是"原则的系统"。依先验综合为超越的活动来讲,由于它不是客观化的形式系统,不可以关系式即形式命题来讲,因此只可曰先验综合,不可曰"先验综合命题"。这种先验综合活动是"客观化而为先验综合命题"之本。本与末都不是知识命题。存在系统中的"先验综合命题"是形上实体的超越综合所成的先验综合命题,它也不是知识命题,而只是知识命题所以可能的根据或原则。此原则所形成的系统就是一个形上学系统,它与表示知识的科学系统不同。因为组成科学系统的命题与命题所以可能的原则即形上的先验综合命题是不同的。

可见,在牟宗三这里,非存在系统中的先验综合命题与存在系统中的先验综合命题是不同的。存在系统方面的先验综合命题是经验综合命题作为客观存在之可能的超越根据,它所担负的是说明"现实存在"的实现。非存在系统方面的先验综合命题则担负说明无体的形式系统的超越的必然性,它对于存在命题即经验综合命题不担负其存在或实现的责任,"但负经验现象在认识主体上如何能客观化之责任。依是,存在方面之先验综合命题,对现实存在言,为构造的,使之实现的;而非存在方面者,对现实存在言,则为非构造的,或亦可曰轨约的。此非构造的关系,吾将设两义以明之:一、超越的决定;二、超越的运用。此两义即为自理解上解答'知觉现象如何客观化'一问题之枢纽。"[19] 对于存在方面的先验综合命题，既然其对现实存在即为构造的使之实现的，那么它也担负现象客观化的说明。由于此种客观化是从形上学方面来讲的，所以牟宗三未能在《认识心之批判》中加以论及。

四、有关牟宗三知识客观化思想的一点评析

以上考察的是牟宗三对于生起事之客观化问题的一些论述，在此也涉及到了他对于命题分类的看法。关于此，我们有两方面的评论。

第一方面，由于牟宗三将知识论问题的探讨与逻辑学紧密地结合起来，因此他对于命题做出了上述详尽细致的分析。与他同时代的人相比，可以说是佼佼者。其分析的透辟与义理的深邃，是少有人能与之相匹敌的。概而言之，他将命题分为主谓命题和关系命题，关系命题又有存在的关系命题和非存在的关系命题两类。存在的关系命题与主谓命题构成了存在系统，非存在的关系命题构成了无体的形式系统。另外，存在系统与非存在系统中，均存在先验综合命题。存在系统中的先验综合命题说明现实存在的实现，非存在系统中的先验综合命题说明形式系统的超越的必然性。基于此，便存在形上学系统、知识系统、逻辑、数学等形式系统这三大系统。可以说，牟宗三对知识论的探讨考虑到了本体论、知识论与逻辑学的统一，这在他那个时代说来的确是难能可贵的。

不过，我们势必要问：命题除了主谓命题与关系命题之外再没有其他命题了么？所谓的先验综合命题能成立吗？事实上，早在 20 世纪 50 年代，美国的逻辑实证主义哲学家奎因（Quine, W. V. O.）即已指出，经验论的一个固有的教条即是在分析的和综合的命题之间所做的不恰当的区分。显然牟宗三也是以承认此种区别为理论论述的前提的。他所采取的基本理路与康德是一致的。康德也以先验综合命题来作为探讨纯粹数学、纯粹自然科学乃至形而上学之所以可能的一个基本出发点，因此同牟宗三一样陷入了奎因所批判的教条当中。

牟宗三强调逻辑、数学与几何命题属于无体的形式命题系统，而构成此系统的命题既然是套套的逻辑命题，由于其间所含的既然是一些纯粹

的形式和原则,那么显然它们并不具有知识上的意义,而只能具有逻辑的意义。牟宗三在此体现出来的是对于逻辑地位和作用的过分强调,从而也要求知识具有严密性、精确性、规范性,他所提出的知性主体也只能是一种具有逻辑性格的主体。而事实上,我们在从事实际的认识过程中,往往运用的是多种复杂的因素,这既包括逻辑的、归纳的、类比的、猜测的、直觉的,甚至也包括诗意、激情、梦幻、迷乱、疯狂的举止。逻辑在此显然并不具有核心和主导地位。

第二方面,我们认为,关于知觉现象客观化的问题确实是知识论中的一个基本问题,但是牟宗三所提出的客观化途径是我们所不能完全赞同的。

早在柏拉图的《泰阿泰德》篇,就已经证明了知觉不是知识这一问题。知觉现象如果与普罗泰哥拉的主张相结合,就是主观的;如果与赫拉克立特(Heraclitus)的主张相结合,就是变化的。"顺'主观的'一义,则知觉现象不过是我生理器官之变形,是想像之游戏或幻像,而不能为一客观之真实对象。顺'变化的'一义,则不但是生理器官之变形,想像之游戏或幻像,而且变形亦不能留住而为一变形,幻像亦不能恰如其自己而为一幻像,真是一虚无之流,任何物不能为'是',不能有'在'。"[20]依柏拉图的思路,只能证明知觉不是知识,只能表示型式的必要,但是却不能表明知觉现象客观化为知识的真实对象。也就是说,柏拉图在可见世界与可知世界、现象世界与理型世界之间做出了明确的区分。而如果理型世界与感触现象之间是隔离的而具有一个鸿沟,那么很显然,感触世界依然得不到安置。于是,柏拉图在此对于知觉现象的客观化只是提出了某种暗示,却不能算是给予了解答。此暗示即是:理型必须内在于感触世界来作为其形式条件。内在于现象,并不是说变的现象因此而成为不变的。变的仍是变的,但是却可以因不变者而成为真实的,成为客观的事象,成其为变者。

通观牟宗三对于知觉现象客观化的解决途径,他主要采取的是康德理性派的观点,即以感性与知性内在具有的时空形式与先验的格度和范畴来客观化知觉现象。可以说,在知识的客观化过程中,强调知性主体因具有一些先验的概念或范畴而具有重要的作用,这是合理的恰当的,也符合科学发展本身所呈现出的规律。实际上,现代科学特别是理论物理学与发生认识论无疑对此提供了充分的科学支持。

例如,德国物理学家海森堡 1927 年所提出的测不准原理就表明,微观粒子体系存在着某种不确定性,这种不确定性表现在对微观粒子的测量上即是:当人们测量微观粒子沿一定方向的位置愈准确,则同时测定的微观粒子沿这一方向的动量就愈不准确;当人们测定微观粒子沿一定方向的动量愈准确,则同时测定的微观粒子沿这一方向的位置就愈不准确,即同时精确地测定微观粒子的位置和动量是不可能的。科学中的这一事实表明,正是主体与客体的相互作用才产生了不确定性。另外,皮亚杰(Jean Piaget)的发生认识论也证明了,概念与范畴在儿童形成与摆脱自我中心以建立认知结构的过程中,也起着重要的作用。

因此,人都是带着有色眼镜来观察和研究这个世界的,我们永远不能完全去除人的主体性的认知成分。主体所具有的时空形式、知性范畴,无疑为知觉现象的客观化提供了某种保证。但是,对于牟宗三所主张的以这些形式与范畴来客观化知觉现象,我们是有两点不同见解的。

第一,我们应当看到,在认识过程中除了时空形式与范畴之外,我们所具有的数学概念、物理概念、遗传基因等诸多能够体现主体性的因素,都在对知觉现象的客观化起着某种重要的作用。人的先天的认知机构,其范围远远要比康德与牟宗三所主张的广阔和复杂。牟宗三所成就的知觉现象的客观化,实际上是一种逻辑的客观化,而逻辑上的客观化并不能完全解决和代替生起事的客观化。逻辑的客观化虽然具有某种作用,正如牟宗三在《认识心之批判》中费尽心思所阐发的,但是它并不能代替知觉现象客观化的丰富内容本身。

第二,谈论知觉现象的客观化,我们不能仅仅停留在主体与客体这一维度。除此之外,我们还应当考虑到主体与主体即主体间的维度。

主体间性理论(the theory of intersubjectivity),可以说已经成为当今哲学界所普遍达成的一个共识,无论是卡尔纳普(Carnap, Rudolph)的科学统一理论、哈贝马斯(Habermas, Jüngen)的交往行动理论,还是胡塞尔

（Husserl，Edmund）的生活世界理论、海德格尔（Heidegger，Martin）的此在共在论；无论是维也纳学派的主体间可检验理论，还是奎因的观察句理论，均涉及到主体间性理论，尽管他们所采取的理路和服务的目标因其理论取向不同而存在着种种差别。诚然，他人的存在与本质也是需要我们加以认识的，但是对于他人存在本身，我们是不能也不应怀疑的。正如我们在从事认识的时候必须对客观外物有一种本体论上的承诺一样，对于他人的存在也是我们所必须预设的。我们与他人共同构成了现实的社会。这样，我们每一个人便都是社会中的一个成员，都是与他人时刻发生关系的存在物。也就是说，我们是在社会当中来从事认识活动的，因此也就难免与同样作为认识主体的他人发生这样或那样的联系。我们将我们的认识及其成果与他人进行交流，无疑会消除我们认识中的不合理成分，从而与他人渐渐达成某种共识。

具体讲来，主体与主体之间的交往在知觉现象的客观化过程中，往往具有如下重要的作用：

其一，主体与主体之间的交往关系，决定了主体的建构。

任何个体如要成为社会意义上的主体，只有通过交往介入一定的文化结构或社会结构才可实现。主体的基本特征和知识能力，往往与他参与的交往状况和交往的水平相一致。现实的个体能够成为什么本性、什么形态的主体，取决于其本人在什么层次、什么意义上介入交往关系。任何一个现实的认知者，如果想实现其认识在社会中的整合以达到客观性，只有通过交往才可实现，缺乏或没有交往参与的知识，将始终使认知者的认识停留和局限在个人的狭小空间视域之内。只有通过主体之间的交往且经过社会检验而取得成功的知识，才是客观化的知识，此认知者本人也因此具有了社会主体的身份和资格。同时，他本人的价值才可以真正地得到体现和承认。

其二，主体与主体之间的交往所赋予主体的客体指向性，是保证主体超出自身的主观片面性的关键，它对认知主体的规范和约束，为认知者获得一种客观化的知识或真理提供了切实的保证。

认知过程及结果所蕴涵的客观性规定，无法被还原为主体及主观性方面,它们只能由外部对象的客观性特征来获得合理的解释和说明。主体间交往的这种客体指向性,使得交往主体发现了他人,体悟到了自我,从而不再将自己局限于以自我为中心的狭小范围之内,而是跳出去,融入我与诸多他人共同构筑的广泛的社会领域中。于是,认知主体在交往中便时刻能够从对方的角度去理解客体,去把自己对客体的认知成果传递给他人,与其进行交流讨论,以便发现自己的不足并予以修正,最终与他人的认识成果达成一致。这样,通过把自己看问题的角度与立场呈现给对方,便会获得主体间的相互理解和沟通。当然,此种理解和沟通不是抛弃自己的视界,而是在经历了不同的视界之后,能够实现在一个更广泛的视界中重新把握那个对象,即更科学、更公正、更客观、更准确地把握对象。这就是所谓的“视域融合”,即获取了客观的真理。

其三,不仅主体间交往所赋予人的客体指向性为知觉现象的客观化提供了切实的保证,而且主体间交往的规范性也成为匡正认识者并使知觉现象的客观化过程具备收敛性、有效性、客观性、普遍性的一个至关重要的因素。

我们知道,任何一种主体间总是在诸多异质主体遵循一定交往规范的前提下进行的。诚然,认知主体要同时受到外部对象运动发展的规律和主体自身的需要结构这两个尺度的客观制约。但更为重要的是,具有自由自觉活动能力的认知主体,其自由自觉的活动并不是无所约束的,此主体实际上正是通过自我约束才获得其自由的。主体间交往本身所造就的、体现在一定的习俗、纪律、道德、法律等制度化的规范体中的交往规范,约束着认知主体的交往。这些规范,对于一定历史条件下的认知主体来讲是现实的、必须遵循的。否则,我们无法将自己的认知成果拿来与他人交流,甚至去真正地认知客体也无从谈起。认知主体的积极性、主动性、能动性与创造性,也只有在按照一定交往规范的前提下才会得到真正的现实的发挥。绝对和随意的认知自由,并不是真正的自由,只有在约束和规范中的认知自由才是真正的、可被公众接受的自由。

另外,为认知主体所服从的交往规范,实际上也在此主体的认知中得到了进一步的调整、变革、深化与发展,从而又进一步地推进和促进了主体的认知活动。也就是说,交往规范与主体认知是不可分割的,是辩证统一的,它们共同处于一个有机的整体当中。总之,正是这种基于主体间交往基础上的交往规范,才保证了人们认识过程具备收敛性与制限性,而认识过程的收敛性、有序性、规范性,则恰恰是认知者超出自己认识中的主观片面性而达到知觉现象客观化的一个最为基本的保障。

因此,在此种意义上讲,对知识问题探讨的社会学转向(sociological turn)势在必行。毫不夸张地讲,它是我们探讨知觉现象客观化问题时所必须予以涉猎和研究的一个最为基本的项目。也就是说,我们必须认清这样一个理论前提:人是社会的一员,他的存在、发展、活动、生存均离不开他所处于其中的集体与社会的大背景。同时,独立的个体所从事的认识成果,也只有放归到社会的熔炉中加以捶打、精炼,才能增强自身所具有的强大的生命力和多方面的价值感。换言之,正是通过其所处社会中的全体成员对其认识成果的认同、评价、检验与应用,认知者本人才会得以从其狭小的私人视域中拔超出来,从而真正地实现其客观性的身份,并使其认知成果最终得以客观化,获取客观知识。实际上,也正是在这一身份的获得中,认知者本人也才真正地实现了其认知的价值与生存的意义。

总而言之,主体际维度也是知觉现象客观化的一个必要的不可或缺的维度,它是知识客观化的一个重要途径。对此,牟宗三与康德一样,都没有对其予以充分的重视,这不能不说是一种莫大的遗憾。

第 3 节　认识心及其客观化

依据前文分析,我们知道,牟宗三主张存在的关系命题预定主谓命题,不预定主谓其自身即不可能。因预定主谓而预定一本体(或为现象的本体,或为形上的实体)。如果是形上的实体,那么所有的存在关系命题可以是该实体的谓词。本体是存在的关系所以可能的根源。非存在的关系命题因为只是关系,所以不预定主谓命题,也不直接预定本体,但是却迫切需要"超越的必然性"的建立,于是必迫至"先验综合"的指出。而基于此"先验综合",必须肯定一"本体性的心觉"来作为此"先验综合"
的落实处。于是,非存在的关系命题必有所隶属,可以成为它所隶属之本
体的谓词。本体性的心觉为非存在关系所以成立的根源。

　　牟宗三认为,此本体性的心觉(知觉者)之觉知不同于"能知"知"所
知"的觉知。"本体性的心觉,无论其发为存在的关系或发为非存在的关
系,皆非能知之认所知之认识关系。"[21]发为存在关系的本体,假若是
心,也不同于发为"非存在关系"的心。前者名曰形上的心或道体的心,
后者名曰认识的或逻辑的心即知性主体。牟宗三具体论述了本体性的逻
辑的心是如何可能的这一问题,它与知识的客观化密切相关。知觉现象
的客观化依据纯理系统的成立,纯理系统作为形式系统属于由非存在的
关系命题构成的系统,而非存在的关系命题的超越必然性又在于本体性
的逻辑之心的建立。也就是说,如果想实现知觉现象的客观化,那么必须
对生起事及其意义进行超越的决定,而这需要时空系统和纯理系统两套
系统的建立。两个系统又必须在心觉中加以建立,而如果主观的心变为
客观的心,心理的心觉转进而为逻辑的心觉,那么心觉也就具备了知觉现
象客观化所需要的这两套系统。

一、认识心的含义

　　《认识心之批判》的第 1 卷为"心觉总论",以后各卷都是围绕着心觉
而展开的认识心的方方面面。因此对于心觉本身之义涵的把握与否,往
往直接关系我们对于牟宗三知识论认识和理解的程度。牟宗三认为,
"心觉"实际上是一种认识心。识心,是由"知体明觉"的自我坎陷形
成的。

　　　认识心之静处而与物对,因而具有外在关系,吾人将溯其根源于
　　形上的心之坎陷。吾在此预定:形上的心乃实现万有者,主宰贯彻万
　　有者,此与其所实现之万有为内在关系,以彼影响万有故。然形上的
　　心坎陷其自己转化而为识心,则即退处而与物对,只以觉照了别为
　　性,不复如形上的心之为实现原则。以其不为实现原则,故与其所觉

了者为外在关系。[22]

　　认识心与物存在两方面的关系：一方面认识心与对象之间是一种外在关系。这说的是，认识心在了别对象的时候是如其所呈现地来了别，也就是说心觉之觉一旦挑起现象便如其所现来认识它；另一方面，认识心与物静处而对，它不是与对象相对立而存在的，而是与其统一在一起。也只有如此，才会有认识的发生，才会有"认识心"存在的可能。形上心由坎陷而停住，执持此停住而为一自己以与物为对，这就是识心。而一成识心之执，即与物为对，也就是把明觉感应之物推出去而成为它所面对的对象，而它本身则偏处一边而成为认知的主体。于是，识心之执本身与外物成为主客的对偶，这就是知识论的对偶性（epistemological duality）。也就是说，牟宗三认为由主客统一而不可分的圆融世界，可以开出主客对立的认知世界。

　　那么究竟何谓认识心？牟宗三说："在经验对象之限制中，主体方面显示出一种'觉识之用'。此觉识[23]之用，吾人名曰认识的心，简名曰'识心'。"[24]识者了别义，因此识心也叫了别心。也就是说，"识心"是以"觉"为性，以"及物之了别"为用。了别即明了辨别。有灵觉之性即有了别之用，所以性与用非二层。了别之用是一种动用，灵觉之性也是一种动用。只是了别是从此灵觉的有向来讲，灵觉则是纳此有向而归于其自身，实际上是一事。"心"是就其性与用为一事的总名。于是，"识心"有时连着它的性来讲，也称"心觉"；有时连着它的用来讲，也称"了心"。了心也就是识心，心觉与识心也为同意语。

　　牟宗三曾对"认识心"做了如下具体的规定：其一，它以了别对象为性，不以创生或实现对象为性，因此它与对象的关系是对立旁处的观论关系，不是主宰而贯彻的体用关系。这表明认识心与对象的关系是一种认识关系，而不是实现与创生的本体论关系，从而便与形而上的心区别开来了。其二，它的了别之用必须以对象为所知，必须限于对象来彰其实。此点显示的是认识心具有制限的地方，认识必须是对于对象的认识，如果没有对象，那么认识心的作用便无从运用和发挥，认识心本身实际上也就不存在了。

这样的认识心,也就是思想主体,就是康德所说的具有认知意义的感性、想像与知性。它也就是佛家的识心,道家的成心,儒家的习心。认识心不是被动的,而是具有自发性的力量,它可以创发出一些形式条件来作为其内容。知性,如牟宗三所言:

> 从感性中解放。它一解放出来,即可见出它的"自发性"。它的认识外物,不只是被动地接受,而且是主动地创发出一些形式的条件。这就是"认识的心"(知性)之内容。它的内容完全由它的自发性见;它之为主动,亦完全由它有内容见。这就是一个"逻辑的我"(不是感性上生理机体的我),康德名之曰"超越的统觉"。惟依此"主动的知性",然后经验的理性认识才可能。[25]

不过,在牟宗三看来,心觉与心理情态是不同的。我觉痛,觉痒,觉饿、渴、冷、暖,是心理情态,但同时亦是觉。此觉并不是一个情态,觉本身无所谓痛痒等等。通过觉而成为痛、痒等,便是心理情态。情态有起伏变化,为一缘起事件,对其可以说因果关系,可以表以时间。而心觉自身只是一觉,不是缘起事,对其不可说因果、说时间。觉之自觉,是以觉为对象,但此对象也不可作心理情态来看。"自觉"之觉同于觉,觉之觉仍是觉。觉是认识关系中一个最后的能,永不能为所。总之,牟宗三认为不可混觉与心理情态这两层。

如此看来的心觉,被牟宗三称为"心觉一般",即"统觉一般"。"统觉"(apperception)是自心觉了别对象之"示相"来谈的,因为决没有孤离不用的心觉,而在心觉了别对象的关系上,每一心觉的用都是一"统觉",于是"心觉"与"统觉"也为同意语。"统觉一般",即未加任何限制而单自其只是关涉于对象之示相而言的心觉,只是一个"同质的等流",即"觉识之流"。单从"同质的觉识之流"自身来讲,它是来无踪去无迹因此过而不留;是来无极去无极因此自身无开始和终结。如果只做这样的观察,心觉的作用只是主观的,是被动接受或顺应的。"主观的"是说心觉如是如是觉,而不能客观化其所觉以公之于他人。也就是说,此时的心觉既不能客观化自己,也不能客观化其所觉,从而不能彰著而卓立自己。"被动接受或顺应的",是说心觉只顺对象的来而接受和顺应,如对象之"所如"而觉之,而不见其有创发而越乎对象之上的东西。在顺应的关系中,"等流之心"与"对象之流"都不能彰著而卓立,如果使它们彰著而卓立,牟宗三认为,心之彰著而卓立是关键。心觉如果能客观化自己,它同时就变为主动的、创发的。心觉即依此而彰著卓立其自己,从而对象之流也得到了彰著和卓立。

在具体论述牟宗三心觉客观化理论之前,我们必须指出:牟宗三关于认识心与"统觉"之关系的看法,实际上存在着对于康德思想的某种误读。

在《纯粹理性批判》的"概念分析论"部分,康德为了论证范畴在经验使用中具有普遍必然的客观有效性而提出了"自我意识的先验统一性",即所谓的"统觉的本源综合统一性"。自我意识是康德知识论中的一个核心概念,它成为人类知识整个范围里的"最高原理",是知性纯粹概念即范畴的基础和根源,知性范畴的运用只是它的具体实现。"统觉的综合的统一就是我们必须把一切知性运用、甚至全部逻辑以及按照逻辑把先验哲学都附着于其卜的最高点,其实这种能力就是知性本身。"[26]综合统一性的原理是知性一切使用的最高原理。也就是说,统觉只能是属于知性的一种认识能力,它绝对不是感官和想像所具有的。牟宗三将统觉看做是为感性、想像与知性所共同具有的,这明显违背了康德本人的原意。康德的意思是:

> 有三个本源的来源(心灵的三种才能或能力)都包含有一切经验的可能性条件,并且本身都不能从任何别的内心能力中派生出来,这就是感官、想像力和统觉。在这上面就建立起了:(1)通过感官对杂多的先天概观;(2)通过想像力对这种杂多的综合;最后,(3)通过本源的统觉对这种综合的统一。所有这些能力除了经验性的运用外,还有某种先验的运用,这种运用是仅仅针对形式并且是先天可

能的。[27]

　　这种"统觉",对于统一的认识对象的形成是至关重要的。如果说由想像建立的图型、知性的一切综合原理,是使范畴得以具体应用于感性而建立起经验对象与经验规律的原因,那么"统觉"则是知性范畴所有具有此种功能,所有能联结、综合、统一感知的最终根据。康德认为,我们之所以能够由知觉、想像、概念来认识一个对象,杂乱无章的感觉印象所以能够由知觉、想像、概念的综合而形成一个统一的对象,这完全是由于主体意识中有一种所谓主动的统一性将它们联结综合起来的缘故。对象的统一性来源于构造它们的主体意识的综合统一性。这个意识的统一性就是"我在思维",即"我思"。在整个的综合活动之中,"我思"都保持了它的连续性、同一性。这种作为所有知觉、想像、概念进行综合的根据的"我思",就是所谓的"统觉",所谓的"本源的综合统一性"即自我意识,它保证了一切概念的综合、想像的综合、知觉的综合能够得以进行,并表明了"先天综合判断"之所以可能,从而说明了纯粹数学、纯粹自然科学如何可能的问题。

　　康德不承认作为实体的我,而是承认作为科学认识的先决条件的、作为普遍必然的主体的我。我是统一的,不是分散的。相对于不同的表象的我思,是同一的我思,是统一的我思的表现。一切表象都离不开同一的我思,在一切表象中都看出同一的我思,这是统觉的分析的统一性。同一的我思以在一个意识里进行联结活动的我思为前提,这就是统觉的分析的统一性以综合的统一性为前提。被认识的材料来自于直观,直观到的表象的众多没有联结;作为自我意识的统觉即我思本身没有对象。统觉通过联结表象的众多,使它们从属于自身的综合统一性,我思于是才能够伴随着表象。正是统觉的综合统一性,才使得统觉、我思这一主体在认识中最根本的活动得以实现。

　　总之,在认识中具有重要意义的自我意识的"先验统一"即"纯粹统觉的综合统一"。在康德看来,它完全是属于知性领域,是为了说明知性范畴的客观必然性的。牟宗三将感性、想像与知性看做是心觉的能力,从而认为它们都具有"统觉"的能力,这是不正确的。他对于统觉与认识心之关系的这一理解,可以说完全未能体现出康德在三种认识能力之间所做的严格区分。不是如牟宗三所讲的有三种不同的统觉:直觉的统觉、想像的统觉与知性中先验的统觉,而是知性所具有的同一个统觉即"自我意识"分别存在于认识的不同综合之中。只不过是在知觉与想像中,这个自我意识还只是盲目的,而在概念中则是自觉意识到的。

二、认识心的客观化历程

心觉既然是"同质的觉识之流",那么它究竟如何客观化自己呢?牟宗三主张,必须得自心觉作为"同质之流"的变形处来谈。这种变形依康德的思想有三个等级:感性或知觉、想像及理解或知性。

牟宗三说,认识心之所以为认识心,即在其受经验对象的限制。"我是主体,是认知的主体,也就是认知心。认知心是有限存在的人类之有限的认知心。有限的认知心始取存在物为一对象以成其为认知的活动,因而成其为有限的知识。有限的知识是必预设主客体相对应这对偶性的。是则对象是对有限知识而说的。"[28]此种限制是由生理感接触对象来形成的。于是他认为,如果我们想了解认识心(即心觉)如何逐步客观化其自己,必须得从其所停住的生理感处开始。"随生理感之接触对象,流注于此,而如'对象之是其所是'之呈现而觉之,名曰'直觉的统觉',亦曰'感触的统觉'。此统觉以直接呈现为其现象。两者为一一相应,无过无不及。"[29]但是,直接呈现的对象才起即逝,过而不留,心觉如果顺其变化,那么只有当下之觉,而不会有知识。可是事实上,事的意义可以留于心中,这体现了心之觉力的通达。于是,牟宗三讲道:

> 凡为生理感所已接触,无论在与不在,皆为心之觉力之所达。此达于不在者即曰"记忆",由记忆而将起过之事联于一起而综之于一统觉中而觉之,名曰"想像"。记忆为"念旧之统觉"。念旧或指一旧,或若干旧,但只是散地念而觉之。将若干散的"念觉"综而为一而作一综体而觉之,则曰"想像之统觉"。是以想像之统觉乃"综体

之统觉"。记忆与想像之统觉是自"直觉的统觉"中提起之统觉，即自"陷于生理感中之心觉"跃起之心觉。此步跃起即是向后追溯所成之第一步，亦即心觉之第一步的自觉所成之统觉。[30]

不过，想像之综体的统觉，对所觉者来说，仍然只是外部地松散地联之于一起而综体地觉之。这种联之于一起而成的综体，并不是由内部地紧密地发现所觉者的内在确定关系所构成的综合的统一。也就是说，它尚未有经过分析综合来加以概念地确定，从而使所觉者成为确定的概念。因此它只是一种静态地顺记忆所及的呈现来外部地联合此呈现，尚未达到动态地转出概念的解析来深入所联合东西的内部关系，从而尚不能成为确定的系统知识。因此，必须由想像之"综体的统觉"转到理解之"概念思考之统觉"。理解之概念思考之统觉是在"想像之综体的统觉"中提起的统觉，也就是从"陷于想像之静态中之心觉"跃起的心觉。这是心觉第二步的自觉所形成的统觉。到此阶段，确定的知识得到了形成。心觉得到了客观化，对象也因而客观化。不过由于概念有经验的与先验的区别，所以心觉的先验的客观化，只能从先验概念处来加以建立。心觉自身于是成为客观的心或逻辑的心。

这便是牟宗三所主张的心觉客观化其自己所经历的三个阶段，也就是客观知识形成的过程。在这三个阶段，即感性、想像和理解阶段，他认为都存在经验的和超越的一面。

其一，牟宗三承认康德在超越的感性与生理的感性之间（经验的感性）所做的区分。我们知道，普遍上所言的感性只有生理的感性，从康德开始谈到超越的感性，因为有先验的时空形式。生理感觉的表象只有主观意义，而感觉在时空先验形式下所成的表象，虽然是主观的表象，但是却有先验而客观的决定。只有在时空形式下，对象才能成为我们的对象，才能决定其为一客观而公共的对象即认识对象。这样的决定虽然是主观的，却是先验的，而且属于对象而有客观的意义。这便是超越的决定。

这样看来，牟宗三的看法与康德的并没什么差别。不过，牟宗三认为，"超越感性"一名不是很恰当，也有误会。因为时空，在他看来，是由超越的想像建立的,并不是由"直觉的统觉"自身所建立的。造成这种不恰而有误会的原因,牟宗三认为是康德只有时空形式上的解析与超越的解析,而没有根源的解析。此点主张与张东荪是一致的。张东荪也修正康德而认为,时空是与直观有关的格式,而不是由直观得来的格式。

其二,想像的统觉,如果只是顺念旧的统觉来外部地松散地将事象联于一起,或者只顺事象浮现于记忆中而将它们综合到一块,那么此想像的统觉就是经验的。经验的想像只是被动地顺历,或只是静态的心理的综摄,它是无创生或无所涌现的。不过顺此心理的综摄而自动地涌现出时空"形式"来综括经验想像之综体的统觉,则想像便为"超越的想像"。超越的想像之统觉是凭借时空而形成的先验的想像统觉,它即是时空建立的根源。时空由超越的想像涌现出,同时即用之于生理感中之直觉的统觉而成为其形式,借以限定此统觉中的现实存在,即赋予此现实存在以时空形式或时空特性。与康德一样,牟宗三也认为纯粹的想像的作用有两个方面:一是在对应外部感觉上的量度而形构成空间这个纯粹影像,并对应内部感觉一般的一切对象之量度而形构成时间这个纯粹影像;一是对应纯粹概念即范畴而形构成它们的图型来作为其现实化的感触条件(sensible condition),图型是联结先验与经验、知性与感性、一般与特殊、本质与现象的中介。

图型说(schematism)是康德《纯粹理性批判》一个非常重要的部分,它探讨的主要是范畴的致用问题。将范畴运用到现象上去,是以范畴表象现象或将现象归在范畴之下。但是现象是感性的,范畴是理智的;现象出于直观,范畴来自知性,现象和范畴不同类,于是范畴的致用成为一大困惑。为了解决这一困惑,康德提出了范畴的图型说,由创造的或超越的想像力(产生的想像力)所产生的图型成为感性与知性联系的桥梁。想像力一方面能够描画现象,另一方面又能做范畴所不能做的事情,它能够使范畴形象地表现或使范畴感性化,从而使范畴与现象同类。想像力所提供的范畴的图型,就是时间。创造的想像力的先验综合,一方面以范畴的规则为根据,因而具有一定的先验的规定性;另一方面在统觉的统一性的基础上先天地规定内感官的普遍形式,即时间。由于创造的想像力对内感官的普遍形式的综合,就产生了作为其先验综合产物的图型。

时间的图型是使范畴感性化的唯一条件,是使范畴运用到现象界的唯一工具。图型像概念一样先验地运用于现象,同时要与概念符合。另一方面,它又要与现象符合,要和现象一样具有直观的性质。具有如此双重性质的图型,在康德看来,只能是时间。时间的决定,是唯一的、可能的先验图型。每一个现象,都有一定的时间量;每一个现象,都形成一定的时间内容;现象彼此之间,都有一定的时间关系;现象也有一定的时间存在。时间系列、时间内容、时间秩序与时间存在,分别对应于量的范畴、质的范畴、关系范畴与模态范畴。

从牟宗三的相关论述来看,他基本上是认同了康德的图型理论。不过,康德的图型说存在严重的理论困境,图型说本身存在的合理性是应当质疑的。图型说在康德的知识系统中,有点画蛇添足。康德似乎忘记了自己对于概念论的重大贡献,依恋于传统逻辑所说的概念的普遍性——抽象的普遍性,因此要调和与比较概念的抽象的普遍性与直观的个体性,需要"第三者"(图型),需要一群"中间象"(图型),它们既合乎概念的观念的性质,也合乎观念的直观的性质。但是依据康德的先验的逻辑的精神,在概念里的观念和在直观里的观念,应该一样的确定、不游离,不过在概念是表示关系,直观是表示内容,概念固为"抽象的"观念,也正因此才为普遍的观念,然不因此,概念便不确定,不像直观的观念确定。康德此处显然过信传统逻辑的说法,虽然他是新概念论的创始人。在范畴的先验演绎篇,康德明明以概念为观念的衔接里的统一的规律,以概念作为思维的确定方法。康德将纯粹概念即范畴还原到思维的功能。既然是思维的功能,当然不会是不确定的普遍性。于是,所谓的图型,也就是真正的概念,在概念意义之外,所剩的只为一个空名:图型,它不再为任何可把握的观念。因此,依抽象概念说,则必有图式;依概念新说——功能概念或具体概念说,则不必有图式。

退一步讲,即使我们承认康德所提出的牟宗三所认同的图型说,那么作为联结感性和知性的桥梁,图型说也犯了"第三者"的错误。所谓"第三者",指的是为了解释两个概念的相似性而设定第三个概念的无限倒退。康德设定了感性与知性的分离和区别,但又力图架构起二者,于是抬出来以时间为核心的图型说。图型表明了感性与知性的相似性,但图型这一新概念与后两者中的任何一个又有相似之处,于是需要再用一个概念加以表示,如此循环无止境。康德图型说所陷入的困境,是他未能处理好普遍和特殊、共相和殊相关系的一个必然结果。

图型说是康德范畴论中存在的一个重要的理论问题,有关康德及牟宗三范畴论的其他理论问题,留待我们在第 8 章谈论知性与范畴的时候再详加论述。除了图型说之外,另外应当注意的一点是,牟宗三与康德对时空的看法是有差别的。康德虽然也以时空为直觉形式,但他只是说时空是属于人的主观建构,未说在心的何种层次上加以建立。因而,康德实际上缺乏对时空的根源的解析。与此不同,牟宗三则将时空的建立归于超越的想像。他认为提供给现象以时间相与空间相的时空本身,是由超越的想像来加以建立的。在康德,图型的形成不过是依照规律而来的时间的诸先验决定。牟宗三虽然同意此种观点,但是他又认为图型是由纯粹想像的综合所执成的。他说:

> 时间中真实物底常住性是不能由经验来获得的。纯粹想像底产生性的综合形构成这一个规模,这显然表示这个规模是由纯粹想像底综合而执成的。它的综合作用就是一种执底作用。由它所形成的规模来迎接知性所提供的“本体”一概念,则“本体”一概念便是知性底执。由知性的执念通过想像所形构成的规模,我们便可以决定出现象底常住性,即以此常住性作为现象底常体。是以康德说现象底常体是知性底范畴所决定的,其实就是认知心所执成的。此义通一切范畴以及一切范畴之规模。[31]

其三,对作为一思想主体或认识主体的理解或知性,也可做经验的分解(经验的分析)与超越的分解(先验的分析)。经验的分解是只就经验现象来厘清之,如其所是而呈列之,并不能超越地及乎先验的原理。超越的分解则通过反显法能超越地及乎先验的原理。也就是,对知性主体如果做经验的分解,那么所把握的只是作为一心理现象看的理解,经知觉、记忆、联想、想像等所规定的理解,这是"主观的理解"。如果对知性主体做超越的分解,那么经由反显法可超越地把握其先验原理,这是"客观的理解"或"客观的知性"。通过这种客观的知性,可以获得客观的心(认识的)或逻辑的我,以及超越的我(作为认识心的超越的我而不是道德天心的超越的我)。

三、"逻辑的我":客观化的认识心

前文提到,理解(知性)也有其经验与超越的一面。这表明:超越的想像所涌现的时空对于现实存在以及记忆统觉中所顺历的东西,只能做一外部的时空形式的决定,并不能进入事象内部的实际关系。于是心觉进至于概念的解析,这种解析活动就是理解之概念思考的统觉。不过,概念思考中所凭借的概念有的是经验的,有的是先验的。如果凭借经验概念来进行思考,则是理解之"经验的"一面。尽管在经验的一面,理解因用经验概念而有客观的意义,但此客观的意义是夹杂在经验中来表现的,并不能表示心觉自身为客观的心或逻辑的心。如果凭借者为先验的纯粹概念,则概念思考的统觉是理解的"超越的一面",心觉自身于是成为客观的、逻辑的。心觉的这种客观化其自己是先验的客观化其自己。基于此,心觉于经验中所具有的客观意义才可能,其形成经验概念与使用经验概念的客观意义才可能。

但是,心觉借以先验地客观化其自己的纯粹先验概念是从何处产生的呢? 牟宗三的回答是,从心觉自身产生的。心觉从"涌现时空的超越想像"中跃起而为概念思考的统觉,其自身便涌现出一些纯粹先验概念来成功自身为一超越的概念思考之统觉。它所涌现的即是形成各个"无体系统"的基本概念。

首先,相应于逻辑系统来说,它涌现的是纯理自己。心觉不只是一了别作用,而且是一纯理之体。由纯理自己的客观化即形成"非存在系统"的基本规律或概念。这种规律或概念就是纯粹先验概念。比如,凡,有,肯定,否定,如果则,等等。这些概念都不是"对象概念"(object concept),即不是经验概念,而是规律或形式概念(rule or form concept),因而是纯粹先验的概念。其次,相应于数学系统,心觉将纯理自己的展现历程所显示的步位历程,经由一种直觉构造,外在化或客观化而形成单位(数目)系统,于是形成数学的形式系统的基本规律或概念,它们也是纯粹先验的。最后,相应于几何系统,心觉由理性展现的布列相(co-ordination form)构造一个逻辑空间的形区,于是形成此几何的形式系统的纯粹先验的规律或形式概念。

　　牟宗三认为由心觉所涌现的上述先验概念就是先验综合命题中所携带的概念,它们使无体的系统中的命题一方面成为重叠地分析的,另一方面是关系地综合的,因而使其成为先验综合命题。心觉在此阶段,于是成为客观的心,逻辑的心,并且是纯粹先验地客观化其自己。当心觉成为客观的心的时候,它才能透过时空之外部的形式来进入事象内部关系,于是使其在经验的具体环境中所形成的判断开始具有客观的意义,而且对象也在客观之心的运用中得其客观化而成为一现实世界中的客体。当心觉成为客观的心的时候,基于直觉的统觉这一基础形态,顺超越的一面想,心觉才有三个形态或阶段:直觉的统觉、超越的想像、超越的理解。此种阶段即体现了心觉先验地客观化其自己的历程,它先从感触的状态中,从与具体者相混融的境地中,提炼出来而归于其自己。在此种提炼过程中,首先将具体的事象剌出去而为外在的对象,于是心觉自己的主体性即得到了显示。不过,心觉的主体性不只是一个纯动用,它必于动用中有纯理。主体性即是主观的,又是客观的,从而成为绝对主体性,于是"客观的心"是心理合一的心。

　　在牟宗三关于认识心之客观化的上述主张中,我们发现,其中体现出了他与康德的一些区别。

　　其一,尽管牟宗三将心的客观化历程分为直觉的统觉、超越的想像、超越的理解(即超越的统觉),从而基本上是与康德的看法相一致的,但是其思想又与康德存在着两方面的差异:一方面,牟宗三认为凡心觉的活动都是统觉,顺生理感引起的是直觉的统觉,从此跃起的记忆与想像(经验的或超越的)也叫统觉,从想像的统觉跃起的理解之概念的思考,也叫统觉。从心觉活动来讲,它们均叫统觉。另一方面,康德对于顺生理感而起的直觉,因有先验形式,而称之为"先验感性论"。牟宗三则没有此名称,在他看来,顺生理感而起的直觉本身,无超越义。感性为超越的,是因为从此跃起而形成的超越的想像涌现出了时空,并且将时空用于直觉造成的。

其二,在由超越的统觉所确定的"超越的我"的看法上二人也有区别。康德主张,一切表象都必然伴随"我",而且都属于"我",然后才能综摄于"我"。综摄之于我,然后才能成为认识的对象。凡表象都属于我,且只因此而成为我的对象。由前一方面讲,凡现实存在都在"我"之中而作为属于我的表象;由后一方面讲,所认识的对象世界是由属于我的表象来确定的。于是,"我"一方面发而为超越的统觉(转而为理解)之用,一方面又通过超越的统觉而成为统摄一切表象而无所不包的"体"。

牟宗三则认为,由客观的心所说的"逻辑的我",自其为非心理情态讲,自其永不可作内感之"所与"言,也可视为"超越的我",但这是逻辑的超越的我。逻辑的超越的我也可以是个"体",一个原因是,自心觉方面说,它是一个单一的同质流;自规律方面说,它是一个客观的自足的理。另一个原因则是,逻辑的超越的我既是主观的又是客观的一个绝对主体,所谓体是以心(认识的)与理(逻辑的)来定。从心言是动用,从理言是贞定。它之为体是对它所发的先验综合命题之为它的属性来说的,不是对一切表象即现实存在属于它而为它统摄来说的。在此,牟宗三承认康德的观点有两方面的不足。一方面,康德显示"超越的我"的必要,是着重在"一切表象属于我"这一点,而他自己则是于"客观的心"处来谈逻辑的我,并称此我为超越的。另一方面,康德所透视而预定的"我",不能够全幅暴露其形上的意义以及其与其他方面(如道德的我,绝对或神等)之关系,因此对于其含义不能有进一步的规定。

牟宗三认为,这种"逻辑的我"即客观化的认识心,不是形上的超越的真我。他依据孟子、陆象山、王阳明、王龙溪、罗近溪的良知学说,对由逻辑的我所透视的形上的超越的真我又做出了规定,并论述了此真我与逻辑的我以及整个现实存在界的关系。那么,为什么必须透至形上的超越的真我？牟宗三认为可以从两个方面来说。

第一，从逻辑的我之仍为认识的方面说。逻辑的我是认识的，与物为对的，它只是知识论地超越和笼罩物。它从"直觉的统觉"中提起自己以希望客观化自己。无论在超越的想像阶段，还是在超越的理解阶段，均是在关涉对象之认识关系上来分别涌现时空、规律的。此逻辑的我不是绝对终极的，它需要有形上的根源之说明。此根源即是不与物为对的形上的践履的天心，宇宙的心。

第二，从逻辑的我与真我对于存在之关系的不同这方面来说。一方面，逻辑的我停于此而与物为对，则它对于存在的关系为认识的笼罩，非形上的笼罩。它对存在有所决定与指导，但不是形上地实现之。另一方面，"它能轨约存在而使其在认识上有客观之意义，但不能形上地客观化之（即实现之）。它之使其在认识上有客观之意义，亦即是将其原来牵属于其自己之生理主体中者重新再推出之。是即经由其自己（心觉）之客观化而客观化对象也。"[32]

因此，"逻辑的我"对于存在是在其自己所涌现的理的客观普及上笼罩存在，凡认识对象即现实存在都须落在此理的客观普及的笼罩中才能成为对象。牟宗三认为，依此可说"存在就是被感知"，但"逻辑的我"既然不能形上地实现存在，便不能决定"存在"的外面的范围，此命题于是不能得到最后的极成。"逻辑的我"与物为对，此"我"不统摄一切，也不无所不包。一切表象即现实存在不是此我的谓词，此我也不是其本体。由于"逻辑的我"不能使其存在，得到实现，不能使"存在即被知"有最后的极成，不能以现实存在作为此我的谓词，所以必须透视而预定一个形上的"超越的真我"来担负"逻辑的我"所不能担负的这些责任。

四、自我：一个还是三个？

既然上述思想涉及到了认知我、形上的真我，那么接下来我们势必应当考察一下牟宗三对于自我与"逻辑的我"即认知主体之关系的看法。很显然，自我一概念所包含的范围要广于认知我，它并不只是指认知主体而言的。

依据康德的思想,我们知道,"我"有三个方面的表现,由统觉所表示的(所意识到的)是单纯的我在;依感触直觉,则为现象;依"智的直觉",则为物自身。单纯的我在、现象以及物自身,这三者只是同一个我对应表象它的路数不同而有的三个不同表现。因此,它们实际上是同层的同一物,即同一个我而有三层不同的意义。

与此不同,牟宗三则主张它们是异层的异物,也就是说有三个我。关于我,他认为,我们应当有三层意义:"一、统觉底我;二、作为单纯实体的我;三、感触直觉所觉的我(现象的我)而为'本体'一范畴所厘定者,此则只是一个组构的假我。此三层各有不同的意义,当分别说为三种我:一、统觉底我是逻辑的我,是认知主体;二、作为单纯实体的我是超绝的[33]真我,此唯智的直觉相应;三、组构的假我乃是真我之经由感触直觉之所觉而为认知我所设立之范畴所控制而厘定的一个心理学意义的我。"[34] "我思"之我是一个思维主体,是一个"整一",是自身同一,是不同于外物如身体,这些都是分析词语,因而也就表示是一种逻辑解释,我们并不能把它们置定为一种关于对象(我)之形而上的决定。这些分析词语所表示的我既不是一个现象的我,也不是一个物自身的我。后面两种我都是对于我这对象之形而上的决定。就现象的我来说,是内在形上学的决定(immanent-metaphysical determination);就物自身的我来说,是超验形上学的决定(transcendent-metaphysical determination)。正是基于此,牟宗三反对康德只就"我思"之我即"统觉的我"这一个我而说三层意义:一、只是单纯的"我在";二、作为现于我而知之;三、作为"在其自身"而知之。他认为这是将三层不同意义的我混漫而为同一个我之三层意义。[35]

但是,牟宗三言称有三个不同的我,这是成问题的。他将认知主体看做是统觉的我,这个我是由纯知性之使用概念而架构成的,是由这一架构而形成的一个纯形式的、逻辑的认知我。它是不能以内部的感触直觉觉之的,因此它不能是一个现象,这正如时间空间乃至范畴之不能以感触直觉觉,因而也不能是现象;它既然不能是现象,那么它也自然不能有"物自身"的意义,也正恰如时间空间乃至范畴之不可以"物自身"视。它后面所预设以支持它的那个"超绝的真我"方可以现象视与以物自身视;但如果以现象视,以感触直觉遇,那么它便不是真我,而是转成一个心理意义的"假我"。[36]

我们认为,牟宗三在这里实际上是将康德视为同一个我之不同层面意义的我分为三个独立自存的我,这是有背于康德思想之本来意义的。本来是对于同一个自我的不同理解,何以却成为了三个不同的我。事实上只是一个我,当其从事认识时,他便是实实在在的认知主体;当他从事道德认识的时候,他就是一个道德主体;当他发出喜怒哀乐悲恐惊等情感的时候,他又可以成为一个心理意义上的意志主体。本来是同一个主体,我们如何能将其分成三个独立的我。牟宗三的做法是我们所不能苟同的。他之所以这样做,想必是只看到了同一主体在认知关系、道德关系、心理关系等不同关系中的差异,而没有看到在这些关系的背后,实际上存在着的是作为其根据的同一个主体。

另外,我们承认对于此我本身的认识,也就是所谓的内省或自我意识,是不容易的。我们能够认识作为现象而存在的自我,但是对作为以现象而存在的自我之根据的以物自身而存在的自我的认识,是极其困难的,这正如我们对于外在事物的现象一面容易认识,但对于作为现象之根据的事物的物自身一面是很难认识的一样。

事实上关于现象背后的本原的真我的认识,从苏格拉底提出"认识你自己"的口号以来,一直便是哲学知识论及心灵哲学中的一个最为复杂而棘手的问题之一。不论是近代笛卡尔、洛克所提出的内省、直觉、自我意识的自我认识方式,还是行为主义、实证主义对内省与自我意识的重新界定,不论是一些有科学主义倾向的哲学家所提出的内省的等同论解释与可错性问题,还是关于自我意识的经验主义理论,都是不能完全令人满意的。可以说,迄今还没有哪个人、哪个学派声称自己真正地解决了这一个问题。[37]

牟宗三之所以将康德的同一个我看成三个不同的我,这是和他承认人有"智的直觉"分不开的。在他看来,人作为有限的存在物,可以拥有"智的直觉",借此可以认识作为物自身而存在的自我。于是,他将由"智的直觉"所认识到的我与由感触直觉所认识到的我截然分开,这两种我都是与存在有关的,属于存在界。而在知识论领域,牟宗三又主张存在着具有认知意义的逻辑的知性主体。据此,牟宗三提出存在着三种不同的我,而不是一个我而具有三个不同的层面。可以说此间分别的关键,主要体现在牟宗三承认"智的直觉"的存在。但是,由于"智的直觉"本身所具有的诸多问题,牟宗三对于自我的理解和解释是难以成立的。关于此,我们将在第 11 章"智的直觉"部分详加论述。

五、对牟宗三有关认识主体思想的一些质疑

不仅是关于主体或自我本身,即便关于认识主体,牟宗三的看法也是有问题的。

首先,牟宗三更为重视的是道德形而上学,而不是知识论。所以,他认为认识主体产生于由无执的道德本心之自我坎陷或自我否定所开出的识心之执,此即所谓"上达而下开",由道德本体开知性主体。对于认知主体之根源的这一解释,是我们所不能赞同的。我们承认认知主体的产生是当人们从事现实的认识活动时所必然生成的,而不是由什么道德性的本体开出来的。在进行认识时,我们将自己作为主体,而将我们之外的外物作为对象,于是形成主体与客体相互作用的关系体系,从而展开具体的认识。认识主体无论如何是不能从道德主体之中坎陷出来的。牟宗三主张以德性主体开出知性主体,实际上是它重视道德形而上学从而以此来解释知识论的一个集中的表现。这种以本体论来统率和驾御知识论的做法,是我们所万万不能同意的。

牟宗三以道德本体为第一义性而开出认知世界,这是他重视道德和抬高道德所造成的。其推导的逻辑根据是,"如非 p 则 q"。如果我们以 p 代自由无限心,以 q 代认知心,那么认知心来源于自由无限心之自我否定。但是,"如非 p 则 q"实际上等值于"如果非 q 则非非 p"(否定后件即否定前件)。也就是说,由认知心的自我否定也可推出自由无限心的存在。由此可见,自由无限心与认知心,任何一方在此都具有同等的权利来充当推导另一方的根据,因为这完全符合逻辑推导原则。因此,牟宗三单单以自由无限心来开出认知心,而不主张以认知心来开出自由无限心,这

并无令人信服的根据,他这样做,起码是不符合上面基本的逻辑推导原则。我们的看法是,认识心归给认识领域,道德心归给道德领域,二者井水不犯河水,各有其独立存在的价值,而不是一方产生和决定另一方。

其次,牟宗三所理解的认识主体是抽象的主体,它只不过是因逻辑而客观化了的心觉或识心,因此认识主体在他看来即是知性主体。

我们认为,牟宗三所理解和所规定的知性主体,并不是真正的认识主体,它实际上是认识主体的主体性。何谓认识主体?认识主体就是具备一定认识能力并从事一定认识活动的现实的人。牟宗三所强调的逻辑的我或客观的心,实际上是主体的功能或作用即主体的主体性。认识的主体性,就是主体在认识活动中自觉地将其自身因素(包括牟宗三与康德所谈的时空与范畴)即主体因素投入认识过程,融合或凝结于认识结果而使认识不可避免地带有主体属性。或者说,认识的主体性,是作为主体的社会的人,在同外部世界发生认识关系而形成的认识系统结构中对客体所表现出来的一种主体势作用。也就是存在于一定认知系统结构中的一定的现实主体,由自己的主体地位、本质力量和认知定势所形成的对一定客体的一种自主的、能动的态势和状态。这种能动的、自主的态势和状态表征着主体掌握或占有客体的动因、力量和程度。显然,牟宗三的知性主体,只是具有某种认知意义的主体的主体性,而决不是认识主体本身。

另外,牟宗三所谈的知性主体完全是一种抽象的主体,而不是现实的实践生活中的主体。主体的思维和意识在知识的形成及其客观化过程中,确实很重要。但是他们都是物质器官人脑的机能,是这一自然物质器官的功能。同时,由意识和思维所体现出来的主体的主体性,也是对于客观存在的一种主观映象。于是,真正的主体是具有客观的物质特性的。同时,作为认识主体的人也具有社会性。人的本质实际上并不是单个人所固有的抽象物,在其现实性上,它是一切社会关系的总和。总之,实际的认识主体,在拥有思维与意识能力因而具有主体性的同时,它也具有客观性、社会性的特质。牟宗三的逻辑意义上的客观的心、逻辑的我,显然是不能够涵盖认识主体的上述丰富而真实的内容的。

最后,由于牟宗三将主体与主体性相混淆,所以他对于认识心的客观化看法也成问题。认识主体的客观化,并不是像牟宗三所说的那样,单由时空形式与知性范畴来加以实现的。时空源于超越的想像而又客观化想像,纯粹先验概念源于理解而又客观化理解,这实际上体现出来的是认识心自己客观化自己。显然,这种客观化并不是真正意义上的客观化,它只是认识心的先验化、逻辑化,并不应称作真正的客观化。这种客观化所体现出来的,应当说只是认知主体所具有的主体性和客观性,只是主体本身所具有的属性。这是一种主观的客观化,而不是客观的客观化,即由主体之外的对象来决定的对象的客观化。后一意义上的客观化,才是我们应当承认和予以接受的真正的认识心的客观化。

真正的客观性是具有多重含义的概念,它是包含着丰富内容的。黑格尔曾将客观性一词分为三个意义:"第一为外在事物的意义,以示有别于只是主观的、意谓的或梦想的东西。第二为康德所确认的意义,指普遍性与必然性,以示有别于属于我们感觉的偶然、特殊和主观的东西。第三为刚才所提出的意义,客观性是指思想所把握的事物自身,以示有别于只是我们的思想,与事物的实质或事物的自身有区别的主观思想。"[38] 牟宗三对于认识心之客观化的理解,基本上是继承了客观性的第二种意义。这一意义强调的是普遍必然性,这是为了追求和确认真理和认识的客观性,从而与感知经验的主观性相区别。但是这种普遍必然的客观性只是主观思维所能具有的。黑格尔不满足康德的客观性只是认识的普遍必然性,而要把思维的普遍性同时当做事物本身的真实本质。

事实上认识心或主体的客观化、客观性应当从两个维度来加以考虑:一是主体间的维度,即从主体所共同具有的思维形式来看的普遍必然性;一是从主客体的维度来加以理解,即将主体的客观化与主体之外的对象联系起来加以考察,这也就是主体通过客体化所获得的客观性。前者是主体内的客观化,所获得的是主体内部的客观性,后者才是真正的客观化,所获得的是主体外的客观性。

我们承认先验的时空形式与纯粹先验概念在认识过程中所具有的意义,但是我们决不认为这就是认识心的客观化。认识心的客观化,无论如何也不能单由认识心本身来加以完成。它的客观化必须最终归根和溯源于它之外的外在的客观世界。认识主体的客观化离不开与认识主体相对应的客体。认识关系中的主体与客体是有机的一个整体,是互相作用、互相影响的。其间体现出的是客体主体化和主体客观化这两个过程的统一。因此,我们不能同意牟宗三在谈论主体客观化时,忽略客体一面的作用而单重视主体本身一面的做法。

接下来,我们将把考察的重点放在牟宗三关于逻辑的我即客观的心与存在之关系的说明上。

第 4 节 客观的心与存在

牟宗三认为:"透过理解自身所涌现之三格度,客观的心对于存在有超越的运用;透过时空一格度,客观的心对于存在有超越的决定。"[39]这是牟宗三对于客观的心与存在之关系的一个最为基本的论断。

客观的心对于存在有超越的运用,它涉及理解自身的格度,而格度涉及到纯理的呈现。纯理的呈现关涉于理解,依牟宗三,可从两方面来说:"一、自其离乎现实具体理解而直接形式化言,则形成纯逻辑系统。二、自其归于现实具体理解中而彰其用以使心觉自身为客观的心言,则亦曰纯理之直接客观化。"[40]于是纯理的呈现有离盈两解析。在离的解析中,纯理的呈现所显示的先验纯粹概念形式化为一纯形式系统即逻辑系统所构成的形式规律,如"否定"、"或"及"涵蕴"等。在盈的解析中,纯理在理解之具体功能中呈现,并在此呈现中表现其具体的作用。

纯理的具体作用,一方面使心觉自身为客观的心,一方面使理解的运行成为可能,即理解的"辨解的历程"(discursive process)成为可能。也就是说,逻辑的心相应其活动之必为辨解的,必须由其"理"的一面而客观化为若干形式条件以成就其为辨解的。具体说来就是:

> 纯理之呈现,其自身虽为一具体脉络之整全而拆不开,然而相应辨解历程,纯理亦必限于或静化于辨解历程之步骤中而分离地形式

地先展示其面相,然后由此成理解之具体活动,因而亦得在此活动中
显示其具体脉络之全相。相应辨解历程而静化于其中所显示之面
相,即是先验的形式条件。此可有三:一曰因故(ground-conse-
quence),二曰曲全(all,some;whole-part),三曰肯定否定之二用(af-
firmation-negation,is-is not)。此三种形式条件,吾人名曰理解自身之
"格度"(formal-scheme)。此种格度即纯理自身在现实理解之辨解
历程中客观化(亦可曰外在化)而成者。纯理在现实理解中表现为
具体之呈现,而其具体之呈现,须知必在其客观化为理解格度以成功
理解之为现实的辨解的时,然后始能成此具体之呈现。此为纯理呈
现之盈的解析。吾人可以见出,在离的解析中为形成纯形式系统之
规律或概念者,即是盈的解析中由纯理之客观化而为理解之格
度者。[41]

　　牟宗三认为,除了理解自身所发的三格度之外,还有超越的想像所涌
现的时空。时空一方可说是应用于直觉的统觉而为表象或限定存在的形
式,但却不由直觉的统觉所涌现;另一方面可说其为"格度",由超越的想
像所涌现而为理解所凭借者,理解不能离开时空所定的存在而接触于存
在,因此说时空为一格度。
　　透过理解三格度实即只透过"因故"一格度,依当机而立的范畴的当
机运用说,客观的心对于存在有"超越的运用"。透过时空一格度,根据
纯理之显为数学与几何学这一面来说,客观的心对于存在有"超越的决
定"。纯理外在化而显为数学与几何系统,是纯逻辑的,它们须应用于存
在,只能通过知识论中由超越的想像所涌现的时空。纯几何、数学系统经
过空间、时间应用于存在,实际上即是顺空间时间外着于存在而对存在上
的空间、时间做超越的决定。这种决定所依据的概念就是形成纯几何、纯
数学系统的纯粹先验概念,这些概念是决定附着于存在上之空间时间的
型范。此种决定就其依纯粹先验的概念而成,故为"超越的决定";就其
决定存在所成者(如存在上之空间关系),为构造的,所以时空与型范能
成为存在的外部的形式关系。这即是时空格度(the formal scheme of

time-space）与存在的关系。不过，由构造的决定所形成的形式关系只是关于存在的数学知识，而不能提供关于存在的物理知识。由因故格度处依据范畴的当机运用所形成的对于存在的指导的超越的运用，可以担负此任务。说超越的运用，是因为三格度及范畴都不能着于存在而平铺于其上。

牟宗三认为，无论超越的决定（transcendental determination）[42]还是超越的运用（transcendental application），对于存在总有一种客观化的作用，也就是使存在从生理机体或直觉的统觉的"心之观点"中客观化。客观化就是使存在从隶属于主体中客观化而为认识的客观而独立的对象。这种客观化，牟宗三主张只能从超越的决定和超越的运用方面想，才能够成功。这是因为，"假若吾人的认识心只是一个被动的顺应流，而不能进至客观的心，又假若只顺'被动的顺应流之心'而只是经验地顺历经验现象，则经验现象永不能客观化而为客观而独立之认识对象。"[43]

实际上关于知觉现象为主观的还是客观的争论，一直都是知识论领域中的一个核心问题。对此问题的不同回答，往往决定了人们对于知识的不同看法。早在古希腊时期，普罗泰哥拉便提出了"人是万物的尺度"的口号。这种素朴的实在论认为知识不过就是知觉，我们知道某种东西就是觉知他所知道的东西。我作为一个生理主体，是判定万物存在及不存在的尺度。此种观点为近代的休谟所继承，并走向了极端，从而陷入了主观主义的窠臼当中而不能拔脱出来。与独断的经验论者相比，柏拉图则极力反对将知觉现象看做知识，因此寻求客观而独立的理念（理型），但在柏拉图这里，知觉世界与理型世界相互独立，因而根本成就不了知识。因为，知觉现象总是科学知识的起点，也是科学知识研究的对象。理型如果不能融于现象来作为现象的根据，徒宣传理型世界，于科学知识的形成并无意义。康德看到了独断的经验论和独断的唯理论各自的不足，从而以知性范畴和时空形式来作为知觉现象客观化的根据，这无疑开创了知觉现象客观化的一个崭新途径。

牟宗三即是顺着康德所开创的途径来进行的。他认为，知觉现象如果能客观化而为认识的对象，从认识心方面来说，必须由被动的只停于主观状态的顺应心转进到客观的心,由此而发为超越的决定和超越的运用。从知觉现象自身来讲,必须能凭借这种决定和运用来发现知觉现象自身的数学的与物理的理则。于是,知觉现象客观化的关键,全在客观的心的成立。超越的决定是客观的心凭借纯理的外在化所形成的数学与几何来决定附着于存在上的时空。时空是附着于存在而限定存在的。客观的心以数学与几何为型范来决定附着于存在的时空,由此现出时间关系和空间关系。时空附着于存在,存在便有时空相。存在的时空相通过超越的决定便成为一定的,而存在也在有定的时空关系中成为确定的,也就是在时空架格中时空位置的确定。由于其确定于时空架格中,所以其为存在也得以客观化而为独立的存在。凡是经验现象都是现实而具体的,都必在时空架格中,所以时空架格对于现实存在必为遍及的平铺。就遍及的平铺来讲,超越的决定对于存在是构造的,它对于存在所形成的客观化也是构造的客观化。

不过,牟宗三认为构造的客观化只就时空关系说,时空关系只是存在的外部形式,不能借此知道存在的实际的内蕴。因此,构造的客观化只是形式的客观化或量的客观化,于此处所形成的只是先验的数学知识。由形式的客观化再透至存在的物理关系,必须经由因故格度处的范畴的运用才能达到。当机而立的范畴对于存在只是诱导的,指导性的(牟宗三将 regulative 译为"轨约的"),而不是构成性的(牟宗三将 constitutive 译为"构造的")。因为因故格度处的范畴只表示客观的心在概念运用中照射存在。范畴的运用是"指点而贞定"存在的工具,或观看存在的"理路或模型"。不过此种观看的理路并不能平铺于存在而为构成性的。这是因为客观的心是认识的,仍与物为对。它并不能实现存在,而只能了别存在。这与形上的心或神心的"观看"是不同的。形上的心或神心所观看的理路或模型即平铺于存在而为其理则,而其观看存在同时也就是实现存在,其观看的动用是实现原则。

但与此不同,仍为认识心的"客观的心"与其所观看的存在有距离,为异质的对待。所以其观看的运用既不能实现存在,它观看的理路也不能平铺于存在而为构成性的理则,这便是客观的心对于存在只是指导性的原因。不过,尽管为指导性的作用,但它在概念运用中照射存在,的确有指点而贞定存在的作用。它指点和贞定存在,就是使存在脱颖而出,从隐伏中、隶属中凸出来而成为独立的存在,这也就是存在的客观化。因此,

> 范畴之运用即是耕耘存在之犁耙,借以使其脉络豁朗者。存在之脉络豁朗即是存在之客观化。是以此种客观化不同于形式之客观化,惟赖存在之脉络之凸出而成其为客观化。故超越之运用,一方既不能平铺于存在而为构造的,一方却又能接触于存在之实际关系而成就其"实际的客观化",此亦曰质的客观化,或轨约的客观化。此不能与形式的客观化混而为一。[44]

以上的论述涉及到了指导性的与构成性的两个术语,现对此做一下说明。这两个术语实际上是康德的术语。康德在《纯粹理性批判》的"先验分析论"的原理分析部分,以及"先验辩证论"部分,对此均有所论述。康德在辩证论部分所列举的构成性的原则与指导性的原则实际上只是就知性的原则与理性的原则相对比而言。在他看来,一切知性原则都是构成性的,而理性原则只能是指导性的。知性原则之所以为构成性的是在于,它们都是经验所以可能的条件,没有了它们也就没有经验可言。因此,它们成就的是经验,也只能在经验范围以内有效。与此不同,理性原则所构成的理念必然指向经验之外,如果视之为构成的,即以此理念为一现实的综体,那么便会产生辩证部所述的种种先验幻象。因此,理念所具有的合法地位便只能是经验的指导性原则,它指引知性不断寻求知识的统一化。康德在分析论部分将知性的原则分为两类,相对于直观的确定性而言,数学原则是构成性的,这被牟宗三吸收为时空格度的超越的决定作用;力学原则是指导性的,这被牟宗三吸收为知性三格度所具有的超越的运用作用。指导性的原则与构成性的原则的区别不在确定性方面,这两种原则的确定性是一样的,其不同只在于数学的构成性的原则具有直观的确定性,而指导性的原则具有的是使现象[45]从属于经验的统一性

从而获得的类推的确定性。

总之,在牟宗三看来,客观的心对于存在的作用一方面是超越的决定,一方面是超越的运用。"超越决定对于存在之义用是形成'存在之构造的客观化',超越的运用则形成'存在之轨约的客观化'。"[46] 在超越的决定中,可获得先验的形式知识;在超越的运用中,成就的是经验知识。但是,牟宗三又认为,尽管超越的决定与超越的运用对于存在有所成就,但是它们并不完满。他说:

> 超越的决定与运用对于存在是先验地必然的。但其于存在方面之成就,超越的决定只能随经验现象之呈现而为平面的层层决定,而不能孤总现象于一起本体论地决定现实宇宙之整个为如何如何。而超越的运用所客观化之存在之为如是如是之存在亦只是认识论的然,而不是形上的然。[47]

也就是说,依据数学与几何方面的型范所成的超越的决定,与依据思解三格度及范畴所成的超越的运用,对于现实存在是知识论地必然的,但不是形而上地必然的。"必然的"是说:不管现实存在的"生理主体"对面那个敞开的边缘究竟是否能有客观的决定,也就是不管"存在即被知"一命题究竟是否能有形上的决定以及其最后的客观极成,只要凡是呈现出来的现实存在成为或可成为我们的认识对象,便都必然落在由超越的决定与运用所形成的笼罩中而成为认识的对象,不管是构成性的决定方面的笼罩还是指导性的运用方面的笼罩,都是必然的。

牟宗三进而主张,如果不在此笼罩中,那么从认识主体方面说,我们不能张施其认识来形成系统的知识;从客体方面说,现实存在也不可能作为如此客观化其自己的"逻辑的心"之对象。"对象不是在主体的先验构造综合中而成其为对象,而是在逻辑的我必如此张施其认识中而为此种认识主体之对象。亦不是离开此种先验的构造综合即不成其为对象,而是离开如此张施的主体之笼罩即不可能成为此种张施的认识之对象。此即表示说,现实存在之为对象,总是对象,单看其在何种认识关系中而为

何种主体之对象。"[48]在客观的心的认识关系中而为逻辑的我之对象，
必然接受此笼罩，于是决定与运用都是必然的。另外，认识的逻辑的我是
由形上的超越的真我一曲而成的，此逻辑的我对于存在的决定或运用所
依据以成其为超越的决定与超越的运用者当是必然而不可移的。认识的
逻辑的我，先验客观化其自己的客观的心，是有其形上的必然根据的，因
此它们的决定与运用也是必然的。但是，超越的决定与超越的运用是发
自于与物为对的认识的客观心，因此牟宗三又认为，其决定与运用的必然
只是知识论上的，不是形上学的。因为认识的心是了解对象，而不是实现
对象。对于客观的心所依据的条件之所以只能是知识论上必然的而不是
形而上的必然的，牟宗三做了如下具体的解释：

> 如果它不是形上地必然的，又如果"形上的超越真我"是实现对
> 象者，则此真我很可不依据此一套以张施，以成功其对于存在之认
> 识。不但很可不依据此一套以张施，而且如果吾人之形上真心能透
> 体呈露而为万有之基(即形上学完全成立)，则其认识存在(此时当
> 不说认识，而说觉照)即完全不依据任何形式条件或一套一套之虚
> 架子以张施。此即客观的心处所依据之形式条件是认识论地必然
> 的，而不是形上地必然的之故。[49]

也就是说，客观的心既然不是形上地必然的，则它对于存在只能成功
超越的决定与超越的运用，而且在决定方面虽为构成性的却只限于"时
空之量"一方面，在运用方面虽为指导性的但指导出的"存在之然"是"知
识论地必然的"，然而不是"形上学地必然的"然，后者只能由实现对象的
形上真心来达到。超越决定只能顺现实存在的呈现，由与物为对的客观
的心平面地层层深入决定出种种空间面相，决不能孤立地总括现实于一
起本体论地而谓此宇宙之整体为如何如何，如宇宙为球形，世界在空间方
面为无限或有限，等等。这些决不能由超越决定来说明，而且在"逻辑的
我"处任何表现也不能担负此说明，在形上真心处不就空间说可以对此
有决定。超越的运用透过思解三格度，凭借当机而立的范畴所成的超越

运用是穿过时空限定的外部形式来进至于存在的实际的内蕴,但无论如何进,总是在逻辑的我自身所成的封限中层层前进,而永远不能顿然穷尽存在的一切内蕴而使之为透体呈露者,这一任务只能由实现对象的形上真心的觉照才可完成。

可见,牟宗三此处谈的实际上是知识论的限度问题,即知识论无论如何也不能最终完全解决本体论的问题。对此看法,我们表示赞同。具体讲来,我们对于知识论与本体论之关系的看法是这样的:知识论所能成就的是对象的认识上的根据,但不能成就其本体上的根据。也就是说,依据知识论的方法,我们可加以认识事物的本体,但这种认识本身并不是本体。本体论与知识论是相互联系的两个领域,但同时我们也必须承认它们之间所具有的根本差异。本体是否存在,怎样存在着;本体是多还是一;是物质的还是精神的,等等诸多本体论本身的问题,我们只能归给本体论来加以研究,知识论是毫无权利来加以越权干涉的。当然,如果本体存在着,那么知识论往往可以作为一种认识本体的方法而有利于理解本体。

在客观的心与存在的关系问题上,牟宗三认为康德有两点谬误:"一、混超越的决定与超越的运用而为一;二、理解所不能担负者必使之担负。"[50]具体讲来,就是混超越的决定与超越的运用而导致的"以虚为实之谬误",以及将不能归于理解的担负归于理解所导致的"措置担负之谬误"。

先谈第一种谬误。在牟宗三看来,康德把握问题解答问题的着眼点是在理解与对象间的异质的、不能合一的夹缝处,以理解所不能担负的责任归给理解使之必担负,理解不能弥纶此夹缝而偏使之弥纶之。以理解对于对象之虚的施行作为实的,于是觉得理解真可以弥纶之而天衣无缝。这是"以虚为实的谬误"。此种谬误产生的原因就是因康德混超越的决定与超越的运用而为一。

牟宗三的看法则是,超越的决定只限于决定时空,对于时空所定出的种种面相或系统只表示存在的外部的时空形式,并不能透过时空而至于存在的实际的内蕴,如物理关系。但是,在"原理分析"部分,康德虽然知道"直觉公理"与"知觉预测"所说的只是数学的,只就时空言即可以决定出,也知道它们与"经验之类比"不同,但当他论"从现象之主观继续到客观继续"一问题时,即"因果范畴之平铺于现象上而使之成为客观的继续必然的连接"一问题时,却完全是就时间来论证时间系列的决定是必须的,但是因果观念的平铺于现象借以决定现象的因果关系,纯就时间论证是不充足的。

就此点来讲,康德是混超越的决定与超越的运用而为一。康德在谈"图型"时,也纯粹就时间来说,这也是不可能的。在"概念分析"部分,康德在谈到"纯粹概念之先验演绎"时,借"纯粹概念为经验可能之条件"这一思想,似乎能说明范畴的必实现必应用,这步工作是自康德所说的"超越的统觉"之超越的综合来下贯。这步工作所说的有两种看法:(1)纯为一种原理,形式上先总持地或笼罩地如此说。于是,必要求"原理分析"以尽此"总持的说法如何能实现"的责任,但"原理分析"并未能尽好此责任。(2)从超越的统觉的下贯来说,可视为自上而下的构成性的综合历程。但如此,则"原理分析"便成徒然,而且超越的统觉也必须转为实践的,而非认识的。这一点更难。

总而言之,牟宗三认为这两种看法都体现出康德系统的错误之处。康德固然想凭借概念分析与原理分析来达到弥纶理解与对象间的夹缝的目的,这就是"知识可能之条件即知识对象可能之条件"这一原理所表示的,然而却不知道异质的不能合一的夹缝是不能如此弥纶的。理解,即认识的客观的心,并不能担负此责任。超越的决定与超越的运用也不能混而为一,不能借以证明现象必服从此条件或规律。现象的规律性的先验的保证并不能自理解处来谈。这实际上是由形上真心来担负的,康德却将之归于理解,这是"措置担负之谬误",即第二种谬误之处。有此谬误,于是有"以虚为实之谬误"的产生。牟宗三认为,康德所能作成的只是:我们的逻辑思想对于对象必有其范畴所表示的种种性相的要求,而作为纯粹概念的范畴也必要求能应用于对象。这表明康德只对知识可能的"形式可能性",而没有对其"真实可能性"予以说明。

除了申明康德在客观的心与存在之关系问题上的错误看法之外,牟宗三还以客观之心的超越的决定与超越的运用,来解释了罗素的"外延性原则"与"原子性原则"所具有的认识上的必然性。

何谓外延性原则和原子性原则(the principle of extensionality and the principle of atomicity)?这关联到客观知识系统,此系统是由有客观意义的且其真假值能客观地被决定的命题组成的。这些命题是因将知觉现象从其隶属于生理机体与主观的心的观点中解脱出来而客观地加以断定(即知觉现象的客观化)来形成的。这些命题一方面具有普遍性,即论谓特殊事件而不为其所限;另一方面必有确定的概念作为其组成的部分,即对于现象可施分解而可以明其为一由部分组成的"复合体"。前者为外延性,后者为原子性。具体讲来,罗素的观点是:

> 句子及一些语词(words),有两种非语言的使用,(a)用来指示对象;(b)用来表达心理状态。语词可以通过它们的意义(significance)而不是作为语词、作为指示(indicating)而发生:当它们只是表达(only expressing)的时候,这一点就会产生。不像对象—语词,单独语词只表达而不指示。这就是它们不像对象语词因而不能形成完整句子的原因。

> 上面这一点清楚地表明:"P"可以以两种不同的非语言方式发生,(a)指示和表达都是相关的,以及(b)只有表达是相关的。当语句作为一种断言而自己发生时,我们便拥有(a);当我们说"A 相信 P",我们拥有(b),既然我们正在断言的发生(occurrence)可以不涉及 P 的真或假而能够被完整地加以描述。但是当我们断言"P 或 Q",或任何其他真假函值(truth function)时,我们便有(a)条所述。

> 如果上述分析是正确的,外延性原则可以应用于 P 的指示是相关的关于"P"的全部发生,但不应用于只有表达是相关的那些发生;即,它应用于(a),而不是(b)。我认为,这一陈述是一个同义反复(a tautology)。如果我没错的话,外延性原则在其一般形式上,必须得加以抛弃。

> 达克(Mr. N. Dalkey)曾建议我说:在"A 相信 B 是热的"(A be-

lieves that B is hot)里面,当"B是热的"(B is hot)是一个完整的语句时,语词"B是热的"(that B is hot)描述了由"B是热的"所表达的东西。这个观点是吸引人的,而且可能是正确的。据此观点,语词"B是热的"并不真的指B,而是描述A的状态。这一情况类似于我说"A闻得一玫瑰味道"。在此,玫瑰只是作为描述A的状态而出现;对于此味道,我可以给一个名字叫S,从而说"A闻S"。类似地,我(在理论上)也可以用描述那些相信"B是热的"人的心身状态的语词来代替"that B is hot"。这一观点使得在"P"与"that P"(属某之P)间作出严格的区分变得必要。无论何时,只要"P"真正地发生,我们就能观察到外延性原则;但是当"that P"发生时,此原则失败的原因就是"P"事实上没有发生。[51]

于是,"A相信P"、"A怀疑P"、"A想P"、"A说P"等,都是"属某之P"。罗素称其为"命题态度",维特根斯坦称其为"心理学中的命题形式",它们都关联于心理主体。"我闻得一味","我听见一声","我觉冷暖软硬",都可以说是属某之P。它们都隶属于生理机体的主体。味、声、冷暖等等,在这种"属某之P"的形式中,都只能作为描述A的状态(即生理主体的状态)而进来的。我们可以不必涉及声音颜色等的真或假,却可以完全描述发生于此生理主体上的状态或生起事。在此,声音颜色等很可以事实上并没有出现。所以如果表之以命题P时,此时并不真地是P出现。即此时P并无客观意义,也不能客观地断定它为真或假。因此,外延性原则在这种只有表达而无指示的句子上,决不能应用。

但是与罗素的上述看法不同,牟宗三则认为,知识的"直接所与"总是纠缠于这种"心理主体"或"生理主体"中而产生的。于是,如何能客观化"直接所与"而真正成为知识的对象便成一个问题。"罗素只作到事实之指出:区别何种命题,外延性原则可以用,何种命题,不可用。此并不能表示'在知识上,外延性原则之真实有效性究如何而可能'。(若就纯逻辑言,此种区别固足够。但此决不足语于外延性原则之真假)。"[52]

牟宗三也反对维特根斯坦以泛客观论或泛事实论来消除"主体"的

做法。维特根斯坦曾说:"但是很清楚,'A 相信 P','A 思考 P','A 说 P',均是''P'说 P'的形式:而此处我们没有一个事实与一个对象的相关,只是有通过其对象相关的诸事实的相关。(5.542)这表明,没有如当今肤浅的心理学中所设想的心灵——主体,等等——这样的东西。一个组合的心灵便不再是心灵了。(5.5421)"[53]于是,维特根斯坦将发为想、说、信的 A 也视为一件客观事实,而不视为主体,所以说:实际上即是"P 说 P"形式。无论所想或所说或所信的 P 事实上出现与否,"P 说 P"总是一件"物理事实"。此事实是客观的,总可以被断言。

但牟宗三认为,维特根斯坦的泛客观论实际上是凌空于一个公而无私的纯逻辑立场而提出的,而安顿逻辑域须肯定一主体,客观的主体不可泯除。由于维特根斯坦主张的是泛客观的事实论,所以外延性原则及原子性原则都有效。罗素与此不同,在"A 想 P"中,我们可以分析"A 想"这一心理的生起事,而不必视 P 为一个附属的复合体。如果真的是 P 出现,那么 P 自然也可以被视为一个复合体而可以分解。罗素的结论是:"1.通过分析诸如'A 相信 P'这类语句,加以严格解释的外延性原则并未表明是假的;2.同样的分析也不能证明原子性原则是假的,但也不足以证明它是真的。"[54]

牟宗三认为,在罗素的态度上,外延性原则无所谓真假。至于原子性原则之所以未证明,也实际上是因为可分解中有不可分解者存在,已分解中有无穷的未分解或无法分解者存在。罗素对于这两个原则都未能理论地或原则地说明其有效的范围,以及其如何有效如何而可能。牟宗三认为,这是罗素零碎的逻辑分析所造成的。那么牟宗三的看法究竟为何?他认为,凡超越的决定与超越的运用所到之处,外延性原则与原子性原则都可以有效,这便给予了两原则以知识论上的必然性。[55]

可以说,牟宗三基于自己所主张的客观的心所具有的超越的决定与超越的运用对康德、罗素及维特根斯坦的批评是颇有见地的。应当说,这在整个中国现代乃至当代哲学家当中,都是不多见的,可谓是对西方哲学(结合中国哲学来研究的)既有吸收也有创造的批判与融会。不过,对于他在客观的心与存在(在牟宗三这里指知觉现象)之关系的论述中,我们

也发现其中存在许多问题:

第一,牟宗三认为客观的心通过理解三格度有超越的运用,通过时空格度有超越的决定。超越的运用形成"存在之轨约的客观化",超越的决定形成"存在之构造的客观化"。在此,牟宗三看到了认知主体对现象的客观化所具有的积极作用。但是,现象是认知主体与认知对象(即知识论中的客体,非知觉现象)共同作用的产物,因此知觉现象既有主体提供的客观化,也有客体所提供的客观化。实际上是主体客观化和客体客观化的共同作用,才使得我们逐步获得知识的客观化。在这一客观化过程中,既体现了知觉现象的客观化,也体现了主体因客体的影响而具有的客体化,以及客体也因主体的影响而具有的主体化。因此,其间体现的是一个错综复杂、相互影响、相互促进、相互渗透的复杂的关系系统,而不单单是牟宗三所言称的只是知觉现象因认知主体而具有的单线的客观化。

第二,在知觉现象客观化的过程中具有决定性意义的客观的心(或逻辑的我),牟宗三认为它并不是根本的,它有自己的根源和基础,这便是形上的心(形上的超越的真我)。他认为,形上的心一曲而成为认识的逻辑的我。情况果真是这样的吗? 作为认识领域中的主体,是从事认识活动的积极而主动的个体,它既是有感官、身体等物质性东西的生理机体,也是具有某些认知结构和图式,且善于思想的思维体。这种认识上的主体与形而上学或本体论意义上的超越的真我(形上的心),并无根本的必然的联系,并不是形上的心一曲而成的。牟宗三抱有此种看法,实际上是他重视作为本体的道心所至。这一点为他后来提出的德性优先于知识,道德主体优先于知性主体,良知的自我坎陷说等等高抬伦理学的理论埋下了伏笔。但从根本上讲,以形上的心来解释和开出认识主体的做法,显然有失合理之处。本文对此将在后面详细论及。

第三,强调客观的心的形上根源为形上的心,体现了牟宗三虽然区分了知识论和本体论这两个领域,但从他的理论和行文来通盘观察,他更为重视的却是本体论的形上领域。知识论中的客观的心是与物为对的,它对存在只具有超越的决定与超越的运用的作用,从而构成和指导存在,但它不能形上地实现存在。只有形上的心是与物无对的,它作为万有之基,可以通过其觉照作用而达到对存在的实现。将知识论归于或融摄于本体论,是有欠科学性和合理性的。知识论的研究固然离不开本体论领域,但在研究知识论时,只能以知识论本身作为核心和出发点,以知识论领域中的主体和客体的二元对立作为探讨的逻辑起点,而决不能以主体与客体统一,物我不分,自然与人不分等形上的东西来作为理论的出发点。

第四,牟宗三认为"知觉现象"经客观的心的超越的决定与超越的运用后,便标志着知识世界的形成。而实际上,经过此种认识过程,所获得的只是一些有知识意义的命题和命题系统,而绝不是知识和知识系统本身。命题并非知识,命题系统也不就是知识系统。

早在柏拉图的《泰阿泰德篇》中,就曾谈到了知识与命题的区别。在此篇文章当中,柏拉图提出了知识的传统三元定义,他认为知识即是已被证实的真信念(justified true belief)。在柏拉图看来,知识的成立应满足以下三个条件:(1)命题 P 是真的;(2)S 相信 P;(3)S 的信念 P 得到了证实。尽管关于知识的定义究竟为何,在今日的知识论领域依然争论不休,但有一点可以明了,知识尽管与命题相关,但并不即是命题。此种区别,显然在牟宗三这里并没有得到根本的重视和澄清。这一方面表明了牟宗三的知识论基本上还是局限于以康德为背景的近代知识论的理论视域范围之内,另一方面也往往决定了牟宗三的知识论只关注于主体与客体这一知识论维度,而忽视和抹杀了主体与主体即主体间的维度。

第五,牟宗三所提出的客观的心对于知觉现象的"超越的决定"与"超越的运用",体现出来的实际上是一种逻辑中心主义的极端立场。"超越的决定"是客观的心凭借纯理的外在化所形成的纯粹数学与纯粹几何来决定附着于存在上的时空。时空是附着于存在而限定存在的,它是理解得以作用存在的一个媒介。客观的心凭借着纯粹数学与纯粹几何这一型范来决定附着于存在的时空,由此来表现出时间关系和空间关系。时空附着于存在,存在便有时空相。存在的时空相通过超越的决定便成为一定的,而存在也在有定的时空关系中成为确定的,也就是在时空架格中时空位置的确定。由于其确定于时空架格中,所以其为存在也得以客观化而成为独立的存在。这样,时空就成为了一种格度,而不只是一种决定存在之量的形式。客观的心对于存在还有"超越的运用",它涉及理解自身的格度,而格度涉及到的也是纯理的呈现,是纯理自我显示时基本逻辑概念的外在化。这些基本概念有肯定否定、根据归结以及偏称全称,于是遂形成了二用格度(the formal scheme of is-is not or affirmation-negation)、因故格度(the formal scheme of ground-consequence)以及曲全格度(the formal scheme of all-some or whole-part)。

可见,客观的心对于知觉现象的客观化都离不开纯理。纯理为何?在牟宗三看来,纯理就是逻辑的本质,逻辑学就是研究纯理的学问。于是,客观的心对于存在的量的客观化与质的客观化,实际上都是知觉现象的一种逻辑的客观化。因此我们说,牟宗三关于客观的心与知觉现象的客观化理论,体现了他的极端逻辑中心主义的立场。关于纯理的含义及其与时空格度、知性三格度的关系,这是我们第4、5、6章将要论述的内容。

我们认为,牟宗三在关于客观的心与知觉现象之关系的论述上之所以持有上述观点,以及其间为何显现出诸多的理论制限之处,这主要是源于他未能在经验科学与数学、逻辑学以及形而上学之间做出明确的区分。区分科学与数学、逻辑以及形而上学,这被卡尔·波普尔(Popper, Karl)称作分界问题。"找到一个使我们能够区别经验科学为一方与数学、逻辑以及'形而上学'系统为另一方的标准问题,我称之为分界问题。"[56]

可以说,从培根时代以来,这一问题就时时激荡着众多的哲学家。比如,休谟就已经知道了上述问题,并且试图来解决它。

　　我们如果在手里拿起一本书来,例如神学书或经院哲学书,那我们就可以问,其中包含着数和量方面的任何抽象推论么? 没有。其中包含着关于实在事实和存在的任何经验的推论么? 没有。那么我们就可以把它投在烈火里,因为它所包含的没有别的,只有诡辩和幻想。[57]

康德则把分界问题看做是知识理论的中心问题,波普尔据此也把分界问题称作"康德问题"。维特根斯坦所提出的分界标准是可证实标准，波普尔采取的则是可证伪性或可反驳性标准。逻辑实证主义者卡尔纳普所提出的则是有意义与无意义这一标准。

抛开诸多哲学家在分类标准上的林林总总的见解，有一个基本的事实是明了的：我们不能将逻辑、数学以及形而上学与科学的经验知识相混淆，尽管它们之间存在着一定的联系。牟宗三恰恰是在谈论知觉现象的客观化、在谈论经验知识的形成过程中，造成了这种混淆。他以逻辑来说明知识、以形而上学之心来作为客观之心的根据，这都使得其知识论呈现出了诸多其理论本身所难以解决的问题。

公允地讲，知识与体验、事实与价值、科学与精神之间所存在的区别，我们是无法不负责任地予以取消和漠视的。可是不幸的是，以往的哲学家们总是力图以知识来解释体验世界的东西，以语言来言说那不可言说的领域。归根结底，这种现象的产生主要是源于从近代伊始，尤其是上个世纪以来科学长足进展所导致的科学至上主义与知识论中心主义的作祟。知识论从洛克时代一直到 20 世纪初，始终统辖着形而上学，这完全是一种完全无根据的擅自专权和恶劣独裁。知识论往往被一些人看做是基础性的，也就是说，知识论被视做在逻辑上先于一切其他科学；我们通过对于认知过程的直接研究就可断定可能的认识的限度；进而，研究知识论的人可以离开一切其他科学而提出关于实在的理论。

逻辑实证主义的杰出代表石里克就曾对此表达过自己的不满："过去时代最严重错误之一，是认为哲学命题的真正意义和最后内容可以再用陈述来表述，即可以用知识来阐明；这就是'形而上学'的错误。形而上学者的努力一向集中在这一荒谬的目标上，要用知识来表达纯粹性质的内容(事物的'本质')，也就是要说那不可说的东西。性质是不能说的，只能显示在体验中，而认识是与体验毫无关系的。"[58]我国现代著名哲学家冯友兰也陷入了如下一个错误：以知识论来建构形上学体系。他本人由分析经验而达"类"，由达"类"而进一步达"理"。从主观的经验到客观的理世界，这本身讲的就是主体如何达知客体的知识论过程。他将形上学也看成是一种知识，只不过是一种特殊的"不知之知"："哲学，特别是形上学,是一门这样的知识,在其发展中,最终成为'不知之知'。"[59]

可是事实上正如华尔特. T. 马文于《把形而上学从认识论中解放出来》一文中所讲:"认识论既不能解决各种形而上学问题,也不是这些问题的主要源泉";"形而上学既并不特别地由于认识论而得到它的问题,也并不特别地由于认识论而得到这些问题的解答。"[60]因此,事物的性质不能主要地从知识的性质中去寻找。这正如金岳霖曾讲到的,我们必须应当区分元学的态度和知识论的态度。元学的态度要求理论能怡我的情,尽我的性,它是内涵主体之私人情感的。与此不同,知识论则要求我们具有客观的公正的无生命的态度。也正因此,金先生的作为形上学体系的《论道》与作为知识体系的《知识论》并无真正的关联。

在此,我们完全赞同,作为体验领域的形而上学与知识有着明确的界限。科学知识,是唯一的一种关于现实实际事物的知识体系和真理系统。与此相对照,形而上学是生活而不是知识,是概念的诗歌而不是理论的系统。形而上学作为知识理论是不可能的,因为形而上学家误解了知识的内容与感情的内容。知识的内容在于它的真理性是能由经验来证实的,而至于感情的内容则只是一种感觉,一种体验。我们"知道情况如此这般"同"体验到某种情况"是根本不同的。体验是通过经验得到的,因而它总是定性的。经验总是主观的,于是体验的性质是不能交流的,它只能在经验本身中直接显现出来。另一方面,科学知识则总是客观的和主体间可以交流的。

具体讲来,一切认知都毫无例外地存在于形式关系领域之中:使事物纳入秩序并进行预测。它本质上是可以交流的,但仅仅一瞥或一种体验是不能交流的。我无法把我自己对一幅完美的书画作品的体验,以某种科学的知识的方式告诉给别人或教授给别人,因为这种体验纯粹是我自己私人的事情。当然,这并不是说他人不能具有我所具有的相同体验。实际上,他人如果对于此绝佳的书画作品有行家的慧识,他依然会与我有同感,会对此作品赞叹不已,会共同认为此作品为世上难得之佳作,此正所谓英雄所见略同。这样看来,认知的功能是把关于外在世界的客观知识传递给我们,比如能够解释宏观世界的牛顿三大力学,是可以靠老师的教授或自己看书本而客观地学到的。而体验却只能靠我们同外在世界或内在世界发生直接的关联,王阳明的"你未看此花时,此花与汝心同归于寂"[61],即是一例。可以说,体验激发并丰富了我们的内心生活,但是无助于把这种生活的经验内容客观地交流给其他人。与此不同,认知在本质上却永远都是主体间的,即可以在主体与主体之间加以传播和交流的。体验始终是私人性的,所以虽然体验是知识的起点,知识的原料,但知识并不因之而成了体验,体验亦不因之而成了知识,因为知识与实际间的关系不在于它们品质的一致性,而在于它们结构的相似性。所以知识的内容,是形式的构成符号的体系,是命题的体系。而关于体验的内容,则是品质给予的直观。二者是根本不同的,不可同日而语,相提并论。据此,所谓意义也有根本不同的两种:一种是主观给予的意义,它是指示的、体验的;一种是客观的形式的意义,它是说明的、认识的。

直观的体验和概念性的知识所具有的根本性的差异,除了体现在客观与主观、可交流与不可交流方面,还体现在它们所追求的目标是根本不同的。在直观中,我们面对的只是一个对象即被直观的对象。与此不同,在概念性的认知中,我们是把两个对象放在关系之中。在直观中,对象只是被给予而不是被理解。直观只是经验,而认识则是某种与之完全不同的东西,某种更多的东西。我们不能通过直观来理解或解释任何东西。我们通过直观的方式所能够获得只是对事物的体验而不是对事物的理解,而只有对事物的理解才是我们在科学和哲学中追求知识所要达到的目标。我们之所以能够通过直观体验事物,因为由世界给予我们的一切都是在直观中给予的。但是我们只有通过思维才能认知事物,因为认识所需要的排序和配列正是我们称之为思维的东西。科学并不使我们去体验对象;它教我们去理解或领会已经体验到的东西,而这就意味着认识。体验和知识是根本不同的概念,因而甚至于在日常谈话中也要用两个不同的词来表达它们。

总之,我们认为牟宗三等重视直观的哲学家存在一个极大的理论错误,即混淆了体验与知识这两者。尽管生活与知识在我们的现实生存过程中都是不可或缺的,仅为知识而生活是空虚的,仅为生活而生活是贫乏的。但是,知识论与形而上学是有着本质的区别的,我们不能完全以知识论来解决形而上学的问题,也不能以形而上学来解决知识论问题。基于此种主张,我们说,未能在知识论与形而上学之间做出明确的区分,从而以形而上学的东西来解决知识论的问题,来为知识论提供根据,这的确是牟宗三在谈论知觉现象客观化、谈论认识心的客观化、谈论客观的心与存在的关系等问题的时候所陷入的一个主要的理论误区。

注　释

[1]牟宗三:《认识心之批判》(上),见《牟宗三先生全集》(18),台北:联经出版公司 2003 年版,第 39 页。

[2]牟宗三:《知觉现象之客观化问题》,《牟宗三先生早期文集》(上),见《牟宗三先生全集》(25),第 439 页。

[3]牟宗三:《认识心之批判》(上),第 40 页。

[4]牟宗三:《认识心之批判》(上),第 41 页。

[5]牟宗三:《认识心之批判》(上),第 43 页。

[6]此处"超越的"(transcendental)一词,是应用于感性的世界(sensible world)。在牟宗三看来,"超越的"有两个意义:一是积极的意义,这是内指义的超越的,它属于康德的"先验分析论"部分;二是消极的意义,这是虚的超离,虚的外指,它属于"先验辩证论"部分。"超越的"不同于"超绝的"(transcendent),超绝的是超离的,即超离乎经验而隔绝乎经验之义。它应用于智思的世界(intelligible world)。关于此可参看《现象与物自身》,见《牟宗三先生全集》(20),第 372—374 页。

[7]牟宗三:《认识心之批判》(上),第 46 页。

[8]"图型"为"schema"一词,它是康德知识论中的一个十分重要的概念,它起到联结范畴和现象的中介作用,即按照特定范畴的统一性规则而通过时间形式对内感官做一般的规定。牟宗三将其翻译成"规模"。有的学者也将其翻译成图式(如郑昕)、构架或范型(如齐良骥)。根据需要,我们在行文中有时采纳邓晓芒、韦卓民、蓝公武等人的"图型"这一译法,有时则采用"图式"译法。

[9]康德:《纯粹理性批判》,邓晓芒译,A249,北京:人民出版社 2004 年版,第 227 页。curam intuitu intellectuali 为拉丁文,即智性直观的对象。Noumena(Intelligibilia)为拉丁文,即本体(理知的东西)。

[10] 康德:《纯粹理性批判》,邓晓芒译,B306,第 225 页。

[11] 洛克:《人类理解论》(下册),北京:商务印书馆 1997 年版,第 634—635 页。

[12] 关于牟宗三对于主谓命题与关系命题的见解,请参看他的《莱布尼兹哲学疏导之一——论主谓命题与关系命题》一文,《牟宗三先生早期文集》(上),第 227—243 页。

[13] 牟宗三:《认识心之批判》(上),第 53 页。

[14] 牟宗三:《认识心之批判》(上),第 57 页。

[15] 牟宗三:《认识心之批判》(上),第 63 页。

[16] 牟宗三:《认识心之批判》(上),第 65 页。

[17] 牟宗三:《认识心之批判》(上),第 73 页。

[18] 牟宗三:《认识心之批判》(上),第 78—79 页。

[19] 牟宗三:《认识心之批判》(上),第 81 页。

[20] 牟宗三:《知觉现象之客观化问题》,《牟宗三先生早期文集》(上),第 444 页。

[21] 牟宗三:《认识心之批判》(上),第 83—84 页。

[22] 牟宗三:《认识心之批判》(上),第 13 页。

[23] "觉识"是牟宗三对于英文 consciousness 的翻译,而我们一般是将其翻译成"意识"。牟宗三:《四因说演讲录》,见《牟宗三先生全集》(31),第 196 页。

[24] 牟宗三:《认识心之批判》(上),第 85 页。

[25] 牟宗三:《道德的理想主义》,见《牟宗三先生全集》(9),第 142 页。

[26] 康德:《纯粹理性批判》,邓晓芒译,B133 注,第 90 页。

[27] 康德:《纯粹理性批判》,邓晓芒译,B127 德文编者注,第 85 页。

[28] 牟宗三:《智的直觉与中国哲学》,见《牟宗三先生全集》(20),第 42—43 页。

[29] 牟宗三:《认识心之批判》(上),第 87 页。

[30] 牟宗三:《认识心之批判》(上),第 88 页。

[31] 牟宗三:《现象与物自身》,第 152 页。

[32] 牟宗三:《认识心之批判》(上),第 103 页。

[33] "transcendent",我们一般译为"超验的",牟宗三译为"超绝的",劳思光的《康德知识论要义新编》则译为"超离的"。

[34] 牟宗三:《智的直觉与中国哲学》,第 216 页。

[35] 关于牟宗三对于"真我"、"认知我"以及"心理学意义的虚构我"的看法,可参看其《现象与物自身》,第 158—171 页。

[36]关于此可参看牟宗三:《智的直觉与中国哲学》,第 217、221—222 页。

[37]关于自我认识的问题,可参看高新民的《现代西方心灵哲学》第 3 章第 2 节"内省与自我意识",武汉:武汉出版社 1994 年版,第 196—217 页。

[38]黑格尔:《小逻辑》,贺麟译,北京:商务印书馆 1995 年版,第 120 页。

[39]牟宗三:《认识心之批判》(上),第 108 页。

[40]牟宗三:《认识心之批判》(上),第 104 页。

[41]牟宗三:《认识心之批判》(上),第 106 页。

[42]transcendental 一词是康德哲学中非常重要的一个术语,我们一般将其译为"先验的",牟宗三译为"超越的",劳思光的《康德知识论要义新编》译为"超验的"。这里为了行文的方便而依然采用牟宗三的译法。

[43]牟宗三:《认识心之批判》(上),第 111 页。

[44]牟宗三:《认识心之批判》(上),第 114 页。

[45]按康德的定义,"一个经验性的直观的未被规定的对象叫作现象。"A20 = B34,康德:《纯粹理性批判》,邓晓芒译,第 25 页。

[46]牟宗三:《认识心之批判》(上),第 111 页。

[47]牟宗三:《认识心之批判》(上),第 115 页。

[48]牟宗三:《认识心之批判》(上),第 115—116 页。

[49]牟宗三:《认识心之批判》(上),第 116 页。

[50]牟宗三:《认识心之批判》(上),第 122 页。

[51]Bertrand Russell, *An Inquiry into Meaning and Truth*. London: Routledge, 1997. pp. 271-272.

[52]牟宗三:《认识心之批判》(上),第 126 页。

[53]Ludwig Wittgenstein, *Tractatus Logico-Philosophicus*. London: Routledge & Kegan Paul LTD. ,1983. pp. 142—143.

[54]Bertrand Russell, *An Inquiry into Meaning and Truth*, p. 273.

[55]关于以上内容,可参阅牟宗三的《知觉现象之客观化问题》一文的相关部分,《牟宗三先生早期文集》(上),第 458—459 页。

[56][英]波普尔:《科学知识进化论》,纪树立编译,北京:三联书店 1992 年版,第 22 页。

[57]休谟:《人类理解研究》,关文运译,北京:商务印书馆 1997 年版,第 145 页。

[58]洪谦主编:《现代西方哲学论著选辑》(上册),北京:商务印书馆 1993 年版,第

415 页。

[59]冯友兰:《中国哲学简史》,见《三松堂全集》(第 6 卷),郑州:河南人民出版社
2001 年版,第 283 页。

[60]〔美〕霍尔特等:《新实在论》,伍仁益译,北京:商务印书馆 1980 年版,第 55、第
99 页。

[61]王阳明:《传习录·下》,见《王阳明全集》,上海:上海古籍出版社 1997 年版,第
108 页。

第4章　纯粹理性与逻辑及数学

　　依据前文可知,知觉现象要成为知识的真实对象,必须得有赖于客观的统觉的统一,而这种客观的统一所经历的过程就是知觉现象客观化的过程,也就是利用客观的心所具有的先验时空形式与概念范畴来加以客观化知觉现象。为此,牟宗三曾在《知觉现象之客观化》一文及《现象与物自身》一书中,具体地论述了康德的三种综合:直观中领会的综合、想像中再生的综合、概念中认定的综合[1],并将这三种综合与统觉的先验统一性的根本的综合作用区别开来。这样的看法,与康德的没有什么基本的不同。这三种综合是纯从经验一面来看的,因此显示的是主观的统一性即经验的统一性,它是知性能力的一个片面,还不是其根本的方面。以感官的直接经验为根据的主观的统一性必定要从属于统觉的先验的统一性,经验的综合必定从属于知性的纯综合。只有统觉的根本的先验统一性才是客观的。由于此种论述基本上是继承了康德本人的思想,所以我们对此不再做讨论。以下的论述将主要围绕《认识心之批判》一书中能体现牟宗三本人独到思想的"纯理"、"格度"与"范畴"的理论,看一看他对于此些问题的独创性何在,其间又体现出来哪些理论制限之处。

我们知道,牟宗三认为认识心对于现象之客观化体现在两个方面:一是由超越的想像处建立时空而对现象做超越的决定,一是由知性处开出格度而对现象做超越的运用。不过,他又主张决定时空的型范(norm)则是纯粹的数学与几何,后者则又是纯粹理性的外在化。纯理第一步外在化为逻辑,第二步外在化为数学与几何。当纯理显现在理解中时,其外在化的逻辑一面即转而成为知性的格度,而数学与几何一面便成为时空这一先验形式的型范。这样看来,如果想理解牟宗三对于想像中时空格度乃至知性三格度在认识过程中的具体作用,我们必须得了解其对于纯理是如何论述的。

第 1 节　纯粹理性与逻辑

牟宗三认为,知性主体如果能成为客观的心或逻辑的我,必须得发现其中有理。发现了纯理[2](pure reason,纯粹理性),也就使得心觉得到了客观化,从而成为客观的心或逻辑的心。由客观的心的先验综合活动到先验综合命题的形成,也就是非存在的形式系统的先验的安立。那么,如何发现纯理?牟宗三的回答是,其线索和关键便在于:对逻辑系统(logical systems)中的既是重叠地分析的又是关系地综合的命题向里收摄,达到纯粹理性,达到先验综合,这就是发现纯理的线索。因为知性之理,其最根本的意义就是逻辑之理。而由对于逻辑系统的解析来把握知性中的纯理,关键之处就在于追问逻辑系统的先验根据,追问逻辑的先验性、定然性、必然性乃至绝对性。

一、逻辑系统及其"意指的解析"、"形式的解析"与"超越的解析"

在牟宗三看来,就纯逻辑自身讲,有四大逻辑系统:(1)传统逻辑;(2)逻辑代数(代值学);(3)罗素的真理值系统;(4)刘易斯(C. I. Lewis)的严格涵蕴(strict implication)系统。形式逻辑系统的基本概念有"凡"(一切、所有),"有"(有些),"肯定","否定","如果则","析取"(或),

"絜合"(与),以及"真"、"假"、"可能"、"不可能","必然"、"不必然"。

传统逻辑以凡、有、肯定、否定四个基本概念来构造其逻辑句法,即AEIO,以这些句法进行推理时所依据的原则是存在原则、周延原则和曲全公理。在此系统外,作为超越原则的有"肯定与否定的对偶性"、同一律、矛盾律和排中律。除了AEIO逻辑句法所成的推理外还有假然推理,这是以"如果则"这一基本概念所成的句法形成的;还有析取推理,以"析取"(或)这一基本概念所成的句法形成。

牟宗三认为,传统逻辑虽然已经涉及各种推理,但并未组成一个一根而发的纵贯系统。逻辑代数(代值学)吸收AEIO系统而予以客观化,其基本句法为"包含关系",辅之以"析取"、"絜合"与"相等"等。在此系统中,肯定否定的对偶性、同一律、矛盾律、排中律为此系统所遵守的超越原则,也内在于系统中而为一个推演出的定理。自其为超越的原则,称为指导性的;自其为推演出的定理,称为构成性的。自其为指导性的,称为"型范";自其为构成性的,称为"定式"。此系统以"包含"为基本关系,而推理则根本上是"如果则"的"涵蕴关系",不过此系统未将此涵蕴关系透显出,尽管此系统形成了一个一根而发的纵贯系统。

罗素的真理值系统是以"真值涵蕴"为基本关系而形成的,它将"如果则"的涵蕴关系透显出。在此系统中,肯定否定的对偶性、同一律、矛盾律、排中律也是此系统所遵守的超越原则,并内在于此系统中而为一个推演出的定式。在此二值系统中,真等于必然,假等于不可能。

在刘易斯的严格涵蕴系统中,涵蕴不以"或p假或q真"来规定,而以"p真而q假是不可能的"来规定。"p严格地涵着q",表示"q可自p推出"。此系统中有六个界限:真,假,可能真,可能假,不可能,必然。在此系统,虽有程态(模态)概念,但肯定否定的对偶性、同一律、矛盾律、排中律仍是此系统的超越原则,并内在于此系统中而为一推演出的定式。构造逻辑句法的基本概念到此大体展转用尽。这些逻辑概念,依据传统逻辑将命题分为质、量、关系、程态四种即可发现。在质中,显示肯定、否定、无定;在量中,显示单称、偏称、全称(凡);在关系中,显示主谓、假然、析取;在程态中,显示或然、实然、必然。可见,无论在哪种逻辑系统中,肯定否定二用与思想三律都是最为根本的,它们是纯理的纯理根据。"依理性自见之自用言二分。依理性自见之自示言三律。"[3]

由于逻辑系统是由以逻辑概念而不是物象概念所构成的逻辑句法来加以形成的,因此逻辑句法无所说,是无向命题。牟宗三认为,无向命题所形成的推理只是推理自己,而不是有特殊内容的推理,不是关于什么的推理。因此,就纯逻辑自己来讲,每一个成文系统都是表示推理自己。进而,"逻辑学可定为研究'推理自己之结构'之学"[4]。不过,逻辑与逻辑学以及成文系统是有区别的。逻辑是推理自己,逻辑学是研究此推理自己,而每一个成文系统则是表示此推理自己。

对于逻辑系统的解析,牟宗三具体地将其分为两种:其一,逻辑系统之意指的解析;其二,逻辑系统之形式的解析与超越的解析。

何谓"意指的解析"?"无所说而唯显推理自己,此即是逻辑系统之'意指'。吾人以此解析逻辑系统,即名曰'意指的解析'。"[5]这种"意指的解析",牟宗三认为,是使逻辑回归于推理自己,而与存在方面完全无涉。由于言推理自己,那么其中也有"理",它不是知识对象的理,也不是形上的理,总之不是"存有之理"。它只是一个如何从前提过转到结论的"逻辑之理"。可以说,由逻辑系统的意指的解析,牟宗三想表明的是逻辑之何所是,也就是就各种成文系统之用之一无所说而唯显推理自己,此谓"即用显体","即用显体"表明的是逻辑的自性。他说:"即用显体以识逻辑之自性即为'推理自己',则此推理自己所示者即'纯理'也。此理不是有'存有'意义之'潜存之共理',而是'逻辑之理',故不能歧出而外陈,只能回向而内摄:内摄于'知性之主体'。"[6]

如若内摄于"知性主体",则需要对逻辑系统进行"形式的解析"与"超越的解析"。"形式的解析"是就一个成文系统的形成来谈其如何形成的诸手续,例如原始观念的选取,基本定义的撰成,形式的原始命题或设准的设置,等等。在牟宗三看来,形式的解析本身无问题,但由"形式的解析"而达到形式主义与约定主义却有问题。约定主义夸大原始观念选取的随意性和基本定义撰成上的约定性,从而不能认识成文系统的先天基础与理性上的必然性。形式主义则混逻辑与逻辑的成文系统而谓逻辑是多,从而不能认识逻辑的绝对性与唯一性。为了保证逻辑的绝对性与先天性,他自己主张,必须由"意指的解析"所浮现出的逻辑的超越性与普遍性进至超越的解析。而为了做到这一点,有两步工作要做:其一,说明肯定否定之对偶性、同一律、矛盾律、排中律具有"理性上的必然性";其二,说明有定有尽的逻辑概念具有"理性上的必然性"。[7]

二、四基本原则具有理性上的必然性:逻辑系统"超越的解析"之一

牟宗三称肯定否定的对偶性原则及思想三律为"四基本原则"。对偶性原则说的是:任一项 a,施以否定,即得一反项 - a,而 - a 施以否定,即得 a,用公式表示即是:$a + - a = 1$。肯定否定的对偶性原则所说的肯定与否定是理性自身起用的两向:"是"与"不是"两向。这两向的展现完全是先验的,纯粹无杂的,无任何限制,无任何条件。此两向只是理性自己展现的形式的意义,并无任何实际内容的意义。此纯粹无杂的两向只是一个"型范"(Norm)。因此,肯定否定的对偶性原则有其绝对性与先天性,有理性上的必然性与定然性。这就是原则的超越的解析。对偶性原则既然先验地被建立,直接根据对偶性原则而开出的思想三律也便先验地被建立起来了。四原则分别以符号表示即为:

1. $(+) + (-) = 1$;$ - (-) = (+)$肯定否定之对偶性原则

2. $(+) \text{v} (-)$排中律

3. $(+) = (+)$,$(-) = (-)$;$(+) \supset (+)$,$(-) \supset (-)$同一律

4. $- [(+) \cdot - (+)]$,$[(+) \cdot - (+)] = 0$;$ - [(-) \cdot - (-)]$;$[(-) \cdot - (-)] = 0$矛盾律

牟宗三认为,假如理性自己的展现是第一序的,那么上述四原则便是第二序的,即论谓第一序的。可以说,"此四原则是理性自己展现之自示其相:其自己展现是其自己之为实理之自性,而此四原则则是其自己展现所示之相,即其自己展现亦须服从或遵守其所自具之法则,逻辑之理之法则,而此亦即还而规定其自身之所以为理性也。"[8]这表示,四原则本身同时为构成性的,同时即为指导性的。四原则本身就规定逻辑之理,所以为构成性的;四原则所规定的逻辑之理的展现也永远遵守它自己,所以为

指导性的。于是,在一个成文系统中,四原则是构成性的也是指导性的。透过其为指导性的来认识其为超越原则,由其为超越原则来认识逻辑的绝对性与先天性,乃至理性上的必然性与定然性。

以上是对逻辑系统做超越解析的第一步工作,第二步工作就是超越的解析与有定有尽的逻辑概念之"理性上的必然性"的说明。

三、逻辑概念具有理性上的必然性:逻辑系统之"超越的解析"之二

理性自己之展现不但要开为肯定否定之两向,而且根本上要完成一个推理。推理要确定地表现出来,不能不有所凭借。所凭借的除逻辑概念及其所成的逻辑句法,不能有其他。由于推理不过是根据与归结之间的过转,因此如果要表现这个过转,那么推理的确定表现便首先得凭借"如果则"这一最基本的逻辑概念及其所成的逻辑句法。"如果则"是领导推理者,于是其中即涵有"全称"的概念。有全即有偏,于是"凡"与"有"这一对逻辑概念以及其所成的句法就必然地被引出了。"如果则","肯定与否定","凡与有",是最基本的逻辑概念。它们表示关系、质、量三类概念,牟宗三称为第一序的逻辑概念,它们所成的句法,被称为第一序的句法。与此不同,真,假,可能真,可能假,不可能,必然,诸程态概念以及其所成的句法,是第二序的。其为第二序相应于肯定否定之对偶性原则、同一律、矛盾律、排中律四个超越原则为自第二序上来谈逻辑之理。第一序的系统是构成性的,第二序的系统既是构成性的又是指导性的,犹如四原则既为构成性的也为指导性的。

牟宗三认为,质、量、关系、程态等四类逻辑概念是有定有尽的,因为逻辑概念是虚概念,或形式概念或形式字。这些"形式字"不同于柏拉图的"理型"、亚里士多德的"形式",它们无体性上的关联,而只是逻辑的,因而是非存在的,无存有的意义,不能无穷无尽。形式字作为形式只是理性因展现其自己而在确定的表现中,由理性自己所示现的"姿态"或"虚架子"。理性在虚架子中表现其自己,这是知性中"逻辑真理"的特质。由于此些形式字是理性自己所示现的虚架子,所以有定有尽,而且有理性上的必然性与定然性。

由于将四原则与逻辑概念都予以了超越的解析,牟宗三于是认为逻辑的绝对性与先天性乃至其理性上的必然性与定然性都得到了证明。因此,逻辑只是"纯理"自己,而每一个成文系统表示"纯理自己"。纯理的含义即是:"纯理者,即一纯粹推演系统所表达者也。纯者,理性自身之自见,而毫无经验成分涉于其中也。纯理为一纯粹推演系统所表达,而其自身之意义,即可曰理性之自见而成理则者。"[9]由于纯理不空挂,所以必然内缩于"知性主体":这就是显于理解(知性)而归于理解。由此可以明了知性主体是一个超越的客观而逻辑的我。牟宗三认为这是对理解进行超越分解的第一步。随着这一分解而来的便是凭"纯理的外在化"来明了数学与几何,对它们予以超越的解析,而不是形式主义的"形式的解析",不是逻辑派的"实在论的解析"。

第 2 节　牟宗三逻辑观的得失之处

牟宗三对于纯理的上述分析,体现出了他力图以先验主义方法来解决逻辑本身的问题。他的主张可以说代表了如下一种在当时较为流行的看法:由于逻辑是先验的,因此与其说它和外界事实有关,不如说它和我们所必须采用的思维方式有关。于是,逻辑在某种意义上被归为是属于心的。牟宗三将逻辑所表示的纯理、逻辑的四原则以及逻辑概念均归为属于知性主体,即体现了这一流行的看法。

这种关于逻辑本身的看法,实际上不同于一般数理逻辑学家将逻辑看做是一些形式的推演系统的做法。牟宗三认为逻辑并不就是逻辑系统,同时逻辑不应等同于逻辑学。逻辑应当是推理之自己,逻辑学则是研究此推理自己。也就是说,逻辑的本质是推理,而逻辑学则是研究推理本身之结构的学问。形式的逻辑系统则不过是推理自己的外在化或自我显示的结果。因此,逻辑系统可以多,但逻辑只能是一。应当说,牟宗三对于逻辑、逻辑学、逻辑系统的细致分疏,这即使是在今天看来也是有积极的理论价值的,它无疑彰显了牟宗三本人在此问题上的高超的理论致思水平和与众不同的原创精神。牟宗三在逻辑哲学上的一个显著成就就在于:他探析出了逻辑的先验性并指明了逻辑与纯粹理性之间所存在的一种本质关联性,于是为逻辑基本原则的绝对性与必然性提供了一种较为合理的先验主义阐释。

牟宗三有关逻辑的这一理解,实际上是对于罗素及维也纳学派之逻辑观的一种积极的回应。一方面,他认为逻辑不同于逻辑句法。维也纳学派把逻辑看成是言语的逻辑句法,逻辑就是逻辑句法的学问。逻辑句法所形成的句法系统就是逻辑系统。这一对于逻辑的看法与我国学者张东荪的主张有类似处。张东荪就曾认为,逻辑并不是"事理"(natural structure),也不是思想的活动,而是等于下棋时所用的一种规则。这些规则不是随意的,而是有"不得不然"存在其中。另外,罗素在写作《意义与真理的探究》时,也是从分析"字"与"句"入手,来谈知识论的,并进而将知识的真与假放在命题上来说,由句子(命题)的分析或讨论来讲逻辑句法。牟宗三的逻辑观无疑为这种混淆逻辑本身与逻辑句法的观点,做出了最为明晰的辨别。另一方面,他也主张逻辑规律的应用不同于逻辑本身。例如,排中律的应用与排中律自身的成立决然是两回事。

另外,牟宗三的逻辑观与杜威对逻辑的看法也有区别。[10]牟宗三的看法是:(1)形式逻辑中所谓"形式的",或纯逻辑中所言的"形式",不是"存在的形式"。因此"存在的形式"与"存在"如何相关联的讨论,并非逻辑所能问。(2)逻辑本来未接触过存在,因此也未接触过存在的形式,也不能提供存在的形式。既然未接触过存在,也没有与经验相接头,不就经验而表现,因此不能空头陈列存在的形式,不能贸然论列存在的形式,不能贸然断定逻辑的表现即是存在的形式。(3)逻辑中的命题之为"形式的",而且必然为"形式的",正在于其对于存在无所涉、无所说、无所表,而只是借之以表推理之自己,因此其所显示的只是纯理自身的关系,决不是一个关于存在的推理,也不是表示一个存在之理之关系。牟宗三认为,这就是所谓的逻辑自己,它唯显一个"纯理"。杜威由逻辑中命题之为"形式的"转而为"存在之形式",从知识论的立场来谈逻辑本身,这遭到了他的严厉批判。

　　由此可见,牟宗三纠正了罗素与维也纳学派以及杜威在"逻辑的"与"逻辑"、"逻辑命题"与"逻辑"、"成文逻辑"与"逻辑自己"、"逻辑的世界"与"逻辑这个世界"、"可能的世界"与"逻辑这个世界"之间所存在的一些混淆。他本人认为逻辑句法无所向、无所说,因此其表示的推理就是推理自己,推理自己显示的是理性自己。每一个推理,都是理性自己的直接展示。依据理性自己来谈"纯理"从而认为逻辑就是显示纯理之学,这的确是牟宗三逻辑观的一大特色。但是,牟宗三对于逻辑中一些问题的看法也存在值得商榷的地方。

　　首先,牟宗三将同一律、矛盾律、排中律归于和显于知性,这是有问题的。我们认为,同一律、矛盾律、排中律并不仅仅是我们知性中的思维律。以矛盾律为例,当我们相信矛盾律的时候,我们所相信的并不是心灵生来就必然相信矛盾律。这种信念实际上是心灵反省的一个结果,心灵已经预先给定了对矛盾律的信念。对于矛盾律的这种信念是对于事物的一种信念,而不只是对于思想的一种信念。

　　比如,当我看见一朵花是红玫瑰的时候,我对于矛盾律的信念不是这样一个信念:倘使我认为一朵花是红玫瑰,我便不能同时又认为它不是一朵红玫瑰,而是这样一个信念:如果一朵花是红玫瑰,它便同时不可能又不是一朵红玫瑰。逻辑上的规律和原则不只是说明思想的,而是说明事物的。我们对于逻辑规律的信念是一种思想,但规律本身并不是一种思想,而是关于世上种种事物的一个事实。牟宗三将逻辑规律归于知性显于知性即客观的心当中,显然是不十分准确的。归于和显于知性中的形式逻辑中的矛盾律,不可能成为经验认识可能性的准则。违反形式逻辑矛盾律的,逻辑上不可能,但是在现实里却可以存在,比如种种事物内部、事物之间所存在的对立统一的性质。逻辑上有可能性即无矛盾的,如果不符合经验形式的条件,那么在现实里便是不可能的。

　　其次,牟宗三将逻辑的本质归结为纯理自己即"推理自己",并进而把逻辑放置于知性主体之中来加以理解,即所谓的逻辑显于知性而归于知性,这明显地体现出如下一种缺失之处:未能重视逻辑的知性主体所深深具有的建构判断的功能。因此,牟宗三的逻辑哲学"未能对'命题'或

'判断'、'集合'等'逻辑单元'之'生成'作一根源性之说明。"[11]由于牟宗三未能对"命题"等逻辑单元做一根源性的说明,因此他未能对纯理与经验(比如知觉经验)间的关系做出解释,在逻辑与世界之关系这一逻辑哲学的重大问题上,他几乎未做任何积极的和实质性的回答。假使我们承认逻辑本身的成立在于它属于纯理的世界,因此与现实的世界可以毫无瓜葛。但是逻辑并不是一种孤悬于现实世界之外而毫无用处的思维物,实际上,逻辑是具有其现实的应用性的。牟宗三为了寻求逻辑的本质,于是过分强调和重视了逻辑的非现实性的一面,这一做法无疑忽视了逻辑及逻辑学所具有的与我们现实实际生活相联系的另一面。看到了逻辑不等于现实,这是正确的;但是未能考虑逻辑与现实的转化、逻辑与历史的一致,则是牟宗三逻辑观以偏概全的不足。

再次,牟宗三用来定义逻辑的所谓的"纯理",实际上应当是康德知识论中的"理性",它指的是"纯粹思辨理性"或"纯粹理论理性"。这种理性不同于伦理学领域中的"纯粹实践理性"。知识论意义上的"理性",在康德的"先验辩证论"部分,并不是指另一种与知性不同的思维功能或能力,而是就理性有一种与知性不同的思维对象和内容来说的。知性的对象和内容是感性经验,理性的对象和内容不是感性经验,而是知性自身。理性与感性、对象无关,只与知性的活动和使用有关,与知性关于对象所构成的概念相关,因此也可以说它是关于思维的思维。理性的作用即在于,它用自己的概念即理念给予知性的杂多知识以先天的统一。

依据康德对于知性与理性所做的分别,我们认为牟宗三将纯理归于知性显于知性的做法是不妥的。知性与理性本来是有区别的,我们如何能将纯理显于知性而归于知性?牟宗三实际上是以心来谈逻辑,因为既然体现逻辑本身的纯理可以归于知性,而知性又是认知心的一个形态,那么逻辑便由心来规定了,这种看待逻辑的做法必将丧失逻辑自身的独立性。

牟宗三反对新实在论者以理在心外的主张,而将其归于康德的(知性)理解,归于认识心,这是一种排斥理外之说的讲理、讲逻辑的做法。此种做法所存在的理论困难,我们上面已经指点出一些。实际上,新实在主义于理的看法,自然有其合理之处。逻辑之理尽管不属于物的世界,但它也不属于心的世界,而是属于共相的世界。共相的世界是由性质和关系这样的实体构成的,这些实体不是存在(existence)世界的东西,而是实在(being)世界的东西。因此,共相的世界是永恒的、不变的、严格的、确切的。正因为逻辑之理属于这样的共相世界,所以我们才称其是先验的客观的知识,而不是因为它显于我们的理解并归于我们的理解。我们可以以理解来认识与思想逻辑之理,但是逻辑之理本身并不是我们的思想。张东荪于《认识论》中便承认在自然界(在外的)与心理界(在内的)以外另有一个名理界(realm of logic of discourse),这个名理界既不是事物界的摹本,也不是心理界的投出。这个名理界自有其"本有的规则"(intrinsic structure)。与此相比,牟宗三将逻辑之理即纯理归于理解当中,而理解在他看来是认识心的一种形态,所以实际上纯理是被归于心当中,这是我们所不能赞同的。

第3节 纯粹理性与数学

以上是牟宗三逻辑哲学的基本观点,他还以此来谈论了逻辑与数学的关系问题,有关这一问题的研究实际上催生了数学哲学的一个重要派别即数学逻辑主义。

回顾一下全部的数学哲学发展史,我们发现,对于纯粹数学之本性的认识,在数学哲学领域一直便有不同的见解。总体上来讲,有五个派别:(1)柏拉图主义。它强调数学对象具有客观实在性和人们的数学认识的不完全性,其代表人物有哥德尔(K. Gödel)、德国的贝尔纳斯(P. Bernays)、法国的托姆(R. Thom)等。(2)经验主义。此派强调的是经验在数学中的重要作用,其代表人物有匈牙利的拉卡托斯(Lakatos, Imre)、卡尔玛(Kalmar, Laszlo),英国的莱曼(Lehman, Hugh),美国的赫什(Hersh, Reuben)等。(3)逻辑主义。此派主张纯粹数学是逻辑的一个分支,从而力图将数学完全归结为逻辑。由于布尔(G. Boole)代数的出现,使得根据形式化的需要来改变传统逻辑体系的要求得以实现。此派的代表有莱布尼茨、戴德金（R. Dedekind）、弗雷格（G. Frege）、罗素与怀特海等。（4）形式主义。它主张纯粹数学是记号的形式结构之科学，以希尔伯特（D. D. Hilbert）、弗雷格、皮亚诺（G. Peano）、克里（H. B. Curry）、A. 鲁滨逊（A. Robinson）、冯·诺伊曼（J. von Neumann）、法国布尔巴基学派的 J. 丢东涅（J. Dieudonné）为代表。（5）直觉主义。这一派别的见解是：纯粹数学是靠着构造一个无限的数目系列之可能的根本直觉而成。数学是独立于物质世界的，是先于语言、逻辑和经验的，数学对象必须可以构造，而且排中律在无穷领域不再适用。这一派以德国的康德、克隆尼克（L. Kronecker），法国的彭加勒（Poincaré, Henri），荷兰的布劳维尔（L. E. J. Brouwer）为代表。数学当中的后三个派别，都热衷于为整个数学体系寻求一个永久的、绝对可靠的逻辑基础，以某种非经验因素为基础来构建整个数学大厦。前两个派别中的现代柏拉图主义和现代数学主义，在反对将数学完全抽象化、形式化、公理化，在相信数学世界的客观性和人们的数学知识的不确定性方面具有一致性，这一主张也影响了逻辑主义、直觉主义、形式主义的后期发展。接下来，我们分析一下牟宗三依据自己的逻辑哲学所阐发的数学哲学思想。

牟宗三认为，由纯理呈现的"离的解析"中，顺其形式化而为规律之重叠的展现（由此而成为一个推演的形式系统），即可显示一"步位历程"，亦可显示一纯逻辑式的"形区"，由此施以直觉的构造，即可外在化而为数学系统与几何系统。纯理第一步直接形式化为逻辑，第二步外在化为数学，第三步外在化为几何。这些都属于离的解析。而在盈的解析中，则纯理即外在化而为格度。将纯理之显为纯逻辑一面吸收进来而盈于现实理解中，同时也就将其显为数学与几何一面也吸收进来而归于认识上的客观的心或逻辑的我。前者在现实理解中外在化而为格度，后者在现实理解中即外在化而为决定时空的"型范"（norm）。所谓外在化，就是客观的心在现实理解中其理的一面之彰用，这不同于在离的解析中由直觉构造成的外在化，即不同于纯理外在化而为数学与几何的外在化。[12]

一、纯粹理性与数学

关于纯理与数学[13],牟宗三认为显示纯理的成文系统是纯理的外在化,而成文系统推演的步骤则表象纯理自己开展的步位[14]。纯理开展的根据是肯定否定二向或二用及思想三律。纯理是依展布而为理则,依展布而有步位的,这就是纯理展布的步位。而纯理的展布是由思解运用来认识的,因此展布的步位也由思解运行来认识。他主张,可直承纯理开展来构成十位转进的无穷序列,因为纯理开展显示的无穷连续就是一个无穷的步位序列。他认为这就是全部数学得以形成的基础,而数学中的一切基本概念,比如数、序、连续、无穷等,都可由此表明。数是纯理步位的外在化,序是纯理中伸展的步位序的外在化。于是,数学即是纯理的外在化。"逻辑以理为主,数学以步位符为主。纯理为本,数学须基而依之。此谓基数学于逻辑。而逻辑无所依。"[15]

牟宗三据此区分了数学的主观基础和客观基础。"纯理是数学之客观基础。依纯理而言逻辑原则。""直觉是数学之主观基础。依直觉而言直觉原则。"[16]直觉原则是实现原则和构造原则。直觉原则是纯理步位外在化的根据。"直觉将纯理步位外在化之。步位之外在化即步位符之实现,亦即步位符之构造。此即是一数。"[17]而每一步直觉之用即有一步综合,直觉的综合是直觉的创生性,也就是它的实现性或构成性,这就是数学的主观基础。直觉原则的使用对于数学的作用主要在于两点:一是将纯理步位外在化而将其实现为一数;其二,既然外在化纯理步位而实现为一数,则直觉"印可"(亦曰直觉的相应,如其所如而应之)纯理步位为一数。由数的播弄而成数学式,直觉地"印可"纯理步位为一数学式。第一点谈的是直觉的外置性,第二点谈的是直觉的综合性。逻辑原则说明的是数学的逻辑性、必然性、定然性,由逻辑原则认识数学的客观基础是纯理。

总之,按其自己所言,牟宗三在此所持的是一种"先验主义的数学论"。此种数学的客观基础是纯理,数的形成在于纯理步位的外在化,依此来谈直觉原则(构成原则或实现原则),这是数的主观基础。他认为,成为数与指示类的"数之应用"是不同的,前者为第一义,后者为第二义。第一义的数学是基于纯理展现之步位相而被构造起的,它是把数目看成是一个模型,而不是一个量度。它既不就时间单位之相续增加说数,也不就类之逻辑构造说数,而是毫不歧出地唯就纯理自己之衍展之步位相之外在化而说数,这是不假借任何外来的物事的。第二义的数学,是就时间单位说与就类说。时间单位与类是第一义的数学向外应用,应用于现象上的通路。这个通路的数学相是由第一义的数学之应用所决定成的。

因此,现象在时空方面乃至类方面的量度性,是由当做模型看的数目之应用所决定的。落于存在方面而决定出其量度,但模型本身非量度。数目只是形式直觉就纯理步位而综合地构成一个模型——程态意义的模型,因此是纯为形式的。由数之应用所指示的类返而构造数,是数学的第三义。于是,牟宗三反对罗素自普遍命题所表示的类构造和规定数,自个体的实有成立数,并认为这是一种"以类定数"的实在论的数学论。

二、纯粹理性与几何学

众所周知,哲学在它的漫长发展史中深深地打上了几何学的烙印。从柏拉图到笛卡尔、斯宾诺沙、康德的唯理论坚持认为,一切知识都应当按照几何学的样式建立起来。唯理论哲学家将自己的论证建立在二千多年来未受人怀疑的对于几何学的如下解释上:几何学既是理性的产物又是对物理世界的描述。但是当非欧几何学被发现之后,情况得到了逆转。数学家们开始发现,自己所能证明的只是数学蕴涵体系,只是从几何学公理导致它的定理的如果——那么关系而已。于是,数学的几何学被归结为分析真理,几何学的综合部分被划归给经验科学。唯理论哲学家失去了数学家这一最有力的同盟军,经验论开始占据了上风。牟宗三对于几何学的解释所采取的是唯理论、逻辑论立场。有关于牟宗三数学观的问题所在,我们下文会具体谈及。现在先看一下他对纯粹理性与几何学之关系的论述。

在由纯理自身的开展所显示的步位序列表明"数"之后,牟宗三又具体地开始寻求几何系统的先验的理性的根据。他将几何系统归于纯理,认为它可以由纯理自身的开展来加以构造出。[18]物理世界几何学的问题实际上是一个经验问题,对此,牟宗三并没有予以承认和论述。

在牟宗三看来,纯理自身开展除了有其所显示的步位序列这一属性之外,还有另一种属性。相应步位序列来讲,称之为理性自身的"开展";相应于几何图形来讲,称之为"展布"。纯理展现其自己之步位相即是数相,纯理展现其自己之展布相或布列相(布置相,co-ordination form)即是几何相(区形相)。"开展"显示"序列","展布"显示"位区"。

那么展布是如何显示位区的呢? 牟宗三认为,逻辑理性的运用是方以直的,此方以直需自逻辑理性的最基本处即最初的"有向性"来谈。理性起用时首先展示为一个"置定之向"。这种置定向,由肯定作用而来的是正面的矢向型式(vector-form)。正面的矢向型式的限制性与排拒性所显示的是由否定作用而来的负面的矢向型式。由正面与负面两个型式两个端向显示一个构造,表示此构造的是它们的综合,每一个综合就是一个"位区"的实现或构造。这样的综合是一个律则,一个圆融,它表示一个"三"。"三"不是一个置定的矢向,而只表示位区的实构。矢向表示一度,由三而形成的图形表示两度。每一个"图形之全"的实构即是一个有限而有定的整体,因其限定性排拒而刺出一个相反的图形,它与原来的图形综合起来形成一个立体,这一步综合表示三度。

牟宗三认为,由矢向型式到"图形之全"型式,再到立体型式,每一步构造都是一种直觉的实现的综合。由综合而成的位区是纯逻辑的,纯为纯理的位区,不附着于任何有体的存在上,也不是就空间来言的。矢向型式、区面型式、立体型式都是纯理的,不是空间的。它们是不凭借任何东西,而是单从纯理的展布构造出来的,单从纯理的三度位区的构造来谈的。纯逻辑的"位区"的构造,是形成几何系统的第一步。于是,牟宗三将纯理与几何联在了一起。

矢向型式为一度,可以由之引出"线"的概念,区面型式为两度,可由之引出"面"概念,立体型式为三度,可由之引出"体"概念。牟宗三认为,由三种纯理型式至线、面、体的引出,是第一步的决定;从线、面、体到或为欧氏的或为非欧氏的,是第二步决定。二种决定都是纯逻辑的决定。

不过,从矢向型式转出线型式须有一种直觉的构造。"线型式"所必须的一个概念即"点",必须从理性上先验地建立起来。肯定否定的置定总是一种"着",此"着"本身就是一个"点"。由"着"至"点",是一种直觉的构造。于是"点"也是一个纯逻辑型式,即"点型式",它只是一个模型。由"点"至线也是一步直觉的构造,因为由点可以引出一条线,但并不能由点概念中分析出线概念来,所以由点引生线,也是一种直觉综合的构造(直觉的具形的构造)。"线"也是一个纯逻辑型式,即"线型式",也是一个模型。点与线均不是与量度相关的。由"矢向型式"构造出点与线,正反两矢向型式的综合所成的纯理位区(区面)可以视为三个"线型式"所成的"几何面"。几何面也是一个纯逻辑型式,即"面型式",也只是一个模型。正反两面的综合所成的立体区面,依据直觉的具形构造,可转为"几何立体",它也是纯逻辑型式,即"立体型式"。基于以上的考察,牟宗三对纯理与逻辑、数学、几何的关系做了分析:逻辑表示纯理自己,数学表示纯理的纵向,几何表示纯理的横向。

构造几何系统的第二步即是以点、线、面、体构造具体的几何系统。牟宗三认为,一条线必为一特殊系统中具有该系统所赋予的几何特性的线,绝没有"只是线"或"线一般"之线,于是由线到一实构的线,必须做纯逻辑的决定,特殊的决定。因为"线"一概念并不必涵其必是欧氏线或非欧氏线,是直线或非直线。面与体也是如此。由线型式构成欧氏线,直线必须借助于规律(或纯粹概念),规律的先验根据即在于"一条线或为直线或为非直线","直线或为欧氏的或为非欧氏的","非直线或为欧氏的或为非欧氏的","两点间或只有一条直线(最短的)或非只有一条直线","两平行线或永不相交或非永不相交","面或为欧氏的或为非欧氏的","体或为欧氏的或为非欧氏的","三角形内三角之和或为180°或为非180°",等等这样的套套逻辑的必然命题。这样的命题所体现的正可能、反可能都可实构,但正可能为首出,为标准,于是牟宗三说欧氏系统必为首出的标准系统。

总之,一切几何命题的形成都是以规律为首出。一直线或一欧氏线的形成,都是经由规律的运用而形成的,每一种直觉综合的构造都展示一条规律。也正是基于规律的重要,牟宗三提出了先验主义成立的根据:"1.以规律为首出;2.规律之运用产生几何型式;3.必然命题中正反两项所函之可能皆可实构;4.一切规律皆自内出,内者理性之谓;5.凡依首出而内出之规律而可实构者皆实现。"[19]

由首出而内出的规律的运用所形成的几何命题,牟宗三认为都是先验地综合的,又是分析地必然的。先验地综合的是说规律运用产生被实构的型式,分析地必然的是说已构成的型式的种种特性都是其本质,都是定然而不可改变的。为先验地综合的,因此服从直觉构造的原则;为分析地必然的,所以服从逻辑构造原则。由于直觉构造必然是依据首出而内出的规律来运用构造的,所以先验地综合的与分析地必然的是同一的。综合表示直觉,先验显示规律。型式的形成或实构表示直觉综合,分析地必然的显示规律。

由此牟宗三指出了康德的不足,他认为康德只知道数学几何命题为先验综合,为纯直觉,可是"规律"不能透出,因此对数学几何终无善解。康德论几何命题的必然性,是基于空间为纯直觉。因此,他对于几何命题的说明,也只能拈出直觉综合,但不能透出规律的运用。而牟宗三则详列了自己与康德的四点不同:(1)不纠结于空间而言;(2)透出规律之运用;(3)先验地综合的与分析地必然的合一;(4)直觉的构造与逻辑的构造合一。可见,在牟宗三这里,作为模型的几何系统与空间、空间所表象的量是异质而异层的。他在此问题上的具体观点有如下三点:

其一,纯几何与知识论上的空间是不同的。第一义的几何是基于纯理展现之布列相而被构造起的,作为模型的几何系统只是纯逻辑性的几何程态形式概念的分解而可以直觉地被实构者。第一义的几何与第一义的数学一样,也不歧出而假借任何外来的物事,即不预设空间。也就是说,尽管几何系统是由纯理展布所构成的纯理位区先验地建立起来的,但它丝毫不需要预定空间作为根据。其二,就空间说几何,是第二义的几何,是第一义几何向外应用,应用于空间所表象的物理世界而决定出的。因此,空间是第一义几何应用的通路。牟宗三于是也承认空间与几何虽无内在关系,却有外在的牵连。有外在的牵连,于是知识论的空间不能不建立,这种建立是几何用于物理世界的通路。空间作为"直觉之形式",作为知识论的空间,它自身并不具有何种几何特性,是无色的。知识论的时空,无几何特性,必须由其附着于经验现象而被决定,而决定它的模型就在于几何型式的应用。空间为欧氏或非欧氏是作为模型的几何系统之应用而决定成的。其三,空间是感触直觉的形式,因此其所表象的现象之空间性之为欧氏的或非欧氏的,也是第一义几何的应用所决定的。

基于此三点,牟宗三坚持认为,第一义的几何模型、知识论的空间、此空间所表象的现象之空间性之属于何种几何系统,这三者是异质而异层的。总之,连带着时间来讲,时空附着于现象即是限定现象,而其限定现象之所表象者即为现象的广延的量(extensive magnitude,牟宗三与劳思光均将其翻译为"广度量")与内强的量(intensive magnitude,牟宗三与劳思光均将其翻译成"强度量"),也就是无向量与有向量。知识论的时空必在其限定现象处来彰其用,于是必与量纠结在一起。而纯数学与纯几何是无关于量的。时空由限定现象来表象量,就是纯数学与纯几何透过时空的限定而形成的超越的决定。在这种超越的决定中,时空的几何、数学特性,也就是物理量的几何、数学特性,便得到了决定,而且纯几何纯数学的应用或实现于现象界也因此得到了决定。在这种超越的决定中,牟宗三认为我们对于附着于现象而限定现象的时空及由此限定而表象出的量,必须采取一种由莱布尼兹所开启的关系说。在这种超越的决定中,由先验主义立场所先验地建立的种种几何系统数学系统全都实现,先验主义由此得到了最后的完成。[20]

三、牟宗三与康德数学观的差异之处

通过分析牟宗三的数学观,我们发现他的理论和康德的理论在联系的同时是有着基本区别的。牟宗三主张的是数学中的逻辑主义,康德则坚持的是数学中的直觉主义。

应当说,康德把数学、直觉与时空这三者联系起来是数学哲学中的一种创新之举。以皮亚杰为首的现代心理学的研究成果,表明了时空直觉是数学思维的基础这一道理。皮亚杰本人通过深入研究儿童数学思维能

力的形成过程,发现儿童的数学和空间感知能力与儿童对时间和空间本身的认识有着密切的关系。数和形的观念是在对时空有了较深的感知之后才形成的。皮亚杰发现儿童最初的时空直觉更接近于数学理论体系的基础部分。他指出:"事实上,儿童最早的空间直觉是地形学(或译拓扑学)的,而不是投影学的,也不是和欧几里得几何学相一致的……七八岁的儿童,随着这些地形学上的直觉,出现了投影直觉和欧几里得几何学的观念。"[21]"儿童由前运算的直觉通过空间运算的发展道路,比起历史上的系统发展更接近于理论上的顺序。关于按数学划分的拓扑学结构(例如,在直线、二维空间和三维空间等的次序中,关于邻接、分离、包封、开放和闭合以及邻接的配位等)很明显地较其他结构的发生为早。"[22]这表明,数学思维的确是来自人类对时空的直觉的,而且从原始的时空直觉到较成熟的数学思维能力的发展,其间经历了一些相当复杂的环节。

不过,康德的先验的数学直觉主义,并没有将人类的逻辑、数学和时空观念同现实世界的时空形式、数学结构和逻辑结构区别开来,更没有意识到可能存在同时空观念、数学对象和逻辑对象相对应的生理——心理结构。于是,普遍性和必然性被完全归结为认识主体的特性,归结为"先验的观念性"。至于逻辑、数学、时空观念的客观意义,好像完全是认识主体附加到客体上去似的。再有,数学直觉是分层次的,布劳维尔(L. E. J. Brouwer, 1881—1966)等人所谓的"对偶性"直觉[23]以及康德的时空直观形式,是处于较低的层次,它们类似于自然科学领域中的"感性直觉"(人的感官对外界事物直接观察中获得的感觉、知觉和表象的总和)。彭加勒和数学形式主义所主张的直觉是居于较高层次的,接近于理性的科学直觉(人的思维直觉把握事物本质的一种内在直观认识),它在确定数学的研究方向,选择有价值的数学事实和观念,丰富数学想像能力等诸多方面,都有重要的作用。康德的直觉主义数学观,显然并没有顾及到此点。

通观牟宗三对于数学本质的看法,我们发现它与康德的主张是不同的。牟宗三一方面吸收了康德数学观的一些思想,另一方面立足于数理逻辑的崭新创发,吸收了数理逻辑学家分析数学基础的成果,从而以数学哲学中的逻辑主义批判了康德的直觉主义数学观。康德与其后的逻辑主义数学观不同,他强调数学不同于逻辑。数学不是分析,不能等同于形式逻辑,这体现了他重视数学与感性之间的联系,是一种直觉主义的数学观。康德认为分析判断只有逻辑上的有效性,只有综合判断才有现实的有效性。这样看来,数学具有现实的普遍必然性,因此纯粹数学是否可能,就是纯粹数学作为"先天综合判断"如何可能的问题,而这又关联于作为先验的感性直观形式的时空。与此不同,牟宗三受到其所处时代思想的影响,对于数学所抱有的是一种逻辑主义观点。但牟宗三的数学逻辑主义思想,也难以避免具有这一主义所具有的理论制限之处。

第 4 节　逻辑主义数学观的理论制限之处

牟宗三处理纯理与数学及几何之关系的理论,体现出来的是一种寻求数学基础的逻辑主义主张。如果说近代的哲学呈现出的是一种数学化倾向,那么现代哲学体现出来的则可以说是一种逻辑化倾向。近代的一些哲学家如笛卡尔、斯宾诺沙、莱布尼兹等人,以数学(主要是几何学)的方法来从事哲学的写作和研究,层层公理、定义被安置于一个紧密理论体系的推演过程当中。到了现代,由于人们对于数学的基础提出了种种问题,于是出现了解决这一问题的逻辑主义倾向。主要是受到了弗雷格的影响,罗素与怀特海共同创立了力图寻求数学之基础的数理逻辑理论。比如,弗雷格将数字 1、2、3……以及" + "等等符号一概由逻辑定义或由逻辑演绎出来;罗素则企图将全部数学还原为不过是几个逻辑命题的系统推演。罗素说:

> 有些哲学家认为数学对象显然不是主观的,所以一定是物理的及经验的;另一些哲学家则认为数学显然不是物理的,所以一定是主观的及心理的。就他们所否认的而言,双方都对,但就他们所断言的而言,双方都错。弗雷格的优点在于承认双方所否认之点,并承认逻

辑的世界并非心理的也非物理的,从而找到一个第三种论断。[24]

这是把数学看成是既非主观心理也非客观物理,而是超感知的逻辑关系。罗素对于数学和逻辑的一致性的强调,更充分地体现在如下这一句话中:"逻辑即数学的青年时代,数学即逻辑的壮年时代,青年与壮年没有截然的分界线,故数学与逻辑亦然。"[25]数学和逻辑的"不同就像儿童与成人的不同:逻辑是数学的少年时代,数学是逻辑的成人时代"[26]。于是,罗素和怀特海开始了将整个数学理论体系逻辑化的工作,他们要证明,"整个纯粹数学所唯一涉及的只是那些借助于很少的基本的逻辑概念可以定义的概念,及纯粹数学中的所有命题都可以从很少的基本的逻辑原则中演绎出来"[27]。逻辑实证主义的重要代表人鲁道夫·卡尔纳普也直言不讳地讲道:"数学基础的最重要问题之一是数学与逻辑的关系。逻辑主义的理论是数学能归约为逻辑,据此,数学无非是逻辑的一部分。"他将逻辑主义的论点分为两个部分加以讨论:"1.数学概念能通过明确的定义从逻辑概念中导出。2.数学定理能通过纯粹的逻辑演绎从逻辑公理中推导出来。"[28]于是,只要不出现逻辑矛盾,就可以保证数学的可靠性和真理性。

罗素等人强调数学具有逻辑性,这无疑具有合理的一面,但"要求数学与感性现实在根源上完全脱离,是种纯形式的逻辑语言关系",这种做法并不正确,"把数学归结为逻辑是不行的"。[29]比如罗素《数学原理》得以建立的"无穷公理",是无论如何也不能从逻辑当中得到规定的。罗素数学观所体现出的实际上是一种将数学极端逻辑化的倾向,它虽然强调了数学与逻辑之间的关联,看到了数学的形式化、系统化的一面,但是并没有全面地把握数学的本质。牟宗三对于纯理与数学之关系的看法,即是这种逻辑化倾向的一种集中体现,虽然他与罗素的看法在某些方面并不一致。这种将数学逻辑化的倾向,实际上并不能解决好数学的基础的问题。牟宗三所接受的逻辑主义的数学观,至少面临三个方面的问题。

第一,从整个数学哲学的客观发展历程来讲,迄今还没有哪一种理论声称自己解决了纯粹数学的基础的问题。无论是数学中的经验主义和柏拉图主义,还是直觉主义和形式主义,它们同逻辑主义一样,自身都面临诸多的问题与挑战,但同时也都彰显出自身的优点和长处。

如果把数学归结为约定或同语反复,那么约定和同语反复本身也需要加以解释。为何需要约定和如何约定,归根结底是要靠实践经验来加以决定,否则将是一种神秘的结构。如果把数学归结为几个逻辑的原始概念和几条不能证明或无需证明的原始命题,那么不能证明和无需证明的命题或公理本身也是一个巨大的疑问。无论是欧几里得所依靠的感性经验,康德和布劳维尔所依靠的先验直觉,还是弗雷格和罗素所依靠的逻辑直觉,都难以提供无懈可击的原始概念和命题。于是,数学中的经验主义"并不追求演绎系统的绝对可靠的出发点",而是认为"用作出发点的基本概念和公理无非是一些合理的假设或推测。要证明它们的正确性,必须首先通过演绎渠道把它们转换成可供观察和实验的定理,然后进行严格的检验和反驳"[30]。

1931 年,哥德尔(K. Gödel,1906—1978)发表《〈数学原理〉及有关系统中的形式不可判定命题》一文,证明了著名的哥德尔不完全性定理。这个定理说:(1)如果包含算术系统的任意形式系统是协调的或相容的,那么它就是不完全的,即在该系统必定存在不可证明的真命题。也就是说,在该系统内存在一形式命题 F,使得 F 和它的否定命题非 F 在此系统内都是不可证的。(2)对于上述形式系统而言,它的协调性或相容性在本系统内是不可证明的。这说明,没有任何一个形式系统足以包含任何一个有意义的数学分支,更谈不到全部数学的形式化和公理化了。任何相当丰富的无矛盾性的公理系统,其中总有一个真的命题不能从本系统得到证明。哥德尔的不完全性定理表明,形式化和公理化不会解决数学中的一切问题,数学中的逻辑主义、形式主义、直觉主义为数学寻求绝对可靠基础的目标,是不可能实现的。此定理正式宣告将数学置于逻辑相容性基础上以便获得绝对的严格、准确和可靠性的做法的终结,也最终导致了现代数学柏拉图主义的产生以及数学经验主义的现代复兴。前者力图在数学内部寻求新的发展途径,后者则依据数学与外部世界的关系来寻求发展途径,但它们都相信数学世界的客观性和数学知识的不确定性。

后来,以经验主义来理解数学知识的不确定性,往往成为逻辑主义、直觉主义和形式主义学派后期发展的一种新趋向。

逻辑主义的数学观也最终被科学的现实而真正的发展所证伪了。数学科学的发展事实表明,无论是直观性,还是逻辑性,都绝对不是某种数学理论的正确性的标准。于是,数学再也不是关于空间的科学,不是与时间有关的数量的科学,而是关于可以用公理系统来描述的形式化结构的科学了。而且"公理(即便是数学公理!)并不是不可证实的,也不是自明的命题,而是这样一种命题:人们放弃了证明它的企图,因为人们必须从某个地方开始论证。公理系统虽然是某种理论的阿基米德点,但是,却不是现实认识的阿基米德点。"[31]牟宗三将数学归约为一种逻辑的做法是不科学的,它既不符合数学科学本身发展的事实,也不符合逻辑本身具有的特性。数学逻辑主义学派的后期工作是,将数学逻辑的形式化和公理化作为一种方法,从而尽可能使数学知识体系成为公理系统以便从中确定各种推论。

第二,从牟宗三以逻辑主义立场来建立的数学理论本身来讲,也问题重重。

牟宗三以不合理的逻辑主义立场来解释数学与几何学的本质,所必然面临的一个问题便是,当他在对"数目"与"几何位区"之根源性进行说明的时候,很显然是要引入另一种逻辑知性主体的形式直觉功能,但是我们为何不可以也将形式直觉看成理性之功能呢?当理论出现问题而难以解决的时候,牟宗三便总是抬出形式直觉来加以解决,这是很成问题的一种做法。实际上,直觉本身就是一个大问题,对于直觉的理解和诠释,往往因理论家所处的时代背景不同,所领悟的程度不同而存在着重大的差异,从而出现了难以统一的林林总总的看法。以这样存在模糊性的直觉来解决数学的基础,不仅有失合理之处,也是难以信服他人的。

牟宗三逻辑主义数学观本身所具有的另一个问题是:他在处理纯理与逻辑之关系的过程中所具有的一个理论制限之处,在他论述纯理与数学的时候又一次出现。此制限之处便是:如何积极地分析逻辑世界与现实世界之间的关系问题。由于牟宗三未能对判断或命题、集合等逻辑单元做出根源性的说明,因此对于纯理与经验之间的关系没有提供出一种系统的论述。牟宗三承认和强调纯粹数学与几何学的现实的具体运用性,但由于纯粹数学与几何学是纯理的外在化,因此,牟宗三在此同样面临着在论述"逻辑与纯理"时所遭遇到的困难,即如何处理好作为纯理自己的逻辑与经验世界之间的关系。尽管纯理本身与纯理的具体运用是两回事,不可混淆,但二者毕竟存在着或多或少的联系,对于这种联系本身我们是如何也不能轻视和慢待它的,而是应当加以慎重地考虑。牟宗三所赞同的数学逻辑主义的一个基本缺失是:"只看到数学命题相对于经验事实的独立性,并未意识到数学认识活动本身也有经验成分的作用,并且数学和自然科学都是从不同角度对现实世界的反映。他们只注重经过严格逻辑整理后的数学成果,而这种成果当然相对来说是静态的,没有经验因素的,极度抽象的东西,很容易使人们误以为他们具有先验特征。其实,若没有经验因素在数学认识活动中起作用,这种成果是不可能出现的。"[32]于是,逻辑主义学派的工作只在于把已有的数学知识从逻辑上联结成一个公理系统,但并没有为发现新的数学知识提供有益的启示,从而在数学界的影响并不是很大。

如果以几何学为例,这里的思想提醒我们要注意将数学的几何学和物理的几何学、先天的与综合的区别开来。尽管牟宗三在理论上没有仅仅停留在康德对几何学的先天综合的解释上,而是以逻辑主义做了补充,但是,他本人还是吸收了康德以先天综合来解释几何学的思想。我们认为,从数学上说,几何学体系有许多种类型,它们之中每一个都是逻辑上能自成体系的。这一点正是数学家所能要求的一切,他所感兴趣的不是公理的真理性,而是公理与定理之间的蕴涵关系。这些蕴涵式都是分析的,它们被演绎逻辑承认为有效。于是,数学家的几何学是分析的。只有当蕴涵式被拆开,公理和定理被分别加以确认时,几何学才能导致到综合陈述。此时,公理成为关于物理客体(physical objects)的陈述,几何学被变成为描述物理世界的体系,从而不是先天的,而是具有了经验的性质。总之,先天综合的几何学是没有的。几何学如果是先天的,那么它就是数学的、分析的几何学;几何学如果是综合的,那它就是物理的、经验的几何学。

诚然,约翰·穆勒(Mill, John Stuart)等人从经验世界的归纳处来寻求数学本质的办法是不对的,因为我们并不能从事物的归纳中得出具有普遍性、必然性的数学,但是逻辑主义将数学看做是逻辑的先验演绎的解决途径,也是不成功的。随着集合论悖论的发现,以集合论来解决数学基础的做法遭到了彻底的失败。为了摆脱数学基础研究中的危机,出现了逻辑主义、直觉主义和形式主义这三种主要派别。这三个派别为了寻求数学的抽象化、形式化和公理化而漠视了数学的经验与应用层面,这是有失偏颇的。数学的本质在于,它兼具经验和演绎的双重品格。"就总体来说,数学性质应该是经验性与演绎性在实践基础上的辩证统一。任何肯定某一方面,而否定另一方面都是片面的。"[33]

我们赞同逻辑在数学中的真正作用有如下几点:其一,它是检验数学真理的间接标准,是数学证明的工具;其二,它是数学知识理论化、系统化的手段,起到"浓缩"数学知识的作用;其三,它对数学发现提供必要的启示和引导,在一定意义上成为数学发展的动力。[34]但在今后相当长的一段时期里,有关数学基础和数学本质的问题还会讨论下去,它不可能一时得到解决。为了摆脱逻辑主义数学观所陷入的窘境,一个切实可行的办法即是将逻辑和数学的研究与科学研究紧密地联系在一起。数学作为一门工具性的学科,它的存在并不是孤立的,而是有着广泛的科学背景。"数学并不是一门纯粹的演绎科学,而是与自然科学一样,是一门经验科学。"[35]

第三,牟宗三所坚守的逻辑主义数学观必然受到以皮亚杰为代表的发生认识论的挑战。

将数学基础的探究与发生知识论联系起来,实际上是一种较为成功的尝试。皮亚杰的"发生认识论"通过对儿童心理学的研究便已经表明,逻辑与数学既不能从语言中来,也不能从所谓的内在的理性深层结构中得来,而只能从原始动作中得来。发生认识论在某种程度上即可以回答数学知识论所具有的三个传统的问题。数学既然是奠基于极少数内容相当贫乏的概念或公理之上,为什么却这样富有成效呢?这是因为全部数学都可以按照结构的建构来考虑,而这种建构始终是完全开放的。尽管数学具有建构特性,这可能成为不合理性产生的根源,但为什么数学仍然具有必然性从而保持着恒常的严格性呢？ 这是因为,如果结构的增多是丰富性的标志,那么结构的内部组合法则或外部组合法则,仅只根据结构的反复迭代所引起的那些闭合作用以保证结构的必然性。尽管数学具有完全是演绎的性质,为什么数学跟经验或物理现实是符合一致的呢？ 这是因为演绎地建构起来的运演结构为物理现象提供了构架或解释性结构,物理世界的物质形式同主体所建构的非时间形式是可以会合的。[36]

在逻辑和数学的关系问题上,皮亚杰并不把逻辑和数学截然分开,但他却反对罗素等人探讨数学和逻辑关系时所采取的演绎还原论立场。他通过研究证明,逻辑结构和数学结构一样都是建构和反身抽象的产物,是从主体对于客体所加的作用和动作的最普遍的协调作用中抽象出来的。从结构建构的基本观点出发,他强调逻辑结构不是绝对封闭的,而是一个相对的开放的整体。逻辑结构的上方是开放的,因为它包含那些不能决定真假的或不加以证明的定理。逻辑结构的下方也是开放的,因为作为出发点的概念和公理,包含着一个有许多未加说明的成分的世界。因此,与数学结构一样,逻辑结构也有自己所相应的生理和心理结构。这种结构也是通过遗传,通过人类漫长的实践活动以及对外部世界逻辑关系的感知而逐渐形成的。这一点表明数学与逻辑相联的可能性,但也因二者相应于不同的生理和心理结构,于是造就了它们二者之间的基本差别。例如,这一差别可以体现在数学本身带有一定程度的经验性、不确定性和非逻辑可判定性。[37]

总之,牟宗三因受到罗素以及康德的影响而提出的关于数学基础的逻辑主义解释,是有诸多问题的,这些问题也许只能从科学领域当中来加以解决。在某种程度上讲,科学这一维度同样可以合理地解决牟宗三在时空问题上所面临的种种困难。

注　释

[1]关于牟宗三对于此三种综合的看法,可参看他的《知觉现象之客观化》一文的相

关部分,见《牟宗三先生全集》(25),台北:联经出版公司 2003 年版,第 454—457
页;以及《现象与物自身》,见《牟宗三先生全集》(21),第 140—158 页。

[2]关于牟宗三对于"纯理"的论述,可进一步参看他的《论纯理》这篇文章,见《牟宗
三先生早期文集》(上),第 393—438 页。

[3]牟宗三:《论纯理》,《牟宗三先生早期文集》(上),第 402 页。

[4]牟宗三:《认识心之批判》(上),见《牟宗三先生全集》(18),第 141 页。

[5]牟宗三:《认识心之批判》(上),第 142 页。

[6]牟宗三:《认识心之批判》(上),第 146 页。

[7]牟宗三对于逻辑系统之超越解析的概括性论述,可参看其《现象与物自身》,第
188—190 页。

[8]牟宗三:《认识心之批判》(上),第 155 页。

[9]牟宗三:《论纯理》,《牟宗三先生早期文集》(上),第 400 页。

[10]牟宗三对于杜威逻辑的评述可参见他的一篇文章,即《评述杜威论逻辑》,《牟宗
三先生译述集》,见《牟宗三先生全集》(17),第 241—279 页。杜威本人关于逻
辑的看法主要集中在他的《逻辑——探究的理论》(Logic:The Theory of Inquiry)
一书中。

[11]陈荣灼:《逻辑哲学中的两种超越进路》,见牟宗三先生七十寿庆论文集编辑组
编:《牟宗三先生的哲学与著作》,台北:台湾学生书局 1978 年版,第 869 页。

[12]关于此段的部分内容请参看牟宗三:《认识心之批判》(上),第 107 页。

[13]这里的数学一词,牟宗三实际上指的是算术学。有关牟宗三对于纯理与数学之
关系的看法,也可参看《现象与物自身》,第 190—194 页。

[14]"步位",即阶段和位置的意思。

[15]牟宗三:《认识心之批判》(上),第 173 页。

[16]牟宗三:《认识心之批判》(上),第 173 页。

[17]牟宗三:《认识心之批判》(上),第 173 页。

[18]关于此可参看牟宗三:《现象与物自身》,第 194—202 页。

[19]牟宗三:《认识心之批判》(上),第 257 页。

[20]以上有关论述请参看牟宗三:《认识心之批判》(上),第 261—262 页。

[21]皮亚杰、英海尔德:《儿童心理学》,北京:商务印书馆 1980 年版,第 52 页。

[22]皮亚杰、英海尔德:《儿童心理学》,第 80 页。

[23]布劳维尔认为,数学的创造活动源于人类的一种"原始直觉",他称之为"对偶

性"(two-oneness)这种直觉使人们能在某一时刻注意一个事物,而在接之而来的另一时刻注意另一事物。通过反复经验后加以抽象,于是就形成了一种单纯的形式上的构造活动。

[24] Bertrand Russell, *Our Knowledge of the External World*. Chicago and London:The Open Court Publishing Company,1915. p. 201.

[25]莫绍揆:《数理逻辑初步》,上海:上海人民出版社 1980 年版,第 97 页。

[26]罗素:《数理哲学导论》,晏成书译,北京:商务印书馆 1999 年版,第 182 页。

[27]林夏水主编:《数学哲学译文集》,北京:知识出版社 1986 年版,第 303 页。

[28]〔美〕保罗·贝纳塞拉夫、西拉里·普特南编:《数学哲学》,朱水林等译,北京:商务印书馆 2003 年版,第 47—48 页。

[29]李泽厚:《批判哲学的批判——康德述评》,天津:天津社会科学院出版社 2003 年版,第 74—75 页。

[30]王前:《数学哲学引论》,沈阳:辽宁教育出版社 2002 年版,第 108 页。

[31]〔德〕福尔迈:《进化认识论》,舒远招译,武汉:武汉大学出版社 1994 年版,第 39 页。

[32]王前:《数学哲学引论》,第 155 页。

[33]林夏水:《数学哲学》,北京:商务印书馆 2003 年版,第 304 页。

[34]关于逻辑在数学中的这几点作用,可参看王前:《数学哲学引论》,第 163—169 页。

[35]林夏水:《数学哲学》,第 144 页。

[36]以上内容可以参看〔瑞士〕皮亚杰:《发生认识论原理》,王宪钿等译,第 3 章第 2 部分,"数学的认识论",北京:商务印书馆 1995 年版。

[37]关于此段思想可看王前:《数学哲学引论》,第 160—161 页。有关皮亚杰在数学和逻辑关系上的看法,可具体参考他的《发生认识论原理》中的第 1 章"认识的形成"和第 3 章"古典认识论问题的重新考虑",以及《结构主义》(倪连生、王琳译,北京:商务印书馆 1986 年版)中的第 2 章"数学结构和逻辑结构"。

第 5 章　时空形式图式

　　牟宗三始终一贯地主张,知识的获取离不开知觉现象的客观化过程,也就是通过范畴这一媒介以客观性的"格度"(形式图式,formalscheme)[1]来规范和整理知觉现象。前面曾论述的他对于纯理及其与逻辑、数学之关系的看法,无疑为我们进一步考察他的对于知识论具有决定性意义的"格度"这一概念,打下了坚实的理论基础。

　　那么作为知识论所必需的时空等格度究竟是如何产生的? 牟宗三认为格度的成立是自理解陷于辨解中来谈的。理解陷于辨解中,才能成就知识,而陷于辨解中必有成就其辨解的格度。格度的成立只能就理解的坎陷(否定)一相来谈。理解有四步外用:其一,时空格度顺直觉的统觉(感觉的)而由心来建立,建立后而决定事象的时空相,这是理解坎陷自己的第一步外用;其二,继此,理解自身复涌现一因故(ground-consequence)格度,承因故格度而立范畴的运用,这是理解坎陷其自己的第二步外用;其三,继此涌现一曲全(all,some;whole-part)格度,顺此格度,承范畴之运用,而措置四种定然命题,这是理解坎陷其自己的第三步外用。其四,涌现一肯定否定之二用(affirmation-negation;is-is not)格度,二用格度对外无所立,它内处于四种定然命题中而连贯之使其成为一个有机的发展,即坎陷中之辨解的辩证发展,这是理解坎陷其自己的第四步外用。

第 1 节　时空形式图式的含义

现在我们首先考察一下牟宗三对于时空格度(the formal scheme of time-space,时空形式图式)的有关论述。牟宗三曾言:"凡统觉所现必为现实之事实,凡此等现实之事实必有时空相。"[2]因此为了要表象经验现象,他认为得需要建立知识论的时空。知识论的时空是先验而主观的,须由认识的心建立。

一、时空是先验的、主观的,而不是绝对的、客观的

一方面,牟宗三依据罗素的《对莱布尼兹哲学的批判性解释》一书,大力赞赏莱布尼兹转客观空间为属于心的以及转"绝对的"为"关系的"做法。他认为,莱布尼兹将时空从存在的背后翻上来而浮于存在上面,又进而将时空系属于心子之知觉而谓其为主观的,这两步翻转是非常重要的。除了莱布尼兹之外,牟宗三也继承了康德的思想,他将自己继承前人的东西列为五点:"一、时空为属心的;二、时空为表象世界的(不表象上帝);三、时空为有限心之有观点所必具之形式;四、进一步随康德,时空必为先验的,内发的(来氏名曰从心自己而来);五、时空为关系的,为纯形式。"[3]如果顺建立知识的认识心来谈,那么时空是由自"直觉的统觉"跃起的心觉来建立的,也就是由"超越的想像"(transcendental imagination)建立的[4]。想像的统觉为综体的统觉,若为经验的,那么随此经验的综体统觉而涌现时空的想像便是超越的想像。这样涌现的时空是一直地建立的,所以时空是一直觉,而不是一概念,因此为一纯形式。这种纯形式既然是心随想像的"综体的统觉"而一直地被建立的,那么它的原义便应当是无体无量的。

据此,牟宗三提出应对时空进行四种解析:(1)根源的解析:由超越的想像所建立;(2)形上的解析:属心的,先验的,独一之整个,为纯形式;(3)逻辑的解析:关系的,非量度,端点为程态;(4)超越的解析:①用于直觉的统觉而限定生起事;②以数学之外在化为型范通过时空之逻辑的解析而决定广延的量;③以几何之外在化为型范而决定附着于存在上之时空之几何特性。[5]也就是说,"时空为先验形式,此为时空之形上的解析;由提起之心觉所谓创生之想像而涌现,则为时空之根源的或心理的解析;由如此而涌现之时空用于直觉的统觉之把住而对于所把住者有超越的决定,则曰时空之超越的解析。"[6]

另一方面,牟宗三还从时空与运动的关系上来剥落客观的时空。他认为,我们觉现所及,有纷然杂陈的事象,可名曰"多";纷然事象又变化不居,限于地位的转移,可名曰"运动"。问题即在于"多"与"运动"如何而可能呢?希腊原子论者肯定空间为虚的,空间为动、多可能的原因,而巴门尼德(Parmenides)则反对空间可能,动与多可能,从而主张宇宙实体为"常"为"一"。

牟宗三赞赏巴门尼德的看法,认为其主张可以提供剥落客观时空的根据。也就是说,如果由充塞宇宙的整一来想实体,则时空必从存在背后翻上来。进而,他认为时空的成立是对理解而不是对存在来谈的。对理解来谈,时空只是随直觉的统觉的把住而为心所立的先行条件。时空"有事于知,无事于事,故于外界无实性,即言不能有客观存在也"[7]。于是,既然时空的外在必然被剥落,而又不能不有需于时空,那么追溯其源,必系属于心觉。希腊的原子论者以及以牛顿为中心的物理学,所意想的都是对存在来言的时空,因此为客观的设定,对于外界有实性,且为一自定的常体,此时空俨若动、多必依赖的客观的设定。牟宗三认为,此时空的存在全为无根者,实可以剥落与废弃。因为这样的时空,作为客观存在之事实,既不是经验之事实,也不是理论能证明其必然存在的,而且今日的物理学也不必设置此种时空。

二、时空是理解所必须的,而不是存在所必须的

牟宗三提出,时空或则属于事实系统而也为一客观的事实,或者并不

属于事实系统而只为知识系统所需的形式或条件。对存在来说时空,属于事实系统;对理解言时空,则不属于事实系统而只为知识系统中所需的条件。如果属于事实系统,那么动、多即因时空的客观设置而获得其"如何可能"的说明。如果不属于事实系统,其外在性被剥落,那么动、多的事实至少在时空方面不能得到解答。牟宗三的观点是,承认动、多是一既成的经验事实,可暂时对其不必追问,不必有说明。于是时空的讨论由事实系统转到知识系统,从对存在言转而为对理解言。对于知识系统和理解来谈,则时空只是理解进行诠表时的条件,不是存在的条件;是"说存在"的条件,不是"存在本身"的条件;是表象存在的符号或资具,而不是"存在自身"所具有的常德。

这样看来,时空是理解而不是"存在"所必须的。它限定事象的义用全在"成"理解,而不在"成"事象。因此,它对现象只有限定义而无构造义。时空不能是成就事象的条件,但可以成就"说此事象"的条件,由于限定而赋予事象以时性与空性,但也不能说事象因时性与空性的赋予而后可能。经验现象之所以为现象可以从理由方面和从现实之然方面说,而此两方面都不能说时空,时空既不是现象的理由,也不是"现实之然"的构造成分。凡现象自必在时空中,但不能说只因在时空中始可为现象。现象作为认识的对象,可以因为以时空来表象而在理解的认识方式下成为理解的对象,但不在理解方式下,现象依然可以在智照方式下为对象。总之,牟宗三认为时空总对于理解为必须,不对于存在为必须。有事于知,无事于事。

由于时空只有限定义而无构造义,为理解所必须而不为存在所必须,于是牟宗三推论到:时空只是表示事象的符号,起于内而着于外,然而于外并无实性。具体讲来,其一,时空的限定义及符号义即涵"事象的实在论"。时空所着的外事是外在法尔如此的事实。因为每一"直觉的统觉"所现为一"事象",每一事象为一缘起事,因此每一事象为一生起历程,中涵因果关系。这一缘起事直呈于直觉的统觉前,因此每一缘起事为一"呈现"。心觉如其所如而觉之,与事只有直觉的关系,而无构成的关系,所以心觉与呈现为外在关系,非内在关系。时空只是随"直觉的统觉"的把住而起立,也只有随"直觉的统觉"的呈现而着于事。时空格度可由心建立,外事则不能由心造成。时空是主观的,时空所着的事是非主观的。因此,牟宗三承认时空的限定义与符号义必涵事象的实在论,时空的虚而无实与事象的实而非虚相融而不悖。其二,时空的限定义与符号义涵"事象的生成论"。每一事象为缘起历程即是说每一事象为一生成历程,每一生成历程实际上是一"终始历程"。于是,时空的限定就不是理智的分割。

综而言之,牟宗三对于时空的要义曾做了如下几点具体的论述:(1)时空为我们的心随统觉的把住而由超越的想像建立的,起于内而着于外;(2)时空的义用为限定义,符号义;(3)时空对理解为必须,不对存在为必须:时空虚而无实;(4)时空的虚而无实涵事象的实在论与生成论;(5)时空无实性,可以破除;(6)时空的呈用必限于经验的事实;(7)时空的呈现又必限于有限范围内;(8)越乎"有限"是如何,颇不易说,今假定是"无限",而"无限"又指"宇宙"(全一)之无界言,在此即不能说时空。[8]牟宗三将时空视为主观的而不是实在的,这是存在问题的。单以空间为例,它"并不是人类观察者用来建构他的世界的秩序的一种形式,它是一种表述在移动着的刚性测量杆和光线之间都有效的秩序关系的体系,因此也是表述构成其他一切物理测量的基础的物理世界的很普遍特点的体系。空间不是主观的,而是实在的;它是近代数学和物理学发展的产物。"[9]

三、牟宗三时空观与康德时空观的异同

牟宗三关于时空的思想是受到了康德时空观的影响。康德的批判哲学的时空观是哲学的知识论意义上的时空观。在本体论占据主导地位的时期,哲学家们对时空问题的探讨成为他们的自然哲学的一部分。例如古代原子论把虚空——空的空间——与原子视为宇宙的两个始基,虚空是无限的。近代的莱布尼茨的单子论是把空间与时间看做是从经验抽象出来的客观的现象之间的并列或前后相继的关系。在自然科学研究领域,牛顿则将时空视为独立于物质的物质世界的容器,是一种实在的存在

物,具有客观实在性。莱布尼茨与牛顿时空观的共同点在于,他们都主张空间、时间具有"绝对的实在性",它们是客观的存在,它们的实在性不限于经验对象,这种实在性根本上是独立于经验的并且不是主观的。二人时空观的不同点在于,牛顿主张空间、时间是独立自存的,而莱布尼茨则认为它们是从属于实体的现象。另外一位自然科学哲学家 A. N. 怀特海也承认时空的客观实在性,并将其与自然这一概念结合起来。他在《自然的概念》一书的第 8 章中明确指出,说时间和空间是抽象物,不是指它们没有向我们表达关于自然的真实事实。离开物理的自然就不存在空间事实或时间事实,也就是说空间和时间仅仅是表达某种关于事件之间关系的真理的方式。

与本体论哲学和自然科学对于时空的观点不同,康德完全不以任何客观存在物的特定的规定性作为时间、空间表象产生的直接的客观基础,从而提倡一种彻底的全人类的主观性。他认为,时、空是先验形式,即不是从经验中得来的;时、空作为先验形式是感性的直观,不是知性的概念;时、空不是物自体的存在形式,只是现象界的存在形式。这样的时、空在康德看来具有经验的实在性,即时、空必须与感性经验相联系,因而具有直接的客观性质,也具有先验的观念性,即时、空不是客观事物本身——物自体的形式或性质。时、空既是主观的形式,但又具有经验中客观的普遍必然性;既要求独立于经验的先验性,又要求普遍适用于感性经验的客观性。康德与牛顿时空观相同的一点是,他们都把时空当做一个外在的形式框架,从而与它们的经验内容分割开来。不同的是,牛顿将这一框架本身看做是一种外在的客观实在,康德则将其归属于人类主观的直观认识形式。

牟宗三的时空观显然基本上是援引了康德上述的时空观。但是,在二人的时空观之间也存在重大的差异,康德从来没有将空间与时间作为一种格度来加以理解,而牟宗三却始终坚持这一主张。康德对于时空只是做了"形而上学的阐明"与"先验的阐明",而牟宗三在此之外又提出了"根源的解析"与"逻辑的解析"。可见,牟宗三关于时空格度的思想是源出于康德,但却获得了在康德的理论体系中所不具有的诸多崭新的意义。

　　如果我们将牟宗三在《认识心之批判》中对于时空的论述与其早期的观点相比,不难发现其间也是具有差异的。在《觉知底因果说与知识底可能说》一文中,牟宗三是从时间、空间与范畴的关系上来谈时空的。他基于自己的感觉内在关系说,主张时空虽然可以说是格式(form),但却不必先验,也不是知识中的格式,更不是思想中的范畴。时空不是知识中的范畴,可以从两方面来说:其一,"直觉是生理的感觉关系,是物理过程";其二,"时空是元学上的根本存在之范畴"[10]。

　　也就是说,一方面,直观所得的是知识的材料,此材料因为是感觉关系的产物的缘故,"所与"只是是其所是的直接呈现。时空只是它所呈现的时候与地方,即是时其所时,处其所处,因此感觉关系上的材料即是存在上的一件事情。我们如果说时空是它的格式,那么只表示时空是元学上根本存在的一个范畴,而不是知识中的范畴。另一方面,如果把感觉关系看成是内在关系,看成是物理或生理的结聚过程,那么就表示感觉关系是真实的物观的,绝对存在而无真假可言,就表示凡上了感觉的呈现焦点的都是在元学上作为一个根本存在的东西。我们指示这个根本存在的格式或范畴都是元学上的范畴而不是知识的范畴。

　　总之,牟宗三严格地区分了本体论的范畴或根本存在的范畴与知识中的范畴。由于时空是一件事情的外范格式,所以决不是知识中的思想范畴。

　　可见,牟宗三在写作《觉知底因果说与知识底可能说》期间,他是将时空放置于形而上学中,作为形上学的范畴来谈的,从而不承认它是一个知识的范畴。而在此后,随着自己对于康德哲学的进一步研究和梳理,他渐渐改变了早先的看法,开始重视时空作为知识成立的一个重要的格度所具有的意义,尽管它不同于由因故格度处引出的范畴。也就是说,他开始从早先的依形上学角度来考察时空转向了从知识论上加以研究。那么作为知识论意义上的时空,它在知识的形成过程中的作用究竟为何?这一问题便是我们下面论述的内容。

第 2 节　时空形式图式与知觉现象的客观化

由超越的想像而直觉地被建立起来的时空,被应用于知觉现象而限定之,此种限定被牟宗三称之为"超越的决定"。"广延的量"(extensive magnitude)与"内强的量"(intensive magnitude)就是因时空的超越的决定而成立的。对于广延的量与内强的量的理解,我们可以参照康德《纯粹理性批判》对于"直观的公理"与"知觉的预测"这两个纯粹知性原理的有关论述。

牟宗三认为,每一个知觉现象,即"直觉的统觉"所现的实事,由于时空的超越的决定,而有一广延的量。何谓广延的量?广延的量为数学量,就是单注意由时空限定而成的时空平板,而抽去其物理关系,或抽去其生成历程的具体关系。广延的量有"有向"与"无向"之别。无向量之广延的量名曰绝对量,有向量名曰相对量或关系量。除此之外,每一知觉现象由于时空的超越决定,而且也有一内强的量。何谓内强的量?内强的量为物理量。"强度之量亦名质量,或单言强度。强度云者,因时空着于事,表象事之现发为一限定之生长历程。此生长历程,因时空之限定,表现而为有弹性之终始历程,即据此具有终始之弹性,名曰强度。据此终始而为一历程,名曰强度之量。"[11]内强的量的表现一定是因为知性的把住,而知性的把住就是以心觉自身所立的时空格度来限定知觉现象。牟宗三说:

> 此把住而限定之功效,即在使飘忽而过之历程留而为一平铺之历程。如飘忽而过之历程为动态,则此平铺之历程为静态。静态亦曰"站态",言可以停留而站住也。如只飘忽而过焉,吾不能有知识。如徒冥证此飘忽而过焉,吾亦不能有知识。吾之知识之可能,单基于此把住。把住而为一站态,即飘忽之动态之象征也。站态对动态,自现在所说之量言,为一一相应之关系。[12]

在牟宗三看来,广延的量与内强的量是不同的。如果单言因把住与限定而成立之一段之自身,即为广延的量。如果注意其为一弹性历程之一段,则其不仅有广度,而且有强度。"广度指时空自身言(着于事之时空自身),而强度则指时空限定所表现之实事之生发言。"[13]也就是说,广延的量是因时空限定而成之平板,它偏就时空言,而内强的量则是因时空限定而把住之一段弹性历程,它偏就物理言。不过,牟宗三主张,因时空限定而表现出的广延的量与内强的量均可先验而定,也可以先验而知,而且二者必相凝而一致。因为广延的量只是由时空限定而成就之平板,而限定是依某一觉现历程之终始而终始,这一终始间的一段弹性历程,就是内强的量。所以广延的量与内强的量必然凝一。

牟宗三关于广延的量与内强的量之关系的论述,显然是继承了康德《纯粹理性批判》中的思想。在这部书中,康德也强调了广延的量与内强的量之间的区别以及密切关系。在他看来,空间、时间是感性的先天形式,来自认识的主体,而作为经验直观的感觉是作为对象的实在在内感官方面引起的结果。广延的量属于客体的形式,内强的量属于客体的内容。因此,空间、时间的广延的量与感觉方面的内强的量在来源和归属上是根本不同的。但另一方面,感觉以及作为感觉的对应的实在,仅仅是直观的质料。也就是说,实在是现象的质料,这样的质料总是要以时间、空间的形式为前提。感觉作为经验直观,离不开空间、时间的直观形式;实在作为现象的质料,也必须存在于空间或时间形式之中。于是,感觉或实在的内强的量与空间、时间的广延的量是密不可分的。

牟宗三承认,广延的量与内强的量对于知觉现象的客观化具有重要的意义。这是原于广延的量只为形式或一些空架子,而内强的量则为一物理量。根据广延的量之为形式而言"公"。可以说,"每一觉现历程,自其生发言,为私为自,为主为己;言其隶属于主观,个个特殊,而又忽然而过。而其广度之形式则使个个殊特,忽然而过之生发,因知性而把住,因时空而限定,遂为贞静而停留,是即赋予以公性;故广度之形式实表象一生发历程之为公为客也。"[14]这也就是由时空的超越决定而成的知觉现象的客观化。牟宗三认为,内强的量也于是成为公共而客观的。因为由于公性赋加于私性,私性充满于公性,内强的量才得以显示。"是以强度者,生发历程局紧于形式中之谓也。局紧之,即规矩而绷紧之。形式规矩之,而生发之事处于形式中受其规矩,遂见绷紧之象。即于此绷紧而言'强度'。"[15]于是内强的量也就成为公共而客观的了。牟宗三认为,这是就假(时空为假立的)以定真,运虚(时空限定为虚象故)以处真,于是使知觉现象的客观化成为可能。

以上是由"时空的超越决定"直接所成的广延的量与内强的量,它们是无向量,可名曰"量"。而通过纯数学或纯几何中某些基本概念的外在化所形成的型范来谈时空的超越决定,则其所成的是有向量或关系量,可名曰"量度"。

牟宗三认为,有向量是就几何格局来说的。有向量处于几何格局中,有如缘起事处于物理结构中。缘起事为关系事,有向量为关系量。有向量分为广度有向量与强度有向量。强度有向量属于物理结构,如质量、密度、运动、速率等。广度有向量属于几何格局,如时距、空距以及种种图形。那么,成就有向量的几何格局是如何形成的?几何格局依物理结构而成。物理结构即事与事之间因发生关系所形成的结构,它是随事生起而呈现,随事消灭而变灭的。理解起而把住的是物理结构的影子:

> 自时空限定而成几何格局言,曰形式,曰数量之关系;自其事之组织而成物理结构言,曰实际,曰物理之关系。几何格局为至变至殊之事之"数学之公性",物理结构为其"物理之公性"。依物理之公性而成物理律(自然律)。依数学之公性,物理律可表而为数目式。然物理公性是通过数学公性而客观化。而数学公性则是因时空之超越决定而始然。[16]

但是,牟宗三此处的论述所存在的问题是:

其一,既然认为物理结构实际上即是现象与现象之间的关系,随事之生起而呈现,随事之消灭而变灭,则依物理结构之为物理公性所成的物理律(自然律)自然也就变灭了。而事实是,物理律(自然律)作为客观事物所本来具有的客观特性,一旦是真正的科学规律,便往往有其超时空的存在性,是不以我们的意志为转移的。比如牛顿的三大经典物理学定律,至今仍在一定范围内适用和发挥着作用。

其二,牟宗三一方面主张物理公性是通过数学公性而客观化的,另一方面又认为依物理结构而成几何格局,这显然与他本人所秉持和极力提倡的数学第一义的观点相矛盾。实际上,这是因他一方面主张逻辑与数学中心主义的理性一元论,另一方面又主张现实世界的物理结构客观存在的实在主义的一元论,从而造成二者的杂糅所必然导致的一个理论难局。如果我们通观牟宗三《认识心之批判》一书,我们会发现,其中自始至终存在着因逻辑中心主义与实在主义之间的理论张力所造成的诸多理论困难。对此,我们将会随文予以指出。

其三,更为重要的是,牟宗三所秉承的康德的先验时空观本身是有问题的。我们认同的是以 H. 赖欣巴哈为代表的科学时空观:

> 时间像空间一样,既不是一种理想的柏拉图式的存在那样须由洞见来感知的东西,也不是康德所相信的那样,是人类观察者加在世界上的一种主观秩序形式。人类思维是能够想象不同的时间次序体系的,在这些体系中经典物理学时间就是一种,爱因斯坦时间及其因果传递速度极限是另一种。在这许多的可能体系中,选择对我们世界有效的时间次序是一个经验问题。时间次序表述着我们生活于其中的宇宙的一种普遍性;时间是实的,一如说空间是实在的意义一样,我们关于时间的知识并不是先天的,而是观察的结果。实际的时间结构的决定乃是物理学的一章。——这就是时间哲学的结论。[17]

第 3 节 时空与数学:关于空间与几何

牟宗三主张,时空格度的超越决定意义,如果参之以康德对时空与数学之关系的疏导,那么会更加显豁。因此,我们接下来论述一下牟宗三在时空与数学之关系上的看法。

牟宗三认为自己在空间、欧氏空间及欧氏几何上,与康德至少有以下三个方面的区别:

第一,关于欧氏空间是否具有必然性。康德认为欧氏空间确有必然性;而且一说空间即必为欧氏空间;而且即依此必然性与唯一性,主张空间必为直觉之先验形式,且自身必为纯直觉,也就是将欧氏空间的必然性与唯一性作为"空间为先验形式"之理由。牟宗三对此则做了相反的答复。在他看来,欧氏空间并无必然性与唯一性;空间与欧氏空间非一事,说空间不必是欧氏空间;欧氏空间亦不能作为主张"空间为先验形式"之理由,二者之间并无必然的联结。

第二,关于欧氏几何命题之必然确定性的说明。康德认为,一谈空间就是欧氏空间,这表示的是欧氏空间的必然性与唯一性。由此,欧氏几何命题也一定具有必然确定性与唯一性,而保证欧氏空间与欧氏几何命题之必然性的是直觉。对此看法,牟宗三则有如下的不同看法:(1)空间与欧氏空间并不是一件事,空间是无色的,而欧氏空间是有色的。无色表明的是一般的普遍形式,并未特殊化,有色的则为一决定的形式,已经特殊化。(2)无色的普遍形式可以为直觉者,而有色的特殊形式则不是直觉者或至少不只是直觉的,即决不只是直觉所能明的。(3)直觉是直而无曲的,无概念的辨解,它所能证明的只是无色的。(4)以直觉理解的东西定为无色的、最后的,因其无色而无特殊的决定,因其为最后而不是一个辨解的概念。(5)有色者有屈曲的东西于其中,且为特殊的决定,其间的根据即在于概念。因此,如果空间是直觉的,不必然说其即是欧氏空间。直觉领纳只是无色的空间,而不能证明其为何种空间。反之,欧氏空间也不能作为"空间为直觉"的理由。直觉只能担负说明无色的空间,不能担负说明有色的空间。(6)有色的空间须有概念作为根据,概念之系统的联结和网状的结构就是客观而实在的理。几何命题即是有色空间之系统的联结和网状的结构,也就是一理之贯注。而每一个几何命题就是一概念的屈曲,是一客观的理,于是每一个几何命题的必然确定性就是理之必然,概念联结的必然。但此种必然必为某一有色空间内的必然,隶属于一系统内的必然,因此有所囿而无唯一性。这一事实须由概念之决定而加以说明。总之,直觉不能担负欧氏空间、欧氏几何命题的必然确定性的说明,只能担负无色空间的说明,对于几何命题,担负"无色综合"的说明。(7)直觉综合只是主观之"用之流",而概念的必然联结则是客观的骨干。在此方面,牟宗三认为康德的错误即在于他期望直觉综合能担负欧氏空间的说明,乃至欧氏几何命题之必然确定性的说明。

第三,关于直觉与概念的关系。在牟宗三看来,康德强调的是直觉综合,他实际上是将概念隶属于直觉,将分析隶属于综合。于是,直觉担负欧氏空间的形成、欧氏几何命题的必然确定性的形成。牟宗三的见解正好与此相反,决定空间之为欧氏空间、形成几何命题的根据在概念。直觉只能顺概念的决定来实现和印可"理之骨干"。[18]

综上所述,牟宗三认为自己的主张可陈述如下:(1)无色空间与有色空间须分别论。(2)无色空间是直觉的,有色空间则赖概念的决定。(3)凡几何命题都必然隶属于某一"有色空间"下,每一几何命题都是随"原始概念决定"而来的必然联结或结构,因此都有一系统内的"理之必"。(4)直觉综和为主观之用,概念分解为客观之理(体)。(5)直觉不能担负"有色空间"的说明,概念担负之。直觉综合不能说明隶属于某一有色空间下的几何命题的必然确定性,概念联结或结构的"理之必"说明之。[19]

第 4 节 时空与数学:关于时间与算术

对于感性的另一直觉形式即时间与算术学的关系,牟宗三认为康德的论述并不如论述空间与几何学的关系明显。不过,他又说,虽然康德未曾直接言及时间与算术学的关系,而只是多处论及纯力学与时间的关系。但从实理上说,康德依然主张时间能担负数学知识的说明。虽然康德常取几何学为例而不取算术为例,但这只表示取例的方便与否,而并不能在逻辑上即谓时间与算术学无关,或者说算术学不就时间论,或算术学不基于时间之直觉。牟宗三的此番言论是符合康德思想的。比如康德在《形而上学导论》第 10 节中就曾谈论到:"几何学是根据空间的纯直观的;算学是在时间里把单位一个又一个地加起来,用这一办法做成数的概念;特别是纯粹力学,它只有用时间的表象这一办法才能做成运动的概念。"[20]

牟宗三对于康德关于时间与算术学之关系的看法具体有如下几点:

第一,几何学是空间之学,但不能说算术学是时间之学,算术学是就时间论或立。这是因为:空间有屈曲,有内容;而时间无屈曲,无内容。因为空间有屈曲、有内容,所以可以加以研究,从而形成一门关于空间的学问。而时间因无屈曲之内容,所以不能说因研究时间而形成一门关于时间的学问,即形成算术学。所谓就时间论或立,就是说就纯时间自己以定数或论数。就时间来定数或立数,恰如就"类"以定数或立数一样,均为一种可能的理论。总之,说算术学是时间之学并非说它研究时间。第二,纯力学也不是研究时间之学。正如数学研究数,不是时间,力学研究的是运动,也不是时间。时间作为先验形式,其先验的解析,应用于实际经验事实上,首先可以使运动变化变得可能。也就是说,时间只是使运动的表象成为可能的先验根据。第三,说算术学是时间之学,并非说算术学中的数是在现实的时间中。数当然无时间性,数的关系即一算术学命题亦当然无时间性。说算术学是时间之学也不是说计数"数"占有时间,因为计数历程固然需要时间历程,可是一切实际动作都是如此。第四,"就时间论数或立数"与"数是理智的"这并不冲突。数"是理智的"并不妨碍其"就时间论",也不能冲破其为"时间之学"。牟宗三认为,康德实际上主张算术学属于先验感性论,必定视数学为时间之学,就时间论,基于时间之直觉。因此,数目虽是理智的,而与"就时间论或立"并不相冲突。第五,康德陷于以下两难:一方面,如果纯是理智者之数目与其具体实现为同层,也不能保证时间之"超越的解析或推述"应用于算术学方面的必然。另一方面,如果纯是理智者的数目与其具体实现为异层,则不但不能保证,甚至整个推翻"时间之超越解析或推述"应用于算术学。牟宗三称,正是这一点决定了他的时空论、数学论,以及全部系统与康德的是不同的。于是他认为,康德的先验感性论所划的范围,先验解析所负的责任,在算术学方面留下一个大漏洞。也就是说,康德对于算术学方面的论述全部倒塌。牟宗三认为自己打断了康德于几何与空间之间所欲建立的关系,从而康德对于空间方面的超越解析也倒塌了。他进而认为,康德的全部先验感性论必须加以改观,而其中的全部先验解析也必须加以废弃。

总之,牟宗三认为,时间尽可为先验形式但不必能够担负数学知识的说明。算术学不必如康德那样,必就时间而论。牟宗三对于康德的这一批评,与罗素的看法是一致的。罗素就曾坚决反对康德认为数学是"先天综合"的看法,反对其作为论证数学是先天综合的时空观。[21]那么数学的根据究竟何在?牟宗三受罗素等人的数理逻辑的影响,认为数学的根据即在于逻辑。因此他认为康德所留给罗素的工作即是这一点,但罗素未能真正做好此工作,这是因为罗素以类定数。他自己则主张,如果说算术学只能于时间方面寻得具体的表示,因而说算术学本不就时间论,那么也可以说算术学也只是于类上寻得具体的表示,因而也不必就类与关系而定。如果"时间"与"类"及"关系"都只是算术学的具体表示,则表示算术学本身的成立决不在此等处,于此等处的任何处而论述的数学均无必然性。

也就是说,牟宗三主张决不能从数学的具体表示处来谈论数学的本质,而应从逻辑处、纯理处来谈论。他认为自己即在于进一步完成康德所留下的任务,"康德天然留一工作给罗素,而罗素天然留一工作给本书。此恰是一辩证之发展"[22]。他认为自己如果真正能够完成此工作,即切实地做成"算术学是理智之科学",那么必须得跳出康德的先验感性的范围而另外开辟一个新天地。据此,他主张必须改观康德于"先验感性论"关于时空的"先验解析"甚至关于时空的"形上解析"。他说:"时间之超越解析因算数学方面之漏洞而破坏;空间之超越解析,虽与几何有明确之关系,然此关系并不能成立,即以此故,空间之超越解析亦破坏。依是,康德所欲以时空之超越解析说明一切数学知识者,结果乃全不能说明之。"[23]

　　既然康德对时间与空间的"先验解析"均遭到了破坏,那么通过时空的先验解析乃至先验决定,究竟能得出什么样的结果呢？牟宗三从数量范畴与"时间与算术学"以及与"空间与几何学"之关系的角度对此做了研析,此论述主要是基于"从直觉到概念"与"从概念到直觉",即康德的《纯粹理性批判》的"先验感性论"与"先验分析论"这两个部分的内容。

　　牟宗三认为:(1)从直觉到概念,先验感性中的先验解析,对于数学知识只适宜于几何而不适宜于算数。(2)从直觉到概念,此中之概念只于部分时空方面与数量范畴有关,而于几何与算数命题之概念的分解方面,则与数量范畴无关。(3)从概念到直觉,先验分析(原理分析)中的先验决定,对于数学知识之说明只适宜于算数,而不适宜于几何。(4)从概念到直觉,以经由数量范畴而做先验决定,此中之直觉只于数量方面而与算术学有关,但不在"空间形"方面与几何学有关。(1)与(3)、(2)与(4)正好两两相反。

　　在此基础之上,牟宗三分析了时空的先验解析乃至先验决定究竟能得出什么样的结果这一问题。他对此总结为三点:第一,广度量的形成;第二,几何有公理,算术学无公理;第三,纯数学与纯数学的应用,此应用即"现象之数学"的形成。[24]广度量的形成是从概念到直觉,广度量的目的在于形成"现象之数学",而"现象之数学"的形成则在表明纯数学与"现象之数学"的合一,即"从直觉到概念"与"从概念到直觉"两个历程所成就者的合一。不过牟宗三认为,从概念到直觉,直觉公理中所表明的现象之数学,与从直觉到概念,先验感性中关于时空的先验解析所表明的纯数学,两方不接头。"前者适于算数学,后者单适于几何学。然前者适于算数学,单是现象之算数学,而纯算数学则于超越感性中又落空而不得解。"[25]

　　于是,一方面,牟宗三认为在依据什么来论述纯算术学上,康德留下了一个漏洞。为了填补这个漏洞,他提出来自己的出路:我们必须有一领域,它足以说明纯粹算术学。时空的超越决定固然能够给我们以广延的量,因而也必然能给我们以现象之算术学。然而如果纯粹算术学得以成立,那么:

吾人只说时空所决定之广度量只为纯算数学应用之通路；而就纯算数学之应用言，则于其所应用处（即广度之量处）必有足以决定之之基本概念或关系以备其可应用，此基本概念或关系吾人名之曰决定广度量之型范；此型范吾人将不说其为一多综，吾人将见此型范必须于成就纯算数学之领域中发现之；依是，此型范于纯算数学方面与其于纯算数学之应用方面必同一；依是，吾人将见决定广度量之基本概念或关系必只是成就纯算数学之基本概念或关系之外在化，外在化而决定广度量所成之现象之算数学必只是纯算数学之外在化，纯算数学之应用即是纯算数学之外在化，其外在化之通路之一即是时空所决定之广度量，外此一通路则为项与类。[26]

在《认识心之批判》一书的"纯理与数学"，"时空之超越决定"，"曲全格度之所涵摄"部分，牟宗三分别对纯理与数学、广延的量、项与类，一一做了详细的分析，在此不作赘述。

另一方面，牟宗三认为在依据什么来论述纯几何学上，康德也留下了一个漏洞。纯几何与现象之几何两者间的必然联结，在康德那里，虽然由于先验感性论中对于空间的先验解析较明显，从而较算术学方面明显。但是直觉公理中所申明的"现象之数学"却不能成就这种显明，这一点成为康德系统中的一个漏洞。由此漏洞，牟宗三提出了自己的如下解决出路：

空间之超越解析虽显明，然吾人已明其不成立。依是，由空间而至欧氏空间乃至欧氏几何，必须有其他之概念以决定之。然此种决定如纯是逻辑者，则必有许多可能之决定，因而必有许多可能之几何。于此，吾人记起康德所言之"几何有公理，算数学无公理"[27]之主张。吾人须知此主张甚有理据。然康德于"算数学无公理"之说明甚清晰，而于"几何之有公理"之说明，则甚不明显。吾人愿以理论极成之。吾人何以说广度量之决定只适于算数，不适于几何？只

是广度量,而不必有曲屈,此即是"算数学无公理"之根据。(此固自
现象算数学方面言,纯算数学方面亦如此)然只是广度量,而不能成
几何,是则于几何必须有其他之增益。此其他之增益即是屈曲之所
在,以有屈曲,故有公理。此即是"几何有公理"之说明之基础。(此
固就广度量即现象之几何方面言,纯几何方面亦如此)

由空间而施以纯逻辑之决定,因而成就许多可能之空间与几何,
若问此许多可能之空间与几何谁能应用于现象且必然应用于现象,
则吾于上章[28]已明几何系统不能无限多,凡可实构者皆适用。[29]

第 5 节　牟宗三时空观的理论缺失之处

依据以上的分析我们可以知道,牟宗三对于时空在认识中的作用的
分析,是通过将其分别与算术学与几何学联系起来而加以进行的。其间
的论述依然体现了牟宗三的逻辑中心主义的立场和理性主义与先验主义
的立场。纯粹的算术学与纯粹的几何学是由纯理的外在化所形成的,它
们是"现象之数学"与"现象之几何"的纯粹理性的根据,因此也就成为时
间与空间发挥作用的型范。换句话讲,牟宗三虽然继承了康德将直觉的
时空形式与数学相结合起来的做法,但是因为他将逻辑上的纯理与纯粹
数学、纯粹几何学联系起来,所以又在关于时空与数学之关系的方面提出
了许多不同于康德的一些论述,阐述了一些颇有见地的主张。也正因此,
牟宗三才将时空称为一种顺"直觉的统觉"由"超越的想像"而建立起来
的格度,而不是如康德那样称其为感性的纯粹直观形式。但是我们认为,
牟宗三和康德在此共同犯了两个基本的错误:一是未能将空间、时间直观
与几何学、算术学的真理性区别开来,二是未能将空间、时间的客观本性
与空间、时间的直观体验区别开来。

我们先谈第一个错误。数学科学的事实已经表明,几何命题不可能
建立在纯粹直观的基础上,其间的理由很简单,这就是,几何学的空间并

不是直观的空间。直观的空间并不是只有一种,而是有多少空间感觉,就有多少种直观的空间。因此,就有一个视觉空间、一个触觉空间、一个动觉空间。所有这些空间,它们彼此都是不相同的。但是,几何学的空间只有唯一的一个,而且它不等同于其他这些空间中的任何一个。它具有与这些其他空间不同的属性。几何学的空间属于物理的客观的空间,视觉空间、触觉空间、动觉空间则是一种直观的连续,它们具有主观性。空间性直观纯粹是一个感官知觉的问题,空间性是一种特殊的、直观的感觉次序。由于我们具有多种不同种类的感觉器官,因而就具有各种各样的不同种类的感觉。在每一种感觉中都有或多或少清晰的空间次序。不过,这种次序对于每一种感觉领域都是独特的,其直观性质与其他感觉领域的次序并不相同。视觉空间、触觉空间、运动空间,并没有呈现出共同的直观特征。

那么几何学空间究竟为何物?答案很明确,它是一种概念性构造,是可以从个体感官的空间材料中产生的。这种客观的空间,是在思维中加到知觉的直观空间材料上的东西。于是,几何学的空间是标示实在的次序的概念性工具,并不存在纯粹的空间直观这种东西,也不存在关于空间的先天命题。几何学,无论是作为纯粹概念性科学还是作为空间科学,它并不是从先天综合命题产生的,而是从约定产生的。它只是在一些蕴涵定义中进行推论,定理可以严格地从这些定义中推导出来。因此在这个意义上来讲,几何学的性质纯粹是分析性的,因而是绝对有效的。

牟宗三不同于康德关于空间与几何学之关系的某些观点,从而将空间分为有色的和无色的,概念把握的是有色空间,直观把握的是无色空间。将概念作为理解有色空间的钥匙,这不能不说是牟宗三先生超过康德所具有的理论优势。但从根本上讲,牟宗三和康德一样,都将直观与空间联系起来。不同的只是,牟宗三将无色空间即空间本身看做是可以以直观来把握的,康德则认为欧氏空间即有色空间是一种直观形式。但一个不可否认、不容置疑的事实是:几何学空间具有非直观性质。牟宗三从概念处入手来谈论几何学空间,这是他的高人之见。几何学空间是使我们能够借以用尽可能简单的形式来表达自然法则而建立起来的一种概念性结构。但他又提出所谓的空间本身，而对于它，牟宗三又未能予以说清楚。我们主张只有两种类型的空间：一种是科学的物理上的客观空间，即几何学的空间；另一种是主观的、直观的空间。康德谈论的是唯一的空间，并宣称它是直观的空间，并把它与自在之物的不知道的次序相对立。而实际上是，我们可以直接体验到几种直观空间并把这些直观空间同物理物体的次序，也就是几何学空间的次序相对立。

这是我们对于以空间直观来解释几何学真理的批判。有关于时间直观与算术学之间的关系，我们依然采取的是批判的立场。根据希尔伯特所做的工作，我们得知：纯几何学是分析——演绎的，几何学的全部定理都可以从蕴涵定义中推导出来。他提出这一理论所依据的前提是：算术是一种完全没有矛盾的真理系统，因此仅仅是由分析判断构成的，这些分析判断表达的是以蕴涵方式定义的概念。在这之后，弗雷格、皮亚诺以及其他一些人的著作都决定性地证明了，全部数学命题都可以从少数几条公理中推导出来。算术判断的纯粹分析的性质是确实无疑的，这种判断的有效性不是基于直观。因此就时间来说，我们必须得把依据心理的研究做出经验判断所涉及的直观的时间同数学的或客观的时间加以区别。数学的或客观的时间像空间一样是一种概念性构造。

第二个错误表明的是，康德和牟宗三混淆了直观的时间、空间与概念的时间、空间，他们对于时空的先验主义解释立场是有问题的。时空观念使用于现实的对象，是无需什么理性的先验根据的。空间和时间只是对象存在的方式或秩序，而不是什么个别的或独立的观念，也只有这样才能成就对象的广延的量。正如休谟所讲："我们不可能想像一个没有物质的真空和广袤，也不能想像一段没有任何真实存在物的接续或变化的时间。"[30]张东荪于《认识论》中也主张，只有我们经验上的空间可以称为空间。时空是物质的存在方式，没有脱离物质的纯粹形式的时空，也没有脱离时空的纯粹的物质。时空本身不是纯粹直观，而是概念，它们具有客观实在性。

进一步讲，在时空的问题上，一方面我们必须得将时间连续的主观经验和时间的客观规定完全分开，也就是将某种直接所与的或直观的东西与纯粹的概念性的次序分开。康德和牟宗三并没有清楚地把直观的经验和概念性的次序区别开来。从实在性的角度来考虑,时间自然不应当从直观的存在这个意义上来理解,而只能作为概念性次序来理解。作为物理学知识基础而出现的时间科学并不是直观的科学,不是实在的科学,它是一种概念性工具,它的基本原则是定义而不是综合判断。另一方面,我们也必须得将直观上可表象的广延的空间和作为通过纯粹概念获得的排列自然对象的系统的空间区别开来。从知识论上看,现代数学的最重要的成就之一就是确立了两种几何学的区别,一种是作为纯粹的判断和概念系统,其中只涉及相互的逻辑关系的几何学;另一种是作为直观的空间结构及其相互关系的系统的几何学。第一种系统是完全独立于第二种系统的。我们因此认为,物理空间(也就是形而上学的空间)从而物理对象的空间属性绝不是在直观上可表象的。也就是说,表象内容的空间属性并不等于物理对象的属性。直观的空间性或直观的广延性不属于自在之物。总之,时间空间意指的是事物的超验次序,它们所具有的超验的意义和直观的意义,是存在根本区别的。对客观事物的时间和位置上的规定,并不是指任何直观的时间和空间,而是指通过概念来进行的规定。

于是,我们的结论是:通过寻找一种纯粹直观来达到为经验直观提供形式和规律性这一目的,是枉费心机的。时间与空间判断并不具有先天综合性质,以它们来说明数学科学的真理性,也是一种徒劳无果的行为。

注　释

[1]牟宗三有时将"schema"翻译成规模,"schematism"翻译成规模性。见牟宗三:《智的直觉与中国哲学》,见《牟宗三先生全集》(20),台北:联经出版公司2003年版,第56页。

[2]牟宗三:《认识心之批判》(上),见《牟宗三先生全集》(18),第367页。

[3]牟宗三:《认识心之批判》(上),第279—280页。

[4]关于时空与超越的想像之关系,可参看牟宗三:《现象与物自身》,见《牟宗三先生全集》(21),第136—139页。

[5]见牟宗三:《认识心之批判》(上),第280页。

[6]牟宗三:《认识心之批判》(上),第17页。

[7]牟宗三:《认识心之批判》(上),第286页。

[8]以上八点请参看牟宗三:《认识心之批判》(上),第292页。

[9]〔德〕H.赖欣巴哈:《科学哲学的兴起》,伯尼译,北京:商务印书馆1983年版,第110页。

[10]牟宗三:《觉知底因果说与知识底可能说》,《牟宗三先生早期文集》(上),第321页。

[11]牟宗三:《认识心之批判》(下),见《牟宗三先生全集》(19),第437页。

[12]牟宗三:《认识心之批判》(下),第438页。

[13]牟宗三:《认识心之批判》(下),第438—439页。

[14]牟宗三:《认识心之批判》(下),第443页。

[15]牟宗三:《认识心之批判》(下),第443页。

[16]牟宗三:《认识心之批判》(下),第444页。

[17]〔德〕H.赖欣巴哈:《科学哲学的兴起》,第121—122页。

[18]以上内容请参看牟宗三的《认识心之批判》(下)第3卷第1部第2章"时空与数学"中的第1节"空间与欧氏空间及欧氏几何"。

[19]以上五点请参见牟宗三:《认识心之批判》(下),第464页。

[20]康德:《任何一种能够作为科学出现的未来形而上学导论》,庞景仁译,北京:商务印书馆1995年版,第42页。

[21]罗素的有关批判,可参看他的《西方哲学史》(下卷),马元德译,北京:商务印书馆1996年版,第3卷第2篇第20章。

[22]牟宗三:《认识心之批判》(下),第491页。

[23]牟宗三:《认识心之批判》(下),第491页。

[24]关于此三点,请参看牟宗三:《认识心之批判》(下),第498页。

[25]牟宗三:《认识心之批判》(下),第500页。

[26]牟宗三:《认识心之批判》(下),第500页。

[27]参见康德:《纯粹理性批判》,邓晓芒译,A163 = B204,A164 = B205,北京:人民出版社2004年版,第155—156页。

[28]即《认识心之批判》第3卷第1部第1章"有向量与无向量"。

[29]牟宗三:《认识心之批判》(下),第501—502页。

[30]休谟:《人性论》(上册),关文运译,北京:商务印书馆1996年版,第53页。

第6章　知性形式图式

牟宗三由纯粹理性展现的"步位相"与"布列相"（co-ordination form）来谈论数学与几何，使得逻辑、数学、几何都被收入识心之执上，它们都是识心之执的形式结构。但他又认为，由知性在经验中的运用而发现的先验的逻辑架格，也是知性的形式结构。为什么得需要这些先验的逻辑架格？这是因为，由"超越的想像"涌现时空来作为"直觉的统觉"把住的形式，这并不能成功对于自然的知识。于是，认识心便表现为理解。理解是曲而能达，这靠的是格度（formal-scheme，形式图式）与概念（范畴）。产生格度与范畴的是创生的理解，非辨解的理解，可称之为"超越的统觉"（transcendental apperception）。康德也称此"超越的统觉"为纯粹的觉识（pure consciousness）。

第1节　知性形式图式的出生地及其发现线索

在牟宗三看来，理解与统觉之直觉不同，它是思考之解析。统觉之觉是直而无曲,没有分解没有筹度的。直觉,"一为具体,二为整全,三为关系与历程融于一而觉之"[1]。他认为,这样的统觉虽然能给我们以意义,能觉现实事的关系性与历程性,但不能给我们以知识,知识的形成有赖于理解。理解曲而非直,其解物"一为抽象,二为分解,三为视觉现之关系性为一型相自具体历程中提出而单独思考之"[2]。这一型相是统觉独有意义之所在,也是理解解物之所据。统觉是融此型相于具体历程中而觉之,理解则是自具体历程中提出而思之。理解以全体历程的具体方面的殊事为其所解,而以其关系方面的型相为其能解,于是可凭此型相诠表彼为一全体历程之殊事而形成一个判断。判断形成了,知识即形成了。因此,牟宗三说知识的形成全赖理解的运行。

在牟宗三这里,理解、思解、知性(understanding)是具有同等意义的三个概念。"直觉的统觉(有时或单言觉或统觉)呈现事象,理解则诠表事象。觉之觉所,为直而无曲;思之思所,为曲而能达。思以解别诠表为相,故曰思解,实即理解。"[3]

牟宗三认为,思解的曲而有序,是思解格度(frame of understanding)的出生地。直觉的统觉与思想相比,觉没有曲屈,思有曲屈。觉是一个有限而无界的同质流,思是一个有限而有界的异质流。每一思解运用有起落、有层次、有步骤就是其曲,其有限而有界。异质流是对觉为直而无曲的同质来说的,思解曲而有序,因此为异质。单从思解起落的曲屈可以知道思解为异质。深言之,思解作为曲屈的活动,又是遵守秩序的活动。秩序可以从全部逻辑处即理性的全体大用处来讲。理性的全体大用宿于思解而显于思解。思解自身有动,动言其为一流,动中有理,言其为一异质流。理性的全体大用形成了思解活动的曲屈活动。因此,思解的曲而有序即成为思解格度的出生地。不过,牟宗三又认为不能以理性的全体大用即全部逻辑为格度,而必须从形成逻辑系统的基本概念处来发现格度。"纯逻辑系统显示纯理之自自相,即纯理之自己。形成此显示纯理自己之纯逻辑系统之基本概念即为思解格度之所在。"[4]

为了以此线索来发现思解格度的所在及何所是,牟宗三具体做了两个方面的考察:其一,由只表纯理的逻辑系统的形成来考察纯粹无杂染的基本概念何所是;其二,所显的纯理既然宿于思解而显于思解,那么纯理本在内由思解活动来显示,因此,须考察纯理在思解活动中自内转外将依若何之物事彰其用而示其相,即考察纯理随思解活动而外转,将依若何之相状来显示其自己,此若何之相状便是基本概念之所在。[5] 从两种考察来看其基本概念是否为同一,如果同一,便是思解格度的发现。也就是说,纯理呈现之离的解析所成的纯逻辑系统自己是发现知性格度的线索,在盈的解析中,则给予知性格度以先验的安立。

关于第一种考察,牟宗三认为,逻辑系统的形成是依据逻辑句法及形成句法的逻辑概念。从有形逻辑来说,纯粹而形式的推演系统为逻辑,句法及成此句法的概念为形成推演系统的工具。从无形逻辑来说,纯粹而形式的推演系统所显的纯理自己为逻辑。于是,有形的纯逻辑系统,唯在显纯理,则逻辑系统的形成必是纯粹无杂染,造成此系统的句法及概念也必然纯粹无杂染。传统逻辑所用的句法为主谓句法(即逻辑句法),成就主谓句法的逻辑概念有两组:一为肯定否定的质的概念;二为偏称全称的量的概念。牟宗三主张,无论对于亚里士多德的主谓如何加以解释,这两组概念总是逻辑概念。从量概念来讲,在亚氏视为定言的全称与偏称,在现代逻辑则视为假言命题中表示变项的范围。从质概念来讲,在亚氏视为命题之质,在现代逻辑中则变为真假二值以成为真理值系统。但是,牟宗三也指出亚氏逻辑尚未论及足以使我们从此命题到另一命题所以可能的推断关系或推断原则。而现代逻辑首先即在建立能使推演进行的关系或原则。关系或原则是推演所以形成的一个桥梁,于是形成一个极其显豁扼要的概念,即"涵蕴关系",它即是推演所以可能的桥梁。自涵蕴言,称为"关系";自其为"如果则"言,称其为普遍的"原则"。此关系或原则是一形式关系或逻辑,即纯为思想所建立,而不是得之于经验。

自纯逻辑系统的考察可以发现其所由以形成的基本逻辑概念有三个:(1)肯定否定之质;(2)偏称全称之量;(3)"如果则"之涵蕴关系。但是,牟宗三又认为,如果形成逻辑系统的基本逻辑概念不能在主体中有归宿或着落,那么便没有逻辑理由何以必是此等概念。此等概念如无必然性,它们便与思解格度的发现全无关。此等概念的必然性必在逻辑的落实,即逻辑显于理解而归于理解。如果此等概念的必然性因逻辑的落实而获得,便可以作为发现格度的线索。自逻辑的落实来认识此等概念的必然性,便获得了思解格度的何所在、何所是乃至其必然性与穷尽性。于是,牟宗三做了"纯理自内转外"的考察。

关于第二种考察,牟宗三主张,纯理"自内转外"保证了格度的必然性与穷尽性。为何如此?因为纯理不空悬,于是必显于理解而归于理解。显于理解表明纯理必随思解活动来显示,也就是本在思解中。归于理解即仍还之于思解而就思解的活动来发现。但是思解活动必为"直觉的统觉"所引起,并为其所限制,思解的"所"即直觉的统觉之"所"。于是思解活动必有引向,而纯理因必由思解活动来显示,所以必自内转外,随思解的外用而转外,转外而显示其自己。纯理随思解而外转,必然有足以显示其自己的"内在之程续方面之凭借"。而由于纯理是在思解活动中显示,并不能离开思解而别有可以独自显示处。所以,纯理显露的凭借,也必然在思解活动中。这一内在程续方面的凭借,一定就是思解活动所凭借以成就其活动的东西。但可以为凭借的物事一定不能取之于外而置于思解活动上,一定是在思解自身中加以发现,所以称"内在之程续方面之凭借"。思解是有曲屈的活动,即有起落有层次有步骤。成就这样的曲屈,必须得有程续方面的凭借,而程续是有起落、有层次、有步骤的,因此程续的发起必处于一方式或架子中。

总之,思解必凭借某种方式或架子来成就其曲屈的活动。"若自分解而言之,吾人谓思解凭借此架子而进行其曲屈之活动。若就此活动之整个言,此架子即在此有曲屈性之活动中,即为此曲屈之活动所自具且由之而显示。"[6] 从分解方面来说,思解凭借此架子来成就其活动,而就在此活动中,就在此处显露纯理。这就是说,纯理借此曲屈的活动来显露自己。因此,

纯理所凭借以显露其自己之方式或架子同时即是思解之曲屈活动所凭借以成就其自己之方式或架子。对纯理言,吾人说:纯理所凭借以显露其自己之方式或架子即是纯理自内转外所必须示现者。对

思解言,吾人说:思解之曲屈活动所凭借以成就其自己之方式或架子即是思解自身所自发之"格度",此即名曰"思解格度"。[7]

具体讲来,思解三格度是这样来获得的:(1)思解对于"直觉的统觉"所给的现象进行解别,解别的原则须表之以"如果则"之命题。"如果"所引起的概念称"根据"或"因故";"则"所引的概念称"归结"。于"根据归结"架子中,来表示一个普遍的原则。(2)具有绝对普遍性的假然性原则——根据归结之架子,如果放下来而成为当然的陈述,就变为一全称命题,全称命题的"全"实际上已涵于假然普遍原则之为普遍性中。但只有"全"并不足以成思解,"全"必涵有"偏"以顺成之或否定之。"偏与全"自身也是一架子,"偏与全"顺严复的译法,牟宗三称之为"曲与全"。(3)只说偏全也不能成就思解的曲屈。在思解活动中,不只是曲全是架子,而且曲全架子在使用中也涵有一"肯定否定"的架子。肯定否定是纯理展现的二用,对思解的曲屈活动来说,它就是思解所必依照的架子,借此来成就思解的曲屈。

综而言之,从"根据归结"建立原则,经过曲与全,终于肯定否定的重重叠叠的发展,便是思解的曲屈活动的起落、层次与步骤,也就是其圆满而无漏的程续。在这个"整个程续"中,有三套架子来作为思解活动所依照的"格度",来成就其曲屈的活动,这也就是思解的曲而能达,曲而有序。这三套架子既然成就了思解的圆满而无漏的全部程续,因此三套架子不增不减,也穷尽而无漏。在三套架子所成就的思解活动中,纯理即于此表露其自己。"是以对纯理言,吾人谓:此三套架子即为纯理所必须示现者,即为纯理表露其自己所必凭借者。对思解言,吾人谓:此三套架子即思解所必依照以成就其曲屈之活动者,此即是其格度。是以综陈之则曰:此三套架子即为纯理显露所凭借,同时即为思解之曲屈活动所凭借。"[8]

总之,经过上述两种考察,牟宗三认为逻辑系统的基本概念即是思解活动的格度,两者相应和而同一,都是纯理的外在化,即纯理的示现。于是,表示纯理的逻辑系统中的基本概念,在实际的思解活动中,就变而为思解的先在格度。思解格度,对纯理言,为纯理自内转外所必凭借。换句话说,思解格度是纯理自内转外所转出,借之来显露自己。纯理外转必凭借三套架子,这一点保证了唯表纯理的逻辑系统中的基本概念的必然性。因此,可以凭对逻辑系统中的基本概念的考察作为发现思解格度的线索,而纯理的外转即保证了思解格度的必然。据此,牟宗三列出了三个原则:"一、思解之曲屈性即为思解格度之出生地。二、逻辑系统中基本概念之考察可以为发见思解格度之线索。三、纯理之自内转外即保证思解格度之必然性与穷尽性。(兼保证逻辑系统中之基本概念为必然,且保证'逻辑系统为唯表纯理自己'之一义为必然)"[9] 于是,心于"直觉的统觉"的直而无曲处,由超越的想像建立了时空,于思解的曲而能达处建立了思解三格度。

综观时空格度与思解三格度,我们发现它们在牟宗三这里既有差异之处也有相同的地方。一方面,二者是不同类的。时空格度是心发为"直觉的统觉"时由超越的想像建立的,因此属于觉即属于"直觉的统觉",可称其为符号;思解三格度是心发为思解时建立的,因此属于思,它们是在思解活动中显示出来的,因此不可以言符号,在思解中是实法。另外,时空格度之立,本欲其适于事,因此其"着"较明显,依此来说"超越的决定";思解格度则本在成思解,本未欲其外出而适于事,因此其"着"不明显,只是依虚映的笼罩而言"着",依此来说"超越的运用"。

另一方面,二者又是相联系的。时空对"直觉的统觉"之所现进行限定,这种时空的限定是思解的先行条件,是思解运用的场所,尽管除此之外,思解还须受自身的格度的限制。另外,时空格度好像"着而不执",实际上着即执,因为心之执建立了时空。思解三格度俨若"执而不着",实际上执即着,因为思解依三格度来解事,其所解的事也必为格度的虚影所笼罩。不过时空格度与思解三格度均着于事,但均是虚的。时空着于事,并非真有一物着于事,时空只是一符号。思解三格度之着于事,也不是格度自身出而着于事,也只是虚映的笼罩。时空格度因其并非一实物,而只是一符号,所以虽适于事,而其着也虚。思解格度因不外出而只为虚映,所以也为虚。四格度"虚而无实",都并非客观存在的实在,而只是成就知识的内在的虚架子,格度有事于知,无事于事。

第2节　牟宗三的形式图式表与
康德的范畴表之比较

牟宗三曾对四格度做了如下一个列表:

Ⅰ.时空;

Ⅱ.因故(根据归结);

Ⅲ.曲全(偏称全称);

Ⅳ.二用(肯定否定)。

康德的范畴表[10]则为:

1.量的范畴(单一性、多数性、全体性);

2.质的范畴(实在性、否定性、限制性);

3.关系的范畴(依存性与自存性即实体与偶性、原因性与从属性即原因和结果、协同性即主动与受动之间的交互作用);

4.模态的范畴(可能性—不可能性、存有—非有、必然性—偶然性)。

从上述列表中,我们可以发现牟宗三的格度表与康德的范畴表有类比处,但是名称及含义却大异。有类比处是说:牟宗三虽然将康德所不视为格度的时空也列于格度内,但一言属直觉,一言属思解,固大体有类似处。因故格度类比于康德的关系范畴(即因果),曲全格度类比于其量范畴,二用格度类比于其质的范畴。牟宗三认为,如果以逻辑作为发现范畴的线索,只能达到他所言的格度,而不能达到康德所说的范畴,于是他说:"纵然康德立言之精神与方法可保留,而其哲学则彻头彻尾须改变。"[11]

康德认为发现范畴的线索是传统逻辑中的判断,即由分解判断的特殊形式可以引导我们达到范畴的发现。发现范畴的原则是:每一分解判断所以具有此特殊形式实因有一与之相应之范畴在其后而为其所以可能之先验的形式条件。牟宗三对此提出了质疑:姑且不问如何由分解判断发现范畴,单是由逻辑中的判断是否能发现范畴也成问题。如果我们仔细考察康德的范畴观,则牟宗三的此种质疑是合理而正确的。

康德认为"形式逻辑"与"先验逻辑"都是认识的形式和功能,但他又明确地区分了二者,认为前者只讲思维形式,后者却涉及了认识内容。于是,他力图以传统的形式逻辑为基础来推出先验逻辑中的范畴,但是在把逻辑的判断形式推演为范畴表之时,他实际上是对其做了很大的改动,因为逻辑的判断形式只是外在的形式上的分类,而范畴表则涉及并过渡到内容。比如,他把定言、假言、选言三种判断变而为实体、因果、交互三个范畴,便是如此。康德的这种推演,可以说带有很大的主观随意性,而无客观必然性。一方面,从十二种形式判断推演出十二个范畴,就有能否穷尽范畴的问题。范畴显然并不止康德所列举的十二个。康德把范畴及其标准完全关闭在形式逻辑的判断形式内,是一种给定而非发展的观点。另一方面,为了照应十二个判断,康德的十二个范畴中好些是为了凑数而列出的,它们并不为康德所重视。康德实际用的只有八个范畴,质、量范畴各只一个即单一性与实在性。有些对于康德范畴表十分重要的范畴,如关系范畴,又与其他范畴平列在一起,显不出它的重要地位和作用。总之范畴表是完全静态和相当呆板的。[12]

由此看来,牟宗三的上述质疑是具有合理性的。具体讲来,他针对康德的范畴表而提出了两个问题:

其一,逻辑中判断表的完整性或必然性是否决定有,即其保证是否为可能,如可能将因何而可能? 如不可能,将因何而不可能?

牟宗三的回答是:逻辑中的命题或判断表(table of judgment),在传统逻辑中决没有绝对的保证,而且顺其论法,也决不能发现出一个绝对的保证。即使是在现代逻辑中,所做的命题形式的分类也没有逻辑来保证其必然,而且顺时下一般逻辑家的论法,也永远不能发现出一个必然如此的保证。牟宗三认为,讨论逻辑中命题形式的分类有两个途径:一是自文法学中之言语句式以及自表示外事之姿态或关系方面表明命题形式的分类;二是自内面找出构成此"形式"之概念之先验根据或逻辑理由以决定命题之形式乃至其分类。传统逻辑采取第一个途径来论判断,对于分类表的完整性无保证。牟宗三主张,认取命题的形式须以常项、关系字、虚变项等处认取,不可以变项、名相字、实变项处认取。[13]同时,他也认为不可以从命题所表示的内容或其所涉及的外事来讨论或认识命题的形式。

基于此,牟宗三认为判定逻辑中的命题形式以及其分类,并且使其有必然有保证,应满足四个条件:(1)首先采取命题形式分类中的第二个途径;(2)论逻辑中的命题形式须对纯逻辑中的推理来谈,不可空头而泛论;(3)须简别逻辑中的命题与其他殊学中的命题的不同;(4)逻辑中的命题为无向命题,其形式的构成所依据的概念须纯自"内"出,因而其"形式"的决定非漫无标准。[14]逻辑中命题形式的先验根据就是"形成此形式"的概念的先验根据,合乎此四条件的逻辑中的命题形式才能谈其先验根据或者说予以超越的安立。总之,逻辑中命题形式须纯逻辑地加以构造,不依文法学来谈,也不从外面事实处加以表明,只有这样才可谈分类的必然性,谈分类的逻辑根据。

其二,由逻辑中的命题或判断,无论其有还是没有完整性或必然性,即有之,也无论是否有保证,总之,由此种命题或判断之形成是否能引导我们发现康德所意谓的知性的范畴?

牟宗三认为,不可能发现。由判断的形式可引出概念,但所引出的概念不即是康德所意谓的纯粹概念即范畴。所引出的概念实际上只是一逻辑概念,而不必是一存在概念,而康德所意谓的范畴,除了"程态"一类外,都是存在学上的概念,都对存在有担负。我们只能从逻辑中判断的形式引出逻辑概念,而不能引出存在概念。我们由逻辑中判断的形式,向内而归宿于理解,并不能发现出康德所意谓的范畴,而只能发现出一些逻辑概念,为理解自身所创发,以形成理解自然的屈曲,对于存在的形成和屈曲无所担负。我们如果认真反身体察理解自身的活动,将见其也只能创发此等逻辑概念,对于此等逻辑概念的意义须如其本性而意谓之,外此再不能丝毫有增益。也就是说,决不能由此再转出存在概念来担负存在的构造以形成存在的屈曲。康德由判断形式来发现其所意谓的范畴,实际上不是向内考察理解自身的活动而发现,而是顺判断的意义或内容向外发现而安置于内者。因此,其所发现的都是存在概念,但说到存在概念,便非理解自身所能提供。我们如果真由逻辑中判断的形式向内归宿于理解,那么我们对于外界可全为封闭者,可全不涉及存在,即对判断的形式也全不必触及外面的意义而即可考论之,认取之。由此种全为封闭的路数,我们即可发现理解自身所独发的逻辑概念,而且也只能发现此等逻辑概念。如果一旦牵涉存在概念,那么对外便不能全为封闭者。于是,牟宗三认为判断表既不能保其必然与完整,不能由此来发现康德的范畴,则其所谓范畴是外袭而置于内者。由判断的形式引不出此等范畴,考察理解自身的活动也发现不出此等范畴,因此没有理由认为康德的范畴必是内出。康德主张范畴内出的根据有两个,一为范畴不能由感觉获得,二为范畴为理解所必须。但这两个根据没一个可证成范畴必内出。[15]总之,牟宗三主张纯粹理智的存在概念即范畴,只能从存在上讲,而不能从理解上讲。存在概念属于存在,属存在者归给存在。逻辑概念属于理解,属理解者归给理解。

与别人相比,牟宗三对于康德范畴表的分析可谓独辟蹊径,也透彻深刻得多。直到今天为止,我们也很难发现如此高水准的论述。康德在《纯粹理性批判》中以逻辑判断表为线索来推导出知性的十二个范畴,确实是存在问题的。牟宗三看出了此间的问题即在于:我们由逻辑概念只能导引出思解的格度,它们是思解所遵循以从事经验活动的原则,而不能导引出康德的具有存有论意义的范畴。也就是说,知识论与逻辑学在某种程度上讲是统一的,知识论的具体进行须以逻辑中的一些基本概念作为原则,而这些具有认识作用的思解格度之所以会产生,是在于知性的逻辑形式概念进行超越的运用。格度不同于康德的范畴,因为前者主要是从知性之逻辑性格(logical character of understanding)来谈的,后者则主要是从知性之存有论性格(ontological character of understanding)来加以立论的。

在《现象与物自身》一书中,牟宗三将知性的"逻辑性格"与"存有论的性格"结合起来,将它们统一归于执的或"现象界的存有论"当中,它们成为"现象界存有论"的两个基本的架构。他严格承认知性有两套概念,一套是逻辑中的形式概念,也就是逻辑字;另一套就是存有论的概念,也就是范畴。之所以强调知性的存有论的一面,是因为牟宗三在后期通过对康德原著的缜密细致的深入研究,更为重视的是康德的"经验可能之条件同时就是经验对象可能性之条件"这句话的完整含义。这些条件主观地讲,形成我们的知识的条件;同时客观地讲,也是经验所知道的对象之成为对象的条件。很显然,这样的看法和主张与《认识心之批判》时期的主张有了很大的不同。另外,在20世纪80年代之初的《中西哲学之会通十四讲》这一标志其思想圆融成熟的讲座中,牟宗三更为肯定地承认,当自己写作《认识心之批判》的时候,自己认为由形式逻辑中形成判断的那些逻辑字并不能跳到存有论的概念,于是未能了解到知性之存有论性格。这是因为当时牟宗三的看法是,将实在与知性之形式概念分开会使后者不担负过重,于是他不能赞同康德的"知识可能之条件即知识对象可能之条件"的主张,而康德的这一主张即是"知性之存有论的性格"。[16]

现在,让我们再次回到《认识心之批判》一书中。基于对康德范畴的阐释,牟宗三表明了自己如下的具体主张:

1.自理解自身的活动只能发现纯粹逻辑概念,不能发现有存在担负的纯粹存在概念。理解自身活动的"自发之能"是纯粹逻辑概念的出生地,借此些概念,理解之活动为有屈曲者,此屈曲为发现理解自身的纯逻辑概念的原则。由理解活动的屈曲而至纯逻辑概念,是纯为分解的,即由屈曲性的活动可必然推知,但此种推知对于屈曲性并无所增益。因此,必须有一引至此逻辑概念的线索及一保证其完整性及穷尽性之为必然的原则。

2.逻辑中的命题形式是发现此等纯逻辑概念的必然线索。此线索须有逻辑的安立及超越的安立。

(1)逻辑的安立:逻辑中的命题与其他种种有内容的命题须严格分别,逻辑中的命题须对推理而为言,逻辑中命题的使用须能以形成纯逻辑即逻辑自己为标准。因此,对于纯逻辑须有严格的鉴别,构造逻辑中命题的形式即命题形式或逻辑句法,必须离开言语或字法学而纯逻辑地构造。纯逻辑地构造,必须依据纯逻辑概念来构造,纯逻辑概念的认取须以能形成逻辑中的无向命题为标准。最基本的纯逻辑概念是肯定、否定(质的),凡、有(量的),如果则、析取等(关系的),它们属于第一序,以及属于第二序的程态概念,真、假、可能、必然、不可能等。

(2)超越的安立:将逻辑自己以及形成它的四类基本概念与种种句法一起向内归宿于理解来表明其先验的根据。具体讲来就是:分别有形逻辑与无形逻辑,有形系统虽可多(不能无限多)但都是唯表纯理自己,有形系统因"纯理自己"而有意义而可能。然而,此"纯理自己"是无形者,是见之于理解自身的活动,也就是见之于纯理性思考自身。此则起自内而透于外。当其为有形系统所表示,并反而使有形系统有意义而可能,则纯理自己即是有形系统的超越安立,据此四类基本概念及由之而成的句法的超越安立也获得了。因此超越安立,对于四类基本概念及由之而成的句法的必然性及穷尽性,便获得了一超越的保证及先验的根据。

3.纯理自己既然是见之于理解自身的活动,在此活动中表现纯理自己,那么理解自身也必然独发此四类基本概念,借以形成纯理展现的充分而必要的条件。应由逻辑句法这一线索来发现理解自身所独发的纯逻辑概念,借以形成理解自身的屈曲。如此发现的纯逻辑概念在具体的理解活动中名曰格度,全是理解自身的虚架子。作为虚架子的格度有因故、曲全、二用,它们属于四类基本概念的前三类,属第一序。属第二序的程态概念不须取为理解的格度。第一序为构成性的,第二序为指导性的。

4.形成理解自己的基本概念及由之而成的句法即是发现理解格度的必要而充分的线索。如果纯理自己保证此基本概念及由之而成的句法为必然,那么也必然保证如此而且如此多的理解格度为必然。这是理解格度的超越安立及先验根据。

总而言之,我们有一有保证的发现格度的线索,保证此所发现的理解格度有必然性的东西,就是在理解之具体活动中纯理的外转。理解活动的屈曲为发现理解格度的原则。这样发现的格度,属于理解,形成了理解自身的屈曲,不属存在,不能形成存在的屈曲。它对于理解自身活动来说为构造,对存在来说为指导。它只能指导存在,不能构成存在;只能诱导存在的条理,而不能作为存在的条理。因此二含义,牟宗三称逻辑概念为理解自身所自具的格度,而不是理解自身所提供的范畴。因有此格度,理解使能进行,始能成就其为理解,始能为理性的。理性的理解,自消极方面说,一不是直觉的领纳;二不是神秘的冥证。自积极方面说,它总是有屈曲的,成就屈曲的一是脉络即逻辑的理则,二是界划即格度。

但是,如此所发现的格度虽与存在无关涉,而只能说明理解依此而进行而成就,但理解总是现实而具体的活动,它所解的存在总必有可以能使其依格度而进行而成就的东西。牟宗三认为只有诉诸经验,假使经验事实稍有可解,那么理性的理解便可照常进行而成就具体的活动。于是理性的理解与存在为异质的对待,它对于存在为诠表的综合历程,对于经验事实有较多而且最低的承认。在理解一层上,自然的齐一性及因果的必然性不能得到必然或理性的保证。因为现象的归宿与安顿应归给道德形上学,即意志因果或目的性判断。由此,牟宗三只承认康德的"目的性判断"是先验综合判断,也就是说意志因果的综合为构造的综合历程。不过,理解总有诠表现象的作用,顺因故格度而设立的"范畴",理解可触及存在。[17]

第 3 节　知性三种形式图式的含义

牟宗三认为,理解运行有理性的全体大用作为其支柱或纲纪,理性的全体大用即理性的自自相与自他相显于理解而归于理解。显于理解是立在逻辑范围内来显示纯理自己;归于理解,是立在知识范围内来考察此纯理在理解中的作用。但理解必有存在即事象的关涉,理性的呈用也必有所凭借,即"概念的诠表"。思想运用概念的诠表必有其所参照的格度(即规范或模型),思想参照自给的规范来进行概念的诠表,而理性便凭此规范而起作用,宿于其中而条理之。

一、关于根据归结形式图式(the formal scheme of ground-conse-quence)

牟宗三认为,思解所凭借的轨范,首先是假然命题所表示的"根据与归结"的必然连接,即"如果则"的连接。"如果"是根据(即因故,理由)之所在,"则"是归结之所在。根据归结的必然连接,牟宗三称为因故格度,为一虚架子,非概念,无内容。这一虚架子是纯理归于理解随理解的外涉而外在化时所表现的东西。也就是说,在纯逻辑中形成推演系统及唯表纯理的"涵蕴"逻辑关系,随理解运用中纯理的外在化而外在化,因而表现此格度。因此,"因故格度"即是"涵蕴"这一逻辑关系的外在化。

> 当吾人说涵蕴,吾人是论纯逻辑以见纯理;当吾人说因故格度,吾人是论理解以彰纯理之起用。在纯逻辑中,纯理借什么基本逻辑概念以表现其自己,在理解中纯理即凭借什么格度以表现其自己。理解中之格度与纯逻辑中之基本逻辑概念一一相应。自纯理方面言,吾人说纯理凭借格度以展现其自己;自格度方面言,吾人说格度乃是纯理外在化之所表现。格度一方成就纯理之展现,一方成就理解之运行。格度成功理解之曲屈。然格度同时亦成就纯理之展现,故虽已成功理解之曲,实亦成功其曲而能达。[18]

格度成就理解的运行,是因为理解在诠表"直觉的统觉"所综摄的事象时,必须有其自身的程序来作为其着手的形态,即根据归结轨范。有了此格度,理解才能将统觉所摄的意义纳于一诠表系统,来成就所见或所向者的知识。

对于知识有重要作用的因故格度,牟宗三认为它不同于因果法则。他承认觉现事象有其因果的伦系,有其终始的历程,有其自身的结构。因此因果伦系乃事象生发历程所自具,属于存在者也。因果伦系囿于生理感中心中的特体事范围内,而凡生理感中心中的特体事又都为一件件的现实事。每一件现实事是一生起的历程,因此每一因果伦系都是曲成一现实事的因果线:有一件一件的现实事,就有一条一条的因果线。此一条一条的因果线随一件一件的现实事的生起而呈现。此一条一条的因果线与属于思解而为思解格度的"根据归结"为异质,也就是因果关系与因故格度为异质。

关于此种异质的原因,牟宗三列举了三点:(1)因果为事连,因故为义连;(2)事连者为存在的秩序,有时相有空相。义连者为逻辑的秩序,无时相无空相;(3)义连者有必,事连者无必。[19] 总之,"因故关系指导一因果关系,而非即一因果关系"[20]。也就是说,牟宗三认为,我们由判断的假然形式,逆溯于理解,只能发现"因故"连接这一逻辑概念。此"因故"连接并不是属于事而为存在概念之"因与果"的连接。因故连接属于"义"即概念,而"因果"则属于"事"。属义者为逻辑连接,无时间性,有必然性;属事者为现象之连接,有时间性,无必然性。

除了认为因果关系不同于因故格度之外,牟宗三还具体地讨论了它们的联系,以及它们分别对于理解的关系。(1)他认为因果关系与因故格度的关系是双彰的关系,即两者相得而彰者。自因果关系方面说,一件一件的现实事中的一条一条因果线可因因故格度中根据与归结的运用而彰著而厘清。自因故格度方面说,因故格度之可以继续有效,即"如果则"可以继续使用,乃因生理感中心中的每一件现实事必具有一条因果线。(2)因果关系对于理解的关系是间接助成的关系。要想使现实的理解成为可能,必须得承认生理感中心中的现实事具有因果关系,否则,理解只是一纯形式的推演系统而无内容于其中,从而只是同质的分解,不是异质的综合,结果只成套套逻辑,而不能成知识。但是因果线使现实理解成为可能,只是间接的助成,它不是理解自身本质的条件。(3)因故格度对于理解的关系为直接构成的关系。因为,无论事象方面为如何,理解总有其自身所以可能的条件。在表明知识的条件时,是单就理解自身来考察曲成理解自身的条件,且这种考察乃全为封闭者。从而知识的条件所以成就知识,不涵其外出而为成知识对象的条件。因为统觉与思想流为异质,且自先验根据上发现理解的条件都是逻辑概念,非存在概念,它们是由纯理随理解的外涉而外在化来形成的。据此,因故格度是理解自身成立的因果构成性的条件。

二、关于偏称全称形式图式(the formal scheme of all-some or whole-part)

牟宗三认为,徒有因故格度与其中所涌现的范畴仍不足以表示思解运用的历程,仍不足以表示知识的成立。思解在涌现原则时,必待继续前进,而此继续前进必表现为诠表历程。想表现此诠表历程,那么在思解涌现原则而待继续前进上,必须于因故格度之外,需有一曲全格度。

由因故格度中的"如果则"所涌现的范畴(原则)只有假然性,无定然性,从范畴的假然性过渡到其必然性,曲全格度便出现。范畴有满证和曲证,满证言其对于所指谓的事例全部都有效,于是其所涵盖的事例即全部满足之。如一部分满足之,且尚未发现反例否证它,便是范畴的曲证。于此"满"或"曲"上,建曲全格度。曲全格度由思解自身于范畴的要求实现时所发的曲全两个逻辑概念而成立。由"全"一概念,当其外用时,即当其在范畴要求实现的历程中,可以表现为一知识上的全称命题;由"曲"一概念,则在同一情况下,可以表现为一知识上的特称命题。但曲全格度并非即是全称命题与偏称命题,不过后者可由曲全格度套出。曲全格度之于此等命题犹如因故格度之于范畴或原则。

这样的"曲"与"全",是思解自身所独发的两个逻辑概念,非存在概念。曲全为一思解格度,由此格度的运用足以表现思想为一诠表历程。但曲全是由于为思解所独发的格度,所以为不相应。此意表达的是:(1)自全方面说,其所指陈的外事不能全部实现;自曲方面说,对于外事,我们只有一定事,却无所谓"某"。(2)曲全既然是思解自身所独发的逻辑概念,那么自它们为概念自身来讲,它们都是一独一而自足的概念,它们所指陈的都是散殊的事实。因此,它们为概念虽独一,但却没有与之相应的独一事为之体:其体非独一,乃散殊。这表明这两个概念是无体的。一自身无体而以散殊为体的独一概念总可加以化解而归于无,依此而言不相应,因此为虚架子。

三、关于肯定否定形式图式(the formal scheme of is-is not or affir-mation-negation)

原则如陈之以命题,为一假然命题,这即是原则的假然性。原则在要求实现时,相应曲全两概念而陈之以命题,则为全称定然命题,肯定或否定;为偏称定然命题,肯定或否定。曲全格度即在诱导"原则"成为一定然命题,借以规定类。四种定然命题[21]交相为用,其总的目的在于成一全称的定然命题。成一全称定然命题,则其所规定的为"满类",每一"满类"表示一"原则"的"满证"。四种定然命题的交相为用,即肯定否定递用的发展,依肯定否定的递用而立二用格度。与因故格度涌现"原则"和曲全格度措置四种定然命题不同,二用格度对于外事的诠表无所涌现,它只是内处于因故、曲全两格度所涌现的原则及四种定然命题中来连贯它们,使其为一个有机的发展,因而形成思解为一个曲而能达有始有终的诠表历程。

牟宗三认为,"二用"是纯理自现之自用,其他三律(同一律、矛盾律、排中律)为纯理的纯理根据。纯理是在实际思解中表露其自己的,于是纯理自现的基本逻辑概念便外在化而为思解的格度,纯理借之在实际思解中表露自己。这就是说,基本概念随纯理的外在化而外在化。纯理的外在化即纯理呈用于现实理解中,基本概念的外在化即纯理呈用于现实理解中所凭借的格度。格度一方面为纯理呈现的凭借,一方面也就是思解的轨范。纯理外在化而表露其自己借以曲成此思解,必有赖于三格度。二用格度连贯因故、曲全二格度所外立者,使之成一个有机的系统,于是使纯理全幅表露于实际思解中。表露于实际思解中,同时也就曲成了此实际的思解而使之成为一个有机的诠表历程。具体讲来,二用格度的二用内处于四种定然命题中连贯它们。四种定然命题的交相为用的连贯表示一历程,也表示一知识的完成。其交相为用即是肯定否定间的相违与肯定肯定间、否定否定间之相顺[22]的一整个的发展。肯定与否定或否定与肯定间的相否决即相违形成了知识历程的"辩证发展"。肯定与肯定或否定与否定间的相顺,形成了知识历程的"归纳的发展"。由归纳发展观其成,由辩证发展观其生。归纳发展服从承续原则,辩证发展服从突发原则。知识历程兼有这两类发展型态。[23]

二用格度的含义即是如此,这样三格度在牟宗三这里均有了规定。关于三格度的关系,牟宗三认为,在实际思解中它们是相随而生,极其连贯的。先有因故格度,从中涌现一原则。依承续原则的设立而有曲全格度,承续曲全格度所措置的四种定然命题便有二用格度。但在纯逻辑中却没有如此的连贯,二用、全分、涵蕴任取一组为准,必可推出其他二组概念。然而虽然可以举一贱三,可以相生,但总不如在实际思解中其为格度有一定的排列,合而成一有机的发展。这是因为,纯逻辑唯显纯理,无所陈说,因此纯逻辑中任何成文系统,如显明地取任何概念来造句法,便可形成一个形式系统来唯显纯理。但在思解,则必然是一有始有终,曲而能达的诠表历程,因此三格度必有一定的排列秩序,因而成一终始历程。

二用格度的使用,在牟宗三看来,有内在外在之别。(1)在内在使用中,辩证发展与归纳发展交用不离,因此其辩证发展仍以形成知识为准。单就辩证发展来讲,有两种。第一种是,内处于四种定然命题中而连贯之所成功的肯定否定间相否决的发展,这种发展因经验的限制及经验的层出不穷而成功。第二种是,经过归纳历程及第一种辩证历程后,必然获得"型式之有"的知识,此时脱离经验,将二用格度用于此"型式之有"来观察"型式之有"的离合而使之成功一逻辑的系统。这是柏拉图所定的辩证学的意义。此两种辩证均是内在而积极的。内在言其内处于知识中而呈用,积极的以"有所成"来规定,第一种辩证相助归纳而成知识,第二种辩证依据形式的推演而使"型式之有"成一逻辑系统。有所成的辩证,牟宗三称为"古典义的辩证学",或知识论的辩证学。(2)二用格度在外在使用中,也有两种辩证。第一种是:跳出知识而观知识,其所形成的辩证发展不在形成知识,也不在形成"型式之有"之系统,而是在破除理解知识的限制与固执以期涌现一新境界,也就是由理智而想望至超越理智的飞跃。此义辩证为黑格尔所表现的辩证,牟宗三称之为形上学的辩证。第二种是,呈露本体而破除习气时所成的形上辩证。此两种辩证是外在而消极的,外在言其均为二用格度在知识外的作用,消极言其"有所显"。

于是,在牟宗三看来便有了两大类四种辩证。它们分别是:(1)古典义(知识论的辩证学):①基于经验的层出不穷而形成的肯定否定间的相否决的辩证;②基于"型式之有"而成功的辩证。(2)黑格尔义(形上学的辩证学):③破除知识的限制而成功的辩证;④破除习气之障蔽而成功的辩证。[24]

第4节　牟宗三知性形式图式说问题所在

从以上牟宗三关于三格度的论述中,我们发现它们在实际思解活动中,是相随而生极其连贯的。首先有因故格度,顺此格度涌现出范畴,承续范畴的设立,便有了曲全格度。承顺曲全格度则引出了四种定然命题,于是引出了二用格度。三个格度在思解中先后继起,交相为用,从而构成了一个完整而严密的认识网络。此网络最终的结果是展现出独体的判断,这标志着获取知识之历程的最后完成。应当说,牟宗三对思解中因故、曲全、二用格度之含义的说明和论述,真可以说是独具匠心,极富创发性,可谓触类旁通,饱含理论的深邃性。正如刘述先所讲:"牟宗三先生是当代新儒家思想最富创发性的一位哲学家。"[25]

牟宗三力图放弃康德依据对判断形式的分析而得到的具有实际意义的质、量、关系、程态等存在概念或知性范畴,并进行探寻理解得以运行,以及纯理得以具体呈现的纯粹逻辑概念,从而将它们视作理解在诠表知觉现象时所运用的三个虚架子即格度或轨范。它们都是唯表纯理的逻辑系统中最基本的概念,其外在化而为理解得以进行的格度。牟宗三的如此做法,十分显明地体现出了他所抱有的一种逻辑中心主义的立场和倾向。因故格度来源于逻辑系统中的"如果则"这一涵蕴关系,曲全格度来源于"全"与"分"这两个逻辑概念,二用格度则根源于逻辑系统中的"肯定"与"否定"这二种作用。牟宗三所提出的三种格度或形式图式实际上相应于康德所列逻辑判断表中的判断的量、质与关系。康德的逻辑判断表[26]为:

1. 判断的量(全称的、特称的、单称的);
2. 判断的质(肯定的、否定的、无限的);
3. 判断的关系(定言的、假言的、选言的);
4. 判断的模态(或然的、实然的、必然的)。

但是,我们有何理由说"如果则"、"肯定否定"、"曲全"(偏称全称)

是逻辑中最基本的概念。"肯定否定"、"曲全"实际上是传统词项逻辑中的 AEIO 四类直言命题中的联项和量项(量词),"如果则"是假然推理所采取的句式。但是很显然,逻辑中还有析取推理、双支推理,它们也可以形成推理。如果说假然推理依据的是涵蕴这一概念,那么析取推理可依析取概念、双支推理可依涵蕴与析取这两个基本概念而进行推理。

　　牟宗三单独将命题逻辑中的假然联结词抽取出来,而将其看做是最为基本的,其外在化而为理解的格度。但是,我们知道这样的逻辑联结词是很多的,比如"……并且……"、"不但……而且"、"虽然……但是……"、"既不……也不……"、"要么……要么……"、"如果……那么……"、"只要……就……"、"……除非……"、"只有……才……"、"……当且仅当……"这些二元联结词,以及"并非"、"并不是说"等一元联结词,这些联结词构成了命题逻辑中的联言命题、选言命题、假言命题、负命题。牟宗三单单抽取出"如果则",这并无令人信服的根据。

　　即使"如果则"、"肯定否定"、"曲全"是最基本的概念,那么其他逻辑概念是否有作用,如果有作用又对知识的形成有何意义?对此,牟宗三并未提出可靠的根据来表明最基本的概念只有三组,更未能说明其他逻辑概念在知识中的作用,这显然是不周全的。尤其是现代逻辑所十分看重的模态逻辑概念如"可能"、"不可能"、"必然"等,牟宗三只是表明它们不如涵蕴、肯定否定、全与分基本,便将其排除于最基本的逻辑之外,这并无充分的理性上的根据。实际上,在现实实际的认识过程中,逻辑概念均为逻辑字(如罗素所称),它们的作用并无原则性的差异与不同,在知识的获取过程中也并不可以区分为基本的与非基本的。牟宗三单单列出其中的几个,来作为知觉现象客观化所需要的格度,这不能不说是一种独断的规定。

　　牟宗三以纯逻辑性的与现实事物无关涉的虚架子即三格度来诠表知觉现象,只表明它们是言说和论断知觉现象的工具,其对于形成知识实际上并没有如牟宗三所谈到的十分重要的作用。如果像牟宗三所承认的那样,现实事中有因果的伦系,那么获得知识便应当是去发现这样的因果线。如果能够发现因果线,那么就可以在知识的获取过程中迈出重要的一步。可以说,自然科学迄今为止,难道不主要是发现现象与现象间的恒常而相似的关系吗?难道不是发现其间的规律吗?规律是自然界本身所具有的,牛顿的经典三大力学并不是因我们的逻辑概念而形成而发现的,它们只是运用了以逻辑概念构成的逻辑命题来对事物本有的规律进行了陈述。假如客观的现实世界没有规律,那么不管我们有怎样的逻辑概念,有怎样的知性格度,也不管我们如何运用我们浑身的解数,我们也还是获得不了关于客观规律的知识的。

牟宗三的理论致思结构与康德基本上是一致的。康德知识论有两个方面的重要内容:一是以感性及其形式作为接受对象的唯一可能的条件,人只能认识作为现象的物,不能认识物自身。二是由现象构成的自然界,它的规律是知性赋予的。相应这两个方面,康德所理解的自然界也有两个含义:一是从质料上看的自然界,它是一切现象的总和。因为只有通过感性形式接受的现象,才可能成为人类认识的对象。二是从形式上看的自然界,它是按照知性范畴而处于相互联系之中的,是从属于范畴的规律性的。康德的知性为自然立法这一知识论的根本原则,同样为牟宗三所采用。

牟宗三强调知性的认知作用,强调一些逻辑的先验原则,在某种程度上讲是有合理之处的,他看到了逻辑原则在知识中的重要作用。但是这些逻辑原则作为一种先验的知识,说的只是我们去考虑它们的那些经验并不足以证明它们,此些经验仅仅是使我们注意到我们可以无须任何经验上的证明就能明了它们的真理性。事实上,我们必须得承认一切知识都是始于经验的,和经验相关的。先验原则和范畴所运用的范围和权限是有着严格的限度的。一切有关某事物是存在着的知识,都必然要部分地有赖于经验。这正如罗素所言:

> 任何事物只要是直接被我们所认知,它的存在就是单凭经验而被认知的;任何事物只要不是直接被认知而能被证明其存在,那么在证明中就必然既需要有经验又需要有先验的原则。全部或部分以经验为基础的知识,就叫做经验的知识。因此,一切肯定存在的知识就

都是经验的,而关于存在的唯一先验的知识就是假设的,它可以告诉
我们存在的事物之间的、或可能存在的事物之间的种种联系,但是并
不能告诉我们实际上的存在。[27]

因此,我们说逻辑概念只是我们获得知识的一种思想工具或手段,一
个条件罢了,只是我们诠表知识的一种描述方式,它对于知识的形成和获
得并不起决定性的作用。扩而言之,整个逻辑也并没有牟宗三所处处申
明的巨大作用。逻辑既然只是一种思维方法或理论工具,那么我们在认
识过程中当然可以利用它,但是决不能以它为终极的标准。否则,我们只
能如牟宗三这样而陷入一种逻辑中心主义的窠臼当中,从而忽视或抹杀
与知识的获取相关的广阔的其他领域,尤其是范围广大而意义重大的认
知主体间的交往实践领域。事实上,依据牟宗三的逻辑中心主义立场,我
们获得的只能是一套一套的命题架子,而于客观知识的获取实际上并无
根本性的意义与价值。依牟宗三的立场,我们充其量只能得到逻辑的知
识,而不能取得关于客观实事的经验的、科学的知识。

当牟宗三在写作《现象与物自身》的时候,他自己就曾正式而明确地
指出了单单指出知性之逻辑性格是不可以的。由识心之执所起现的纯粹
形式概念应当有两层:一层是逻辑的,这是识心之执的逻辑性格;另一层
是存有论的,这是识心之执的存有论的性格,即康德的范畴论所论述
的。[28]由此可见,牟宗三后来也逐步认识到,单是由逻辑上的纯理所得
出的纯粹形式概念是不能完成认识的。因为这些纯粹逻辑性的概念只是
思解活动所以可能的条件,决不是思解活动的对象所以可能的条件。也
就是说,它们是不及物的(intransitively),不是存在的可能的条件。它们
并不是存有论的概念,由其只能做一种纯粹逻辑的先验综合运用,而不能
真正规定存在。换句话说,逻辑的先验概念以及由之而成的先验综合运
用,对于经验现象只有"超越的运用"(transcendental operation),而没有
"超越的决定"(transcendental determination)。与此不同,存有论的先验
概念即康德所说的范畴,它们使得现实的思解活动即所谓经验成为可能,
并且使现实的思解活动的对象成为可能。它们是及物的(transitively),是

存有论的法则性的概念,它们及于物而成为外物的条件,对外物有超越的决定作用。这样看来,牟宗三自己本人对于纯粹形式概念的看法也做了某种重大的补充与修正。

如果我们将牟宗三的关于知性格度的论述与我国另一名知识论专家金岳霖先生的思想进行比较,那么我们将更能洞悉到他的逻辑主义知识论的某种局限性。

牟宗三的知识论在此处明显地体现出的是一种理性的逻辑主义立场,而金岳霖则更多地是站在经验主义的立场来立言的。牟宗三是先将逻辑定义和规定为唯表纯理自己,然后以表示逻辑的成文系统中的基本逻辑概念作为知识得以成立的格度,即其先验根据。也就是说,他是以逻辑一线的立场来作为理论的出发点,来论述表达纯理的纯粹逻辑概念即知性格度对知觉现象的超越运用之作用的。对于知识的形成起重要作用的因素,在牟宗三看来,在知性中即是因故、曲全、二用格度,这实际上与康德的知性为自然立法,以知性的先验概念即范畴来综合现象,并无实质性的区别。在二人的理论论述当中所体现的理性的逻辑先验主义立场是一致的,尽管他们之间有牟宗三所言的兼赅双线(逻辑与存在)与单线(只以逻辑立言)的分别。总之,牟宗三与康德立言的宗旨和基本的理路精神方向是一致的,相同的。

与此相比,金岳霖于其《知识论》中则大力提倡的是一种经验的逻辑主义。贯穿其中的一个基本论题便是:以得自所与,还治所与。思议与想像所体现出的对于所与的作用,并非是来自于牟宗三所言称的逻辑中的纯理的外在化,而是得自所与。无论是想像中的意像还是思议中摹状与规律的作用,均是与经验直接相联的和相关的。事实上,也只有与经验相联的才可以在根本上能作为形成知识的基本要素或成分。否则,我们如果将与经验事实本来无瓜葛的基本逻辑概念作为知识得以成立的先验根据,便只能是一种毫无结果的牵强附会,凌空架构。凭此,从严格的意义上讲,我们只能获得一种逻辑知识,而不是科学意义的经验知识。

从总体上讲,金岳霖以得自所与的东西来还治所与,显然更为合理和科学。他并没有如牟宗三这样在经验现象与知识对象得以成立的先验条件之间,划出一个明显的鸿沟。当然,金岳霖与牟宗三一样,在知识论的探讨过程中也持有一种逻辑主义的立场,这大概和他们二人重视和研究逻辑不无关系。我们可以说,依据牟宗三的对于知性格度的上述论述,上面的这一鸿沟在他的理论中是永远不会渡过去的。即使知性三格度通过因故格度所产生的范畴的作用而牵强附会地着于知觉现象,这也不是一种真正的着,而只是一种虚假的着而本不能着,因此也就不能真正地获取客观的知识。

在此,我们赞成的是康德的与存在相联的范畴,尽管我们不赞同他以判断的形式来作为发现范畴的线索。我们反对的是牟宗三的与存在本来无关系的作为虚架子而存在的思解三格度,既然它们与知觉现象是异质的相对待的,那么如何能由它们形成同质的知识,这一点便成问题。可以说,这一点是牟宗三于《认识心之批判》中自始至终贯穿的逻辑中心主义的极端立场所造成的。我们赞同金岳霖的得自所与与还治所与,因为此种立场更多地是体现了一种科学主义的态度与看法。意念的摹状与规律作用,意像的作用,在金岳霖看来,是与现实的知觉现象为同质的,因此才可以执一以范多,执型以范实,才可以最终形成真正与知识有关的命题与判断。

总之,牟宗三论述思想三格度(当然也包括他的范畴理论,他的认识心向本体论、宇宙论的逻辑构造,他的逻辑论、数学论,等等),其间体现的是一种逻辑中心主义的极端立场,这是我们在探讨知识论问题时所不应予以采取的。正如在近代哲学中兴起的将哲学数学化的思潮(如笛卡尔的《第一哲学沉思集》、斯宾诺沙的《伦理学》、莱布尼兹的《人类理智新论》等著作中所体现出的这一潮流)并未解决哲学的问题包括知识论问题一样,牟宗三的知识论所体现的 19 世纪末期到 20 世纪上半叶所盛行的将哲学逻辑化的思潮,也是不成功的。以崭新的数理逻辑来分析和解决知识论问题,是注定不会成功的,它必然陷于以逻辑来统摄和归纳知识论的泥潭当中而不能拔脱出来。以此方式来谈知识论的著作,有罗素的《我们关于外在世界的知识》、《心之分析》、《物之分析》,卡尔纳普的《世界的逻辑构造》,等等。

　　从哲学史和哲学理论的发展史上来看,便可以证明知识论中逻辑中心主义立场的破产。比如贯穿 20 世纪的语言哲学转向,便是一种很有力的证明。语言哲学不是将哲学逻辑化,而是通过以语言来分析哲学中的诸多问题而将其语言化。这一思潮无疑澄清和排除了许多哲学中长期悬而未决的艰深问题,尽管对语言的琐碎分析也产生了语言哲学所不可避免的偏失之处。基于此种哲学发展的客观事实,我们认为,逻辑虽然已经显然成为我们进行认识时所必不可少的一种思想工具或思维方法,但逻辑自身是如何也取代不了哲学与认识本身的,它并不就是哲学,并不就是知识。逻辑的作用不管如何大,由其所获得的思想上的知觉现象的客观化,也决不能取代知识本有的与知识对象相关的真正而实际的客观实在性,也就是说取代不了知识本身对客观知识对象或客观世界的本质的、必然的、稳定的、客观的联系的认知。从根本处来讲,逻辑应归于逻辑学,知识应归于知识论。二者有联系,但此联系并不能取代它们之间原则性的界限和区别。

　　如果我们将代表牟宗三早期知识论成果的《认识心之批判》与晚期知识论成果的《现象与物自身》进行比较研究,便会发现,牟宗三在晚期对其早期的逻辑中心主义的极端做法做出了重要的修正,尽管这种修正并不是很彻底。他的修正主要体现在对于具有存在论意义的范畴的承认,关于此,我们将在第 8 章"知性与范畴"予以详述。

注　释

[1] 牟宗三:《认识心之批判》(上),见《牟宗三先生全集》(18),台北:联经出版公司 2003 年版,第 368 页。

[2] 牟宗三:《认识心之批判》(上),第 368 页。

[3] 牟宗三:《认识心之批判》(上),第 295 页。

[4] 牟宗三:《认识心之批判》(上),第 296 页。

[5] 对此,请参看牟宗三:《认识心之批判》(上),第 296 页。

[6] 牟宗三:《认识心之批判》(上),第 302 页。

[7] 牟宗三:《认识心之批判》(上),第 302—303 页。

[8]牟宗三:《认识心之批判》(上),第 304—305 页。

[9]牟宗三:《认识心之批判》(上),第 305 页。

[10]康德:《纯粹理性批判》,邓晓芒译,A80 = B106,北京:人民出版社 2004 年版,第 71—72 页。

[11]牟宗三:《认识心之批判》(上),第 311 页。

[12]以上有关内容可看李泽厚:《批判哲学的批判——康德述评》,天津:天津社会 科学院出版社 2003 年版,第 115—116 页。另外,有关康德范畴表所存在的问 题,也可以参看劳思光:《康德知识论要义新编》,香港:香港中文大学出版社 2001 年版,第 91—94 页。

[13]一个命题有变项和常项,如"A 是 B",A 与 B 是变项,"是"是常项;有关系字和 名项字,如"如 A 则 B","如则"是关系字,A 与 B 是名项字;有实变项和虚变项, 如"凡 A 是 B","有 A 是 B",A 与 B 是实变项,"凡"与"有"是虚变项。

[14]关于此四个条件,请参看牟宗三:《认识心之批判》(上),第 340 页。

[15]以上思想可参看牟宗三:《认识心之批判》(上),第 351—353 页。

[16]关于此可参见牟宗三:《中西哲学之会通十四讲》,见《牟宗三先生全集》(30), 第 148—149 页。

[17]以上内容参见牟宗三:《认识心之批判》(上),第 360—364 页。

[18]牟宗三:《认识心之批判》(上),第 370 页。

[19]关于此请参见牟宗三:《认识心之批判》(上),第 371 页。

[20]牟宗三:《认识心之批判》(上),第 392 页。

[21]这里指的即是传统逻辑中的 AEIO 命题,即"凡甲是乙"、"凡甲非乙"、"有甲是 乙"及"有甲非乙"。

[22]"相顺"与"相违"的含义如下:

第一,牟宗三认为当一个原则的要求实现时,假定其始,只是一个偏称肯定 命题,那么我们期望它渐渐相顺而成为一个全称肯定命题。由肯定来顺成此原 则,同时即须由否定来排除而确定此原则。排除的模式是这样的:假设以全称 肯定为标准,如果"凡 S 是 P",那么我们加以反面的排斥即是"凡不是 P 的不是 S"。这就是由肯定来顺成此原则,由否定以确定此原则。假定其始,只是一个 偏称否定命题,我们期望它渐渐相顺而成为一个全称否定命题来与该原则相违 而摈弃它以期另一原则。由肯定的相顺而顺成此原则,以及由否定的相顺而摈 弃此原则,我们便得到一个发展的历程。第二,假定以由肯定的相顺所形成的全称肯定命题为标准,如果有一事为例外,即将该全称肯定命题全部否决,这就是偏称否定命题否决全称肯定命题。假定以由否定的相顺所形成的全称否定为标准,如果有一事为例外,便将该全称否定命题全部否决,这就是偏称肯定命题否决全称否定命题。对此,请参见牟宗三:《认识心之批判》(上),第388页。

[23]关于此段内容,请参看牟宗三:《认识心之批判》(上),第388—399页。

[24]关于此请参见牟宗三:《认识心之批判》(上),第390页。

[25]刘述先:《牟宗三先生论智的直觉与中国哲学》,见景海峰编:《儒家思想与现代化——刘述先新儒学论著辑要》,北京:中国广播电视出版社1993年版,第351页。

[26]康德:《纯粹理性批判》,邓晓芒译,A70 = B95,第64—65页。

[27]罗素:《哲学问题》,何兆武译,北京:商务印书馆2007年版,第60页。

[28]关于牟宗三对于"识心之执"与纯粹概念之关系的看法,可参看其《现象与物自身》第4章第8小节,即"识心之执与先验概念"部分。

第7章　知性的形式图式与
知觉现象的客观化

据前文,我们知道,牟宗三认为时空格度对于知识具有超越的决定作用,知性三格度则具有超越的运用作用。对于时空格度言超越决定,是因为它只适用于物质现象的扩延外形,时空限定它就是平铺于其上,因此具有构造义,所以言超越决定。与此相比,知性三格度对于现象只有指导义,而无构成义,所以言超越的运用。由于时空格度只适用于物质现象的扩延外形,所以它的决定是外物的一般的形式特性,而这种形式只属于时空,尚不能接触到物质现象的具体内容。于是,超越决定所形成的知识只是一般的形式知识,也就是先验知识,它尚不能使我们具有经验知识,我们如果想接触物质现象的实际内容,来形成经验知识,便必须得通过知性三格度之超越的运用,即穿过时空之超越的决定,而透至物理现象的实际关系才可能。也就是说,"时空格度以只适用于物质现象之扩延外形,故其对于知觉现象所成之客观化只是形式的客观化。而思解三格度之超越的运用所成之客观化则是实际的客观化"[1]。

接下来,我们便分别考察一下牟宗三对于知性三格度认识作用的论述。

第 1 节　根据归结形式图式之超越的运用

牟宗三认为,因故格度[2](the formal scheme of ground-consequence,根据归结形式图式)在思解三格度当中是主脉,"理解格度虽号为三,实则以因故为首而统余二"[3]。曲全和二用格度实际上含于此主脉中而抽出或含于此主脉中而呈用、而现义,它们自身是能独立的。但"因故格度之所以能成其为超越的运用,又非其自身事,必借'因故归结'中所藏之范畴始能见。由'因故归结'中所藏之范畴起。至其所函之全部形式历程止,即因故格度之所函摄。其步骤如下:三支比量、归纳推理、演绎推理以至于概然,全在其中。是以因故格度之超越运用的全幅历程即一知识完成之历程也。"[4]

因故格度对于知识的形成是极其重要的,因为知性在了解外物时,不只是以时空格度来限定它,而且在因故格度处具范畴的运用来解别它。因故格度只是一个根据与归结间的逻辑联系的架子,凭借此架子,思解的运用首先呈现一个假设。这一假设,牟宗三依据杜威而称之为"范畴"。范畴是一个原则。知性在了解外物时,是以原则性的概念或范畴来对直觉的统觉所显露的实事进行概念化或范畴化。这些原则性的概念或范畴对于理解的解别,是随"如果则"这一假然命题而发起的,也就是由此假然命题来表示的。比如"如是所作,即是无常"一缘起实事,"所作"与"无常"在必然的因故联系中,"所作"为因故(即根据),"无常"为归结。以假然命题所立的每一个概念或范畴为一原则,每一原则则决定实事之类。而从原则到成类,其间所经历的历程,牟宗三做了详细的推明。在他看来,每一范畴的论谓,因其自身逻辑的否定,于是表显为顺同、别异两行,据此两行而言范畴的正论谓与反论谓。依此正反两论谓来先验地决定当前实事必属于此范畴,先验决定为超越运用中形式的决定、逻辑的决定。

牟宗三还提出了范畴论谓的全幅历程。首先是设准形态。每一个设准形态,因为是表示范畴的论谓,所以也就是表示一个"可能模型"。随此模型达到的是归纳形态。演绎形态涉及的是纯逻辑,逻辑为必然连接的推演形态。这便是范畴论谓的全幅历程,这一历程的完成就是范畴的证实,也就是某一知识的完成。[5]在这三个方面中,牟宗三谈论最多的是归纳推理。因此,接下来我们主要看一下他对于归纳形态的论述。此点首先涉及到的是"观定因果",因为观定过程实际上就是一个归纳过程。

牟宗三认为,每一范畴因须待经验来证实其是否有效,因此它为一诠表上先验的可能模型,这表明范畴具有假然性。如果经验实事证明它有效,此可能模型也实际上可以解别这一实事,那么可能模型便得到了证实,这表明了范畴的定然性,依定然性而言范畴可以表示存在的存在性,即范畴对于当下一实事的存在性。自范畴可以统驭众事来说,每一个范畴便是事类的模型,于是每一个范畴便具有了普遍性。此普遍性与普遍化的命题不同。范畴的普遍性为一个原则,普遍化的命题是经过归纳而形成的,表示一个事类。事类一形成,可能模型便得到了证实。据此言范畴的定然性与存在性。作为可能模型的设准形态与归纳形态的关系为前者是后者形成的逻辑根据。"范畴之初立,论谓一实事。据范畴而归纳,则范畴论谓许多事。论(即论谓)一事,则设范畴而定之。吾所注意者在范畴。论多事,则据范畴而归纳,吾所注意者在实事。注意实事,触类旁通,以成事类。然事实之可以类可以通,须有一逻辑根据为准则。此准则即范畴,所谓可能模型也。惟有经此准则而后始可触类而旁通。"[6]

有了范畴的运用作为类通的逻辑根据,则类通须看事象的关联,以及由事象的关联所蒸成的性质的关联。性质依据范畴的运用这一标准,有相干的和不相干的之分。相干的性质形成事类的特征,不相干性质不形成事类的特征。性质之相干不相干,是对标准而言的。性质之为特征或非特征,是针对事类而言的。范畴的运用为界说而抒义,事类的成就则描述而指示特征的性质。描述事类的特征必须与范畴定界的抒义遥遥相应。牟宗三认为,应以范畴的义连即逻辑的联系作为标准来申明物理质的关联。在此,他同样严格区分了因故格度与因果关系的不同。义连为因故归结,事连为因果关系。因故与归结可以指导因果,并不是因果。因果关系的确定既需要因故格度这一逻辑上的根据,同时也离不开经验。因此,物理质的因果事连可以从多方面来加以考察。

牟宗三说,如果以甲、乙表示因果事连中的物理质,依据它们之间的相顺或相违,便可以列出八个方面来观察因果关系。(1)有甲即有乙。观曰:有甲是否必有(总有)乙?①曰必有乙。是即:只要有甲即有乙。②曰不必有乙。是即:有时有甲而无乙。(2)无甲即无乙。观曰:无甲是否必无乙?③曰必无乙。是即:只要无甲即无乙。④曰不必无乙。是即:有时无甲而有乙。(3)有甲即无乙。观曰:有甲是否必无乙?⑤曰必无乙。是即:只要有甲即无乙。⑥曰不必无乙。是即:有时有甲而有乙。(4)无甲即有乙。观曰:无甲是否必有乙?⑦曰必有乙。是即:只要无甲即有乙。⑧曰不必有乙。是即:有时无甲而无乙。[7]

前四句以顺为主,由顺而观违。如果于顺中而不全顺,乃至渐见违反,那么甲不必为乙因,而乙亦不必为甲果。于是修改因果观念,或另行考察,一定达到没有违反出现,达到甲乙全顺,而后因果才能定。于是,前四句在汰除(2)、(4)两句,保留(1)、(3)两句。后四句以违为主。由违而观顺。如果于违中而不全违,乃至渐见随顺,再由渐顺而推广以达到全顺,也可规定甲乙间的因果关系。于是,后四句在汰除(5)、(7)两句,渐广(6)、(8)两句。归纳的极致即在于除违归顺。牟宗三认为,八句观因果,以至于全顺,就是归纳的途径。而定因果即是定因果之有或无,它依靠充足、必要、排斥、穷尽,即(1)、(3)、(5)、(7)四句。归纳过程就是施行于此观定因果中。总之,观定过程,无论于成就因果或否决因果,均是一归纳过程。

除了归纳过程之外,对于究竟何谓归纳,牟宗三也曾做了具体的解释:"归纳者承可能模型(即范畴之论谓所示之普遍原则)考核众事以成事类之谓。事类者,注意实事(随范畴之指导而注意),由事象之关联察识其所蒸成之性质关联而归约于一束之谓。一束即为一事类。"[8]他认为,物理质兼摄事的关联及其所蒸成的性质的关联,它所具有的模式与范畴论谓所成立的可能模型遥遥相应。物理质的相关,属于同一模式而成为一束,被称为"事类",用以表示事类的命题称为"种类命题"或"存在命题",它与范畴论谓处的假然普遍命题,虽相应但迥然不同。其一,后者是前者的根据,即为种类命题的标准或原则而使其成为可能。前者为后者的证实,即为证实假然普遍命题的客观有效性,从而使范畴具有实然性与存在性。其二,"于假然命题处言范畴,言定界,言立义。于种类命题处言事类,言描述,言征象(即特征之性质)。自范畴至事类,自定界至描述,自立义至征象,即为范畴之假然性变为实然性,可能性变为有效性(证实之谓有效),运用性变为平铺性,超越性变为内在性。"[9]牟宗三认为,在这样的转变历程中间,归纳是其中的关键。从可能模型到种类命题的成立,也就是超越运用的全幅历程,即所谓的解析逻辑,而归纳即是其中的一个形态。归纳据其根据来考核众事的历程即是归纳推断的历程,归纳推断也就是根据范畴的论谓来进行从殊推殊的推断。考核和推断均有逻辑的根据或有普遍原则的根据,由殊推殊必以普遍命题为媒介。

应当说,牟宗三此处对于归纳推理的重视是正确的。我们知道,在哲学的知识论或认识论当中,归纳推理作为一种认识手段,它起着非常重要的作用。人们的认识实际上总是从认识个别的事例开始,进而认识事物的一般性和规律性。从个别上升到一般,就是从断定范围小的前提推出断定范围大的结论。因此,归纳推理在人们的认识过程中具有着举足轻重的作用。从知识论的角度来看,人类的生存、繁衍和进步都不能离开知识的积累,而积累知识的一个重要的来源就是从已有的知识推出新的知识。我们所获得的绝大多数关于现实世界的新知识和许多其他知识,都是由归纳推理提供的。可以这样说,如果离开了归纳推理,那么我们现在被称作科学的东西将会所剩无几。

但是,我们认为,牟宗三此处对于归纳推理的论述所隐含的一个问题是:既然归纳推断依赖于普遍原则,但普遍原则的必然性、有效性、确定性又是由何处来加以保证的呢? 如果普遍原则的有效性难以加以保证,那么借此桥梁而由已知的殊事推断未知的殊事的归纳推断显然便无根据而不能必然成立。事实上,在牟宗三的逻辑主义立场之下,作为归纳推断媒介的普遍命题的必然有效性是极其成问题的,其间提出了这样一个理论的二难困境：它们本身，或者因无涉于事实而纯为逻辑概念的关系，或者因有关于事实而其自身的必然性有待于证实。

牟宗三认为，综结层层归纳推断所形成的是综结归纳推断，即成为一普遍化。综结推断与层层推断一样，其普遍化的可能即在于有作为其根据的可能模型的存在。由层层归纳推断而达到综结归纳推断的普遍化，成立的便是一个种类命题，它表示的是一事类。种类命题虽由普遍化而成立，但它不同于作为原则的普遍命题，归纳普遍化非逻辑上的普遍。因为后者是纯逻辑的，前者因涉及存在，关涉经验，便受限于存在和经验，不能超出经验的范围。种类命题虽自归纳历程成事类方面言，为普遍化的全称命题，但实际上仍是特称式的种类命题，例如"凡人皆有死"一命题。因此，牟宗三具体地提出了一些概然公理。

具体讲来，在他看来，一原则命题经过归纳推断，普遍化而为种类命题。一种类命题，如"凡吃砒霜者都要死"，本质上是一种概括的普遍化，而不是一种绝对的普遍性。实际上，种类命题总是一经验综合命题，它的值是概然的，因为事类中事象的因果关系并不是逻辑推理。经验事实的因果关系虽有其"直觉确定性"，但它既不是逻辑的推理关系，也不是纯主观的心理联想。所以，经验综合命题的值为概然的。于是，牟宗三表述了如下概然公理：

> 公理甲：凡经验事象之因果关系只能为实然之事实关系，不可增益，不可减损。
>
> 公理乙：凡经验中每一事象之变现不能皆为无穷种之不同。此即铿士变化有限原则。而一切归纳推断皆关于未来之推断，于此复有一未来原则其辞曰：凡归纳推断皆必涉及于未来。依未来原则，复立预测公理。其辞曰：
>
> 公理丙：依据过去对于未来所行之统计论谓不能全无效，因对于一特定过去无论其未来为如何，而过去总有一未来。
>
> 此为统计累积原则，为路易士所设立者。今易名曰预测公理。[10]

首先,关于公理甲。牟宗三说,公理甲表示概然公理对于觉现实事的关系予以正面的肯定。其具体含义为:(1)此公理并无逻辑的证明,也就是说它所肯定的因果关系并没有逻辑的根据。觉现实事有此因果关系只能以直觉确定性来答复。因果关系为觉知事,而不是论证事。(2)逻辑之证明企图予以理性化,而最容易达到的理性化即是提供形上的根据。可是说明因果关系之为因果关系的形上理性实体尚须建立,即使已经建立,而一旦落于事象的变化中,也不过是表明变化有理由,而不能称这一变化为逻辑关系。

其次,关于公理乙。公理乙否定的是无限混乱。牟宗三说根据刘易斯的说法,由公理乙可推述曰:"于任何境况中(设其扩及之范围为足大),如有某些事项不能满足公理乙,即其联络为混乱,则必有其他事象满足公理乙,即必有其他事象与其前者为有系统之联结,或因其前者而可特殊化。"[11]也就是说,无穷混乱的否定并不指一定的事项言,而是指经验中所有的事项言。换言之,不能所有的经验事实都有无穷的不同变现。公理乙的另一种陈述,按刘易斯的说法为:"经验中每一实事与每一其他实事皆同同相联合必假。"[12]公理乙的含义是:(1)此公理也不能有逻辑的论证。此世界为什么不能有无穷种的变现,为什么不能都为同同相联合,为什么不能有一界而其中事象皆为无穷种的变现,或皆为同同相联合,这并无逻辑理由来回答。唯一可答的理由即是经验、觉知、事实。我们依逆来顺受的态度来设立此公理,因此此公理无逻辑的论证。(2)这一公理于未来有效无效不能知道,因此它无逻辑的必然性,而只能依据经验来置定,所以为公理。

最后,关于公理丙。牟宗三说它的前半句"依据过去对于未来的统计论谓"的意思是:依过去已然之事,论谓未来未然之事。公理乙的后半句即"对一特定过去无论其未来为如何,而过去总有一未来"的意思是,每一个实事的生起总有一发展的历程,即有其"溯自"与"展向"。我们根据过去已然事例为模型,来论谓当下事例的展向。然而,公理丙也无逻辑的证明,它的唯一的根据是经验、觉知、事实。

　　牟宗三认为,上述三个公理都可以归于"事实"[13]的承认。承认这三个公理或承认"事实",我们的知识才可能,而知识如何可能的历程即是上面谈到的兼赅设准形态、归纳推理、演绎推理的"解析逻辑"的全过程。

　　可以说,牟宗三这里所谈论的归纳,主要是传统归纳逻辑,它不同于现代归纳逻辑。这两种逻辑的区别在于:传统归纳逻辑主要分门别类地研究常用的几种归纳推理,如枚举推理、类比推理、排除推理,分别给出接受此类归纳推理的常识性规则(这里的常识性是说这样的规则在通常的情况下会被多数人认可)。与此不同,现代归纳逻辑,如概率推理,则是通过建立形式化的语义学,来给出形式化的接受规则和刻画归纳推理的一般性规律。

　　根据以上的论述,我们可以知道,牟宗三对范畴的作用、归纳、归纳的根据、归纳的结果即种类命题,均一一做出了他那个时代所能做到的最为详尽、细致而富于理论深邃性的论述。这一点是其同时代的人很少能做到的。不过,牟宗三的这些理论所存在的问题也不少,我们认为这些问题至少有如下几个:

　　其一,逻辑上的因故格度难以保证和诱导事实上的因果关系。

　　牟宗三承认因故格度所显示的根据归结间的逻辑联系并不是因果关系,但是足以诱导出因果关系。因果关系是属于事实上的联系,它与根据归结间的逻辑联系相应,而非同一者,它们二者是异质的。因果关系属事,根据归结联系属于识心之执之逻辑性的超越运用。可以看出,牟宗三此处是极大地受到了罗素与维特根斯坦的逻辑原子主义的影响。逻辑原子主义认为,世界是由事态(states of fact)构成的,事态组成原子事实,原子事实决定了原子命题的真假。与此相应,逻辑是由语词等逻辑字来表达的,语词构成了原子命题,原子命题组成分子命题。同时,它既主张事实有结构,也主张逻辑结构的存在。逻辑结构中的逻辑概念与事实结构中的每一事态(states of affairs)——对应,逻辑概念之间的关系与事态之间的关系也是一致和相应的,即所谓的事连与义连是一致的,因而二者是同构的。

　　但是牟宗三与逻辑原子主义共同陷入了这样的理论难局：（1）所谓的相应和一致，实际上是逻辑分析学派过分强调分析性和逻辑性所造成的一个假相。事实上，以逻辑来笼罩和解析世界，势必会破坏现实世界所本有的丰富性，从而极容易陷入一刀切的不幸境地。也就是说，现实的世界是丰富多彩的、变化多端的、有色的，而逻辑世界是稳定的、不变的、无色的。以无色的逻辑世界的东西来规约有色的现实世界的东西，这是办不到的，也必然破坏有声有色的现实世界的本来面目。（2）如果存在逻辑结构与事实结构间的一致，这如何保证，又如何来加以解释呢？这是逻辑原子主义面临的一个最大的问题。逻辑世界与事实世界间的关系，既不在逻辑范围内，也不在事实世界内，而是这两种世界间的“关系”。这一点确实成为逻辑原子主义的一个致命的缺点，为回答此问题，他们不得不将其归于不可言说的神秘领域而尽量保持一种沉默的态度。

　　逻辑原子主义的理论难局和不足，实际上也正是牟宗三的理论所必然面临的。从以上牟宗三有关因故格度之认识作用的论述中，我们看到，他以逻辑上的因故归结（也就是理由与结论）的必然性来保证和诱导因果关系是不能成立的。因果关系涉及到事实上可以看得见、摸得着的某因某果的，它不纯粹是一个空洞理论的问题，在事实上有没有，正是需要加以研究的。如果因果关系在科学知识的形成过程中有作用，那么它的用处不仅适用于已往的事实，而且对于将来的事实也应当有作用，但是将来的事实并没有出现。即使在一定时间之后，将来的事实会出现，因此我们可以验证此因果关系的适用与否，但是，如果我们承认世界的存在，承认事实的层出不穷，那么总有将来之将来的事实，也就是总有我们所把握不了和未曾经历的事实的出现。也就是说，在谈论因果问题时，我们总有休谟所提出的将来类似于过去有无保证的问题。与此不同，牟宗三所说的根据归结纯属理论上的东西，它是逻辑系统内部之概念间的关系，它当然具有逻辑上的必然联系，但是这种逻辑上的联系，显然无论如何也保证不了和解释不了事实上的因果关系的。

　　我们认为，逻辑中的根据归结（理由结论）与知识论中的原因结果既不是一回事，也不是毫不相干的两件事。认为它们是浑然一体的，便会产生最独断的形而上学;认为它们不相干与不相容,不但建立不起知识论,连科学的事实也没有理由说明。牟宗三看到了逻辑与知识论之间的一致性,这是正确的。不过,他却过分强调了逻辑上的根据归结和知识论上的原因结果之间的相干性,从而最终以逻辑解释知识,将知识论消融和归宿于逻辑学。以这样的一种立场来研究因果关系,来研究知识论,这不能不说是一种不当之举。

我们认为,牟宗三之所以主张以根据归结来诱导因果关系,实际上是他的逻辑中心主义立场所造成的一个必然结果。他以逻辑一线的办法来解决归纳问题和因果问题,这是办不到的。归纳与因果问题涉及到的是经验知识,而属于纯形式系统范围内的因故格度涉及到的则是逻辑知识。牟宗三重视逻辑知识,于是以其来匡正和规范涉及现象的归纳,并作为其推理得以进行的根据。事实上,由于逻辑世界与事实世界的根本区别,牟宗三的此种做法显然于理不合。这种以逻辑的立场来解释和说明现实世界中的因果关系的理论,完全是我们所不能赞同的。

我们主张,因果的发现不是凭着理性,而是借助于经验。依据理性只能发现牟宗三所谓的根据与归结之间的必然联系,而无论如何也是发现不了现实世界中的因果关系的。休谟在《人类理解研究》当中就已经明确地指出了这一点。他将人类理性或研究的一切对象分为两种,观念的关系(relations of ideas)和实际的事情(matters of fact)。关于实际事情的一切理论似乎都是建立在因果关系上的,但"因果之被人发现不是凭借于理性,乃是凭借于经验"[14]。"任何事物的存在,只能以其原因或结果为论证,来加以证明,这些论证是完全建立在经验上的。……只有经验可以把因果的本性和范围教给我们,使我们可以根据一件事物的存在,来推测另一件事物的存在。或然性的推论,其基础就是这样的。"[15]当然,经验虽然在关于实际事物的推论方面具有重要的作用,可是它在一些情况下也容易使我们陷于错误。不过,也正是这一点才使得由经验获得的推论与纯粹的逻辑推导相区别开了。经验知识的获取是存在可误之处的,而牟宗三的以具有必然性的逻辑概念来规定的知性格度,它们在认识的过程中所获得的显然是无误的必然的知识,这种情况究竟如何而可能?

其二,逻辑上的根据归结难以为观定因果所体现出的归纳过程提供根据和原则。

既然牟宗三认为因果关系依据于因故格度这一逻辑根据,那么施行于判断因果有无的归纳过程,便也只能以此逻辑根据为准则。也就是说,此准则即是归纳过程中所需要的原则。但是,此原则既然在牟宗三这里是一种与经验根本无关的纯逻辑的范畴关联,那么它的普遍性、必然性、有效性由何而来? 依据牟宗三自己的看法,它来自于逻辑中的纯理。而逻辑规律的有效性又来自于哪里呢? 对此问题的回答又回到了对归纳的适用性的依赖,从而,牟宗三的思想在此陷入了一个理论怪圈:要想判断体现归纳过程的因果关系的有无,需要因故归结这一逻辑性的知性格度来作为原则,而这一原则恰恰也需要归纳本身来保证自己的有效性与客观性。于是,牟宗三的理论在此一方面不自觉地陷入了一种循环论证。

其三,牟宗三所言称的全顺理想难以达到。

我们知道,归纳是依具体事例,凭借归纳原则而进行的。单不说归纳原则本身具有诸多的问题有待解决,就是对具体事例本身来讲,它们也是无穷无尽的,我们永远穷尽不了所有的事例,从而达到牟宗三所言称的全顺。如果能够达到,那也只是逻辑上的全称命题而不能是科学上的或然命题。因为逻辑上的全称命题可以无关乎现实的事实而得出,所以这并不能增加知识。逻辑中的命题是分析的、同语反复的,它们与成就知识的综合的命题不可同日而语。前者只能有利于思想的澄清与解释,只有后者才能给我们带来新的东西,才能提供给我们以知识。因此,牟宗三能增加人类知识的全顺只能是他的一种奢求,它在成就知识的知识论中是无论如何也得不到的,而只能在逻辑的可能世界中得以实现。一句话,对于知识论中的满类,我们充其量也只能是无限地加以接近。对此方面的论述,我们下文还要论及。

其四,牟宗三混淆了归纳原则与逻辑上的涵蕴原则这两个不同的东西。

依据以上的论述,我们也可以发现:对于与逻辑上的普遍命题不同的普遍化的种类命题,牟宗三与约翰·穆勒的看法显然是不同的。牟宗三认为，穆勒自殊推殊，由于没有作为媒介的普遍命题，于是在层层归纳推断以及综结归纳推断之普遍化方面，均未能加以合理的说明，只是采取了心理的普遍化自然倾向的解释途径。可以说，牟宗三此处对穆勒的批评是不无道理的，他看到了经验主义者在归纳推断中的弊端，于是他采取逻辑主义的立场而提出了归纳普遍化的逻辑根据，即力图为归纳寻求基础。他是由范畴先验应用处的可能模型来建立归纳所以可能的根据的，并认为这即是归纳的原则。但此种对于归纳原则的理解是大有问题的。

究竟何谓归纳法原则？早在1912年，罗素在《哲学问题》中的"论归纳法"(on induction)部分就曾讲到，归纳法原则有两个部分：(1)如果发现某一事物甲和另一事物乙是相联系在一起的，而且从未发现它们分开过，那么甲和乙相联系的事例次数越多，则在新事例中(已知其中有一项存在时)它们相联系的或然性也便愈大。(2)在同样情况下，相联系的事例其数目如果足够多，便会使一项新联系的或然性几乎接近于必然性，而且会使它无止境地接近于必然性。或者可表述为：(1)如果发现甲种事物和乙种事物相联的事例次数越多，则甲和乙永远相联的或然性也就越大(假如不知道有不相联的事例的话)。(2)在同样情况下，甲和乙相联的事例次数足够多时，便几乎可以确定甲和乙是永远相联的，并且可以使得这个普遍规律将无限地接近于必然。[16]罗素认为，这样的归纳法原则不能凭经验来反对，但同样不能凭经验来证明。关于归纳法原则等诸多普遍原则之信念的存在与证明，已经在哲学上引起了一些最困难和争论最多的问题。

牟宗三实际上是混淆了上述意义的归纳法原则与逻辑上的涵蕴原则。逻辑中的涵蕴原则是：假定已知：如果这是真的，则那也是真的。又假定已知这是真的，那么，结果便是那也是真的。在如果这是真的则那也是真的这种情形中，我们便说，这就"蕴涵着"那，而那是"随着"这的。因此，我们的原则就是：如果这蕴涵着那，而这是真的，则那也是真的。换句话说，一个真命题所蕴涵的任何东西都是真的，或一切随着真命题而来的都是真的。这是一种从普遍推理到普遍的、或者从普遍推论到特殊的演绎推理。因此，逻辑上的涵蕴原则与同一律、矛盾律、排中律一样，都是逻辑上的一些自明原则。它们可以使我们从特定的前提证明某种事物必然真确,但是它们无论如何也不同于归纳法原则之作为逻辑原则。归纳原则力图作成的是从特殊到特殊的、或从特殊的到普遍的,依归纳法原则,只能使我们从特定的前提证明某事物之为真有着或大或小的或然性。

因此,牟宗三所提出的归纳的逻辑根据是逻辑上的涵蕴原则,而不是归纳法原则本身。而事实是,归纳的逻辑根据绝不是逻辑上的因故归结这一普遍性命题,而是归纳法原则,此原则的有效性是一个大问题。概言之,牟宗三的错误就在于他混淆了归纳推理和演绎推理、概率蕴涵和逻辑蕴涵。归纳推理所具有的一个最为核心的特征就是:前提真不能保证结论必然真。因此,归纳推理可称为或然性推理。与此不同,演绎推理的特征则是:如果前提真并且推理形式符合规则,那么所得到的结论必定为真,因此演绎推理可称为必然性推理。概率蕴涵表达的是一种如果——那么在某一百分数之内的关系,而逻辑蕴涵表达的则是一种如果——那么一定的关系。

牟宗三对于归纳法原则与逻辑中涵蕴原则的混淆,是源于他未能彻底分清两种推论的差别。我们的一切推论都可以分为解证的和或然的两种,"一切推论都可以分为两类,一种推论是解证的(demonstrative),是涉及于各观念的关系的,另一种推论是或然的,是涉及于实际的事实或存在的"[17]。当然,我们不同意休谟的如下主张:根据经验来的一切推论都是习惯的结果,而不是理性的结果,习惯就是人生的最大指导。不过,他对于两种推论的区分基本上是合理的。既然存在着两种推论之间的区别,那么牟宗三将与实际事物有关的或然推论与和实际事物无关的涵蕴原则相混淆,并以后者来引诱前者,显然是有失偏颇的。

以上谈的是牟宗三对归纳可能之根据的一个方面的论述,即从主体方面着想的"根据与归结"原则,也就是从归纳程序本身方面来建立其逻辑的根据。这一方面的证据,我们前文已经表明其是成问题的。另一方面,牟宗三又认为,从客体方面论归纳的根据则注意的是因果律[18],这是归纳的本体论上的根据,是归纳的存在方面的客观有效根据,不是归纳的逻辑的客观有效的根据。但这种归纳的存在方面的根据即因果律,其本身难道不是很成问题吗？因果律难道不需要归纳原则来加以保证吗？于是,这一根据依然摆脱不了归纳原则本身所具有的诸多难题。

总而言之,我们认为归纳问题(即休谟问题)是西方哲学与科学中长期争论的一个极其复杂而重大的问题。它说的是:存在保真的扩大推理吗?也就是说,这样的推论——在这些推论当中,前提的真传递给了结论,而结论包含的内容又多于前提——存在吗?休谟的否定性回答,是对于任何形式的归纳主义的一次明确的否决,而且直到今天也没有被驳倒。

牟宗三此处的理论当然也不例外。在处理休谟问题的时候,我们认为,必须得分清归纳法原则与涵蕴原则,而不能像牟宗三那样混淆了二者。虽然归纳法原则与涵蕴原则均是逻辑上的先验原则,但是,归纳法原则因为必然得涉及到现实的实际事物,因此它的运用是一种经验上的使用。它本身也是概然的,这是归纳逻辑的困境所在,但是也别无选择。而逻辑上的涵蕴原则实际上是逻辑世界中的推导原则,因为它可以完全不涉及任何经验上的事物而变得有效。

第2节　偏称全称形式图式之超越的运用

因故格度的超越运用既已解析如上,我们下文将考察一下牟宗三对于曲全格度(the formal scheme of all-some or whole-part,偏称全称形式图式)之超越运用的论述[19]。

上面曾言,牟宗三认为范畴是作为一可能模型,它要求完全实现,即要求满证,而经过归纳推断所形成的种类命题,其表述的存在关系,只能成就概然的实现。由概然的实现到定然的实现,需要知识的满证,于是范畴不仅诱导经验知识的完成,也诱导知识的满证。曲全格度由因故格度中范畴的假然性来示现。为了论证满证的可能,牟宗三归纳出三种命题式:(1)假然普遍命题:表范畴;(2)概然种类命题:表事类;(3)定然全称命题:表满类。[20]由范畴到事类,说的是概然;由范畴经事类到满类,说的是定然。何谓满类?他说,满类就是通常所称的"类"。因对"事类"而言"满类"。"满"为圆满、完整、无漏、无限的意思。范畴、事类、满类的关系是,范畴是原则,非平铺;事类是过渡,是中间;满类是终极,是目的。表示满类的定然全称命题用来表示范畴所要求实现的满证。

那么满类及其所表示的满证如何加以证实? 牟宗三认为,定然全称命题就是普遍命题,或命题函值。满类从理解知识讲,仍为不得圆满实现,也就是它所表示的满证仍为不得满证,于是需要有某种假定即满类公理。与概然公理表示一谓词不保其必有效于未来相比,满类公理表示的是一谓词必贯穿于未来即无限,以及满类欲求满证而又得不到满证的疑难。

牟宗三依据罗素的还原(归约)公理、选取(选择、相乘)公理、无穷公理进行了详细的分析。他认为,其中的还原公理是关键。与罗素从以类论数的角度出发不同,牟宗三是从知识方面论述了还原公理的意义所在。他主张,"凡"或"有"都是有外指的"凡"或"有",并不是返而内涉其自身。也就是说,"凡"或"有"所引导的命题自身并不在"凡"中,也不在"有"中,这是我们说普遍命题的本义。不过人们常常忽视这一粗浅的事实,视某种普遍化的命题为循环而矛盾,于是设立理论来成就"凡"的合法使用,如罗素的类型说和还原公理。牟宗三认为,发生问题的焦点在于有些命题如"凡人皆有死"不同于"凡命题或是真或是假","凡命题不能既是真又是假",后一类命题容易使人想到其包含在"凡"字中而为它的一种可能,于是有了所谓的自己包含自己的循环。与此不同,"一切言语皆虚妄"、"无一是命题",则不但循环,而且引至矛盾。但是为了保证全称命题,牟宗三认为所谓的循环和矛盾实际上是因为注意实际句子的内容而产生的临时的误引,于是他提出了一个问题:如果承认全称命题式,怎样去避免循环与矛盾? 因为,如果没有全称命题式,我们就不能表示类,而如果不能避免循环和矛盾,我们就不能成就类。

罗索对此问题的解答是提出了类型说和还原公理。还原公理兼赅遮表二义,依类型说避免循环与矛盾为遮义;由其自身成就"类"为表义。

关于遮义,牟宗三认为,遮义表明的是"凡"为一定层次中的"凡",而不是毫无限制的。在"凡人皆有死"与"一切言说皆虚妄"中,"人"、"言说"为实变项,"凡"或"一切"为虚变项(似变项),非真变项,它们表达的是实变项取值的范围。"凡"或"一切"限制于实变项,此时的层次为第一层(或第一序)。如果将虚变项视为变项来考察,则是属于第二层(或第二序)。因此,如果命题包含其自身,一定是包含于较高层的第二层,而不是第一层包含它,于是,凡言"凡"必为第一序之"凡"或第二序之"凡"。

关于表义,牟宗三认为,还原公理也就是类型说的变项,它的成立是根据于类型说,能使类放下而平铺。还原公理即是:设定任何函值(非指谓函值)总有一指谓函值与之为形式地相等值;或为:指谓函值为实有,设定任何函值必等值于一实有之指谓函值。[21] 对于其中的指谓函值的陈述,牟宗三认为罗素采取的是肯定"指谓函值"为实有或存在。他自己则采取的是逻辑的观点,也就是不管谓词是否有存在,不管谓词所指谓的对象(个体)是否有存在。指谓函值,没有外界存在的意义,没有经验的意义或知识的意义。还原公理与类的关系即在于:如果假定类的存在,那么还原公理即可以被证明。表示"类"的命题函值等值于同为表示类的指谓函值。于是,凭借还原公理,从命题函值入手,可使类由主观的运用(即命题函值的构造)脱颖而出,变为客观的,可放下而平铺。

牟宗三并不赞成罗素对于循环原则与矛盾的解决方案。他认为为了解答此问题,应当首先考察矛盾是如何来的,怎么形成的,以及"矛盾"是否为"凡"字本身所固有。于是,他一方面主张我们不能过分看重循环原则及类型说的意义;另一方面更为重要的是,如果遵守逻辑一线的立场,那么全称命题为一逻辑的陈述,不必有本体论的根据,不必牵涉于存在,也不必肯定有存在,或以存在的假设为条件。一句话,与存在了不相干。据此,牟宗三谈到了他与罗素在此问题上的一个基本区别:他采取的是逻辑的一线的立场。

> 罗素则为逻辑与存在之双线。以双线,故其外面之一线不能为吾所操纵,故结果为公理。罗素由循环原则想到类型,由类型想到存在,遂以存在之指谓函值为模型而固定其类型以避免于循环。然吾

以为类型并不必照顾存在而始定,而类型之成立亦不函其必涉及于存在,两者并无逻辑之关系。依是,还原公理之存废不在循环原则之轻重,而实在"存在"思想之参入不参入。如参入,则须有公理;如不参入,则不须有公理。[22]

基于此,牟宗三论述了两个问题:一是遵守逻辑一线的立场,论述了数学与逻辑,从而力图全部改变罗素的看法;二是兼赅双线而力图全部吸取罗素的看法。

关于第一个问题,牟宗三主张,由逻辑一线所表显的是一个纯理,由此纯理来明数。数为纯理之自外,这是数和数学的第一义。由命题函值来成类时,表明的是数学的第二义,即以数指示类,而不是如罗素由类以定数。数的第二义成就物理知识,其与纯理与数为成知的条件一样,也只是成就物理知识的条件。数虽然内成,但也必然外用。外用即是随思解外用来对外事做数量的决定。外用的通路或机关是由数所指示的数量类。数量类以命题函值来表示,此种表示是纯自逻辑一线来陈述,它不必顾及存在来立言,于是不再需要罗素所主张的相乘公理及无穷公理。不过,牟宗三也承认,虽然论数学可说罗素的三公理无意义,但论知识则还原公理、相乘公理需要加以承认。罗素的错误在于自双线论数学。

于是,牟宗三由逻辑一线论数学的第二义——数量类。他认为,对于外事的数量决定实际上有两个方面:一是随时空格度做几何量的决定;一是随因故格度成就物理类中数量类的决定。物理类表示的是一经验知识的成就,物理类中的物理质借以成就一种类(或事类即物理类),须由经验来获得。不过,虽然成就物理类的物理质须待经验来决定,但充实物理质以成类(种类)的个体数之为数,是不待经验而决定的。经验提供给我们的是物理质和个体的存在,思解发起范畴的运用来在物理质中约束个体而形成物理类。当其约束个体的时候,数便自内转外而附隶于个体;当其约束个体于物理质以成物理类的时候,数便附隶于个体而成数量类,于是,物理类为一个复合的整体:有质有量。质为个体的物理质,量为个体的数量类。当数量类融于物理类时,我们注意的是物理类,这时数量类便消解而成为物理类所涉及的范围,数量类变为一个泛称量。泛称量为普遍命题所表示。在范畴,陈之以假然普遍命题。在种类或事类,则陈之以概然的种类命题(即普遍化的命题而非真普遍);在满类,则陈之以定然的普遍命题,这时普遍化归于定然的真普遍,范畴运用中的原则得到了满证。

牟宗三第一个问题讲的是以逻辑一线的立场来论数的第二义,第二个问题则说的是在知识领域兼赅双线来承认罗素的看法。他认为,第二个问题也就是满类得满证不得满证的问题。命题函值不但决定数量类以作为数外用的通路,以成就数学的第二义,而且其形式也通于物理类。数量类只须一线而定之,不必涉及存在。但命题函值的形成也通于物理类,依物理类即言一群个体满足物理质,于是谈论数量类为逻辑一线,而谈论物理类则不能不兼赅双线来谈,即数量类归融于物理类,从而以"涉及存在"为主旨。物理类必有一泛称量为一满类,因而产生满类是否得满证的疑问。物理类中的泛称量是数量类的实际的使用与指示的媒介,满类的满证不能求助于归纳。

牟宗三的主张是,借罗素的还原公理在知识上的意义来加以阐明满类是否得满证。谈还原公理,是肯定指谓函值(存在的论谓)的实有,它所定的类必为存在类,而每一存在类为满类。但是此满类为假定,从理解知识上来讲,永远不能获得满证,于是他引用了罗素的理论:(1)满类公理甲。它吸取还原公理在知识上的意义,说的是"依据范畴与种类之导引,吾人必有一满类之要求。此要求而证实,即曰满类之得满证。于不得满证时,满类之'有'为假定为公理。已得满证时,满类之'有'非假定非公理。依此,满类公理或为临时,或为永久,但视其是否得满证"。(2)满类公理乙。它为相乘或选取公理的变形。"于一满类中,构成此满类之'谓词'(关系规律或标准)可以贯穿于此满类中无限之分子。或:于一分子无限之满类中,必有一'规律'可以贯穿此无限的分子。此假定而证实,亦曰满类之得满证。于不得满证时,此规律之'有'为假定为公理。已得满证时,此规律之'有'非假定非公理。依此,此假定或为临时,或为永久,但视满类是否得满证。"[23]

　　牟宗三提出关于满类的两个公理,是在于成就一逻辑的陈述的满类,并引发此满类之满证。由于世界有穷无穷不在假定中,也无须有此假定的论证,于是他说无"无穷公理"。但是,满类的满证在理解范围内是难以实现的。他承认,每一逻辑概念或陈述虽有引发满证的企图,但是理解知识无论如何也不能实现。他对此所提出的解决途径是将此种满证放置于与理解知识不同的另一种知识当中来加以实现。他认为,每一逻辑概念的提出都有"灵光之闪烁"跟随其后,满证企图的实现必须依"灵光之闪烁"来谈,以此来实现满证的知识为直觉知识,它需要直觉原则。牟宗三认为,为了获得直觉知识,必须得使"灵光之闪烁"摆脱经验与理解的窒塞,从而脱颖而出,也就是不自经验与理解处来观知识。理解归于理解,灵光归于灵光,不以理解蒙蔽灵光。于是,"随灵光之照射而审识其所照,即为一逻辑概念之满证。此时逻辑概念为筌蹄,已相忘于道术(借用语);而理解与经验之支离与破灭,已烟消而云散,顿归于无形。理解隐而不用,灵光乘权而起。理解处其下而灵光主其上:是之谓由理智而至超理智。"[24]

　　依据这种直觉知识,牟宗三建立了直觉原则。灵光的照射就是直觉的所在。理解在自发格度与范畴的时候,就有直觉的妙用在其后,也就是说直觉彰其用来实现格度与范畴这种"实现",与直觉透入纯理步位拉出而外在化之以实现"数"(构造数)的"实现"相同。时空、因故、范畴(原则)作为知识的形式条件,是客体,它们均由直觉而成立,由直觉而实现。对不可论证的绝对的客体进行的觉为纯直觉。纯直觉之用与其所觉的客体的实,一旦相遇便是"实现之凝一",它无时间义、进化义。觉形而上的实体,觉纯理,觉数,觉格度与范畴,觉因果,都是这个意思。这便是牟宗三所提出的直觉原则的基本义。

　　以上是从非知识处来谈纯直觉,因为纯直觉所觉的上述客体都不是知识。除此之外,牟宗三又着重从表示知识的逻辑概念处来发现直觉,即从满类(定然普遍命题)处来发现纯直觉。例如"凡人皆有死"这一命题,它本身的意义为一逻辑的意义,由它为一逻辑的陈述而获得。这一意义是客观的,对此意义的了解是一种灵光的直摄。这种直摄的了解为觉为用为主观,依主观来谈直觉原则,依客观来谈逻辑原则,二原则合一,即可明了此命题的成立。言其意义,注意的是客观的方面,称其为逻辑的陈述,它具有圆满性与无漏性。言此意义的了解,注意的是主观的方面,称其为了解为无待的灵光之直摄。直觉原则和逻辑原则,按牟宗三自己所讲,贯穿了《认识心之批判》一书的全部系统之中。

牟宗三说,由于满类是根据种类来成立的,而种类是由一归纳历程所成的种类命题来表示的,所以满类也一定有知识的意义。因此当我们了解满类之定然命题的时候,不但了解了此定然命题本身,而且将其视为一涉及存在知识的命题来了解它。也就是说,"直觉一方觉此定然普遍命题本身之成立或意义,一方亦觉其所表示之满类之存在性(即随满类之表象存在之指示而亦直觉及存在)。一方觉此命题本身内部之意义,一方亦觉此命题外部之意义。觉其内部之意义,只显直觉之用;觉其外部之意义,则直觉之用变而为一直觉知识。由直觉知识,吾言由理智而至超理智。"[25] 牟宗三称,达到了超理智的知识,对于上面曾谈及的满类公理甲与乙便得到了证实而不再成为公理。对理解来说,永久为公理;设有超理解之知识,公理非永久。公理不复为公理,满类得到了满证。满类得到了满证,便不再有满类,此时的满类已经融解而成为客观的实事。他指出:

> 此客观而平铺之实事,一方为散殊,星罗棋布,一方为曲成,同条共贯。每一满类轨约一组如此之实事。诸多满类之系统(以在知识统系中成系统),亦轨约各组如此之实事而成一实事之统系(由此各组实事而组成)。是以灵光起处,不但每一满类得满证,每一满类成融解,且许多满类俱废弃,其界限与封域俱消灭,而成为一整全之实事之统系,吾人即直观此统系之平铺。理解知识达至何境,此整全之统系即为何境之统系;理解知识中之部分复杂至何境,此整全之统系即为含有如其复杂之统系;理解知识之深度如何深,广度如何广,此整全之统系即为如何深、如何广之统系。理解知识其统系为多,而直觉知识永为一统系。直觉即静观此整全之实事统系之平铺。[26]

牟宗三承认,直觉知识对于我们的知识一方面无所增,一方面有所增。无所增是说它不能有积极的增益;有所增,是说它可以有消极的增益。直觉的照射,将理解中的部分融而为一,将其部分间的界限封域消灭化除,这也是一种知识的增益,一种为意义非成分,为质非为量。

以上的种种论述,即是牟宗三对于曲全格度之超越的运用的基本看法和观点。通观此种论述,我们可以说,他的论述不能不说是精致深刻而富于理性的洞见。但是,在这样的论述中也不难发现我们所不能赞同的一些见解。比如说,牟宗三为了寻求理解知识中所永远也达不到的满类之满证,提出了很成问题的直觉的原则,此种原则为他在《智的直觉与中国哲学》一书中所大力阐发的"智的直觉"一概念埋下了伏笔。关于此,我们会在第11章"智的直觉"部分予以论述。在此,我们所要提出的具体问题是:

第一,在知识领域(指真正的知识而言)里,我们必须得从认知主体的经验出发,从自我出发来进行知识的获取,除此之外,我们别无选择。由此所获得的知识,当然具有认知主体的主观色彩,从而深深地打上主体的烙印。这样来获取的知识当然具有概然性,而没有必然性。这一点不是知识获取过程中的缺陷和不足,而恰恰是作为有限存在物的人,在其从事对于外部世界认识时所必然面临的一个基本情境,是知识本身的一个重要特征。真正客观知识的获取,只能基于此进行下去而决不能越此而获得。

实际上,牟宗三也承认在识心之执的范围内,永远没有完整的知识,知识只是概然的。但是,他又认为在无执无着的"智的直觉"之智知中,会有完整的知识。他所言称的通过超理智的直觉来获取绝对完满的知识,显然是一种理想的奢望而非理性的见地,也缺乏科学的根据。我们人类只能从自己的物质性的身体条件和思维条件出发,以人观察和理解外在事物的视角与尺度,进行现实的实际认识事物的活动。尽管这一认识过程中难免有认识主体所留下的痕迹,但是,认识过程难道不是我们不断地摆脱自己的主观私人色彩而逐步客观化的过程吗?这一点体现了与科学紧密相联的知识进化论及与实践密切相关的知识社会学的思想。在此,我们认为,既然于知识领域,我们得不到满证,那么我们也就不必费心寻求满证,而应理直气壮地承认这一事实。当然,这并不是说我们不努力去达到和接近之,我们只是承认科学知识的不断增长、进化与进步,正如一些科学哲学家所言称的那样。

第二,为了寻求满证,牟宗三不惜抬出了极具神秘主义色彩的直觉,即"灵光之闪烁"。此种直觉,在他看来不同于康德所言的感触的经验的直觉,以及由时间空间构成的先验直觉,而是一种超理智的直觉。而实际上,超理智的直觉是否具有牟宗三所说的使满类得到满证这一重要作用,这一点是很成问题的,即使有,我们又如何能言之?况且"灵光之闪烁"本身是否在知识领域中存在也需要加以知识论的探讨,其间所涉及到的问题可谓困难重重。

也就是说,既然"灵光之闪烁"在牟宗三这里对于满类之满证是如此的重要,那么它究竟具有何种意义?其真切的含义究竟是什么?对此,我们需要有一种切实的和满意的答复,因为我们这里谈的是知识论而不是道德形而上学。而事实上,牟宗三并未令人信服而合理地对此予以解释清楚。他对于"灵光之闪烁"承认的过多,而解释的过少。在此,我们反对的是在知识论的研究过程中所持有的这样一种偏失做法,即将认识中的诸多问题的解决归诸那些我们无法判别其真伪的神秘领域。毫不客气地讲,这样做,非但没有解决原来所存在的问题,反而又增添了几多迷雾。"灵光之闪烁"对于知识问题的解决,并没有牟宗三所言称的作用和意义,它只不过是个人的一种体悟罢了。运用此体悟性的直觉,我们显然是难以发现具有科学意义的知识的。牟宗三主张此种直觉的存在,只不过是在认识领域之内平添了几分东方神秘主义的色彩和混乱的概念罢了。

总之,科学地认识世界需要的是理性精神,它不能容下半点沙子。"灵光之闪烁"纯粹是体验世界中的东西,我们委实不能将体验世界中的东西看做是认知世界的根据。

第 3 节　肯定否定形式图式之超越的运用

牟宗三认为,肯定否定之二用,在理解(知性)的范围内,本来是发现于纯理的自现。纯理的自现即是二用的唯一出生地,二用因此而具有先验的根据。不过纯理的自现必将落于现实的理解活动中而不空挂,于是,二用即外在化而为理解的格度,从而便有为格度而来的使用即表现及作用。二用格度(the formal scheme of is-is not or affirmation-negation,肯定否定形式图式)所表现的作用即是辩证的作用[27]。辩证作用,在牟宗三看来有如下三次表现:

辩证作用的第一次表现即其直接的表现,就是表现于承曲全格度而来的四种定然命题,将它们连贯成一个有机的发展,从而表现理解的全幅历程。这种辩证的表现是二用格度的直接外用,外用于经验而成功经验知识的发展即经验知识的形成。在此步表现中,肯定一定表现于命题中而成为肯定的命题,否定一定表现于命题中而成为否定的命题。

辩证作用的第二次表现,是就理型世界的逻辑结构来谈的。此种辩证已不是严格的辩证,因严格的辩证的特征是动的表现、主观之用及虚的作用。这种辩证只是柏拉图意义上的辩证,牟宗三称"古典义的辩证"。在此表现中,肯定不是表示主观思想的用,而是表示理型间的相融,并据此做一个关于理型的肯定命题;否定表示理型间的相违,并据此做一个关于理型的否定命题。牟宗三认为,如果对理型有一知识论演绎,那么所有知识的理型便内在于知识历程中而由知识形成和显露,于是辩证无须消融于理型上,仍可恢复其第一次表现的地位。这样,前两次表现可合而为一,称之为古典义的辩证或辨解的辩证。辨解的辩证成就的是知识。二用格度顺承曲全格度发为四种定然命题,交互为用,于是形成一个坎陷中的辩证历程。正是在这一辩证历程中,我们才可以获得一种知识。

辩证作用的第三次表现,是转前两次的自外用而为无所成的自内。它指的是跳出理解而自外观理解,即自理解的背后来观察推动理解的辩证历程。牟宗三称此种辩证为破除理解的限制与固执的"通观之辩证"。通观辩证的需要是源于由辨解辩证所获得的知识总是有限定的,根本的限定有两个方向:一方面受经验的限制;另一方面受时空的限制。同时从理解自身来讲,它本身就表示一种限制。理解要成就一知识,它必在一定方向中进行。也就是说,理解自身必须否定其自己方能获得一定的知识,这种方向就是理解知识的限制。可以说,理解活动的全幅历程中的种种条件比如格度和范畴,都表示理解知识的限制。理解活动是有屈曲性的活动,也表明了它是一种限制。

　　总之,在牟宗三看来,理解知识具有相对性、不圆满性。于是,为了寻求理解知识的圆满性,认识心即理解活动的绝对性,便不得不从否定中跳出来,即从认识之心的非否定相方面来寻求。非否定相与否定相相对。牟宗三说,否定相有二:一曰曲;二曰限制。于是非否定相其相也必然有两个方面:其一曰非曲即直;其二曰非限制即无限。由否定与非否定相构成的认识之心的全部活动,即是一种通观的辩证。这种辩证是黑格尔、布拉德雷(Bradley,Francis Herbert)所主张的辩证,也就是辩证法的本义,它是由直觉的照射所形成的直觉知识加以引发的。

　　具体讲来,通观的辩证连同道德实践中的辩证[28],其含义是:(1)辩证作用必有承顺而起。(2)辩证历程是一种破除而显示的历程:破除是破除其虚,显示是显示其实。(3)辩证历程是主观的动用历程,而非客观的"静有"之平铺。(4)辩证历程是主观之虚的历程,而非客观之实的历程。(5)辩证历程虽破虚而显实,然其自身亦是一主观之虚的动用,即其自身亦是虚。此虚虽不可废而有大用,而原则上有可废之时。[29]

　　在牟宗三看来,以上两大类辩证,即辨解的辩证与通观的辩证,体现出了二用格度在认识中的先验作用。于辨解的辩证内,理解展现的是其否定一相,即一知识的完成;于通观的辩证中,理解顺直觉的创发性而表现,从而从否定中跳出而提起。提起与否定成就了理解的全幅相状。

　　针对牟宗三所论述的二用格度的这种认识作用,我们势必要问:二用格度的出生地是纯理的自现,但既然肯定与否定属于完全由逻辑系统来加以表达的逻辑领域,那么它们当然可以完全囿于逻辑领域来发挥其在构成命题及进行推理的作用。牟宗三只是说它们不空挂,因此一定会落于理解中而成为知解中的格度,但这一简单的片语显然不能解答究竟是什么原因才使得逻辑中的肯定否定内处于理解中,这种内处有其真正的先验根据和理性的必然吗?肯定否定于逻辑中表现而发挥其作用,难道不是一种不空挂的呈用吗?

牟宗三提出了两大类的辩证,其一是知识论上的辩证学或辨解的辩证学,它是一种成知识的辩证,比如柏拉图义的辩证就属于此种辩证。其一是形而上学的辩证学,它包括通观的成智的辩证与道德实践的成德辩证。前一类是辩证之内在的使用,后一类是辩证之外在的使用。内用是否定其自己以成功知识,外用是理解跳出否定而破除否定之辩证,它成就的是形而上学,于是,两类辩证的关系实际上涉及了知识论与形而上学的关系。由于牟宗三认为形而上问题是根本的,具有本源性,所以他更为重视的是形而上学的辩证学。又由于他力图基于中国传统哲学建立一种道德的形而上学,所以他实际上重视和强调的是道德实践的成德辩证。这种由重视形而上学而注重成德辩证的做法,无疑在某种意义上忽视和抹杀了认知意义上的辩证。实际上知识论问题的解决只能立足于知识论内部来加以解决,而不能到知识论之外的道德世界中去寻求什么灵丹妙药。因为,知识世界与道德世界本来就属于两个不同的世界。牟宗三跳出知识论领域而到道德界中去解决认识问题的做法,从根本处讲,这并不是一种解决问题的方式,而是避开和取消原来的问题而换了一个问题。

换个角度来考虑,即使我们承认肯定否定存在于理解知识中而为二用格度,它所具有的两种辩证作用也是成问题的。无论是辨解的辩证还是通观的辩证,它们既然是由逻辑处产生的肯定否定作用的表现,那么显然这些辩证体现的也就只是一种逻辑的辩证历程,从而对于知识的形成也只是一种形式的条理和疏贯的作用,而并无真正的功能和作用。也就是说,牟宗三提出的两大类辩证,是直接继承柏拉图、黑格尔、布拉德雷等人的思想而得出的,它们是适用于与事实完全无关的如逻辑这样的形式系统中,是一种主观的辩证法。在此,我们承认一种自然的客观的辩证法,它关联于现实的事实世界,关联于现实的人类社会,是存在于事实与事实之间的客观的辩证法,是存在于现实的人与人之间的客观的辩证法。这种辩证法,才真的会在实际的认识过程中发挥积极的实的作用,才会给予我们以客观的知识,它绝对不像牟宗三所提出的由二用格度所体现出的那种辩证,这后一种辩证对于我们的认识只具有一种消极的虚的作用。

注　释

[1]牟宗三:《认识心之批判》(下),见《牟宗三先生全集》(19),台北:联经出版公司 2003 年版,第 507 页。

[2]关于"因故格度"的说明以及其所涵摄的一切,可参看牟宗三:《现象与物自身》,见《牟宗三先生全集》(21),第 204—206 页。

[3]牟宗三:《认识心之批判》(上),见《牟宗三先生全集》(18),第 106 页。

[4]牟宗三:《认识心之批判》(下),第 507—508 页。

[5]关于此请参看牟宗三:《认识心之批判》(下),第 513 页。

[6]牟宗三:《认识心之批判》(下),第 514 页。

[7]关于此八个方面请参见牟宗三:《认识心之批判》(下),第 516 页。

[8]牟宗三:《认识心之批判》(下),第 520 页。

[9]牟宗三:《认识心之批判》(下),第 520—521 页。

[10]牟宗三:《认识心之批判》(下),第 535 页。

[11]牟宗三:《认识心之批判》(下),第 538 页。

[12]牟宗三:《认识心之批判》(下),第 538 页。

[13]关于此"事实"的论述,可参看牟宗三的《认识心之批判》(上)第 1 卷第 1 章的有关内容。

[14]休谟:《人类理解研究》,关文运译,北京:商务印书馆 1997 年版,第 28 页。

[15]休谟:《人类理解研究》,第 144—145 页。

[16]罗素此处关于归纳法原则的表述,可参见其《哲学问题》,何兆武译,北京:商务印书馆 2007 年版,第 52—53 页。

[17]休谟:《人类理解研究》,第 34 页。

[18]关于此参见牟宗三的《认识心之批判》(上)第 1 卷第 1 章中相关的内容。

[19]牟宗三对于"曲全格度"作用的概括性论述,可参看其《现象与物自身》,第 206—209 页。

[20]关于此三种命题式请参看牟宗三:《认识心之批判》(下),第 545 页。

[21] 关于还原公理的定义参见牟宗三:《认识心之批判》(下),第 551 页。

[22] 牟宗三:《认识心之批判》(下),第 576 页。

[23] 牟宗三:《认识心之批判》(下),第 592—593 页。

[24] 牟宗三:《认识心之批判》(下),第 595 页。

[25] 牟宗三:《认识心之批判》(下),第 600 页。

[26] 牟宗三:《认识心之批判》(下),第 601 页。

[27] 关于"二用格度"的说明以及其所涵摄的一切,可参看牟宗三:《现象与物自身》,第 209—214 页。

[28] 牟宗三认为它是超越形上学中的辩证,是顺承本心的呈露及习气执著的破除而表现的。

[29] 关于此五点,请参看牟宗三:《认识心之批判》(下),第 612 页。

第8章　知性与范畴

　　牟宗三继承的是康德的知识论,当然也就离不开对于范畴的论述。不过,在不同的时期,他对于范畴的看法是有很大不同的,有关的论述也十分复杂。但大体上讲来,他主要是将由识心之执而起现的纯粹的形式概念都看做是先验概念,它们先于经验而存在。这些先验概念有两种,逻辑的先验概念与存有论的先验概念。

　　在思想发展的前期,牟宗三强调的是逻辑层面的先验概念,比如一切、有些、任何、每一、是、不是、如果、则、或、与等。在他看来,这些逻辑的先验概念是识心之执在现实的理解活动中所示现的,它们因而是思解活动所以可能的条件,而不是思解活动对象所以可能的条件。当识心之执不在现实的涉及存在的思解中而独行时,这些概念便是纯理自己所展现的逻辑系统中的逻辑概念。在思想发展的后期,牟宗三则主要重视的是作为现象之法则的范畴,也就是存有论的先验概念,即康德所谈意义上的范畴。这些先验概念是识心之执在现实的思解活动中所执现的,它们使现实的思解活动的对象成为可能,并为现象立法从而成就了经验以及经验对象。

　　既然范畴理论在牟宗三的前后期思想中都占有一个十分重要的位置,因此如果对于其范畴理论有一个客观而合理的了解,这无疑会对我们把握其知识论思想提供一个良好的前提。不过,范畴虽然是牟宗三知识论思想中所涉及的一个重要的内容,但是由于他在不同时期对它所做的解释又不尽相同,所以造成了我们分析此概念所面临的诸多困难。客观地讲,这里面往往涉及了知识论的范畴与形而上学的范畴、知性的格度与范畴、范畴与理型、范畴的逻辑性格与范畴的存有论的性格等等诸多概念之间的关系,因此也就增加了分析的难度。我们对于牟宗三范畴理论的分析,主要采取的是纵向的比较研究方法,借此力图探析他的范畴理论演变的具体逻辑理路,并最终合理而客观地介绍和评述他的范畴理论。

第 1 节　作为"必具条件"和"格式"的范畴

　　当牟宗三撰写《觉知底因果说与知识底可能说》的时候,他便具体论述了范畴这一概念。他认为,知识的成立完全在于我们解析"所与"也就是思维"所与",对某物有知识,就是对某物有一个概念。但是感觉不能从外界输送一个概念给我们,一个概念是不能全由经验传进来的,因此在解析的过程中必然有一种不由经验传进来的东西。牟宗三认为,这种不由经验传进来的东西必然是知识成立的必具条件,而且也必然是思维可能的必具条件。他说:"这个不由经验得来而为一切经验知识成立的必具条件的东西就是先验范畴。"[1] 在这里,"先验"一词只是指的不由经验而来。

　　由此可见,在这一时期,"范畴"在牟宗三看来是指知识中或思维中的必具条件来说的,它既与形而上学中的范畴不同,也与解析一切事物所用的概念相区别。基于此,一方面,他不赞同康德所提出的十二个范畴,因为它们是可变更的、不是知识中的,而他自己则主张找到一种绝对普遍、绝对不可变更的东西充当知识中的必具条件即范畴。于是他说康德对于范畴的本性的解析虽然是对的,但是他所举的是错的,并认为张东荪也是如此。他们所举的不是知识或思维中的范畴,而不过是解析一切事物所用的比较根本的概念而已,因此是错的。另一方面,牟宗三也不赞同刘易斯对于先验的看法。他认为康德与张东荪都把握住了如下一点:所谓先验,是用来形容那不由经验得来的必具条件的;所谓必具条件,必是组织实际知识中的东西,必是思维过程中的东西。可是刘易斯没有把握住这一点。刘易斯的先验不是组织知识中的必具条件的先验,也就是说不在组织知识中显出先验,而只是一种逻辑上的先验,是在逻辑的界说或逻辑的解析中显出先验。刘易斯的先验显然是由研究套套逻辑得来的,因此这种先验是知识逻辑间的必然关系的特性,而不是组织知识的先验。

那么,牟宗三此时对于"范畴"(category)的分类究竟是怎样的? 他将范畴分为两部分:一是"必具条件",二是作为格式的范畴。依据罗素与怀特海的《数学原理》,牟宗三认为知识中的必具条件共有三个:"非"、"或"与"涵蕴",它们是知识中必具的条件,为先验的、必然的、客观的、普遍的。我们认为,此三者实际上就是逻辑中的根本观念和根本关系。由于牟宗三主张"绝对系统"即"逻辑本身"就是理性本身,就是理性发展的必然过程,所以就把这些观念和关系当做知识中的必具条件。也就是说,逻辑中理性发展的可能之条件,就是解说外界时思维发展的可能之条件。"非"、"或"、"涵蕴"是知识中理性发展的必具条件。我们认为,这些必具条件,实际上为后来牟宗三在《认识心之批判》中列举出知性所具有的格度提供了基础,"涵蕴"相当于后来的因故格度,"非"则和二用格度相关。牟宗三还认为,这些必具条件还能逻辑地推出其他一些必然的先验的法则。这些法则也即是理性本身的发展,同时也即是解说外界时的知识中的思维法则,这些法则被牟宗三称为"范畴"。牟宗三具体列举了同一原理、矛盾原理等十六个范畴。[2]

他认为,先验条件与范畴可以自其本身来看,也可以自其应用来看。自其本身来看,它是一个"托沓逻辑"(tautology),是超验的(transcendent),与经验无关,无真假可言;它只是绝对的真,只有系统内的意义,而没有系统外的意义;它是"纯粹概念"(pure concept),它是命题函数间无矛盾的必然关系:它是一个逻辑世界(logical world)。自其应用看,它是一个"工具学"（organon），它是经验的，应用经验上的，与经验发生关系；它把它自己因着而变成一个真实的命题，它又使着经验能成为一个真实的命题，这时它有系统外的意义，有真妄可言；它是一个命题的格式，经验所得即"所与"是此命题的内容；它的这一应用，能使我们对着"所与"造成一个"经验概念"（empirical concept）。

从大体上来看，牟宗三的此种论述类似于康德的"先验的观念论"与"经验的实在论"的区分。但是在"先验的观念论"上，牟宗三与康德的差别是巨大的。康德主张"知识可能的条件就是知识对象可能的条件"，内的格式即是外的条理，认为格式离开了经验只是"虚无"，只有观念性而无现实性，而且现象世界也就不能成立，知识也就归于乌有。与此不同，牟宗三则主张"知识可能的条件就是解说可能的条件，而与对象的条理无关"，于是理性本身发展的先验范畴，如果不与经验有关，便是一个拖沓逻辑。我们只能说它是一个逻辑的世界。牟宗三曾对范畴的两方面的意义列出了如下一个图表：

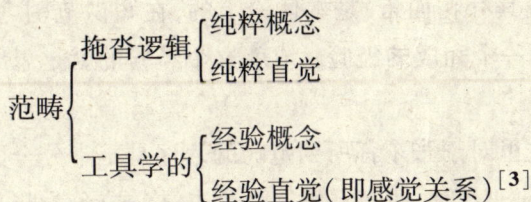

$$\text{范畴} \begin{cases} \text{拖沓逻辑} \begin{cases} \text{纯粹概念} \\ \text{纯粹直觉} \end{cases} \\ \text{工具学的} \begin{cases} \text{经验概念} \\ \text{经验直觉（即感觉关系）}^{[3]} \end{cases} \end{cases}$$

从此时牟宗三对于范畴的分类情况来看，他显然是与亚里士多德分范畴为十种、康德分为十二种有着明显的区别。造成此种看法的差异，我们认为其主要的根源就是他们对于逻辑的看法不同，其间体现出来传统逻辑与现代逻辑的差异。亚里士多德对于逻辑的看法是本体属性的关系的看法，是关联于外界的一种判断的看法，是一个真实命题的看法。亚氏的逻辑学是在实用方面着想，而不是在理解理性本身发展方面着想。于是，亚里士多德的十个范畴是关于对于外界的判断力方面的根本概念，也就是关于命题种类的一些根本概念。康德吸收的正是亚里士多德对于逻辑的看法。康德的十二个范畴就是亚里士多德的十范畴的变相，他把关于判断外界的范畴变成知识组织上的先验范畴。由于亚里士多德的范畴本来是关于外界判断的,所以康德形成了"知识底可能的条件即是知识对象可能的条件"这一说统。

但是到了19世纪末20世纪初,伴随着弗雷格、皮亚诺、怀特海、罗素、维特根斯坦等人对于逻辑的看法的改变,逻辑不再被看成是关于外界的判断或真实命题的学问,而是被看成无关于外界的命题函数的推演,是理性本身的普遍必然的空架子。也就是说,命题函数间的必然的推演关系与命题函数因应用而成为对于外界之判断的真实命题是根本不同的。牟宗三正是在逻辑发展的现代背景下来论述范畴的。他同意理性本身发展的可能之条件与范畴即是思维解说外界或理解外界时的可能之条件与范畴。理性本身的法则就是组织知识使其可能的法则,知识的可能就是因为理性法则是可能的。

依据牟宗三的范畴分类理论,我们也可以看出他与张东荪之间的区别。牟宗三说张东荪列出四个范畴来,即时间、空间、含义、主客。[4]他认为,只有"含义"即"涵蕴"(implication)是真正知识中的范畴,其余三个都不是。因为"时空主客就其存在而言,是本体论上的,在知识范围之外;就其为概念而言,则它是一个完成的经验。成就这个经验的就是思维之发展,或曰知识之发展。"[5]

我们认为,牟宗三这里对于张东荪所列范畴的表述是不十分全面和准确的。依据《认识论》一书所述,张东荪将先验形式(格式)分为与直观有关的认识上的先验(the cognitive a priori)形式和逻辑上的先验(the logical a priori)形式两种。前者包括时间、空间、能所关系即主客关系(subject-object relation)三种,后者则包括静的和动的两方面。静的是一组一组的"设准"(postulates)或称"范畴"(categories),张东荪共列举了七组。[6]这些范畴具有对偶性,即每一个范畴都有一个相反者。同时,它们也具有可替换性,即范畴有便利与不便利或较便利的分别。在这些范畴当中,有与康德和亚里士多德的范畴相融合的地方。动的是"相涵的关系"(implicative relation),它是一切判断和推理的基础。含义在张东荪看来有以下八种变化:(1)直接的含义:如甲是乙。(2)相齐的含义:如甲是乙,则乙是甲。(3)传递的含义:如甲是乙,乙是丙,则甲是丙。(4)自返的含义:如甲是甲。(5)交替的含义:如甲是乙或丙。(6)不联的含义:如甲不是乙。(7)不相齐的含义:如甲是乙,而乙不是甲。(8)不传递的含义:如甲为乙,乙为丙,而甲不是丙。[7]

由此可见,张东荪的范畴指的是逻辑上的先验形式中静的一面,它指的是一些具有对偶性的概念,而不是牟宗三所说的时间、空间、含义、主客等四个。依牟宗三此时的范畴判断标准,即范畴包括"非"、"或"、"涵蕴"这样的必具条件和一些作为格式的逻辑推论原理,那么张东荪所规定的范畴并不归属于牟宗三自己所言称的范畴类,而张东荪的逻辑上的先验形式中动的一面即含义(涵蕴)关系,反而被牟宗三依据自己的范畴归类标准化为范畴一类。从牟宗三与张东荪关于范畴思想的比较中,我们很清晰地看到二者之间的不同之处,以及前者对于后者的某种误读。

总之,牟宗三此时所提出的知识的必具条件为其日后提出知性的格度打下了良好的理论基础,而主张范畴来源于必具条件,则为他日后提出于因故格度处来发现范畴埋下了伏笔。下面,我们将专门论述牟宗三于《认识心之批判》中对于"范畴"的含义及其在知识形成中之作用的看法和主张。

第 2 节　逻辑意义上的范畴

在《认识心之批判》中,牟宗三对于范畴的论述与前期已经有了很大的不同,虽然此时他依然将范畴看做是一些原则,但他认为范畴是单独依据因果格度来加以建立的,而不是由必具条件来推演出的。关于此,我们谈两大方面的问题:一是牟宗三对于逻辑意义上的范畴的意义、含义、来源及特性的看法;二是牟宗三对于范畴与理型之关系的看法。

一、牟宗三关于逻辑意义范畴之基本含义的论述

牟宗三认为,范畴起着沟通思解格度和存在的作用,是思解之超越运用得以实现的条件。随着"直觉的统觉"觉事而由"超越的想像"所涌现

的时空格度,因其限定形成了统觉所觉现实事的时空相,但时空格度的限定是直而无曲的,因此对于外事所知道的只是时空形式性,而并不能及于外事的内部。思解三格度虽表示思解为一诠表历程因而及于外事的内部,但它们对于存在并无担负,也不能对于存在有所运用。它们只是成就思解为一曲而能达的虚架子,其自身并不及物。因此,"其所以能充实或具体化此虚架子而使其成为一现实理解中之具体运用,则必有一物在。此物事吾人名之曰'范畴'。范畴之运用,一方能成功思解为一诠表历程,因而思解三格度得以彰其用,一方能使思解透过时空形式性而进入外事之内部,因而成功对于外事的诠表。"[8] 在《认识心之批判》的第 1 卷第 3 章第 2 节,即"客观的心对于存在之超越的决定与超越的运用"当中,牟宗三明确地强调了范畴的上述重要作用及其含义。他说:

> 是以理解在此架子中而透过此架子以接触于存在,则必有赖乎某种可以指点到"存在"之物事。此物事,吾将名之曰"范畴"。范畴之设立,单在"因故格度"之呈用中出现,即是透过"因故格度之运用",必有一种指点到存在之当机运用中之逻辑地先在之"原则"或形式性之概念,依此概念或原则,理解始能接触于存在。此种原则或概念,数目无定,亦不同于先验地客观化心觉自己之纯粹先验的概念,如自纯逻辑系统而言者。此惟是在当机运用中所涌现的"当机原则"。[9]

既然范畴这样重要,那么此时牟宗三是如何理解范畴的呢? 范畴是如何产生的呢? 与康德的看法不同,牟宗三认为范畴的产生直接根源于因故格度,"在因故格度处涌现一原则,此原则吾人名之曰范畴"[10]。也就是说,因故格度的运用必成功一个假然命题,由此假然命题必然涌现一普遍的原则,此原则被牟宗三称为"范畴"。牟宗三提出此种类型的范畴,是运用了杜威的理论。杜威曾主张:

> 一范畴在逻辑上等同于一态度。它构成了一种观点,计划,程

序,标题,方向,可能的称谓模式。如亚里士多德所说,范畴化就是进行称谓。民法法与刑法可成为种,但是之所以为民法或刑法却是范畴。因此范畴即观点,据此观点某种行为方式可加以处理和规定。法律是处理的方法。它决定某种行为人是否可带入法庭,且倘若被带入将如何加以处理。审慎而富于道德的原则是范畴。它们是行为规则。当规则在种的意义上自身成为类时,之所以为原则便不是种而是形成种的方法,于是决定了某一行为或某一系列行为属于某一特别的种。[11]

牟宗三认为,因故格度即是"根据归结"间的连接所成的轨范,但当它在现实理解中具体运用时,其根据与归结在一假然命题中必然特殊化,于是根据归结的连接便不是一普泛的轨范,而是有特殊意义的根据、归结。特殊化的根据和归结分别成一特殊的概念,这两个概念合而为一整概念,此一整概念即是因故格度运用中所涌现的原则和范畴,每一范畴以因故格度示其相。这样的范畴,在牟宗三看来具有当机性和假然性等基本特性。

一方面范畴具有当机性,它指的是因故关系的范畴指导一因果关系。因果关系是一物理关系,物理关系是在时空格度的运用所限定成的时空形式性之下。范畴的运用能透过时空形式性而进入实事的物理关系,这即是其"当机性"。与时空形式性为异质的具有物理关系的物理事是范畴运用所当之机,也就是范畴的当机性所以可能的根据。

"当机性"实际上表明了牟宗三的新实在主义立场,即承认与时空关系不同的物理关系的存在,它即是"直觉的统觉"所自足地提供给我们的"意义"。但是我们要问:既然牟宗三承认现实世界存在着物理关系,它是独立于人的心灵,即独立于人的"直觉的统觉"、"想像的统觉"中的时空格度、"理解的统觉"中的三格度而存在的,那么,依据纯粹从逻辑系统中的逻辑概念而推导出的因故格度处所得出的范畴,由于其必然是纯逻辑的且与主体相联的,则这些范畴如何能指导因果关系即现实世界中的物理关系? 事实上,发生与进化认识论告诉我们的是:现实世界的关系往往决定了我们的范畴的深度与广度,也就是说范畴本身并不是纯逻辑地推导出来的某种东西,而是有其自身发展的现实机缘与历程的。这一点也正体现了知识论中主体与客体相互作用这一基本的认识特征。

另一方面,范畴又具有假然性。牟宗三认为范畴虽有机可当,但不必能实现。因为统觉所供给的意义是直摄之于当下一现实的实事,并无普遍性;其摄之也,也并未参照以往来预测未来,所以说是直摄;它所摄的意义也只围于当下一现实的实事而未能跨越,因此"意义"在未来的应用性究竟如何,这时完全不能知道。而范畴又因为是从因故格度的运用中涌现的,所以为一具有普遍性的原则。此原则必跨越当下一现实的实事而期望涵盖与此当下一现实的实事相似的一切实事。但此种跨越的期望只是范畴的一种要求,它不必能实现,因此说范畴有"假然性",它因范畴的普遍性和统觉的特殊性相对照而成立。

牟宗三认为,一因果关系因范畴的运用而彰著而确定,又获得一个与范畴的普遍性相应的普遍性,这便是此范畴的"实现"。范畴的实现即是假然性变为定然性,主观运用性变为客观存在性,指导性变为构成性。此时范畴更名为柏拉图式的"理型",每一条因果关系是一理型,每一理型是一"型式之有"。范畴的运用性与指导性即在诱导我们获得一"型式之有"。型式之有一出现,我们对于统觉所觉的外事便有一定然的谓词,因而便有一独体的判断,因而对于外事的界说始可能。

牟宗三进而主张,具有上述当机性和假然性特性的范畴可以构成一个有层次的范畴系统。也就是说,每一范畴为当机而立的可能模型,而诸多可能模型组成为一个析取的系统。析取系统随模型的简单而简单,富杂而繁富,于是每一个范畴都是一个析取系统中的分子,在析取系统中与其他范畴相关联。由于相容的析取在解析事象时,各个范畴都有相等的意义,于是诸多范畴可归于一综摄性极高极广的范畴。这样的析取系统,便转而为涵蕴系统。每一范畴自身都可演变为一系列,即一个涵蕴系统。

不过,牟宗三也认为,范畴涵蕴系统与纯逻辑系统稍有不同,它不如纯逻辑系统紧密和完整,也不像环一样循环无端,它有始有终。另外,每一个涵蕴系统都是从某一界说抽绎分解而成的,于是它不能逾越此界说的层次。范畴有它自己的层次。那么不同范畴不同层的,即两范畴及多范畴两界说及多界说,它们之间的关系究竟是怎样的? 它们显然是不等值的,它们靠什么关系成为一个系统的? 牟宗三说,范畴自身无独立的自性,也没有独立的发展,范畴成系统离不开它的当机的运用,也就是须从经验的创进和解析的系统方面来谈论。经验有时间连续性、空间的范围性、论谓的深度性,经验的广度与深度就显示出了论谓系统的广与深。当一个论谓系统有一种广深的诠表,那么这一系统的一贯性一定较大。范畴的成系统一定即是这一解析系统的成系统,于是有解说事象的不同范畴,它们由浅至深,由粗至精,层层深入,因而有层次的不同。

二、牟宗三关于范畴与理型之关系的看法

牟宗三曾说:"当机的范畴之实现名曰理型。"[12] 每一理型[13]均有知识论中的实在性,它成就一件事或一个体,而且它是此件事或个体的体性(本体)。就成就事之为事、物之为物而言,作为成就此事此物之体性的理型是内在的。但理型具有可离性、不变性及普遍性,因此先验而外在,不受时空限制。理型不由生理感而是通过心之统觉而摄取的,它们构成了一个理型的世界。理型世界具有结构,此结构即是现实的认识世界的结构。理型世界表示现实的认识世界的秩序。于是,理型自身间的关系(结构)所形成的系统不同于纯逻辑系统,不可空头而论之,也不能像形成纯逻辑系统那样来加以形成。理型首要的是现实的而不是可能的。理型间的离合所形成的结构需受经验内容的限制、指导或启发。

牟宗三曾谈到,古人论理型讲共相,注意一物的性德,其观点是质的,因而也是哲学的。近人则集中于因果的问题,因果观念是量的,因而亦是科学的。注意于因果,遂将个体物冲淡而为一群事,论事与事间的连接。牟宗三也是将统觉所觉的对象冲淡为一群事,明其为种种历程的复合,因而也就有种种物理关系(因果关系)的复合。此种种关系此事群综合为一具体的个体物因而成为一个知识对象,于是,关系性与理型或共相融于一。所以,牟宗三说,每一条因果关系即是一"理型之有";每一个经过范畴的运用而出现的理型,对于一个体物来说是一定然的谓词,它与作为主

词的个体物组成的是一综合判断,例如"此桌子是黄的"一命题。理型综合一群事而形成一个体,同时也就成功了一个"独体判断"。不过,一群事常不只以一理型综合。表示一个综合面相的理型虽然也能综括和连贯事群,但却不能综合该事群使之为一个体物之所以为一个体物。这一意思可以由判断来表示。有普通只是判断的判断,有作为界说的判断。只是判断的判断都是表示为一个综合面相的理型,界说的判断才表示综合一群事而为一个体物之所以为一个体物的理型。但无论表示一个综合面相的理型,还是表示一"个体物"的理型,其所成的判断都是综合判断。这样,"以界说为界:界说以前及界说之成皆是综合判断,且对界说之成言,又必以综合判断为根据;界说以后,皆是分析判断。"[14]

例如,表示界说的综合判断可含有如"人者理性动物也",能界须等于所界,因此当此界说一经成立,能界中概念所代表的理型便投入"人"一概念而为其所自具,因而由"人"一概念为主词再做一判断"人是理性动物",便是分析判断。表示一界说的综合判断可含有许多表示一个综合面相的综合判断,因此表示一个体物的理型(因界说而成)可含有许多表示一个综合面相的理型。许多表示一个综合面相的理型可因界说而提纲挈领结束于一起,因而成为一个体物之所以为一个体物的理型。如果将表示个体物的理型与该个体物融而为一,以之为主词,那么所抽引出的都是分析判断,所有的分析判断中谓词所代表的理型也就是该"结束于一起而成一个体物之理型"的许多表示一个综合面相的理型。因此,分析判断只是已有者的重复,并不能增益我们的知识。[15]

牟宗三又认为,除了有上述所讲的表示一个体物的理型,还有表示类名的理型,因为有关于个体物之界说如"孔子",也有关于类名之界说如"人"。表示个体物的理型,有一个体物满足它;表示类名的理型,有许多个体满足它。但无论满足一理型的个体为一为多,都可成一类。就满足的个体为多来说,理型是约束许多个体而为一类的标准或模型。理型是一定然的谓词:凡合乎此谓词的都为此谓词所贯穿。理型不是类,只是成类的模型。类是个体与理型的融合。既然理型是一定然的谓词,那么每一理型都是一有存在性的实在,由它所成的类也便是存在类。每一存在性的理型都表示一存在类,每一理型的获得即是一存在类的获得,同时也就是一知识的成立。

不过,由于理型的出现必经由现实理解中范畴运用的诱导,所以范畴与存在类也有密切的关系。范畴之所以为范畴及其具有种种特性,都是对存在类来说的。而一类之成,是以理型来成功的,而理型的成功必依据范畴的运用作为指导的原则或模型。理型是一定然之谓词,有综合性,是现实的模型;范畴所具的普遍性的外摄相有括弧性与涵盖性,是一可能的模型。可能模型非现实模型,范畴非理型。范畴作为模型是"如何成类"的模型,是此类整个的模型。理型是贯穿散殊个体为一类的定然模型,因此每一理型的出现即表示一存在类的成立。范畴是指导我们如何约束如此散殊个体于此理型下之假然模型,因此范畴可以指导我们成类而其本身不必真能表示一存在类。

总之,范畴为虚为用,而理型为实为体。牟宗三说:"综之:范畴诱导一理型,而不即理型;范畴以因故关系示其相,故指导一因果关系,而不即是因果关系;因果关系可因之而彰著而确定,然彼不能即充当因果关系;范畴唯是发之于现实理解中因故格度之运用。"[16]

牟宗三曾具体列举了五类理型:甲、属于个体及性质者;如桌子、树木、声音、颜色、运动、静止,等等。这些是属于物理知识方面的理型;乙、属于普通所谓本体论或存在学者:如有(存在)、一多、同异;丙、属于数量或物量之关系者:如大小、多少、轻重、倍半,等等;丁、属于时间空间之关系者:如左右、上下、前后、过去、现在、未来,等等;戊、属于超越形上学者:如善、美、伟大,等等。牟宗三将此五类理型简化为四类,因丙丁两类可归为一类。

甲类依认识论的推述将其归属于知识对象,为存在对象的理型,名曰第一序的理型。乙类依认识论的推述,属于名言,系属于论谓之范畴上加以讨论,名曰第二序的理型,如属于范畴,也是第二序的范畴。丙、丁两类依认识论的推述,属于时空的超越决定:丙类属于由时空的超越决定所定的广延的量及内强的量,丁类属于由时空的超越决定所决定的时空关系。由此超越决定,再依原则或标准来讨论大小、多少、轻重、倍半、过去、现在、未来等,此原则或标准即是说大小、轻重等的"理型",此等理型纯属于随时空超越决定而来的形式知识或数量知识,此种理型也应当系属于范畴上加以讨论,也属于名言的第二序。戊类依认识心的批判归属于超越形上学,也可名曰第一序,不属于知识世界。牟宗三认为,戊类不是《认识心之批判》所能及的,于是他以乙类为主,丙丁两类由其可类推。

首先,关于甲类理型,牟宗三说,如果在对象方面有客观实在性的理型只限于统觉现象或个体,则说"有一具体个体必有其所依据以成其为个体之理型"一原则可以为有实在性的理型的引出,也可以决定如此引出的理型可以为知识对象的体性。可是虽然可以引出之,但此原则仍为一形式的原则;虽可以决定之,也是形式地决定之。因此还须一原则来实现此形式原则的引出和决定。这一原则必然是一认识论原则,因为现象或个体只是由经验而得。实现形式原则的原则是:"理型必须视为经验个体所以成之必要条件而后可。"依此原则,理型始具客观实在性,始可为知识对象的体性。理型决不是所谓潜存,也不是可以实现而不必实现的逻辑的可能。

由认识论的原则达到理型的客观实在性,牟宗三称为"理型的认识论的推述"。而认识论的原则还需进一步加以实现,因为如果理型是客观的实在,又能有现实的应用,那么必有一原则能实现此认识论的原则。此原则须自感觉上来讲,感觉提供给我们一串与料。为了能从一串与料中发现关系或脉络,牟宗三提出"统觉"和"终始律"。终始律保证了一串与料不只是虚无之料,而且为一全体之伦系,统觉直接综摄此全体之伦系。"有此统觉与终始律,吾人始能有个体。有此个体,方能说理型为成此个体之条件。理型为其条件,即理型组织之而使之成个体。理型是一种组织之综合,将一串与料孤综起来而使之成个体。依是,吾人说理型有客观实在性,一串与料亦因而成个体。"[17]

在此,牟宗三强调统觉所摄的全体伦系即脉络所在,理型之所在。只是当单以统觉摄此脉络时,个体之为个尚未显明而凸出。此时的个体是"未决定的个体",由未决定的个体来谈理型的客观实在性,名曰"理型之认识论的推述之客观方面的推述"。未决定的个体经过理解活动中范畴的运用,界说的确定,而成为决定的个体。由决定的个体来谈理型的客观实在性,名曰"理型之认识论的推述之主观方面的推述"。[18]不管怎样,牟宗三认为,一切具有客观实在性的理型,因而是可以为个体之体性的理型,均是第一序的理型。

其次,关于乙类理型,牟宗三认为一多、同异是极普遍的概念,又是纯理智的概念,它们应用于现象的存在的客观基础是使现象成为单一体的理型,如此应用的一多、同异只是描述词或指谓词。外界既然无"同"之物,自然也就没有"同之物"之理。但可以说"同的",因而有"同的"之理,一、多、异亦复如此。

对于只是名言的一多、同异这些纯理智概念,牟宗三主张应将其隶属于"范畴"这一先验成分中,它们只是主观思想活动中所发出的一些运用形式即虚形式。它们既是主观的运用形式,也无客观的实在性。有主观的运用性必涵有可以使我们决定某种物事的原则性或标准性,如作为"同的"之理的"同性"即有原则性或标准性。此"同的"之理成就附加的"同的"这一谓词,但不成就存在对象。因此,不说存在对象之为"同的"是由于分享"同",而应说"同的"一谓词自身之所以为"同的"是由于分享"同"。存在对象是"实层","同的"一谓词是虚层。"同的"之理决定虚层的"同的"一谓词,由"同的"一谓词的决定可形成一"同的"之类。也就是说,由"同性"决定"同的"一谓词,由"同的"一谓词形成一"同的"之类。此"同的"之类也是属于虚层的,牟宗三名曰名言类,逻辑类,它不同于物理知识中有实性的理型所成的存在类。

于是,牟宗三认为一多、同异之理都可归于范畴。在此,他区分了实层范畴和虚层范畴。成就物理知识的范畴是实层范畴,为第一序范畴。一多、同异是虚层范畴,为第二序范畴。第二序范畴及其所成者只有名言义而无实在义,是对于实层所加的种种论谓,它有主观义而无客观义。二者的关系是实层范畴诱导一理型而不即是理型,虚层范畴自身即理型;实层范畴在未证实而成理型前,只有主观指导义而无客观实在性。虚层范畴自身即理型,但所成者一往是名言的虚层而无实义,其为范畴或理型的主观运用性、原则性同于实层范畴;实层范畴不可指名,不可举数,虚层范畴则可指名,虽不必举数,而总可列举。

关于"有"或"存在"。牟宗三认为它作为纯理智概念,不同于一多、同异。一多、同异是一种关系项,可以在相对关系中来察看,而"有"只是如此如此而绝对不对他。但"存在"也只是一附加的虚层谓词,"存在的"一谓词的客观基础也在于存在对象的理型。同样的,我们不说客观对象为"存在的"是由于它分享"存在性",而说"存在的"一附加谓词自身所以为"存在的"是由于其分享"存在性"。"存在性"作为"存在的"之理也是起于思想活动中的一个"运用形式",是成就"存在的"这一附加谓词的原则或标准。"存在性"也是一属于第二序的虚层范畴,它决定的"存在的"一谓词及由"存在的"一谓词所成的"存在的"类也是名言的,至多可名曰逻辑的。根据以上的批判,牟宗三遂将一、多、同、异及存在归为论谓存在的虚层范畴,而不是存在论或本体论所讨论的对象。[19]

最后,关于丙丁两类理型,牟宗三认为丙丁两类是关于数量的及时空关系的形式知识,应隶属于"时空的超越的决定"中讨论。超越的决定所决定的一方面为时空关系,一方面为广延的量与内强的量。由此超越的决定所决定者而起论谓,因此论谓成一附加的关系谓词。此等关系词所依据的原则或标准即理型,也属于第二序的虚层范畴,其所成的类也如此。第二序的虚层范畴必是:"一、到处可用者;二、时空所及者;三、言说所及者;四、知识所行之现界以内者。"[20]

牟宗三认为,借认识论的推述将一多同异等诸概念厘清后,也就将形上学问题厘清了。他认为柏拉图混扰了虚层理型与实层理型,而他自己则主张理型的结构应指实层范畴,限于实层范畴来谈。"虚实辨,而形上学问题厘清矣。"[21]

通过以上复杂而深奥的论述,我们从中可以归纳出牟宗三对于理型和范畴之关系的看法:理型分为有客观实在性的第一序的理型和无客观实在性的第二序的理型,范畴则分为第一序的实层范畴和第二序的虚层范畴。实层范畴诱导理型但不即是理型,虚层范畴自身即是理型。

第 3 节 存有论意义上的范畴

据前文,我们知道在写作《认识心之批判》时期,牟宗三所提出的知性三格度实际上是纯理自己之展现随认知活动的外涉而显示出的一些涉指格(reference-scheme),它们是知性的认识活动所必须凭借以成其为认知活动的虚架子。这些格度,是由纯理自己展现所直接示现的虚架子,因而只是逻辑的,不能有任何其他的增益,所以被牟宗三称为"逻辑的涉指格"。

牟宗三主张,在逻辑的涉指格中,顺因故格度可以设立范畴,这些范畴不同于古希腊及康德所说的范畴,因为后者所说的范畴都是一些基本的存有论的概念,而且可以列举。而牟宗三自己则认为他所说的范畴则不是存有论的概念,也不可列举,只是一种设准的运用,因此只有认知中逻辑的意义,而没有存有论的意义。逻辑的涉指格与设准运用意义的范畴,在认知活动中对于外物的作用,具有认知中"超越的运用"。也就是说,由逻辑意义的范畴可诱导或指导出经验事实中的因果关系,因而形成一种类。这种诱导或指导,即是思解的超越的运用。

但是在牟宗三写作《智的直觉与中国哲学》时,则又对上述思想做了某种修正。他说:"吾当初以为可以用吾这一系统代替康德之所说。现在仔细一想,则当稍微谦退一点,即吾现在承认可以有两层涉指格。除逻辑的涉指格外,还可以讲一些存有论的涉指格。"[22] 也就是说,"由对于知性施一超越的分解,可以发现知性有两层的纯粹先验概念之设置。第一层我名之曰逻辑的涉指格(logical reference-scheme);第二层是康德所说之范畴,我名之曰存有论的涉指格(ontological reference-scheme)。"[23] 在《现象与物自身》一书中,牟宗三则更为明确而具体地提出了存有论意义上的范畴,并对其做出了超越的分解。[24] 可见,牟宗三把在《认识心之批判》中曾对其进行了极力批判的康德意义上的范畴重新又抬了出来。

依据康德的思路,存有论的涉指格即所谓的范畴,其发现的线索是

"由分解判断之特殊形式可以引吾人至范畴之发现";其发现的原则是"每一分解判断所以具有如此之特殊形式实因有一与之相应的范畴在其后而为其所以可能之先验根据"[25]。经过这样的线索和原则所发现的范畴究竟有何含义?康德的回答是:"赋予一个判断中的各种不同表象以统一性的那同一个机能,也赋予一个直观中各种不同表象的单纯综合以统一性,这种统一性用普遍的方式来表达,就叫做纯粹知性概念。"[26]

不过,牟宗三对于康德的范畴观提出了疑问:其一,由分解判断的特殊形式,我们可发现一些纯粹形式概念,但这些纯粹形式概念是否就是康德所说的范畴——存有论的涉指格?我们单由分解判断的特殊形式是否能直接地发现出这些存有论的概念——范畴?其二,传统逻辑中的判断表有必然性否?对于第一个问题,牟宗三认为实际上并不能直接发现出这一些存有论的纯粹概念。对于第二个问题,他认为此判断表有必然性,可予以超越的安立(transcendental justification)。不过,牟宗三又承认,即使上述两个问题的疑难都可予以消除,也不能使我们直接从逻辑学中的分解判断发现存有论的形式概念。这不仅必须依靠一个原则,而且还必须得把逻辑中的判断看成是知识判断。但牟宗三又说:"设依一超越的解释,此判断表已得其必然性,又设从知识论底立场,我们可以把这些判断看成是知识判断(如吾所谓有向命题,从纯逻辑学的立场上说,即是无向命题),即使是如此,我们亦很难整齐地对应着每一分解判断跳跃地发现康德所谓之范畴。"[27]在他看来,康德的范畴中只有"本体属性"与"因果"两范畴是恰当而相干的,其余大体不甚相干。于是,他认为即使判断表的完整性有其必然性,我们实际上也可以独立地从知识的要求上建立范畴,而不必以判断表为线索。我们只需依据一原则从知识成立的基础上来建立范畴即可,不必根据判断表一一对应地列出范畴表。

那么,牟宗三此时是如何建立存有论意义上之范畴的?对此我们可以将牟宗三的观点与康德的相对照来看。康德是以逻辑判断作为发现范畴的线索,这一步工作在《纯粹理性批判》的第二版修改为"范畴之形而上的推证"(metaphysical deduction of category),并以此与时间空间之形而上的解析(metaphysical exposition of time and space)相类比。[28]牟宗三则认为,"不必对应判断表而纯从知识的要求上而建立的范畴,吾人可名之曰知识上的设准(postulates)"[29]。也就是说,不像康德那样以逻辑判断表为线索来发现存有论的范畴,而是直接就现象的时间相以及其展转所涵的种种相来反显地引申出这些概念。存有论的概念原是相即于现象而起现的,因而也必须是相即而执成定相。

基于此,牟宗三对于柏拉图、亚里士多德、康德以及罗素的观点分别予以了评述。他认为柏拉图提出了一、多、同、异、存在这五个十分重要而又广泛的理型,它们实即范畴之类。但是此五个范畴(理型)虽然十分重要,却因为太广泛,倒反不能克实。牟宗三在《认识心之批判》中称它们为虚层范畴。亚里士多德提出了本体、质、量、关系、时间、空间、位置、主动、被动、程态等十个范畴,视其为十种"谓词模式"或论谓存在的十通孔。但是亚氏的十范畴是由于其精巧的寻伺而归成,并无一定的原则以保证其必然。与亚氏从谓词模式分类不同,康德是从判断的特殊形式分类而将范畴分为十二个。由于可能性与不可能性、存有与非有、必然性与偶然性属于模态,与决定存在无关,因此牟宗三认为康德的范畴其实只是九个,而且我们不能一一相应地就分解判断的特殊形式来引出一一范畴。罗素在谈到知识的可能时,承认有五个设准:(1)准持续体之设准(postulate of quasi-permanence);(2)可分离的因果线之设准(postulate of separable causal-line);(3)空时连续性之设准(postulate of spatio-temporal continuity);(4)结构的设准(structure postulate);(5)类推的设准(postulate of analogy)。牟宗三认为,这五个设准除了结构设准外都不出康德所说,并说,"罗素之提出此五设准并无一原则,亦只是随便列举几个而已"[30]。

最后,牟宗三只是就着康德的思路而认为,作为量的单一性、多数性、全体性,作为质的实在性、否定性、限制性,以及作为关系的实体与偶性、原因和结果、主动与受动之间的交互作用这九个范畴才是存有论意义上的范畴,它们具有知识上的设准的真实意义。依据这九个概念,现象便具有了如下种种定相[31]:(1)广延的量,这是就现象的时空相依量范畴来说的。(2)内强的量,这是就时空之表象现象依质概念来说的。(3)关系相,这是就现象的时空相依关系范畴来说的,它具体包括了现象的因果相,共在相以及常住相三个方面。

牟宗三认为,被称为知识之设准的存有论意义上的范畴,它们显然不是来自感觉经验,而是先验的。它们是知性所先验地提供的,知性自身就具有自发地提供存有论的纯粹(形式)概念的能力。这是什么意思呢?牟宗三说:"这只是知性就分解判断之特殊形式(特殊统一)逆显地提供出一些使这特殊形式为可能的纯粹先验的存有论的概念,并意许在存在方面先验地有这些概念所意指的性相之要求。"[32]不过,牟宗三又承认知性自发地先验地提供纯粹概念与自由意志自给道德法则是不同的。意志的自给是真自给,它先验地自给法则,是命令我们依此法则而行,即引生义不容辞的行为,因此意志有创造性。与此相比,知性虽然有自发性,但是并没有创造性;知性之依其所自给的法则来综合直觉中的杂多还需要一种先验的演绎,能使之落实下来,有客观妥实性,还需一些先验原则能把它迎接下来使之可应用于经验。

牟宗三对于范畴来源的看法,从根本上讲与康德并无不同。康德虽然对于范畴的来源问题讲得不多,但他明确提出范畴是"一些自己思维出来的、我们知识的先天第一原则"[33]。这表明,在康德看来,范畴不是从经验引申、归纳得来的,也不是神赐的,而是知性本身的思维形式。如果把握住了范畴是人的纯知性的主动性和功能,就抓住了问题的本质。

第4节 质疑:知性的纯粹概念理论

依据牟宗三在不同时期对于范畴理论的基本看法,我们认为,随着他对于康德哲学研究的渐趋深入,以及对于本体论的逐步重视,牟宗三最终放弃了《认识心之批判》时期对于范畴所持有的极端的逻辑中心主义的立场。他认识到,单单凭着由因故格度处设立的范畴,是不能说明知识的。于是,他又重新抬出和继承了康德的范畴的理论。由单一地承认知性的逻辑性格,转而也不否认知性的存有论性格。在知性存有论性格处,他正视了存有论意义的范畴,并力图以此来弥补单独谈论逻辑意义的范畴所带来的理论上的缺陷。

一、牟宗三范畴理论的缺点之一：单以范畴来提供知识的客观普遍性

通过详细分析牟宗三与康德的范畴理论，我们发现，尽管二人在某些方面存在差异，但他们都共同主张通过知性范畴来提供知识的对象，提供知识的客观普遍性。对于这样的一种基本立场，我们是不能赞同的。我们针对他们的范畴理论，势必可以追问：范畴能否只从逻辑的角度来加以考察？作为一种纯粹概念而存在的范畴具有可能性吗？

从牟宗三的全部范畴理论来看，他立论的根据主要是康德的范畴理论，并结合了自己对于逻辑及数理逻辑的了解和看法。他依照康德的思路而把科学知识的普遍有效性建基在主观的、形式性的范畴之上，并认为科学知识的普遍性是由具有普遍有效性的先验综合判断所提供的，而后者的普遍性则直接根源于知性范畴的先验性。于是，牟宗三对于知性的先验概念和知性的存有论概念做出了极富创发性的阐释，其理论之深刻与丰富，在中国现代哲学界实极少能与之相匹敌。不过，将知识的客观普遍性建立在先验形式性这样一个主观性极强的基础之上，势必使得牟宗三的知识论面临一个最大的困难，也就是这样的普遍性如何得以证实的问题。他以形式直觉的主观体验来解决证实问题，实际上是将问题复杂化而并没有真正解决问题本身。

与牟宗三相比，金岳霖的知识论在对待知识的普遍有效性这同一个问题上，却不以形式性作为探讨的出发点，他是将问题的解决建立在知识的材料即知识的经验内容上。在金岳霖看来，知识的出发题材是经验性的所与，所与是正觉所具有的对于外物的一种客观的呈现，它不是一种纯粹内在的私人性的东西。就内容说，所与是呈现；就对象说，则所与是具有对象性的外物或外物的一部分。总之，在正觉的基础上所与使得官觉内容与官觉对象得到了统一。以此，在金岳霖建构知识论之始，知识客观性普遍性已经蕴涵其中。外物是一种独立的客观实在，它具有不依赖人的基本特质。以具有客观性的所与或外物为材料而建立起来的知识，便具有了某种客观普遍性的属性。当然,在金岳霖的知识论之中,"所与"只是一种材料,除此之外,概念也在建构知识论的过程中起着十分重要的作用。在强调概念在知识的客观化、普遍化过程中的作用方面,金岳霖运用了理性派哲学的资源。不过,与牟宗三等理性主义者注重概念的先验性不同,金岳霖则主张概念是得自所与,然后又还治、规范所与。因此在知识的普遍有效性这一问题的处理上,金岳霖兼顾了感性与理性、经验与先验、客观与主观、内容与形式两个方面。这与牟宗三、康德等人单单从概念的先验性入手来解决知识的客观普遍性相比,无疑显得更为合理和客观些。可见,金岳霖更多的是注重了知识研究过程中与外在客观世界的关联上,而牟宗三则在知识的属人性上即知识与人的存在方式相联方面花费了大量笔墨。

　　牟宗三在知识的客观普遍性问题上所陷入的狭隘立场,进一步讲是源于他的如下两个理论制限:其一,未能处理好逻辑学、本体论与知识论之间的关系,从而过分地重视和强调逻辑学在知识论中的作用,从而陷入一种逻辑中心主义的窠臼之中。其二,未能在范畴理论当中考虑科学的维度,从而制限了范畴理论所本应具有的广阔视域范围。下面就分别对此两点不足予以详细的分析。

二、牟宗三范畴理论的缺点之二:逻辑中心主义

　　从总体上看,牟宗三对于范畴理论所特别强调的主要是如下两点:一是范畴的存有论性格;一是范畴的逻辑性格。于是在他的理论当中便有了两类范畴:一类是康德的范畴,即存有论意义的范畴,它们具有存有论的涉指格;一类是于因故格度处设立的范畴,即逻辑意义的范畴或运用性的范畴。按照牟宗三的理论,前一类范畴具有存有论的意义,后一类范畴则只有认知中逻辑的意义。那么,这两类范畴之间的关系究竟是怎样的?对此,牟宗三并没有进行过细致的考虑和解答,这无疑是他的范畴理论所体现出来的一个主要的不足之处。

　　抛开此点不谈,在牟宗三的理论中之所以会呈现出两种范畴的同时存在,这是与他在行文和论述中始终将逻辑学、知识论和本体论问题的探

讨纠缠在一起而没有解决好其间的关系是不无关联的,而这也是造成其
范畴中所存在的诸多理论难局的主要原因所在。

逻辑意义的范畴既然是由因故格度处设立的,而因故格度又纯粹是
逻辑中的"如果则"这一逻辑概念的外在化,外在化而为知性的格度,那
么,由此纯粹具有逻辑性的格度所开出的范畴,显然只能是一些具有逻辑
意义的概念,他们如何具有牟宗三所言称的认知的意义。在此,体现了牟
宗三对于逻辑学与知识论的混淆。另一方面,对于存有论意义的范畴,牟
宗三的看法也是成问题的。实际上,在康德的知识论中,他对于其依据判
断形式而提出的十二个范畴,是时时承认它们的认知意义的。感性直觉
中的时空形式提供的是认识的材料,而知性中的诸范畴则是起着将诸多
材料综合在一起而构成经验对象的作用。起着这种作用的范畴,显然是
知识论意义上的范畴,而不是牟宗三所谈的具有现象界存有论意义上的
范畴。此处再次体现了牟宗三对于知识论与本体论未能加以客观的
分清。

同时,牟宗三本人坚决地认为,逻辑意义的范畴与存有论意义的范畴
虽然是先验的,但是它们是知识论上的先验而不是形而上学的先验,它们
只有知识论的执的存有论的必然性,而没有形而上的必然性,没有无执的
存有论上的必然性。因为在他看来,上述范畴都是起现于识心的本执,而
识心是可转,本执是可化的。当识心与本执被转被化时,这些用来成就知
识的先验概念便随之烟消云散。不过,牟宗三又承认这些范畴虽然无直
接的形而上的必然性,但却有间接的形而上的必然性。之所以如此,是因
为"知体明觉"自觉地要求保住"无而能有"的"有"的必然性。从这些先
验概念的"有而能无"处来说,它们只有知识论上的必然性而没有形而上
的必然性。从这些概念的"无而能有"处来说,它们又因道德上的"知体
明觉"而间接地具有形而上的必然性。由于牟宗三始终将形而上学而不
是知识论,将无执的存有论而不是执的存有论看做是根源性的和第一位
的,因此他再次强调知识论的本体论根源,并最终将知识论放置于形而上
学之中,以道德形而上学来言说了知识论与认识中的范畴。

总之,纵观牟宗三对于认识理论的探讨,我们时常会发现,因为不能

在逻辑学、本体论与知识论之间划出明确的界限,而常常造成诸多认识理论之间的张力和冲突。比如此处所谈的他关于范畴的理论即体现了这一点。这种在逻辑学、本体论与知识论之间的纠缠和夹杂,既不能很好地面对和解决知识论中所具有的诸多理论问题,实际上也不免在关于逻辑学与本体论问题的探讨上平添了几多障碍。我们认为,对于逻辑学、本体论与知识论之间的关系,一种合理而正确的态度应当是:虽然我们亦承认逻辑学、本体论与知识论之间有着某种联系,但是它们之间的区别是根本的。知识论问题的探讨本身当然离不开逻辑学与本体论的有关认识,但是知识论并不就是逻辑学与本体论。当我们研究知识论问题时,我们只能站在知识论的立场而以知识论为中心,正如研究本体论问题时我们只能站在本体论的立场而以本体论为中心,研究逻辑学问题时我们只能站在逻辑的立场而以逻辑为中心一样。牟宗三未能处理好逻辑学、本体论与知识论三者之间的关系,无疑是造成他的范畴理论困难的一个最为直接的原因。

三、牟宗三范畴理论的缺点之三:缺少范畴探究过程中的科学维度

我们虽然承认牟宗三对于由认识范畴来加以描述的认识结构之作用的强调是很有意义的,这体现了他与康德一样,都对知识论中主体的作用做出了认真的对待和研究,但是,他与康德所过分秉持的逻辑主义立场,又极大地限制和制约了他的研究。

在西方近代哲学史中,应当说正是康德第一次提出和论证了人类的认识结构在建构科学知识及其对象的主导与决定作用,从而实现了哲学与知识论领域中的"从知识依照对象"到"对象依照知识"的哥白尼式的革命。康德继亚里士多德之后,把形式逻辑的判断形式作为功能而提高到知识论的高度,并强调和重新提出了范畴问题,这是对思想作辩证规范的一个重要的发展。亚里士多德的范畴是关于存在、事物、对象的本体论或存在范畴,它们关联的是有关存在的陈说的基本方式。康德的范畴则是关于思维的知识论或思维的范畴,它们是来自精神的规律性。这种强调人的认识主体性的范畴理论,在哲学史上具有巨大的理论意义,它标志

着哲学开始真正地从以本体论为中心的探讨转向知识论问题的研究。

我们承认,对于世界的认识是取决于某种认识能力的,这种能力都具有确定的、由"认识范畴"来加以描述的结构。认识范畴和现实范畴至少部分地相互适合决定了认识的可能性。对于这种相互适合,康德的解答是这样的:"可能的经验的原则同自然界的可能性的法则这两者之间的这种必然的一致性,只能从下列两种原因之一得出来:即,或者这些法则是通过经验从自然界里得出来;或者相反,自然界是从一般经验的可能性的法则中得出来的,并且同仅仅是一般经验的普遍的合乎法则性是完全一样的。"又说:"理智的(先天)法则不是理智从自然界得来的,而是理智给自然界规定的。"[34] 在《纯粹理性批判》的第二版序文中,康德同样谈到了上述的解答方案。他说:"向来人们都认为,我们的一切知识都必须依照对象;但是在这个假定下,想要通过概念先天地构成有关这些对象的东西以扩展我们的知识的一切尝试,都失败了。因此我们不妨试试,当我们假定对象必须依照我们的知识时,我们在形而上学的任务中是否会有更好的进展。"[35] 于是,康德依据上述哥白尼式的崭新的考察方式而认为,认识的结构是验前的即先于和独立于任何经验而存在的,它们使经验成为可能,并构造了经验。此种先验结构,在康德的哲学中即是感性直观的时空形式和知性的十二个范畴。

牟宗三在寻求认识结构中范畴之起源的问题上,也是接着康德的方向而前行的。尽管在具体的环节上二人还有着诸多差异之处,但在基本的路向和精神上,却始终保持着一致。当然,我们得承认牟宗三在探讨的过程中,是具有自己的独特发挥和阐释的。

抛开此点不谈,我们说,在主体认识结构的问题上,牟宗三也十分注重逻辑的因素,但在不同的时期,他的态度是不同的。在写作《认识心之批判》时期,与康德依据传统亚里士多德的命题逻辑来发现范畴不同,他是依据现代数理逻辑的研究成果,从逻辑所表达的纯粹理性处来立言的。据此,他具体研究了逻辑与纯理以及纯理与数学、几何学之间的关系,从而引导出时空格度、因故格度、二用格度、曲全格度以及由因故格度处所设立的范畴。这是他对知性之逻辑性格的阐释。另一方面,在写作《智的直觉与中国哲学》、《现象与物自身》时期,他既承认了知性之逻辑性格,同时又直接吸取了康德依据判断形式而做出的范畴理论,并具体地论述了它们在存在论上的意义。诚然,牟宗三排除了康德的可能性与不可能性、有与非有、必然性与偶然性这三个模态范畴。

但是,不管牟宗三在各个不同的时期对于范畴的看法有如何的差异,有一点是明了的,即他基本上是基于逻辑的立场来谈论范畴。与康德一样,他将逻辑视作发现范畴的线索,因此在他对于范畴的看法中就时时刻刻体现出来范畴的逻辑化特征。这一方面固然解释了能够体现人的认识主体性的范畴的起源问题,但另一方面,此种做法无疑也极大地制限了范畴所应具有的广阔理论背景和研究路向。实际上,范畴的真实意蕴,是要远远超过牟宗三与康德的狭小视域所规定的范围的。牟宗三与康德一样,都未能将范畴的探讨放到逻辑学之外的广阔科学背景之中来进行。他们只是承认主要由范畴所构成的认识结构是先验的,但是他们并未能从实质上对其加以广泛而深入的研究。狭隘的逻辑主义立场,实际上也必然决定了他们未能也无法进行这样的研究。康德在知识论的研究过程中,往往只满足于"独断地"宣称认识主体的认识结构是"先验的",是作为认识主体的人的自我意识的"先验结构",而在这些认识结构的起源即从何而来的问题及为何对一切主体均同样有效的问题上,未能做出仔细而令人信服的言说和论证,这不能不说是康德知识论的一大缺彩之处。牟宗三的范畴理论同样具有这样的缺陷。

我们认为,对于由范畴构成的认识结构的考察,起码得注重其间所体现的科学维度。探讨人的认识结构的起源问题,以及它对于一切认识主体同等有效性之根据或机制的问题,往往不应离开生理学、进化论与行为研究、心理学、人类学与语言学等等科学理论的框架来探究。比如,我们的认识装置,实际上即是进化的一种产物。主观的认识结构适合这个世界,因为它们是在适应这个现实世界的进化过程中形成起来的。再比如,皮亚杰通过儿童心理学这一微观角度,就已经向我们阐明和证实了这样一个最为基本的事实:操作对于逻辑、思维具有基础性的意义。

当然,一个研究知识论的哲学家,也许不是一个研究具体自然科学的科学家,哲学中的知识论也不同于而是高于具体的科学认识。但是,哲学知识论的研究确实离不开自然科学的发展与成就,自然科学的研究水平往往直接决定了哲学知识论问题本身探究的范围、深度与广度。爱因斯坦就曾谈到知识论与科学间的紧密联系:"认识论与科学(science)的相互关系,有着奇特的方式。它们是彼此依赖的。同科学无关的认识论会成为空洞的图式。离开认识论的科学——就一般可想到的而言——则是粗糙和紊乱的。"[36]这也正如一位进化认识论学者所言:"或者是认识被局限于科学认识,或者是在认识论中运用科学的方法,或者是用科学成果来回答认识论问题。因此,自 1900 年以来,认识论几乎不能同科学理论分开。"[37]

因此,我们认为,知识论问题的解决往往取决于我们自然科学的发展水平,以及我们将其与科学相结合的程度。尽管纯粹的理论思辨的知识论研究是必不可少的,但是如果我们只是停留于这种思辨的水平上,那么我们是无论如何也解决不了知识论的问题的。早在 1913 年,赖欣巴哈(Reichenbach)在论及"今日自然科学的目标与途径"时就曾写道:

> 自然哲学的目标,是解决一系列认识论基本问题,这些问题,一部分曾在最古老的哲学中起过作用,一部分当然是今天才提出的。但是,自然哲学的途径,从根本上区别于传统哲学的途径,因为它不想通过抽象的思辨,不想通过沉溺于纯粹思维,或者通过某种理性的分析,来解决认识论问题,正如迄今为止哲学家或多或少尝试过的那样。——它宁可相信,只有同自然科学和数学研究最紧密地联系起来,认识论问题才可能得以解决。[38]

在将知识论问题的探讨与科学结合起来这一方面,牟宗三显然未能做到。与此相比,康德则因其早期对于自然科学的重视和研究,所以在此结合上要胜于牟宗三。

四、不存在康德与牟宗三意义上的范畴

牟宗三与康德都主张,我们的思维能够做出关于经验实在性的绝对

有效的判断,因为思维本身参与了经验对象的构造。这是因为,如果没有范畴提供给对象以形式,就不存在任何对象。但是,实际上这样意义的对象是不存在的。

范畴在牟宗三与康德看来是一种概念,是知性的纯粹概念。既然是一种概念,就得遵循概念的本质特征。而我们认为,概念只不过是一些标记,只有当它们与对象对应(correspondence)时,才首先获得了意义。认为概念可以先天地寓于知性之中的看法,是一种武断的教条。按照牟宗三与康德所主张的批判哲学观点,对象总是种种关系的复合体,这些关系并不是直接的所与,而是必须归于思想、判断和概念。关系来源于判断。它主张,作为一种纯粹思维形式,范畴给已有的、通过直观给予的但在某种意义上说仍是无形式的材料赋予形式,从而在这种材料中产生关系以便对于它的知识成为可能。但是我们认为,判断只是与关系相符合,它是存在于关系之外的。思维及其判断和概念并不具有可以加到实在上的形式,实在的东西并不是首先通过思维才成为我们的对象。在直观上给予的材料中,我们就可能发现知识所赖以建立的关系。这些关系不是首先由判断、由意识所特有的某些思维功能产生的。关系就像其他对象一样,它们能够用概念来标示。[39]

于是,我们反对如下这一观点:必须当做实在或事实的东西最初并不存在,它作为知识追求的最终目标只能通过知识本身建立起来。相反,认识论必须假定:实际事实和对象在逻辑上先于任何思想和判断因而是给定的。思维既不创造事实,也不是把形式赋予无形式的材料。用石里克的话说就是:"在判断中我们必须涉及的关系决不是由该判断产生的。不管它是何种判断,这种关系总是在逻辑上和心理上先于思维活动的。"[40]关系不是思维的形式,而是必须看做所与的形式,所与已经被给予了形式。在经验知识的研究过程中,思维并不创造实在的关系,思维也没有什么可以加诸实在的形式。实在无须任何加诸自身的形式,因为实在已经具有形式。而且,由于不存在为实在规定严格法则的纯粹直观,因此,实在不是首先从意识获得形式或规律性;相反,意识只是从实在所截取的一个部分。一句话,不存在康德或牟宗三意义上的范畴。

　　以上便是牟宗三的范畴理论以及我们对此的看法和主张。如果说我们前面的章节主要阐述的是牟宗三对于认知知识的理论观点及其中所存在的理论制限之处,那么在下面的第9、10、11 章,我们论述的重点将放在他所提出的另一类知识即"智知"上,将集中研究他的有关"道德的知识"的理论。

注　释

[1]牟宗三:《觉知底因果说与知识底可能说》,《牟宗三先生早期文集》(上),见《牟宗三先生全集》(25),台北:联经出版公司 2003 年版,第 312 页。

[2]即同一原理(principle of identity)、矛盾原理(principle of contradiction)、拒中原理(principle of excluded middle)、托沓原理(principle of tautology)、再非原理(principle of double negation)、简化原理(principle of simplification)、能主原理(principle of assertion)、归谬原理(principle of the reductio ad adsurdum)、添加原理(principle of addition)、交换原理(principle of permutation)、联珠原理(principle of syllogism)、输出原理(principle of exportation)、吸入原理(principle of importation)、组合原理(principle of composition)、掺进原理(principle of factor)、可宝原理或金玉原理(praedarum theorema)。关于此十六个范畴的详细内容,请参看牟宗三:《觉知底因果说与知识底可能说》,《牟宗三先生早期文集》(上),第 326—329 页。

[3]关于此表,请参看牟宗三:《觉知底因果说与知识底可能说》,《牟宗三先生早期文集》(上),第 334 页。

[4]关于张东荪对于"时间"、"空间"、"主客"的论述,请参看他的《认识论》,上海:世界书局 1934 年版,第 71—82 页。

[5]牟宗三:《觉知底因果说与知识底可能说》,《牟宗三先生早期文集》(上),第 322—323 页。

[6]此七组范畴是:第一组,同一——异众(identity-diversity)、类同——差异(similarity-dissimilarity, likeness-unlikeness)、一——多 (unity-multiplicity, oneness-manyness)、单纯——杂驳(simplicity-complicacy, homogeneity-heterogeneity)。第二组,部分——全体(part-whole)、普遍——特殊(universality-particularity)、绝对——相待(absolute-relativity)、完全——有限(perfect-finite)。第三组,正——负(positivity-negativity)、有——无(being-non-being)、主——客(activity-passivity)、现实——潜能(actuality-potentiality or possibility)、超出——内在(transcendence-immanence)。第四组,性质——数量(quali-

ty-quantity)、本体—现相(reality-appearance)、方式—实质(form-matter)、本质—属性(substance-attribute)、构造—作用(structure-function)、质料—组织(stuff-structure or construction)、精要—偶征(essentials-accidentals)。第五组,关系—无关(relation-independence)、因果—相互(causality-reciprocity)、必定—偶然(necessity-contingence)、大概—必然(probability-certainty)、变化—永恒(change-eternality)、因—果(cause-effect)、机括—目的(mechanism-teleology)、有定—自由(determination-freedom)。第六组,主观—客观(the subjective-the objective)、分析—综合(analysis-synthesis)、一致—矛盾(consistency-contradiction)、抽象—具体(abstraction-concreteness)。第七组,自然—价值(nature-value);真—伪(truth-falsehood)、善—恶(good-evil)、美—丑(beauty-ugliness)。关于此见张东荪:《认识论》,第85—88页。

[7]关于此八个含义,见张东荪:《认识论》,第92—93页。

[8]牟宗三:《认识心之批判》(上),见《牟宗三先生全集》(18),第391—392页。

[9]牟宗三:《认识心之批判》(上),第107页。

[10]牟宗三:《认识心之批判》(下),见《牟宗三先生全集》(19),第613页。

[11]Dewey,John. Logic:*The theory of Inquiry. see,John Dewey*:*The Later Works*,1925-1953(Volume 12:1938),edited by Jo Ann Boydston. Edwardsville:Southern Illinois University,1991. p.272.

[12]牟宗三:《认识心之批判》(下),第622页。

[13]"理型",即"idea"一词。牟宗三认为"idea"一词有两种使用:一是柏拉图的使用。在柏拉图哲学里应译为"理型",即理想的基型,因为其有实在意。康德随之,但在康德的哲学中,应译为"理念",即理性的概念(理性所形构成的完整的概念),因为其不必有实在性。一是贝克莱的使用。在贝克莱的哲学中,"idea"应译为觉象即知觉现象,等于现实而具体的事物。关于此可参看牟宗三:《现象与物自身》,第300、337页。

[14]牟宗三:《认识心之批判》(上),第398页。

[15]关于此内容,请参看牟宗三:《认识心之批判》(上),第398页。

[16]牟宗三:《认识心之批判》(上),第402页。

[17]牟宗三:《认识心之批判》(上),第419页。

[18]关于"主观方面的推述",见牟宗三的《认识心之批判》(上)第4章第2节"范畴与可能"部分。

[19]关于一多、同异、存在的论述,参见牟宗三:《认识心之批判》(上),第420—427页。

[20]牟宗三:《认识心之批判》(上),第428页。

[21]牟宗三:《认识心之批判》(上),第430页。

[22]牟宗三:《智的直觉与中国哲学》,见《牟宗三先生全集》(20),第2页。

[23]牟宗三:《智的直觉与中国哲学》,第1页。

[24]牟宗三对于存有论概念所进行的超越的分解,可具体参看其《现象与物自身》第6章有关的内容。

[25]牟宗三:《智的直觉与中国哲学》,第3页。

[26]康德:《纯粹理性批判》,邓晓芒译,A79 = B105,北京:人民出版社2004年版,第71页。

[27]牟宗三:《智的直觉与中国哲学》,第9页。

[28]范畴的形而上的推证是体的解析,它说明的是范畴先验而有;范畴的超越的推证是用的解析,它说明的是如此的范畴对我们的知识及知识对象(现象)有什么决定性的作用。与此相应,对于时空的形而上的解释,是说明时空先验而有;时空的超越的解释(transcendental exposition),是说明如此的时空对现象及数学知识有何作用。

[29]牟宗三:《智的直觉与中国哲学》,第13页。

[30]牟宗三:《智的直觉与中国哲学》,第16页。

[31]“定相”(determination)即执相,牟宗三对此概念的具体解释是,“用范畴,去统去觉所成功的综合就叫做先验的综合,先于经验而成的综合,拿一个范畴去综合,综合所到的地方就呈现一个相,那个相就叫做定相。”关于此,参见牟宗三:《四因说演讲录》,见《牟宗三先生全集》(31),第197页。

[32]牟宗三:《智的直觉与中国哲学》,第26页。

[33]康德:《纯粹理性批判》,邓晓芒译,B167,第111页。有关于康德哲学中范畴的起源问题,可以参看齐良骥:《康德哲学中范畴的起源问题》,《德国哲学》第5辑,北京:北京大学出版社1988年。

[34]康德:《任何一种能够作为科学出现的未来形而上学导论》,庞景仁译,北京:商务印书馆1995年版,第92—93页。

[35]康德:《纯粹理性批判》,邓晓芒译,“第二版序”,第15页。

[36]转引自福尔迈:《进化认识论》,舒远招译,武昌:武汉大学出版社1994年版,第

160 页。

[37]福尔迈:《进化认识论》,第 15 页。

[38]转引自福尔迈:《进化认识论》,第 3 页。

[39]对实体性、因果性、存在性、可能性、必然性、实在性、否定性、限制性、统一性、多样性、总体性的非范畴性的详细论述,可以参看〔德〕石里克:《普通认识论》,李步楼译,北京:商务印书馆 2005 年版,第 40 节"关于范畴"。

[40]〔德〕石里克:《普通认识论》,李步楼译,第 460 页。

第 9 章　道德主体

　　根据以上诸章的考察,我们知道,牟宗三本着康德的路向和骨干(也就是,以超越的统觉即客观而逻辑的我所自具的形式条件来施设现象界,来使经验知识成为可能),对于认识心的全部领域即感性、知性及超知性予以了穷尽无漏的展示,同时顺着纯理的发展和"存在即被知"这一判断而考察了认识心的本性、范围与限度。他认为哲学的全部系统可以用三句话来概括:"凡存在的是被知的",此是观念性;"凡被知的是现实的",此是现实性;"凡现实的是合理的",此是如理性。但是他又认为,这三个方面"在认识心方面,皆不能有最后之极成与究极之证明。此即显示出认识心之限度。故对于认识心全部领域之考察,一方充分展露出认识心自身之系统与成就,一方亦显示出一部道德形上学之必须"[1]。

　　可以说,正是在力图展示一道德的形而上学上,即由作为智性的"认识心"转至"道德的天心"上,牟宗三才又提出了与"识知"不同的另一种知识——"智知",于是对于道德知识的论述便成为以下诸章论述的重点。

第1节　牟宗三对道德主体重要性的强调

前文曾谈到,牟宗三认为主体有二:知性主体与道德主体,也就是认识主体与实践主体。"'主体'可分两层说:一是认识主体,一是实践主体。"[2]为何如此,这是因为从纯哲学方面来说,人性中"心"的活动,首先表现为"理解形态"。依此,便有理解的先验原理的显露。在此,逻辑与数学都依据先验主义而有了超越的安立,而且科学知识也得到了说明。其次表现为"实践形态"。依此,便有实践的先验原理的显露。在此,"内在道德性"的骨干一立,则道德形而上学、美的欣趣乃至综合形态的宗教意识,都得到了真实无妄与圆满无缺的证成。"在理解形态中,吾人建立'知性主体'(即思想主体)。在实践形态中,吾人建立'道德主体'。此两主体乃一心之二形,而由道德形上的心如何转而为'认识的心'(知性主体),则是心自身内在贯通之枢纽。"[3]

在知性主体与道德主体这两种主体之间,牟宗三认为道德主体具有综纲性和本源性。认识主体之作用的发挥有赖于道德主体作为其背后的底据,因此,如果将认识心即知性主体的全体大用予以全幅的展现,穷尽其全幅历程,那么道德主体便朗然而现了。"穷智见德"与"德坎为智",可以说标识出了牟宗三在不同时期理论致思和取向的根本差异。当他在祖国大陆的时候,牟宗三主要涉猎和研究的是逻辑学与知识论方面的思想,这以《逻辑典范》、《认识心之批判》两部著作为代表,之后于台湾出版的《理则学》一书也可算在此列。此阶段为"穷智见德"阶段。

在《认识心之批判》中,牟宗三就已经在书中的最后部分从认识心与道德心的对照中来谈论了道德主体的重要性。他说:

> 认识之心虽具有创发性,而但见其为经验直觉所托带,并不能反而统驭主宰此直觉。吾人由认识之心之平面的函摄为不足,而向往一立体之"统驭与函摄"(此与只函摄异),然此立体之统驭与函摄,

吾人顺认识之心总不能至。吾人顺其锐利性而能窥测到生命之向发
性。由此向发性纵能窥测到生命之甚深处，然总不能获得立体之统
驭与函摄之根据与成就。立体之统驭以道德之心（即天心）为根据。
依是，此问题之关键，必是在由认识之心如何能转至道体之心即
天心。[4]

　　也就是说，认识之心具有空幻性，它只能依据现实世界逻辑地构造本
体论与宇宙论，而不能直觉地构造之。本体和宇宙的直觉构造，需要的是
道德的形而上学的建立，尤其是道德主体的抬升与挺立。可以说，由形而
上的天心坎陷（否定）出认识心，再由认识心的坎陷中跃出寂照心，最后
由寂照心的否定来呈现出形而上的天心，这是牟宗三《认识心之批判》的
一个基本的理路和内在逻辑结构。由智穷而逼出道德主体，由辨解辩证
与通观辩证逼出实践辩证，是牟宗三所主要采取的理论论述方式。
　　另外，牟宗三将现实世界看做是经验的统觉所发现的世界，理解所诠
表的世界，"智的直觉"所照射的世界。他说："在经验统觉中，吾人知缘
起事及贯串于其中之脉络。在理解中，吾人将此脉络提炼出来而形成一
属于现实存在之逻辑系统。在智的直觉中，吾人将此逻辑之理的系统与
缘起之事的系统融而为一而直透至无穷无尽，使全部知识宇宙成为在直
觉照射中之全体呈现。"[5]在经验统觉中，由缘起事我们有"变化无常"
的概念；在理解中，我们有"逻辑之理的系统不能得最后圆满"的概念；在
"智的直觉"中，我们有"只是一主观意义之无限"的概念。牟宗三认为，
由这三个概念向后翻，翻至一与此三概念相反之一绝对真实的本体概念。
此本体即是一种形而上学意义上的道德主体。
　　20世纪40年代末以后，即牟宗三离开祖国大陆而旅居港台这一时
期，是"德坎为智"阶段。此时，牟宗三主要是基于文化意识和社会的悲
情而侧重于中国哲学、文化、政治诸方面的研究，由此提起和抬升出道德
主体这一其思想体系中的核心概念，并基于对康德三大理性批判的系统
理解和诠释，结合中国儒释道三教义理而最终提出了"道德的形而上学"
这一具有创新性的理论。对于道德主体的强调和阐发主要体现在《现象

与物自身》一书中。在此书中,牟宗三顺着下趋的理路,直接由道德主体下开而为知性,并以此来成就科学的世界,成就现象界的存有论。

可见,在牟宗三思想发展的两个阶段,道德主体均具有重大的作用。在前一阶段它主要是为了解决知识论的局限,即为了保证真正的满类与满证,保证"存在即是被感知",保证"凡是现实的都是合理的"。关于此我们在前文均有论述。在第二个阶段,道德主体的重要性主要是体现在它在建构形而上学体系中的作用,具有此种作用的道德主体与发挥于知识论领域中的认知主体,在牟宗三看来显然是不同的。道德主体是与物无对的,它所追求的是与天地万物为一体的形而上的境界,其表现和作用是完成德性人格;知性主体则是与物有对的,它是在主客对列的关系中发挥作用,去认识外在对象,其表现和作用是成就知识与科学。认识主体属于智的领域,道德主体即道德的天心属于仁的领域。认识主体属于有限心,道德主体属于无限心。因此,两种主体的差别也就是有限心与无限心的差别。有限心即是执著心,也就是识心或识心之执,以西方哲学术语来说就是感性、知性,以中国哲学术语来说则称"识心"(佛家)、"成心"(道家)、"见闻之知"的知觉运动即气之灵之心(儒家)。作为认知心的知性也就是这识心之执。与此不同,无限心即是不执著的心,这在中国哲学中有种种名,如"智心"(佛家)、"道心"(道家)、"良知之明觉"(儒家)等。总之,学问之事,仁与智尽之矣。而只有开出道德主体,然后道德宗教、历史文化乃至全部人文世界才能谈得上。

可以说,牟宗三对于与"知性主体"相对应的"道德主体"的提出,是深深受到了熊十力和唐君毅的影响。牟宗三自己就曾讲过,当自己由对于逻辑之解析而至知性主体,从而深契于康德的精神路向的时候,正朝夕过从于熊十力先生处。他说:

> 吾游息于先生之门十余年,薰习沾溉,得知华族文化生命之圆融通透,与夫圣学之大中至正,其蕴藏之富,造理之实,盖有非任何歧出者之所能企及也。吾由此渐浸润于"道德主体"之全体大用矣。时友人唐君毅先生正抒发其《道德自我之建立》以及《人生之体验》。

精诚测怛,仁智双彰。一是皆实理之流露,卓然绝虚浮之玄谈。盖并世无两者也。吾由此对于道德主体之认识乃渐确定,不可摇动。如是,上窥《易》、孟,下通宋明儒,确知圣教之不同于佛老者,乃在直承主体而开出,而华族文化生命之主流确有其独特之意义与夫照体独立之真理,不可谤也。[6]

　　那么,究竟何谓道德主体? 道德主体实际上即是牟宗三所说的"超验的真我"的道德化,它是一种无限心,是唯一的"本体界的实体"(noumenal reality),即中国儒家所畅谈的心体、仁体、性体、诚体、神体、道体、寂感真几、知体明觉、意体(独体)。道德的心,就是一种道德感,一种生动活泼怵惕恻隐的仁心。为何如此? 因为牟宗三认为,人所首先关心的是自己的行为、自己的人品。我们只能由道德意识直接来显露道德实体。[7]道德意识中"存在的应当"的决定就是一个"道德的决定",由"存在的应当"的决定可直接显露一个超越的、道德的实体。此种无限心有一种妙用,即"智的直觉"。总之,牟宗三认为道德的心是普遍地存在着的,而且是随时可以指点出的。"这就是我们一切言论行动以及判断一切言论行动的起点与标准。"[8]

　　我们前文第3章第3节部分已经谈到牟宗三将我分为三种,在《智的直觉与中国哲学》中,他又对认知的主体与超越的真我的关系进行了分析。思维主体只是形式的我、逻辑的我,乃是认知主体,超越的真我即是认知主体的底据或支持者。此真我,是一个单纯的本体,是一个自同而不可破灭的本体,只有智的直觉可以朗现之。[9]牟宗三认为,如果将认知的主体与超越的真我相比,显然是后者更为重要和根本。认知主体即架构的我,是认知地驾临而控制经验乃至经验对象。它的超越性是认知的超越性,不是形而上地或存有论地超越的。认知地超越必预设主客的对立,它是由认知主体主动地施设范畴网以及由其对象化的活动来体现。我们如果通着真我来说,这正是真我的一个曲折(自我坎陷),由此曲折而拧成这么一个架构的我(认知主体)。于是,架构的我在认知关系上虽然必须被肯定,但是在超认知关系上,又可以被化除,被消解。在真我的通观的呈现过程中,它时时被肯定,也时时被消解。在被肯定时,时间空间范畴一齐俱现;在被消解时,时间空间范畴一齐俱泯。

第2节　对牟宗三道德主体思想的一点评价

在牟宗三看来,道德主体具有绝对的普遍性,它不但特显于道德行为之成就,它也遍润于一切存在而为其体。于是,道德主体即有道德实践的意义,也具有存有论(本体论)的意义。前者是它的道德创造,引生道德行为之"纯亦不已",即孟子所谓"沛然莫之能御"[10],后者是它的"生物不测",引发宇宙秩序,即《易传》所谓"以言乎远则不御"。[11]

很显然,牟宗三在此极大地受到了传统儒家思想的影响,比如孟子的"万物皆备于我矣。反身而诚,乐莫大焉"[12],陆象山的"万物森然于方寸之间。满心而发,充塞宇宙,无非此理"[13],王阳明的"良知是造化的精灵。这些精灵,生天生地,成鬼成帝,皆从此出,真是与物无对"[14],等等。正是基于传统儒学强调道德主体这一思想,牟宗三才结合康德的思想而提出了所谓的"道德的形而上学"。不过,牟宗三从本心仁体这一道德主体在道德领域内对于道德行为的决定,转到对于存在领域的决定,体现出来的完全是一种逻辑上的不恰当的跳越,这也是牟宗三泛道德主义的一种最为集中的体现,也表明他依然把由道德主体所获得的德性之知放在了见闻之知上。这正如有的学者指出的:

当牟先生用近于中世纪关于上帝存在的本体论证明的方式,由自由意志(心体性体)"不受条件限制"的属性出发来思辨地推论它必是最根源的存在(宇宙实体)时,他就不仅犯了康德所批判的把概念等同于存在、把逻辑的必然性当做客观的必然性、把概念分析得来的东西当成经验综合的结果的错误,而且也不自觉地偏离了儒家实践哲学的一贯立场。[15]

这样看来,牟宗三在对于认知主体与道德主体这两个主体的看法上,是有侧重点的。他始终是将道德主体高高地悬置在认知主体之上,以作为其根据。认知主体是一个逻辑的我,结构的形式的我。它对于本心仁体这一德性主体来讲,是后者一曲而成的。所以曲成此结构的我,只是为了成就知识。而只有德行才可以还宇宙与人生的本来面目。"我们依德行底优先性与综纲性来提携宇宙以见人之本来面目与宇宙之本来面目。我们的感性与知性所搅扰而扭曲的人生与宇宙不是人生与宇宙的本来面目。这是人生与宇宙之僵滞。人限于此僵滞而认为是真实,忘其本来面目久矣!"[16]

牟宗三之所以做出这样的主断,是与他对于中国传统哲学之德性之知的重视和强调分不开的。也就是说,他依然没有摆脱掉传统的中国哲学以人为本,始终关注于人生这一情结。正是因为这一情结的存在,才使得牟宗三更看重的是德性主体而不是知性主体。在此,我们的看法是,谈论道德与畅谈人生问题,这本无可厚非。但是,如果将它们视作人类认识活动的根据和基础,这未免有违于科学知识的本质及其发展的现实,也不是一种审慎的哲学沉思。这一点,是当代新儒家作为保守主义一派在既护持传统而又论述知识时所时常和必然陷入的一个理论难局,也是其道德理想主义本身所具有的思想制限的一个基本症结所在。

而我们始终一贯认为:如若研究知识论,则只能站在知识论的立场来说话,只能以知识论为核心为出发点,此时认知主体是主要的,它万万不可成为德性主体的附属品。否则的话,我们实在无法从事真正而具体的认识活动,也不能获得任何意义上的经验知识。牟宗三所提出的"识知"与"智知",即是代表现象的知识与本体的知识。由于他更为看重后者,所以才有以德性本体开显知性主体的主张。但是,不管他是如何以道德本体来建立其形而上学的,牟宗三此处所陷入的最大一个理论误区便是:以本体论来涵盖和统摄知识论,以道德形而上的实体即本心仁体这一无限心来驾御有限的认识心。这种做法的一个必然结局即是,将知识论归于本体论,以前者为次、为末,以后者为主、为本。从而,以本体论来统摄的知识论也便失去了其本有的特质,其间所体现的认识活动也会最终得到破产,而不能够真正获得经验知识。关于此,我们在第 13 章还会予以展开讨论。

注　释

[1] 牟宗三:《我了解康德的经过》,《牟宗三先生晚期文集》,见《牟宗三先生全集》(27),台北:联经出版公司 2003 年版,第 45 页。

[2] 牟宗三:《道德的理想主义》,见《牟宗三先生全集》(9),第 141 页。

[3] 牟宗三:《历史哲学》,"自序",《牟宗三先生全集》(9),第 20—21 页。

[4] 牟宗三:《认识心之批判》(下),见《牟宗三先生全集》(19),第 657 页。

[5] 牟宗三:《认识心之批判》(下),见《牟宗三先生全集》(19),第 666 页。

[6] 牟宗三:《认识心之批判》(上),"序言",见《牟宗三先生全集》(18),第 12—13 页。

[7] 牟宗三认为此道德实体以儒家的术语来讲,有种种名称。依孔子所言的仁,可曰仁体。依孟子所言的心,可曰心体,而此本心即性,因而也可曰性体。依《中庸》所言的诚,可曰诚体。依其与自客观方面言的天道合一而为一形而上的实体而言,也可曰道体、神体、寂感真几、于穆不已之体。依阳明,则曰"知体明觉"。依刘蕺山,则曰独体,涉指心体(意体)与性体两者而言者。在这些名称当中,牟宗三特愿就王阳明所言的"知体明觉"来称呼道德实体,因为他认为良知特显内在的道德决断,与具体的道德生活能密切地相连。关于此可参看牟宗三:《现象与物自身》,见《牟宗三先生全集》(21),第 452 页。

[8] 牟宗三:《道德的理想主义》,见《牟宗三先生全集》(9),第 17—18 页。

[9] 关于牟宗三对于三种自我的论述,可以参考《智的直觉与中国哲学》,见《牟宗三先生全集》(20),第 232—236 页。

[10] 孟子曾言:"舜之居深山之中,与木石居,与鹿豕游,其所以异于深山之野人者几希;及其闻一善言,见一善行,若决江河,沛然莫之能御也。"(《孟子·尽心上》)

[11]《周易·系辞上》。

[12]《孟子·尽心上》。

[13]《陆九渊集·语录上》。

[14]《传习录·下》,见《王阳明全集》,上海:上海古籍出版社 1997 年版,第 104 页。

[15] 郑家栋:《当代新儒学史论》,南宁:广西教育出版社 1997 年版,第 163 页。

[16] 牟宗三:《现象与物自身》,见《牟宗三先生全集》(21),第 30—31 页。

第 10 章 物自身

牟宗三所理解的道德主体,其认识的东西即是作为物自身而存在的对象。他究竟是如何来谈论"物自身"[1]这一概念的? 其中所体现出的对于康德的误解又在哪里? 这些便是我们本章所论述的问题。

康德的知识论实质上是一种严格的现象论,他由知识论的立场去驳倒他之前的理性主义形而上学。不过他虽然严格地分别现象与本体,但却不分割现象与本体。他认为,传统的理性主义形而上学产生的原因即是未能在现象与物自身之间做出区分。传统理性主义形而上学家认为,现象及物自身所表象的是同一个对象,由感官去表现这一个对象时,是现象;由知性去表象时,则为物自身。感性对于此对象,只摄取其面貌;知性对此对象,却能够了解它的真谛,认识其本然样子,现象与物自身,只有程度上的差别。

与此不同,康德认为,现象与物自身不是程度上的差别,而是类的分别。如果现象与物自身表现的是同一个对象,那么物自身不外是现象剥去了感性的表象后所剩下的东西。但是在康德看来,剥去了感性的表象即现象,剩下的绝对不是物自身。现象不外乎是感性的表象。从现象抽去概念,那么只是经验的直观。如果再将经验的直观抽去,那么只剩下印象。如果再将印象抽去,那么一无所剩,绝对不剩下物自身。由于划清了现象与物自身的界限,康德认为,感性与知性应用的范围是现象界,它们绝对不可以应用于物自身。

第 1 节　牟宗三具有价值意味的物自身概念

康德哲学中的"物自身"(thing-in-itself)一概念,是其理论中最为重要而核心的一个概念,它既是知识论的归宿,也是通向伦理学的门户。不过,这个概念也是最受争议的一个概念。对于此概念的不同理解,也往往决定了对于康德哲学的不同理解。牟宗三在谈论自己关于道德知识的过程中,物自身一概念也是他十分关注的,因为它涉及到自己对道德知识对象的看法。于是,牟宗三曾对于"物自身"有过自己特殊的理解。他的理解主要体现在《智的直觉与中国哲学》、《现象与物自身》这两部书当中。

在《现象与物自身》一书中,牟宗三认为,康德的《纯粹理性批判》,甚至其哲学的全部系统,隐含有两个最为基本的预设,它们即是:(1)现象与物自身之超越的区分;(2)人是有限的存在。对于这两个预设的关系,牟宗三解释为,第一个预设涵蕴第二个预设,第二个预设包含第一个预设。因此,第二个预设更为根本。对于第一个预设,即现象与物自身的区分,牟宗三承认其间的疑问、误解,甚至反对,层出不穷,而为之辩护者也层出不穷。双方都不能恰当地得其理之必然,甚至根本不中肯。造成此局面的原因是,究竟什么叫"物自身"这是很难确定的。但牟宗三认为,为了摆脱此种局面,我们必须得对"物自身"予以充分的说明与限制,必须得把它的意义定住。他指出:如果康德的物自身概念被停留在知识论的含义上来加以理解,那么便无法稳住现象与物自身之超越的区分。也就是说,问题的关键似乎是在这"物自身"概念是一个事实问题的概念呢? 还是一个价值意味的概念?

牟宗三本人将康德的物自身看做是一个具有价值意味的概念,而不是一个事实概念。他说:"康德所说的物自身自应是一个价值意味底概念,而不是一个事实底概念。"[2]他认为只有这样才能稳定得住现象与物自身之分是超越的,而我们的认知心(知性)之不能认知它乃始真为一个超越问题,而不是一个程度问题。他认为,康德的物自身概念,似乎不是一个"事实上的原样"概念,也不是一个可以求接近之而总不能接近之的客观事实,它乃是根本不可以我们的感性与知性去接近的。因此,它是一个超验的概念。对于现象界来说,物自身只能是意味着一种"价值上的决定与封限"。有的学者十分认同牟宗三对于物自身的这种价值化的诠释,比如李明辉就曾在《牟宗三哲学中的"物自身"概念》一文中[3],详细地对于牟宗三重新诠释"物自身"一概念的理由做出了论述,并以康德《纯粹理性批判》之外的哲学著作对此种诠释进行了论证,从而认为"物自身"是道德主体通过其自由意识所开显的价值界域。对于"物自身"的此种诠释与做法,我们并不赞同,详论见下文。

牟宗三说,我们由康德的随文点示好像已朦胧地知道他所说的"物自身"不是一个认知上所认知的对象之"事实上的原样"之事实概念,而是一个高度价值意味的概念。由此,他进一步主张,我们只有如此看待物自身,才能了解康德所说的现象与物自身的区分是超越的区分,而不是一种程度上的区分。"依康德,物自身之概念似乎不是一个'事实上的原样'之概念,因此,也不是一个可以求接近之而总不能接近之的客观事实,它乃是根本不可以我们的感性与知性去接近的。因此,它是一个超绝的概念。我们的知识之不能达到它乃是一个超越的问题,不是一个程度底问题。"[4]感性、知性不能达到物自身不是量的不能,而是质的不能。物自身的不可知不是技术的不可知,而是原则上不可知,因为"'物自身'根本不在知识范围内,根本不能是知识底对象"[5]。不过,牟宗三又主张康德的随文点示实不能充分证成这样的物自身以及这样的区分。

对于康德在现象与物自身之超越区分的证成上的不充分性,牟宗三具体地从两个方面做了论证和说明。

一方面,从物自身方面来讲,康德的物自身好像是一个彼岸。就人类的知识来说,这个彼岸只是一个限制概念。这就是康德所说的只取"物自身"一词的消极的意义,即只说其不是感触直觉的一个对象。因此,物自身一词的内容与意义太贫乏,甚至究竟有无具体的内容与真实的意义也成为问题。因为凡是具体的内容与真实的意义都在直觉中呈现,现在只说其不是感触直觉的对象,而不能说其是什么直觉的对象,那么它便无具体的内容与真实的意义,而只能是具有逻辑意义。物自身实际上是一个空洞的形式的概念,从而并无实义。尽管康德说物自身一概念不只是一个逻辑概念,他又赋之以特定的内容与意义。他设想它可以是"智的直觉"之对象,于是物自身一词便有了设想的特定内容与特定意义,即有了积极的意义。但由于这一积极的意义是设想的,又只是属于上帝的事,于是物自身的积极意义仍只是一个形式概念,其具体而真实的意义仍然不能呈现,其形式的积极意义也不见得真能稳定得住。他设想它可以是"智的直觉"之对象。但是由于"智的直觉"只是为上帝所有,我们人类并不具有,于是物自身的积极的意义只能是属于上帝的事,是设想的,物自身的积极意义仍然只是一个形式概念。

牟宗三主张,以这样的形式概念并不能稳住物自身。康德认为上帝创造万物并不带有时空形式去创造,其所创造的被造物也不在时空中,因此其所创造的是物自身而不是现象。牟宗三则认为康德的主张虽然是一个很有意义的想法,但又提出了疑问,即无限的上帝虽然不带有时空形式去创造,但其创造的有限的现实存在物可以有时间性、空间性、生灭性。由于凡是上帝所创造的被造物都是有限的现实存在物,所以如果"有限"是决定的有限,那么我们不能决定地知道这有限的现实存在物定是物自身而不是现象,于是物自身得不到稳住;如果上帝所创造的是无限的,这又与无限的上帝相冲突,于是出现了一个夹逼的状态。牟宗三主张我们只有两种可能来解除这种夹逼状态:一种是有限是决定的有限,如此我们不能稳住其为物自身;另一种是虽有限而可以具有无限性之意义,如是方可以稳住其为物自身。对于第二种可能,如果只说上帝的创造,便不能证成之。也就是说,如果只从上帝那里说其以"智的直觉"去创造,便不能显明地定知其所创造的必是虽有限而可具有无限性之意义的物自身。于是,物自身以及现象均不能得到稳定,它们之间超越的区分也就不能被充分地证成。

另一方面,从我们的感性主体与知性主体方面来说,牟宗三称,康德只知道我们只有这样的感性与知性,至于为什么只有这样的感性与知性,为什么必须用时间、空间这样的形式,为什么必须用这样的概念以及如此多之概念,则没有理由可说。因此,我们的这样的感性与知性是个事实问题,是事实上定然的,我们对之不能再加任何颜色。牟宗三认为,如果光说这样事实的感性与知性,即这样在一定样式下的有限性与独特性的感性与知性,如果我们将感性与知性只是看做事实问题,而不能进一步加以价值意味的封限,那么我们便不能知道我们所知的只是现象而不是物自身。顺事实的感性与知性说出去,我们只能说我们所知的有限,或隐隐约约的,而不能说我们所知的只是现象而不是物自身;我们也不能决定物自身所指的究竟是物之存在之事实问题抑还是价值意味问题。如果是事实问题,我们不能决定我们所知的只是现象而不是物自身,因而也不能决定这分别是超越的分别。如果是价值意义的问题,那么我们不能顺事实的感性与知性去加以决定。价值意味的问题须要有一个价值的标准去决定,而我们只有这事实的感性与知性,它们是敞开的,并未被封住。

在这两方面考察的基础上,牟宗三认为,从物自身以及我们的感性、知性这两个方面来看,康德并未能稳定住物自身之概念是一个价值意味的概念。从上帝创造处说,他未能表明物自身是一个"虽有限而可具有无限性之意义"的东西。从我们的感性、知性这方面说,由于他视感性、知性为定然之事实,因此他也未能决定出一个有价值意味的物自身。

那么牟宗三自己是如何来充分证成现象与物自身之超越的区分的?他认为人是有限而可以无限的,人可以是执而不执的。当其执的时候,他是有限,他挑起现象而且只知现象;当其不执的时候,他是无限,他知现象的同时即实现物自身,而且也无所谓现象。于是,他自身即具有无限心,具有"智的直觉",它能使有价值意味的物自身具体地朗现在我们的眼前,我们能清楚而明确地把这个有价值意味的物自身的具体而真实的意义表象出来。进一步,我们也具有有限心,进而把我们的感性与知性加以封限,把它们一一封住,不只是把它们视为事实之定然,而且予以价值上的决定,这个决定就是说明它们只是"识心之执"。因此,它们不只是在一定样式下的事实上的有限性,而且有其本质上的执著性。由这一执著性的定住,感性与知性所知的必然是现象。牟宗三认为,执著性是一个价值性的决定,因此可以有也可以无。当它有的时候,同时就必然地有现象,它所知的也必然是现象。当它化而为无的时候,现象便无,而必然地复归于物自身。总之,同一物,对于有限心而言为现象,对于无限心而言为物自身。也就是说,对于执的主体而言为现象,对于不执的主体而言为物自身。

可是,对不执的主体而言何以即为有价值意味的物自身?这样的物自身何以即能稳定得住?牟宗三的解释是,在无限心的明照下,一物只是如如,无时间性与空间性,也没有生灭相。因此,它有限而同时即具有无限性的意义。无时空性,无生灭相,这便显示出一个价值意味。物客观地就是如此,就是这样有价值意味的物自身,这就是物之实相:实相一相,所谓无相,即是如相。

可见,牟宗三这里是将物自身归于人的自由无限心,由于自由无限心是在道德的意义上来谈的,所以由其朗现的物自身也就难免具有价值意味。但此处的问题是:人这一有限的存在物,他如何能具有无限性?他具有"智的直觉"吗?如果人不能成为一个无限的存在物,不具有"智的直觉",则牟宗三对于物自身的价值化理解势必会解体。关于此,我们下面会随文予以论述。我们现在先看一下牟宗三的价值化的物自身究竟具有什么样的含义。

第2节　牟宗三具有价值意味的物自身的含义

具有价值意味的物自身究竟为何物?在《智的直觉与中国哲学》一书中,牟宗三曾对此做出了具体的解释。他指出,所谓物自身就是对于主体没有任何关系,而回归于其自己,此即是"在其自己"。物物都可以是"在其自己",此即名曰"物自身"。而当其与主体发生关系,而显现到我的主体上,此即名曰"现象"。于是,他主张现象(appearance)才是知识的对象,所谓的"对象"就是对着某某而呈现于某某,对着主体而呈现于主体。因此,对象总是现象。与此不同,物自身既然是收归到它自己而在其自己,便不是对着主体而现,因此既不是现象,也不是知识的对象。它不是对着某某而现(ob-ject),而是无对地自在着而自如(e-ject)。

进而,牟宗三认为物自身不是通常所说的形而上的实体(reality),如上帝,如自由意志,如梵天,如心体,性体,良知等等,而是任何物在两面观中回归于其自己的一面。即使是上帝,自由意志,不灭的灵魂,也可以"现象"与"物自身"这两面来观之。于是,物自身是批判方法上的一种概念,它可以到处应用。基于此,牟宗三对于物自身做了如下的规定:

> 1. 现象与物自身之分是超越的,主观的,批判方法上的;2. 物自身不是形而上的实体;3. 物自身不是超越推述中所说的"超越的对象＝x"[6];4. 物自身只是一物之不与感性主体发生关系;5. 物自身既不对感性主体而现,它根本不是经验知识底对象,它根本无"对象"义,它是无对自在而自如,它是知识外的,它超绝于知识。[7]

也就是说,物自身完全可以与感性分离开,它是知识以外的,它根本不能是知识的对象,它是不现于感性的自在物。与此不同,超越对象不能与感觉材料分开,因为它是感觉材料成为对象的超越根据,它只能通过感觉材料而被思。如果与感觉材料分离开,它便没有别的东西可以让我们通过其来思维它。于是,超越对象不是知识的对象乃是因为它是一个原则,不是一个存在物。物自身不是对象,乃是因为它不显现于我们的感性,它是一个实物,只是不在对某某别的东西的关系中显现而已,不是对着某某而为对象,而是收归到其自身而为一自在物。

在《智的直觉与中国哲学》一书的"物自身之消极的意义与积极的意义"部分,牟宗三又更为具体地对于"物自身"提出了七点解说:(1)只依

"离开感性,不在一定的关系中",说"物自身"。(2)不能以"通过范畴之思"说物自身。(3)由通过范畴之思而思的"对象一般"(object in general),是范畴的超越的使用,这是误用。(4)这个"对象一般"不可说为物自身,也不能由所预设的"智的直觉"来觉之。(5)"智的直觉"只觉物自身,并不能觉范畴所表示的"对象一般"。在"智的直觉"面前,"对象一般"正好被拆散。(6)由"对象一般"或"某物一般"(thing in general)可以说"超越的对象 x"。于是,说超越的对象与说物自身的词语可以不混同。范畴的超越的使用与物自身也可以不混同。超越的使用是误用,而"物自身"一义不能是误立。(7)依"智的直觉"的有无而说的物自身一词的消极的意义与积极的意义,可以成立。但是,"有了智的直觉,范畴即可用于物自身",这个命题不能成立。[8]

牟宗三同意康德的如下一个观点:物自身与现象之分,只是主观的,只是同一个存在物的两个面相。我们认为,不将现象和物自身看做是两种对象,而是看做对于同一个对象的不同理解,即采取对象的两重性解释,这是最为符合康德哲学原意的。依据对象的两重性观点,应当将现象和物自身看做同一个对象,因此将它们的区别仅仅看做是主观方面思考关系不同的结果。现象和物自身的区别只在于先验反思对同一对象思考的不同,现象是指处于主体认识关系之中即为我们所直接经验与认识到的对象,而物自身则是排除掉所有认识关系来考虑的对象自身。当然,这里面的用对象两重性观点来解释的现象和物自身关系中的物自身,它仅仅是指感性的物自身。

在牟宗三看来,存在之所以有现象与物自身两个面相的分别,实际上是因为它可以针对不同的主体来谈。针对于逻辑的我即知性主体来讲,存在为对象;针对于道德主体即本心仁体之真我来讲,存在则为物自体、为自在相。也就是说,对无限心(智心)而言,为物自身;对认知心(识心、有限心)而言,为现象。不过,如果要认识存在的自在相,需要靠人这一有限存在物所具有的"智的直觉"。"智的直觉"的拥有,体现出了人虽有限而可以无限。

第 3 节 物自身:一个不仅仅具有价值意味的概念

通过考察牟宗三对于物自身的理解,我们知道,他以"人虽有限而可以无限"来规定对于同一个对象的认识,这无疑体现出来一种同时承认两种无限性的理论矛盾。从主体方面来说,人虽因其具有感性生命而为有限的,但他也具有无限心,具有"智的直觉",于是也可通往无限性。从客体一面来说,同一个对象对于有限的认知心来说因呈现出时空性而具有有限性,对于无限心来说因呈现出无时空性的物自身而具有无限性。于是,我们在此发现,物自身因为系属于无限心也取得了无限性的身份,但物自身并不是无限心本身。这样,在牟宗三的理论当中无疑存在着两种无限性,一是由自由无限心所表征的能体现人的本质的无限性,一是由物自身所表征的无限性。可是既然说无限性,它只能是一个,何以存在两种无限性呢?

牟宗三基本上是在主观境界的意义上来解释物自身的,从而将物自身看做是一个具有"价值意味的概念"。将物自身价值化的做法,是有悖于康德哲学原义的,至少是没有能抓住物自身这一概念所具有的丰富内涵。

康德是在多种意义上来使用物自身这一概念的,对此概念他并没有给予明确的规定和区别。物自身与柏拉图的理念世界是不同的,它不是并列于现象界之外的单独世界。实际上,只有一个同一的世界,只是主体与之相关的方式不同罢了。现象与物自身的区分是在主体之中做出的,并不因此而划分出了物的存在本身。物自身在康德哲学中是人类认识有限性的外在表现,它所反映的界限不是物的界限而是认识的界限。现象和物自身的关系不是物的关系,而是由主观认识造成的关系。物自身具有最基本的意义,并由此引申出其一般的意义,也就是所谓不可知的东西。就其基本意义而言,它绝对不是构成世界的某种本原,而只是未知世界的一般物而已。根据物自身的基本意义,可以将一般意义统摄的物自身所指的各种意义分为两类:第一类强调物自身与感性认识及感觉对象的直接关系,并作为它们的先验原因和基础而发挥作用,这包括感性的物自身、先验对象、本体以及我自身(先验自我),它们共同构成知识的不可知的最终来源,并且总是意味着某种个别的东西,因而总是与对象相关。第二类是世界和上帝,它们用来指经验的总体,对于经验的构成并没有起到什么作用,因而与经验对象是无关的。

感性的物自身主要是指与感性认识直接相关的物自身,即刺激感官而与直观直接相关的某物。先验对象的第一层意义是指现象的不可知原因,这与作为现象的不可知基础的感性物自身是一致的。先验对象的第二层意义表明了它主要是一种形式的东西而非物的存在,它指的是一种先验的规定,并不给我们的感觉提供什么。它是不可知的且并非确定的认识对象,而只是用作为某种对象的统一性。与感官直接相关的消极或否定意义的本体,指示的是不可认识的感性物自身。我自身指的是一切思维最后应归属的一个不可知的逻辑主体。世界和上帝则是先验理念,它们对经验认识的唯一作用就是它们具有规范的使用。[9]

总体上来看,在康德的哲学系统中,"物自身"这一概念是具有双重含义的:一种是知识上的意义,它与对象和认知主体相关;一种是价值的德性的意义,它不涉及对象,而是与价值主体相关。康德实际上并未明朗地认为物自身是一个价值意味的概念,他谈论物自身常常是与事实问题结合起来谈的。在他的知识论的思想中,"物自身"的确是一个事实的概念。也就是说,物自身是有知识论意义的,它是一个限制性的概念,是在不可知的意义上被加以使用的,它不是我们所能认识的,处于我们的认识能力之外,我们所能认识的只是我们在经验中所遇到的客体即现象。不过,物自身作为认识的一个前提,它又是必不可少的。因为我们所能认识的现象是我们和物自身共同作用的产物。因此,在物自身的这一意义上来讲,它就是罗素所说的物质客体,也就是说,它是造成感觉的原因。

此种意义上的"物自身"指的也就是一种客观的物质世界,对于这一世界的存在,康德于《任何一种能够作为科学出现的未来形而上学导论》中曾有过明确的说明:

作为我们的感官对象而存在于我们之外的物是已有的,……我们只知道它们的现象,也就是当它们作用于我们的感官时在我们之内所产生的表象。因此无论如何,我承认在我们之外有物体存在。也就是说,有这样的一些物存在,这些物本身可能是什么样子我们固然完全不知道,但是由于它们的影响作用于我们的感性而得到的表象使我们知道它们,我们把这些东西称之为"物体"。这个名称所指的虽然仅仅是我们所不知道的东西的现象,然而无论如何,它意味着实在的对象的存在。[10]

"物自身"具有知识论意义的另一处明确表达,是出现在《纯粹理性批判》一书中。在此书中,康德详细地讲道:

如果一个概念并不含有任何矛盾,甚至还作为那些被给予的概念的边界而与其他的知识相关联,但它的客观实在性却不能以任何方式被认识,我就把它称为悬拟的(problematisch)概念。一个本体的概念,即一个完全不应被思考为一个感官对象、而应(只通过纯粹知性)被思考为一个自在之物本身的物的概念,是完全不自相矛盾的;因为我们对于感性并不能断言,它就是直观的惟一可能的方式。此外,为了不使感性直观扩展到自在之物本身上去,从而限制感性知识的客观有效性,这个概念又是必要的(因为感性直观所达不到的其余的东西之所以称为本体,正是为了借此表明那些知识不能把自己的领土扩展到知性所思维的一切东西上去)。但最终,我们一点也看不出这样一些本体的可能性,现象领域之外的范围(对我们来说)是空的。这就是说,我们有某种把自己悬拟地扩展到比现象领域更远的地方的知性,但没有能超出感性领域之外给我们提供对象并使知性超出这一领域而作实然的运用的那种直观,哪怕有关这种直观的概念都没有。所以某种本体的概念只不过是一个限度概念,为的是限制感性的僭越,因而只有消极的运用。但这个概念毕竟不是杜撰出来的,而是与感性的限制相关联的,只是不能在感性的范围之外建立某种积极的东西。[11]

　　从此段长文中我们可以发现,在康德看来,本体(Noumenon)被称为是或然的,被视为"界限概念"。这些意思均表明本体这一概念对于我们来说只有消极的作用,是用来限制我们的知识领域的。另外,本体处于我们的知识领域之外,因为我们人类并没有"智的直觉"。物之在其本身(自在之物,thing-in-itself)与"智的直觉"只有消极的意义,因为我们虽然能够设想它们的可能性,但是我们却无法理解它们的实义。可见,在康德的哲学中,物自身完全具有知识论的含义,它一方面表示现象之所对,另一方面也表示其界限。李泽厚在《批判哲学的批判——康德述评》中正是看到了物自身的上述含义,所以他曾将康德的"物自身"的意思归结为三点:"一是感性的源泉,二是认识的界限,三是理性的理念;最后由此通向'道德实体'的伦理学领域。这三层意思交织在一起,相互包含和沉浸在'不可知'这个总的含义之中。第一和第三是'物自体'的两个对峙的方面,第二是第一向第三的过渡。"[12]

　　可见,物自身在康德哲学中,其首要的和基本的含义是认识中感性材料的来源。正是由于物自体的客观存在,对象才能提供给我们以刺激,才能为我们的感官所遭遇到,从而才产生我们的感觉。我们的感性、感觉,是独立存在于我们之外的物自体作用于我们的感官而引起的。如果物自体不存在,那么感性无从发生,经验材料不可获得,从而认识便无从获得。于是,此种意义上的物自体实际上是不依赖于我们的意识而独立存在的客观物质世界,尽管在康德的伦理学的思想中,"物自身"这一概念也显露出一种价值的意味。

　　"物自身"的知识与伦理两种含义对于康德的理论来说都是很重要的,一种含义在于说明知识论,一种含义在于说明伦理学,它们并无主次、先后之分。借着"物自体"这一批判哲学中的核心概念,康德才在科学与道德、认识与行为、自然与人之间做出了分别。因此我们反对有的学者依据康德的实践理性优先于思辨理性的立场而做出的如下这一主张:物自身的知识论意义并非是其究竟意义,其提出仅是为了进一步衬托出其伦理学意义,依知识论意义去理解的"物自身"概念在康德的哲学系统中是稳不住的。[13]

通过结合康德的文本而科学地厘清了"物自身"这一概念,这使得我们认为,牟宗三本人以一个"高度价值意味的概念"来诠释康德的具有丰富内涵的"物自身"概念,显然是有偏颇之处的。他否弃了康德哲学中所赋予物自身这一概念的实在论倾向,认为这只是理论中的不完善和含混不清而造成的误解。他自己则认为只能从实践、道德方面来加以理解物自身,于是现象与物自身的区别就成为了思辨理性与实践理性、知识与道德、科学与人文、自然与自由、为学与为道、见闻之知与德性之知、事实世界与价值世界之间的区别。从而,在牟宗三这里,物自身的不可知的真实内涵即是:我们根本不可以对此以感触直觉与知性范畴来加以接近和认识。

牟宗三主要是从中国儒家哲学的立场来诠释现象与物自身的,从而将康德的具有认知意义的物自身完全伦理化、价值化了。不过,在此我们必须得承认,牟宗三的此种理论探索,客观地讲,确实对于近现代以来的科学一层论起到了一种纠偏的作用。科学一层论无限地夸大科学知识的客观性与普遍有效性特征,以科学知识来作为衡量、解决其他领域(包括人本身)之认识的唯一有效而合理的手段,从而将科学视为人类对于世界的唯一的合法的认知方式。这种科学一层论所带来的一个严重后果即是,将科学看做是人的存在方式的具有永恒意义的东西,从而实际上抹煞了人的存在方式的多样性特征。我们知道,人除了作为认知主体来认识世界之外,还可以作为道德主体来从事道德认识,也可以作为社会主体来从事认识社会的活动。与科学一层论相比,牟宗三在科学理性与技术理性左右现代人思维模式的情况下,能够结合康德哲学中的物自身概念与中国传统哲学所具有的价值之源来重提人文精神的现时代意义,这体现了一名哲学家所应当具有的道德人文关怀情结。牟宗三对于康德物自身概念的价值诠释,表明了科学知识只不过是我们人类存在过程中所拥有的一种特殊的认识和把握世界的方式,除此之外,我们还有其他许多回应世界的合理和有效的方式。

但是,尽管牟宗三将康德物自身概念价值化这种极端的做法,在某种程度上确实为我们提供了对于价值域的某种安排,为我们开显出了一个超验的人文意义世界,可是如果我们承认康德物自身一概念所具有的知识论上的意义,那么我们理论上必须得承认:我们人类完全可以运用感性与知性逐步地认知作为对象的物自身。虽然我们也许永远不能在绝对的意义上完全认识它,但是,认识难道不是一个无限展开的过程吗? 在某种意义上讲,我们在无限的认识中完全可以对物自身达到一种具有相对意义的"绝对的"的认识。

牟宗三之所以将物自身的认知意义否弃掉而将其道德化,实际上是与他在知识与道德的关系问题上始终重视的是道德而不是知识直接相关的。因为将道德看做是本源的、第一性的,所以才会漠视物自身所具有的认识价值。但是,"物自身"的含义是丰富的,它同时具有知识含义与道德含义,二者并无孰优孰劣的问题。二者均有其自己的独特适用领地与范围。从根本上讲,谁也制约不了谁,谁也决定不了谁,真可谓井水不犯河水。康德之后的费希特将物自身伦理化的做法,就曾遭到了康德本人的严厉批评,认为其误解了自己的思想。而牟宗三依据中国哲学对康德的物自身的价值化伦理化诠释,可以说是对于康德哲学中具有丰富义涵的"物自身"概念的又一次严重的东方式的误读。科学主义所体现出来的科学一层论固然不对,但是,道德理想主义所体现出来的道德一元论同样有其不妥当之处。牟宗三将物自身伦理化,实际上正是源于他从道德本心处来作为理论立论出发点而导致的道德一元论主张,而这一点正是我们所不能赞同的。

关于我们究竟如何认识具有价值意味的"物自身"这一问题,牟宗三的回答是:这是通过道德主体所具有的"智的直觉"来加以认识的。因此,我们下面将论述他对于"智的直觉"的有关看法。

注　　释

[1]对于康德"物自身"一概念的翻译,牟宗三于不同的著作中译法并不相同。在《智

的直觉与中国哲学》中，他将 Phaenomenon 与 Erscheinung 二词都译为"现象"，而将 Noumenon 一词译为"物自体"。在《现象与物自身》一书中，他又将 Noumenon 译为"智思物"或"本自物"，而将 Erscheinung 另译为"法定象"。另外，在牟宗三看来，"物自身"与"物之在其自己"是具有同一意义的，它们可以互换地来加以使用。关于此可见牟宗三：《智的直觉与中国哲学》，第 116 页。

[2]牟宗三：《现象与物自身》，第 14 页。

[3]关于此篇文章，可参见李明辉：《当代儒学的自我转化》，北京：中国社会科学出版社 2001 年版，第 20—47 页。另外王兴国也持有同样的观点，他说："牟宗三对于'物自身'的诠释虽然未尽完美，也未必使人都能信服，然而他断言'物自身'是一个有价值意味的概念，确实是一个真实不虚的洞识。"（王兴国：《历史的诠释与创造的诠释——谈牟宗三后期哲学中的"物自身"是价值意味概念的命题》，《孔子研究》2002 年第 3 期）

[4]牟宗三：《现象与物自身》，第 7 页。

[5]牟宗三：《智的直觉与中国哲学》，第 131 页。

[6]牟宗三曾对现象、特定对象、超越对象 x 做了如下的分际，它可以帮助我们了解他对于"超越的对象 = x"的看法。（1）经验直觉：现象（未决定的对象）；（2）经验概念：特定对象（经验地决定的对象，只有虚名）；（3）先验概念：特定对象底超越根据，非对象；"超越对象 x" = 对象底超越道理 = 使对象成为对象者，使之成为一"超越地决定了的对象"者。见牟宗三：《智的直觉与中国哲学》，第 102 页。另外，在此三点之外，刘述先又加上了第四点，即"物自身"。关于此见刘述先：《牟先生论智的直觉与中国哲学》，牟宗三先生七十寿庆论文集编辑组编：《牟宗三先生的哲学与著作》，台北：台湾学生书局 1978 年版，第 735 页。

[7]牟宗三：《智的直觉与中国哲学》，第 136—137 页。

[8]关于此七点，可参看牟宗三：《智的直觉与中国哲学》，第 159 页。

[9]以上两段关于物自身的两类划分及对物自身的具体内容的解释，可以参看韩水法的《康德物自身学说研究》（台北：台湾商务印书馆 1990 年版）"第 2 章：感性认识与物自身"与"第 3 章：不可知世界与物自身"的相关内容。

[10]康德：《任何一种能够作为科学出现的未来形而上学导论》，庞景仁译，北京：商务印书馆 1995 年版，第 50—51 页。

[11]康德：《纯粹理性批判》，邓晓芒译，A254 = B310，A255 = B311，北京：人民出版社 2004 年版，第 231—232 页。

［12］李泽厚:《批判哲学的批判——康德述评》,天津:天津社会科学院出版社2003
　　　年版,第229—230页。

［13］关于此主张,可见于李明辉:《当代儒学的自我转化》,北京:中国社会科学出版
　　　社2001年版,第44—45页。

第 11 章 "智的直觉"

　　"智的直觉"一词的英文是 intellectual intuition,在康德的哲学中,我们一般将其翻译为"知性直观"。与康德哲学以感性直观为主不同,牟宗三整个思想理论体系中最为核心的概念之一便是知性直观,这也成为他的理论具有独创性的具体表现。他本人认为,"智的直觉"的有无影响中国哲学甚大,因为中国哲学所开出的主要是一套道德的形而上学。这套道德的形而上学,在他看来,恰恰是建立在"智的直觉"之肯定上的。于是,我们有必要分析牟宗三在此概念上的得失之处。

第 1 节　人有无"智的直觉":牟宗三与
康德哲学的一个基本差别

　　我们知道,康德曾在人与神、有限与无限之间划出了一个明确的界限,并依此而建立了道德的神学与道德的宗教。牟宗三为了扭转和突破康德的理论视域,为了打通神与人、有限与无限间的障碍,为了将康德的道德的神学转化为儒家意义上的道德形上学,他提出了人可以有"智的直觉"这一理论立论的根据。牟宗三对于"智的直觉"的论述,实际上在《认识心之批判》中就已经有所体现。他认为由形而上的天心坎陷出的认识心,是由直觉的统觉、超越的想像、超越的理解这三个形态构成的。顺着理解活动要求一种满类与满证,最终逼显出直觉之照射。也就是说,由认识心逼出了寂照之心。由寂照之心所具有的"智的直觉",我们便可以在某种程度上获得满类与满证。不过总体上来讲,牟宗三此时所多次谈到的"智的直觉",主要还是从对于知识论之关系的角度来加以论述的。

　　牟宗三对于"智的直觉"更为全面和系统的论述,主要集中体现在《智的直觉与中国哲学》一书的第 16 至 21 章,以及《现象与物自身》第 3 章当中。我们的分析因此也以此来加以展开。此时,他对于"智的直觉"的探讨主要是将其放在道德界,放在本体界之中来加以进行的。他关于"智的直觉"的看法,主要是依据于儒家思想来立论的。除此之外,他也主张在道家与佛教方面同样具有"智的直觉"的思想。[1] 关于道家,其"无知而无不知"说的是:因为不需要经验,故无知;因为无特定对象,无知自亦涵无知相。无知而又无不知,此无知之知即"智的直觉"之知,即泯化一切而一无所有之道心之寂照,即寂即照,寂照为一。在道心的寂照下,一切皆在其自己,如其为一自在物而一起朗照而朗现之。关于佛家,由于佛心无外即是无限,因此必涵有一"智的直觉"在内,此"智的直觉"即寄托在圆教之般若智中。不过,对于儒释道中的"智的直觉",牟宗三认为儒家的道德是正宗,道家与佛教是旁枝。从道德上说的直觉是正面说,佛家道家是负面说,即从对于不自然与无常的痛苦感受而向上翻求"止"求"寂"以显示。然而,牟宗三承认这些都是从人的实践来建立或显示"智的直觉":儒家是从道德的实践入手,佛教的实相般若与道家的玄智是从求止求寂的实践入手,它们所形成的形上学叫做实践的形上学;儒家是道德的形上学,佛道两家是解脱的形上学。

　　上文曾言,牟宗三认为康德谈物自身只取其消极的意义,而他自己则主张物自身具有积极的意义。造成此种理解上之差异的根源,在牟宗三看来,即是对于"智的直觉"的承认与否。

> 康德言物自体是只取其消极的意义,因为他不承认我们人类能有"智的直觉"(intellectual intuition)。我以中国哲学为背景,认为对于这种直觉,我们不但可以理解其可能,而且承认我们人类这有限的存在实可有这种直觉。这是中西哲学之最大的差异处。我们以"人类可有智的直觉"为背景,故对于"物自体"一概念可有亲切而清晰之理解,不似康德处之笼统与空洞。[2]

于是,牟宗三称自己与康德的差别只在于,康德不承认人有"智的直觉",因而只能承认"物自身"一词之消极的意义,而他自己则承认人可有"智的直觉",因而也承认"物自身"一词之积极的意义。进而,他认为以"智的直觉"之有无决定"物自身"一词之或为积极的意义或为消极的意义,是总成立的。

这样看来,造成牟宗三与西方哲学尤其是康德哲学差异的根本原因,就是对于"智的直觉"[3]的承认与否。可以说,牟宗三在将西方哲学与中国哲学相结合方面所做出的种种独创性的贡献,都与"智的直觉"这一概念有着这样或那样的联系。如果我们想了解他对于"智知"的认识,此概念则尤其显得重要。道德主体对于积极意义的物自身的认识,即是凭借"智的直觉"来进行的。由"智的直觉"所获得的知识就是中国哲学家所讲的德性之知。强调中国传统哲学中的德性之知,体现了牟宗三对于中国学问的正视与敬意。

既然"智的直觉"在牟宗三这里是如此的关键,那么究竟何谓"智的直觉"?它的意义与作用又究竟如何?"智的直觉",以牟宗三的看法来说,就是知体的显发与通明,就是"知体明觉"自身的自我活动。而对于"智的直觉"的意义与作用,我们可以通过将牟宗三与康德的有关论述加以比较来回答。

第 2 节　牟宗三"智的直觉"的含义

　　牟宗三称,在知性直观("智的直觉")问题上,康德继承传统的说法有如下四点:(1)就其为理解言,它的理解作用是直觉的,而不是辨解的,即不使用概念。(2)就其为直觉言,它的直觉作用是纯智的,而不是感触的。(3)"智的直觉"就是灵魂心体之自我活动而单表象或判断灵魂心体自己者:"如果该主体所具有的直觉只是自我活动,即只是理智的,则该主体必只判断它自己";"如果它是直接地自我活动的,它必只表象它自己"。(4)"智的直觉"自身就能把它的对象之存在给予我们,直觉活动自身就能实现存在,直觉之即实现之(存在之),此是"智的直觉"之创造性;"如果那一切在主体中是杂多的东西是为自我底活动所给予,则内部的直觉必是'智的直觉'。"[4]牟宗三主张,"智的直觉"是存有论的呈现原则,亦即创生原则或实现原则,它使一物如如地有其"存在"。

　　具有这样四点特性的"智的直觉",康德认为不是我们有限的人心所能具有的,而只能应当归属于神心。就知性来讲,人类的知性只是辨解的,而不是直觉的。因此,人类知性需要一种对于杂多的特殊的综合,综合必须用概念。如果是先验的综合,便必须用先验的纯粹概念即范畴。范畴对于人类的知性是必不可少的。如果人有直觉的知性(intuitive understanding),则显然范畴便没有存在的意义了。

　　与康德不同,牟宗三毅然承认人有"智的直觉"。于是,在他的理论中便存在两种知性或知解:一是运用概念以成就知识的认知的知性,一是运用直觉以成就形而上学的直觉的知性。他认为,直觉的知解是直而无曲的,辨解的知解是曲而能达——借概念而达。这种借概念而达就是它的封限性(finitude),曲屈性必然涵着封限性。它对应着非它自身所能提供的杂多而活动,因此它呈现了它这种曲屈性与封限性;它服务于直觉,它不是创造的知解,只是认知的知解,因此,它呈现了它的这种曲屈性与封限性。不过,牟宗三却十分赞同康德在依"智的直觉"之知与依"感触直觉"之知间所做的区别。依"感触直觉"之知是直觉与思想两个绝异成分的合作，而且思想也需要有概念以及由概念所表示的统一；而依"智的直觉"之知，则是直觉即思，思即直觉，既不需要有概念，也无所用于统一，因此此种知是创造的知，不是认知的知，也可以说"知而无知，无知而知，是谓一切知，（此一切不是由概念所表示的），既无知相，亦无知的意义，仍是具体地朗照一切朗现一切，体物而无所遗——依在其自己而朗照而朗现，用于'我自己'，即依'我之在我自己'而朗照而朗现"[5]。

也就是说，在牟宗三看来，这样的"智的直觉"是创造的实现原则，因此而与感性的直观（感触的直觉）区分开来。感性直觉只能认知地呈现一物，而不能存有论地创生一物。具体讲来，直觉，就概念的思想说是具体化原则（principle of concretion）；就事物之存在说，如果它是"感性的直观"，则它是认知的呈现原则（principle of cognitive presentation）。此时它是接受的，不是创造的，也须有思想之统一，而统一须假乎概念。如果它是"智的直觉"，则它是存有论的（创造的）实现原则（principle of ontological actualization）。牟宗三曾以张载的如下话语来加以解说："天之明莫大于日，故有目接之，不知其几万里之高也；天之声莫大于雷霆，故有耳属之，莫知其几万里之远也；天之不御莫大于太虚，故心知廓之，莫究其极也。"[6]牟宗三认为，耳属目接是"感性的直观"，"心知廓之"是"智的直觉"，而且耳属目接之"感性的直观"为认知的呈现原则，"心知廓之"之"智的直觉"不但为认知的呈现原则且同时也是创造的实现原则，这是很明显的。总之，"感性之直觉"（感性直观）与"智的直觉"（知性直观）的义用完全不同，一个是认识论的（epistemological），一个是本体宇宙论的（onto-cosmological）。

依据牟宗三对于"智的直觉"的解释，我们必须注意，他的有关理论是和康德的相关思想存在某些基本区别的。一方面是"智的直觉"的消极与积极意义上的区别。在康德的哲学当中，"智的直觉"这一概念只是具有限界意义，因而是消极的，它表明了人作为认知存在者在认知对象时是有限度的，即他只能凭借感性直观和时空、范畴等来认识现象界，而不能通过某种其他直观来直观现象背后的物自身。与此不同，牟宗三则将

"智的直觉"看做是一个具有积极意义的概念,人即是有限的存在者又是可以成为无限存在者的。在这种有限通无限的背后,就表明了人可以有康德所主张的只有上帝才拥有的"智的直觉",凭此人可以拥有直觉现象背后的物自身的特殊能力。

另一方面,在"智的直觉"的确切含义上,牟宗三与康德也存在某种差异。康德有关"智的直觉"的含义的论述,我们前文已经有所叙述,在此不作赘言。与康德不同,牟宗三将直觉解释为"直接觉到",是一种"具体化原则",这是他在"智的直觉"概念上与康德的主要差异。感触直觉的具体化表现为,它可以就着有价值意味的物自身来绉起或挑起现象。"智的直觉"则是通过自身的活动来实现存在,也就是创造出具有价值意味的物自身。现象与物自身成为两种直觉所创造的两种主观物,因而失去了客观性的身份。

第 3 节　"智的直觉"如何而可能

抛开牟宗三与康德在"智的直觉"概念上的上述区别,在此我们势必会问:具有上述意义的牟宗三的"智的直觉",其究竟如何而可能呢？ 也就是说,诚明心体所发的那种"智的直觉"式的天德良知如何而可能？"智的直觉"的可能性,在牟宗三看来,具有四个主要的根据。在《现象与物自身》当中,是从两个方面来具体地加以规定的,即我们下文的前两点。与在《现象与物自身》中对于"智的直觉"之可能性的处理方式不同,在《智的直觉与中国哲学》中,牟宗三则以道德之为一事实作为理论的出发点,分别从理论上和实践上这两方面详细地对"智的直觉"之可能性进行了阐述,即我们下文的后两点。

一、"智的直觉"是能够认知具有价值意义的物自身的原因

牟宗三指出,从"智的直觉"与"物之在其自己"之自在相或如相的关系来看,"智的直觉"是能够认知具有价值意义的物自身的原因。他说:

同一物也,对有限心而言为现象,对无限心而言为物自身,这是很有意义的一个观念,可是康德不能充分证成之。我们如想稳住这有价值意味的物自身,我们必须在我们身上即可展露一主体,它自身即具有智的直觉,它能使有价值意味的物自身具体地朗现在吾人的眼前,吾人能清楚而明确地把这有价值意味的物自身之具体而真实的意义表象出来。我们不要把无限心只移置于上帝那里,即在我们人类身上即可展露出来。[7]

进一步讲来,牟宗三认为,在无执的存有论当中心外无物。也就是在"知体明觉"的神感神应而非物感物应中,感无感相,应无应相,心与物一起朗现,于是在"知体明觉"的感应中就含有一种"智的直觉"。在"智的直觉"中,物如如地呈现即是物以"在其自己"的身份而存在,这就是物的自在相。自在源于"知体明觉"即"智的直觉"呈现和创生之,此种自在是内生的自在,不和"知体明觉"为对,因此此时的物无"对象"相。物无对象相,不是现象,那么"智的直觉"也无直觉相,也就是无认知相。这种纯智的直觉即是圆而神的直觉,圆而神的直觉无知相,无觉相,但却是无不知无不觉,这便是所谓的"独觉"或"圆觉"。"无不知"之知正是"无知"之知。此无知之知是通彻于一切物而润生之,使之为如如的存在,这正是知之至。知之至只是冥冥为一而一起朗现,这便是所谓的"彻知"或"证知"。

二、"智的直觉"是能够逆觉而认识"知体明觉"的原因

牟宗三说,从"智的直觉"与"知体明觉"本身的关系来看,"智的直觉"是能够逆觉而认识"知体"的原因。"知体明觉"的神感神应,也就是自由自律。但我们怎么能知道"知体"本身?牟宗三认为,"知体明觉"在随时呈露中,其自身的震动可以惊醒我们。通过自我震动与惊醒,本心,即神感神应自由自律的本心,得到了自己肯认。此种肯认,牟宗三称之为"逆觉体证"。逆觉而知之的"逆觉"即是其自身之光之返照其自己,而不

是以一个不同于其自身的识心感性地、被动地来认知其自己而又永不能及于其自己之本身。此时无能觉与所觉,而只是其自己觉自己。于是,这一逆觉而知之,是纯智的,不是感性的被动的。这种逆觉之知也就是该"知体明觉"之光所发的"智的直觉"之自照。依本心之光之自照,牟宗三言称了"智的直觉"。在他看来,逆觉体证之中实际上就含有了"智的直觉"。

三、道德这一关节使得"智的直觉"在理论上必须得加以肯定

牟宗三曾讲:

> 智的直觉所以可能之根据,其直接而恰当的答复是在道德。如果道德不是一个空观念,而是一真实的呈现,是实有其事,则必须肯认一个能发布定然命令的道德本心。这道德本心底肯认不只是一个设准的肯认,而且其本身就是一种呈现,而且在人类处真能呈现这本心。本心呈现,智的直觉即出现,因而道德的形上学亦可能。[8]

具体讲来,牟宗三主张,道德即依无条件的定然命令而行之谓。发此无条件的定然命令者,在康德名曰自由意志,在中国的儒者则名曰本心、仁体或良知,而这就是我们的性体,即发此无条件的定然命令的本心、仁体或良知即是我们的本性。就道德主体为一呈现而不是一设定来说,道德本心就是道德的实体,它是创发纯亦不已的道德行为的超越根据。这样的道德本心是随时可以呈现的,是我们可以逆觉体证的。在这种逆觉体证中,就藏有一种"智的直觉"之作用。"本心仁体之明觉活动反而自知自证其自己,如其为一'在其自己'者而知之证之,此在中国以前即名曰逆觉体证。此种逆觉即是智的直觉。"[9]

也就是说,由于本心仁体既绝对而无限,于是由本心之明觉所发的直觉自必是"智的直觉"。只有在本心仁体在其自身即自体挺立而为绝对而无限时,"智的直觉"才可能。因此,我们由发布无条件的定然命令之本心仁体或性体之为绝对而无限,即可肯定"智的直觉"的可能。"智的

直觉"的根源即是本心仁体之自己。"智的直觉"就是本心仁体之明觉之回光反照。此时,它是能觉即所觉,所觉即能觉。正是逆觉体证中的"智的直觉"才使得本心仁体为定然的呈现,而不是一种设定。总之,"智的直觉"是就本心仁体的自我活动而单表象其自己亦即朗现其自己使其自己为一定然的呈现而言的。

四、本心仁体之明觉使得"智的直觉"在实际上必然呈现

牟宗三认为,在本心仁体之诚明、明觉、良知或虚明照鉴这个关节上,"智的直觉"不但是理论上必须肯定的,而且是实际上必然呈现的。本心仁体不是一个孤悬的、假设的绝对而无限的物摆在那里,因而设问我们如何能智地直觉之。当我们说"本心"时即是就其具体的呈现而说之,如恻隐之心,羞恶之心,是随时呈现的。本心仁体是一个随时在跃动在呈现的活动,此活动是以明觉来规定的。明觉之自我立法,其立之,即是觉之,它是在觉中立;它立之,它即感受之,它是在立中感受。它觉,它感受,即在此觉与感受中,转出"智的直觉"。

因此,"只有当吾人郑重正视此明觉义、活动义,始能知本心仁体是一呈现,而不是一假设(不只是一个理论上的设准),因而始能知智的直觉亦是一呈现而可为吾人所实有,不只是一个理论上的肯定。"[10] 仁心的明觉活动觉润一切,同时即照了一切。此照了活动即是它的"虚明照鉴",在此说"智的直觉"。它的虚明照鉴觉之即润之,润之即生之,因此"智的直觉"本身即给出它的对象的存在,这就是"智的直觉"的创生性。在此,牟宗三是继承了张载的如下说法:"虚明照鉴神之明也。无远近幽深,利用出入,神之充塞无间也。"[11] 他认为,当本心仁体随时在跃动而有其具体呈现时,"智的直觉"即同时呈现而已可能。

由于"智的直觉"及道德本心在牟宗三这里是可能的,他便不赞同西方人所主张的"有限是有限,无限是无限"的主张,而是认为"人虽有限而可无限"。现实地说,人是有限的;理想地说,人可是无限的。其现实地为有限者,是因为他有感性;其理想地可为无限者,是因为他能超越其感性而不为其感性所囿。如果只从事实上的知性与感性看人的能力,它自

然有能有不能,即人的知解能力有限。但是如果我们能展露出"智的直觉",那么人也可知本体与物自身。因此,则人虽有限而实可具有无限性。他即呈现一无限心,并以此无限心为体。他可以为无限,是因为他以无限心为体。他如果能充分朗现这一无限心,他即是一无限的存在。可见,康德从人与神、人知与神知处加以立论的有限与无限之间的关系,现在却被牟宗三转变成了单从人本身来谈有限与无限。这具体讲来有如下三个方面:

从"人能知道什么"这一方面看来,如果只从事实上的知性与感性看人的能力,它自然有能有不能,也就是说人的知解能力是有限的。但如果我们能展露出"智的直觉",那么人也可以知本体与物自身。万物在无限心的"智的直觉"的观照中,是"物之在其自己"。此时,物无物相,乃是无物之物。它无时空相,无流变相。于是,则人虽有限而实可具有无限性。牟宗三认为,只要展露了"智的直觉",那只知现象的感性和知性便既可以被转出令其有,也可以被转化而令其归于无。当它们被转出时,它们决定只知现象,此是充分被稳定了的。如果从此看人,则人自是有限的。但当它们被转化时,人的无限心即呈现。如果从此看人,则人即具有无限性。当然,具有这种无限性的人不会是上帝,且与上帝根本不同。比如儒释道中的圣、真人、佛即可以具有上帝般的无限性,而它们决不是上帝。

从"人应当做什么"看来,此时义务被带进来。牟宗三主张,如果只把义务看成是一个应尽而不必能尽,应当是而不必能实是,只就义务这一概念而如此分解,那么人当然是决定的有限。但是如果我们能展露一个超越的本心,一个自由的无限心,那么凡有义务皆应做,也必能做,由此见人的无限性。如果从无限的进程上来谈,自然永远不能充尽一切义务,从此可以体现出人的有限性。但是如果从圆顿之教言,则也可以一时俱尽,随时绝对,当下具足,这即是人所具有的无限性。由此看来,有限不碍无限,有限即融化于无限之中;无限不碍有限,无限即通彻于有限之中。

从"人可希望什么"看来,此时希望被带进来。牟宗三说,如果只从可得与不可得的一般期望来说,人自然是决定的有限。但是我们希望绝对,希望由一个自由的无限心的顿现而圆顿地朗现的德性与幸福圆满的谐和一致,即圆善。如是,人即有无限性。以孟子的话语为例。他言天爵、人爵:"有天爵者,有人爵者。仁义忠信,乐善不倦,此天爵也;公卿大夫,此人爵也。古人之修其天爵,而人爵从之,今之人修其天爵,以要人爵;既得人爵,而弃其天爵,则惑之甚者也,终亦必亡而已矣。"[12]现实上修其天爵,而人爵不必从之。从此方面来看,德性与幸福之间自然存在距离,它们二者自然是一个综合关系,而不是分析关系。但是孟子也说过:"广土众民,君子欲之,所乐不存焉;中天下而立,定四海之民,君子乐之,所性不存焉。君子所性,虽大行不加焉,虽穷居不损焉,分定故也。君子所性,仁义礼智根于心,其声色也睟然,见于面,盎于背,施于四体,四体不言而喻。"[13]这便是泯绝无寄地来谈。依圆教来讲,德性与幸福之间决没有可隔绝之处。

总之,在牟宗三看来,人不是决定的有限,而是"虽有限而可无限"。这即是人的最内在的本质。依"人虽有限而可无限",需要两层存有论:本体界的存有论,此即无执的存有论;现象界的存有论,此即执的存有论。

五、牟宗三"智的直觉"思想的问题所在

牟宗三利用康德有关的思想而对"智的直觉"(知性直观)所进行的颇费心思的阐发,实际上只是借用了康德的知性直观概念,因为他结合中国传统哲学尤其是儒家心性之学,对知性直观进行了诸多的完全有别于康德的崭新规定。他的有关"智的直觉"的思想,虽然是其哲学中极其重要的部分,但也恰恰是学者们保存争议的部分。[14]我们认为,这一思想至少面临如下几个方面的困难。

第一,以"人虽然有限而可以无限"来论证和解释"智的直觉"是成问题的。

牟宗三由人的有限性谈到人的无限性,由无限性的本心处来谈论"智的直觉",这的确为我们今日思考和处理理想与现实之间的关系,提供了诸多可以利用的思想资源。这体现了对中国传统哲学中所固有的天人合一思想的继承和发扬。中国传统哲学的天人合一特质,表明了它与在上帝与人、无限与有限之间划出明确界限的西方哲学有着根本的区别。

牟宗三显然是中国传统哲学这一特质的承继者和发扬者。进一步讲,牟宗三依据"智的直觉"而建立了极富创发性的道德形而上学理论,这无疑开启了探究形而上学的某种新的路向,也对西方哲学一直注重以纯粹思辨理性来研究形而上学的传统起到了一种纠偏的作用,从而提供了一种崭新的东方式的解决形而上学问题的途径,提供了对于形而上学合法性的新的论证方式。

但是,我们在这里要问:有限的人如何可以成为无限? 有限与无限既然在牟宗三这里体现出的是一种现实与理想的对立,那么具有理想性色彩的人的无限性真的如他所说是可能的吗? 何谓理想? 理想在其本质的意义上讲,就是不能实现的东西,人的纯粹无限性既然是不能实现的东西,那么谈论它的可以存在可以呈现,便显然并没有什么理性的根据在里头。我们承认无限是有限中的无限,有限是无限中的有限。人,作为现实的存在,他首先即是感性的具体的物质存在物,也是富于理性的精神的存在物,它们均体现出人是一种有限的存在物,是在时间空间之中的存在物。所谓离开有限性的绝对的人的无限性,只能是属于一种体验世界的东西。对体验世界东西的体验,是因人而异的,我们也无法找到一个标准来判定究竟谁获得了具有无限性的心之本体。当然我们依然不否认那种相对的无限,这种无限不是一蹴而就的,而是人类作为一个整体在有限的生存境遇中所无穷地加以实现的一个过程,一种目标。"道德实践工夫也不能脱离'曲成'的普遍原则。道德的向往可以无穷,而道德的具现则仍不外是限定。"[15]

牟宗三将属于现实世界的人的相对的无限性,与属于体验世界的人的绝对的无限性混淆起来,这是我们所不能赞同的。康德正是科学而合理地把握住了人的有限性与神的无限性之间的区别,因此人与神、"认知"与"神知"、有限与无限之间的区分和对立,始终是他坚持的一个基本立场。尽管在道德实践领域,此种区分和对立似乎表现出某种松动,但是其仍然具有某种不可逾越的性质。牟宗三实际上并没有也不可能超越康德于有限与无限之间所做的区分,他实际上是取消了这一区分,而转向了另一种超越。

总之,牟宗三的"人虽然有限而可以无限"的思想背后,实际上隐藏的是一种循环论证。他以"智的直觉"作为"人虽然有限而可以无限"的理论根据,"智的直觉"的存在要求我们自己必须成为"实体"。可是如果我们要成为"实体"或"真我",又得寻求"智的直觉"。这其间所体现出来的正是一种循环论证。

第二,以人生境界意义上的超越与存有论意义上的超越间的混淆来谈"智的直觉"是成问题的。

牟宗三将前一种超越看做是后一种超越,从而以取消后一种超越的方式而不是予以回答的方式提出了"人有限而可无限"这一核心论题。在他这里,本体成为了具有价值意义的本体,物自身成为了具有价值意义的物自身,无限性成为了具有价值意义的无限性。也正是基于此,他以儒家的工夫论、境界论取代了康德所代表的西方传统中的存有论。客观地讲,基于现实的实践的考察,我们只能承认人是一种于有限中寻求无限的存在物,他有限而不可能成为无限。牟宗三过分看重的是人的境界形态意义上的无限性,并由此而提出人具有"智的直觉",这实际上是一种道德理想主义的再现,这种道德理想主义所含的理想的成分过多,而实际的成分则明显不足,因此其难以实现也就不言而喻了。

第三,以"智的直觉"来阐述中国传统哲学的意义和价值是存在问题的。

牟宗三之所以提出人可以有"智的直觉",一个主要的原因就是为了说明中国传统哲学的意义和价值。他认为,人类具有"智的直觉"是全部中国哲学得以稳固而不会倒塌的一个最为基本的理论保证。

> 依康德智的直觉只属于上帝,吾人不能有之。我以为这影响太大。我反观中国的哲学,若以康德的词语衡之,我乃见出无论儒、释或道,似乎都已肯定了吾人可有智的直觉,否则成圣成佛,乃至成真人,俱不可能。因此,智的直觉不能单划给上帝;人虽有限而可无限。有限是有限,无限是无限,这是西方人的传统。在此传统下,人不可能有智的直觉。但中国的传统不如此。[16]

对此,我们首先认为,"智的直觉"并不是人类所能具有的。"智的直觉"的有无,实际上与中国传统哲学的意义与价值是两个问题,它们实际上属于两个不同的领域。中国哲学的独特价值与魅力是在于,它是一种境界形态的智慧学,所关涉的更多的是生命体验中的事情。显然,作为境界形态特质的中国哲学,是不能够加以理性化处理的,是不能以具有知识意义的"智的直觉"来加以诠释的。以具有知识意义的"智的直觉"来诠解中国哲学,只能破坏它的本真的意义与价值。而且这样来做,往往会忽视中国哲学中所固有的境界论与工夫论相统一的传统。与牟宗三相比,新儒家中的梁漱溟、熊十力等人确实在工夫论上略胜一筹。

第四,以康德的"智的直觉"(知性直观)来阐释中国儒学的德性之知是成问题的。

良知之知只代表一种道德的直观,它并不代表康德的知性直观。诚然人类生命之中除了理性之外,并不排斥神妙的呈现或奇迹,但对"神妙的因果性"的论证不可能是"理性的"。在奇迹发生的地方,正是理性终止的地方。以与理性密切相关的康德的知性直观来诠释无法以理性言说的道德良知体验,以可以言说的东西来表达不可言说的东西,这正是牟宗三"智的直觉"思想的内在理论制限之处。

第五,牟宗三在对"智的直觉"大谈特谈之余,似乎忘却了"智的直觉"与思或理性虽然有区别但却相关这一重要维度。实际上,只有在思的基础之上我们才能展开直觉活动。牟宗三将"智的直觉"看做是体达具有价值意义的物自身的惟一方法和途径,这无疑又架空了直觉与逻辑架构、时空性以及一切思的活动之间的某种关联性,从而也就使得对于对象的物自身一面的体知带有了浓厚的神秘主义色彩。而以"智的直觉"所体知的具有价值意义的物自身来作为感触直觉所呈现知识材料的基础,这又必然使得这样的知识建构自始至终便打上了泛价值主义的烙印。科学知识所要求的事实与价值的二元分离这一基本前提,在此也就必然遭到了无情的破坏。试想,在我们从事认识活动之初,便以一种价值观来统领我们的认识,那么知识的客观性普遍性如何来加以获取?知识建构过程中的价值中立要求如何来加以保证？将知识价值化的立场无疑阻碍了我们获取客观的科学知识的前进步伐,更何况人是否具有"智的直觉"还存在相当多的可争议之处。

概言之,牟宗三有关"智的直觉"、"人虽然有限而可以无限"思想的内在困难,直接导致我们对于他的"智的直觉"思想的质疑,"智的直觉"并非真的如牟宗三所说是人可以具有的。

注　释

[1]牟宗三关于道家与佛家中"智的直觉"的论述,请参看《智的直觉与中国哲学》,第 261—276 页。

[2]牟宗三:《智的直觉与中国哲学》,第 153 页。

[3]此处的"直觉"一词其德文是"anschauung",英文译作"intuition"。牟宗三认为,此词的原初意思就是直接看到,如果译作"直观"便不太好,因为中国人使用"观"字很神妙,观照也是观,玄览也是观,"直观"这个词不能用,译作"直觉"就是了。直觉就是直接觉到,不管是我看到、我听到、我嗅到、我尝到、我触到,都是我直接觉到。关于此可参看牟宗三:《四因说演讲录》,见《牟宗三先生全集》(31),第 209 页。

[4]牟宗三:《智的直觉与中国哲学》,第 187 页。

[5]牟宗三:《智的直觉与中国哲学》,第 204 页。

[6]张载:《正蒙·大心篇》。

[7]牟宗三:《现象与物自身》,第 16—17 页。

[8]牟宗三:《智的直觉与中国哲学》,第 447 页。

[9]牟宗三:《智的直觉与中国哲学》,第 252 页。

[10]牟宗三:《智的直觉与中国哲学》,第 249 页。

[11]张载:《正蒙·神化篇》。

[12]《孟子·告子上》。

[13]《孟子·尽心上》。

[14]有关牟宗三"智的直觉"思想的问题所在,武汉大学哲学系的邓晓芒教授的批判最为有力和深刻。他认为,牟宗三不仅在术语的翻译上误译了康德的"知性直观"(或智性直观、理智直观),而且将"智的直觉"错误地归于上帝的一种功能。在他看来,康德的"智性直观"和牟宗三的"智的直觉"具有根本的区别。前者是

反思性、对象性的,后者是非反思、非对象的;前者是自在之"有"(虽然对于我们的知识是"无"),后者是自在之无(虽然这"无"也有"无相之相",称作"本体");前者指向一个永远追求而不得的理想目标,后者是一个当下即是的起点;前者是经过批判的审查而留下的剩余,后者是未经批判而预先假定的前提;前者看似不能"稳定",实际上没有什么可以触动它,后者好像"稳定得住",其实经不起质疑和批判的眼光。总的说来,这两者只是表面上相关,细究起来,却完全是两股道上跑的车,根本不搭界。(以上内容参见邓晓芒:《牟宗三对康德之误读举要——关于智性直观(上)》,《江苏行政学院学报》2006 年第 1 期;《牟宗三对康德之误读举要——关于智性直观(下)》,《江苏行政学院学报》2006 年第 2 期。)

[15] 刘述先:《牟先生论智的直觉与中国哲学》,牟宗三先生七十寿庆论文集编辑组编:《牟宗三先生的哲学与著作》,台北:台湾学生书局 1978 年版,第 757 页。

[16] 牟宗三:《现象与物自身》,"序",第 5 页。

第 12 章　两类知识及其关系

到目前为止,我们已经详细地考察了牟宗三对于"认知的知识"与"道德的知识"的基本观点,并探析了其间所体现出的种种矛盾和制限之处。那么为什么牟宗三会提出两类知识的说统? 在他的理论当中,两类知识之间的关系究竟是怎样的? 他又是如何建构起两类知识之关系的? 这些问题,将是我们接下来要讨论的主要内容。为此,我们首先将从总体上谈一下他对于两类知识、两种真理及其关系的基本观点,然后论述一下他基于"道德的形而上学"与"良知自我坎陷"说而对于两类知识之关系的看法。通过此种论述,我们力图得出我们对于知识与道德之关系所抱有的一个基本的看法,同时也希望以此来化解牟宗三在论述两类知识与两种真理的过程中所引发出的诸多理论矛盾。

第 1 节　两类知识与两种真理

众所周知,牟宗三一生的哲学研究主要是采取了两个路向,一是中国传统哲学尤其是儒家哲学思想,一是西方哲学尤其是康德的哲学思想。牟宗三哲学思想的这一特色也充分体现在他对于两类知识与两种真理的划分和论述上。

一、牟宗三划分两类知识的原因及划分的途径

牟宗三对于知识的分类,应当说主要是受到了两个因素的影响:一是受到中国传统哲学的影响,一是受到莱布尼兹等西方哲学家的影响。

对于第一个因素,我们可以从两个方面来加以考察。一方面,牟宗三继承了中国传统哲学中的一些基本主张,比如,儒家对于"见闻之知"与"德性之知",佛家对于"识"与"智",道家对于"成心"与"道心"的区分。有关中国传统儒家哲学对于两类知识的看法,我们将在第 13 章第 2 节当中予以详述。牟宗三本人在《王阳明致良知教》、《心体与性体》、《智的直觉与中国哲学》以及《现象与物自身》等著作中,都对于"德性之知"与"见闻之知"有所论述,并在二者的融通方面提出了自己的独到见解。我们知道,中国哲学本质上是一种价值哲学,是对宇宙价值、人生价值、人类价值、社会价值的深深肯定与体验,于是,人类的思考、知识、决定、行为,都是在这个价值世界中来得以安排和说明的。由于强调了这个价值世界,才有了"见闻之知"与"德性之知"的分别。牟宗三在划分两类知识的时候,正是吸取和借鉴了一些中国传统哲学家的这种做法。

另一方面,牟宗三也直接地继承了现代哲学家熊十力在"性智"与"量智"上所做的区分。"性智",在熊十力看来,就是真的自己(本体)的觉悟。这种觉悟"虽不离感官经验,要是不滞于感官经验而恒自在离系的。他元是自明自觉,虚灵无碍,圆满无缺,虽寂寞无形,而秩然众理已毕具,能为一切知识底根源的。""量智",是思量和推度,或明辨事物的理则,"及于所形所历,简择得失等等的作用故,故说名量智,亦名理智"[1]。性智与量智的关系所体现出来的是性智的综纲性、根源性、笼罩性,即量智是性智的发用,以性智为本。

"性智"与"量智"的分别,在熊十力这里,也就是"本心"与"习心"[2]的分别。"本心"也称"性智",从人生论与心理学的观点来说,名

以本心；从量论的观点来说，名为性智。道家的道心，佛家的法性心，乃至王阳明的良知，都是本心的异名。这样的本心是虚寂的，明觉的，它才是我们自身与天地万物所同具的本体。"习心"也称"量智"，这样的习心是与物对待的心。

习心者，原于形气之灵。由本心之发用，不能不凭官能以显，而官能即得假借之，以成为官能之灵明，故云形气之灵，非谓形气为本原，而灵明是其发现也。形气之灵发而成乎习，习成而复与形气之灵叶合为一，以追逐境物，是谓习心。故习心，物化者也，与凡物皆相待相需，非能超物而为御物之主也，此后起之妄也。[3]

对于第二个因素，我们可以说，在欧洲近代理性派哲学家莱布尼兹那里，就曾区别了两种知觉即混暗知觉和清明知觉，前者表象宇宙，后者表象上帝。受此影响，牟宗三认为，《认识心之批判》一书"所解剖之全幅知解历程亦等是来氏所谓混暗知觉之范围。此一大结集，来氏已指点之，而不能详陈之。至康德之纯理批判乃始专就此而发其蕴。余生末世，历兹多艰。念斯学已坠，不可无述。遂步康氏之后尘，再细商量而条理之，故有斯书之雏形。诚以此一结集不明，则神性亦不可得而明。知此结集之终艰，则统摄众理之理之向往即不能自已也。"[4]

可见，牟宗三对于两类知识的划分明显地是受到了中国传统哲学与西方近代莱布尼兹哲学的影响，不过他划分两类知识所采取的具体途径在前后期又有根大的不同。前期的划分主要体现在《认识心之批判》一书中，采取的是"智穷见德"的理路。这是从下面说上去，即所谓的下学而上达，所谓的"转识成智"。此书论述的核心虽然是在知识论，但在论述的过程当中，牟宗三曾多处谈到知识论的局限性，并认为其最终的理论根据在于道德本心，在于由其所开出的道德的形而上学。比如"存在即是被感知"、"凡存在都是现实的"、"凡现实的都是合理的"等命题的终极成立，就在于道德主体的挺立。这是所谓的"摄智归仁"。

牟宗三后期对于两类知识的划分主要体现在《现象与物自身》一书

中。随着在中国哲学研究方面的不断丰富和深入,他对中国哲学传统中的德性之知的重视程度也逐步加强。在这部书当中,牟宗三开始明确地提出了两类知识的划分。他说:"我们依'人虽有限而可无限'底预设,承认两种知识:(1)智知,智的直觉所成者。(2)识知,感触直觉所成者。"[5]又讲道:"智的直觉之知不是观解知识,吾人可名之曰'智知',而观解知识则是'识知'。它虽不是观解知识,然而它所朗现的自由仍是客观地、智的直觉地被肯断了的。"[6]这是从上面说下去,即所谓的上达而下开。牟宗三此时是直接从道德主体处立言,并以此建立道德的形而上学。由道德的形而上学开出了两层的存有论,即"无执的存有论"与"执的存有论",它们分别成就了"道德的知识"与"认知的知识"。这是所谓的"仁以养智"。

　　结合牟宗三前后期的思想,我们可以说"智穷见德"与"德坎为智"是其知识思想系统的双向构造和逻辑,而力图达到仁智双彰是他的知识论思想始终难以割舍的一种理想追求。牟宗三在此强调的是:如果道德法则不是虚的,人的无限性不是虚的,那么康德说人只有一种"执知",而无"智的直觉"之"智知",必然有问题。他于是断言:我们实际上可以有"智知",这不只是一种可能而已。而且他认为,中国的哲学生命与哲学智慧,无论儒、释或道,都是寄托在这种"智知"的可能上即肯定上。我们承认我们可以知"物自身"。牟宗三坚决主张存在着与"认知的知识"不同的、由"智的直觉"所形成的关于"物自身"的知识。由于"物自身"在他的理论当中被价值化伦理化,于是这种与"认知的知识"不同的另一种知识,也就是有关道德本体的知识。

　　从此我们了解到,牟宗三本人同时承认了知识世界(或命题世界)和道德世界的存在。知识世界是从自然因果方面说的,道德世界是从意志因果方面说的;自然因果是从被知的现实事实方面说的,意志因果是从实践理性方面说的。无论是从下面说上去,还是从上面说下来,牟宗三所始终强调的都是一个相同的基本立场,即道德高于和优先于知识(狭义上的知识)。这与早期梁漱溟区分"理性"与"理智",熊十力先生区分"性智"与"量智",并且强调前者的地位高于后者的做法,是如出一辙的。牟宗三所提出的两类知识，其重要程度显然是不同的。对于这两种知识，他更为重视的是后者。"命题世界是自所造方面之为一现实存在言，道德世界则自本体之创造不已之带现实存在之继言。前者是自然，后者是自由。自由为主，而实现自然。"[7] 也就是说，知解历程所获得的知识与道德的知识相比，并不如后者根本，后者关注的是宇宙人生的大问题。"吾人若不物化，生命常在奋发，必觉知解中无有可停止者。讨个真止处乃是生命之不容已。坎陷中之辩证历程（即知解历程）固有所获。然以为可以停于此，则是坎陷中之坎陷，诚是沉沦之途。真生命之奋发，其坎陷是不容已，而从坎陷中跃出，亦是不容已。"[8] 牟宗三在此强调的是应于物化的科学知识世界中拔超出来，从而关注人的生命与价值，关注道德的知识，这一理论和情感的初衷是有合理之处的，也无可厚非。他在知识与道德的关系上，始终坚持以"德"来轨范和统领"知"，因此泛道德主义的色彩不言而喻。这里以道德来统领和规范知识的做法，是我们所万万不能赞同的。这种对于德性的过度重视也同样体现在他的两类真理论中，对此我们下文将予以论述。

二、牟宗三与康德在知识类型划分上的区别

以上说的是影响牟宗三划分两类知识的两种因素，以及他在不同时期对于两类知识划分所采取的途径是截然不同的，接下来我们将进一步论述他与康德在知识分类上所存在的差异。

基于两类知识的划分，牟宗三曾批驳了康德，根据这一批驳，我们可以归纳出牟宗三与康德在知识类型划分上的两个方面的基本差异。第一方面，牟宗三承认有两种知识，而康德只承认有一种知识。康德只承认一种知识，一说知就是"识知"，即由感触直觉对于现象界所成的识。识知不能及于本体界。因此，如果说对于本体界有所知，康德便认为是扩大了知识，但扩大不过是"实践的知识"。牟宗三自己则认为，感触直觉所成的知识绝对不是唯一的知识。因此，除了感触直觉所成的知识之外，未必没有由"智的直觉"所成的知识。因此，牟宗三认为康德只承认一种知识，这是"很有妨碍的"，并减弱了哲学智慧与哲学生命。他说，康德费大

力成就存有论,成就现象,就是为的成就经验知识。这在哲学智慧上是有很大价值的。但他只承认这一种知识,我们并没有对于"物自身"的知识,这便减弱了他的哲学智慧与哲学生命。以感触直觉为底子的经验知识是执的知识,如果说这种知识不能及于"物自身",这是当然的;如果说我们只有这一种知识,那便成问题;如果说我们不能有不以感触直觉为底子的无执的知识,那更成问题。

第二个方面,牟宗三所承认的"智知"与康德提出的"实践的知识"是有区别的。康德所说的"实践的知识"实际上只是虚说,这实不是知识,既不是"识知",也不是"智知"。牟宗三声称自己完全承认"智知"的存在,但是又认为这种知识并未扩大"识知"。对于本体界不知则已,一知便是"智知"。"智知"当然也是实践的,但不是康德所说的"实践的知识",因为在康德那里,"实践的知识"实际上不是知识,而只是一种冥暗。

康德之所以只承认一种知识的存在,是因为他在理论理性与实践理性之间,即"是"与"应当"、"知"与"思"之间做出了明确的区分,它们分别拥有自己的领地。理论理性的超越界限在于由知识论领域进入本体界;实践理性的超越界限则在于不明了道德法则与道德行为的特殊性质,不明了知识与道德间的区分,从而妄想达到对于本体界的认知,或妄想通过直觉自身来进入本体界。由于康德在知识与道德之间做出了明确的区分,因此他只承认一种知识的存在,即现象界的科学知识是我们唯一可以获得的知识。与此不同,牟宗三从肯定实践理性能够直觉自身出发,从而认定道德本身也是一种知识,于是康德所提出的"是"与"思"、知识与理念之间的区别,便转变成了两种知识、两层存有论间的区别。

三、影响牟宗三划分两类真理的主要原因

关于真理的问题,实际上可以从如下两个角度来加以理解:一种是狭义上的理解,即在知识论范围内来加以探讨的知识论的真理,它往往涉及到究竟什么是真理,真理的标准何在,真理与命题的关系等诸多问题。另一种是对于真理的宽泛的理解,它不局限于知识论之中的真理问题,而且还站在知识论之外来谈本体论、价值论等方面的真理。

真理的第一种即狭义上的理解,是与本书第2至8章所述的"识知"相联的,对此方面意义的真理,牟宗三所谈甚少[9]。他也不想去讲这样的真理,"真理这两个字是大家天天讲的,但是很少有人能恰当地了解究竟什么叫做真理,所以西方哲学里头对'什么是真理'这个问题就有种种的说法。他们那些说法我们在这里不想去讲它"[10]。而对于不去讲的原因,牟宗三是这样来解释的:知识论上什么是真理一问题,"本是一大问题。但我以为关于这个问题中的各说,并不见得有相冲突相争执的必要。故吾亦不欲论之。"[11]不想去讲的真实原因,我们认为这恐怕是因牟宗三本人并没有对西方的真理说有过如金岳霖那样的深入的研究,也不感兴趣于这样的研究。与此相比,无论从理论论述的深度还是范围上讲,金岳霖对于真假问题的论述,都远远强于牟宗三。造成这种差异的主要原因,是他们二人在论述知识论问题时所根据的基本材料和理论背景存在着差异。尽管牟宗三吸取了现代数理逻辑的成果,但是他主要是以近代知识论思想尤其是康德的理路来谈知识论的,并且结合了中国哲学问题来加以处理。与此不同,金岳霖则主要是基于现代西方知识论作为理论论述的出发点,因此他所讲所论的,从根本上讲是西方现代意义上的知识论,因而与当时的知识论所研究的问题是直接接轨的。

牟宗三所感兴趣的真理实际上是第二种,即广义理解上的真理,它既与"识知"有关,也与"智知"相联。那么,影响他划分出两类真理的主要原因是什么?我们的回答是,熊十力所提出的广义上的两种真理说。也就是说,牟宗三之所以能够提出两种真理说,这是与他和熊十力之间长达十五六年的交往不无直接的关系。[12]

熊十力曾明确地区分开来科学真理与玄学真理。在答复唐君毅的一封信中[13],他认为,科学崇尚的是解析,所得为宇宙的分殊,而一切如量,所以称其所得为科学之真理。玄学崇尚证会,所得为宇宙之浑全,而一切如理,所以称其所得为玄学的真理。两种真理,在他看来缺一不可。就宇宙论来说,善谈本体的人,一方面须扫相(现象界)以证体,另一方面却必须得施设现象界,否则我们所日常生活的宇宙,即经验界,不得成立。而且我们的知识没有安足处,科学变得不可能。总之,由成立现象界这一面来说,科学上的真理已经有了依据;由遮拨(扫相证体)现象界这一面来说,玄学上的真理已经有了依据。

熊十力认为,这两种真理之间既有联系也有区别。区别主要体现在它们分别具有各自的意义。玄学真理在他看来,有三点含义:(1)"是遍为万法实体",即宇宙本体。(2)"是其为物也","法尔本然"。"不由想立","不依诠显"。(3)"是唯证相应,智与体冥,无有内外、物我等等对待之相,离分别故,离戏论故。"[14]科学真理则有六点含义:(1)"必设定有客观的存在之事物,即所谓日常实际生活的宇宙或经验界。此理科学上之真理。方有安足处所。"(2)"此理之发现必依据感官经验得有证据。"(3)"此理之获得,必由纯客观的方法,又能为一般人所公认。"(4)"此理之自身,在其所以存在之条件下,必有不变性,除非其条件因或种变故而更革或消失,则此理亦随之消失。"(5)"此理虽有不变性,而非绝对无变易性。非绝对故,即是分殊的,因此理托足于经验界,而经验界的事物都是对待的现象,都是无量无边各种互相关联的事情。此理非他,就是存在于无量无边各种互相关联的事情中之法则或规律。"(6)"此理虽说是在物的,是纯客观的,实亦离不开主观的色彩。"[15]总之,玄学上"真理"一词就是实体之代语,科学上"真理"一词即是事物间的法则。

熊十力又认为,科学与玄学两种真理也有联系。科学真理依玄学真理为基地,都是玄学真理的内涵。他曾举过一个例子来说明此点。[16]如于一一沤相不执取为一一沤相,而直于一一沤相皆见为大海水;此一一沤相虽复万殊,而一一沤相都无自性,其实体即是大海水故。故于众沤见大海水,即离分殊而得浑全,一味平等。浑全不是离开一一分殊的而别为空洞之一境,也不是混合这些分殊的而作成一个总体。可见,玄学真理是科学真理所汇归或依附的地方。

牟宗三基本上继承了上述熊十力的两类真理说,而且比熊十力前进的地方是,一方面他对于科学真理的论述即主要是知识论的研究是深入而系统的;另一方面,他对于玄学真理即"道德的形而上学"与科学真理之关系的论述也是详细而深刻的。

四、牟宗三两类真理说的科学内涵

牟宗三究竟是如何具体地阐发两种真理的呢？他借用罗素的用语，认为真理大体可以分为两种：一种叫做外延的真理，一种叫做内容的真理。"凡是'内容的真理'（intensional truth，此与逻辑、数学、科学范围内之外延的真理 extensional truth 不同，此言内容与逻辑概念之内容外延之内容亦不同，此只是类比的借用，如言内容的逻辑与外延的逻辑是），都是极富有弹性的。只要知其端绪，则展转引申，花烂映发，皆是'未始出吾宗'（《庄子·应帝王》篇）也。"[17] 为了更能表达两种真理的意思，牟宗三将 intensional 翻译为"强度的"，extensional 翻译成"广度的"。于是，两种真理也被称为"强度的真理"和"广度的真理"。"广度的真理"是属于数学量、物理量；"强度的真理"是属于生命方面的。

外延真理与内容真理，在牟宗三看来也是有区别的。其一，外延的真理大体是指科学的真理，如自然科学的真理或是数学的真理，科学里面的命题通通都是外延命题（extensional proposition），表现这种真理的语言是科学语言。内容的真理所含的是内容的命题（intensional proposition）[18]，它不能离开主观的态度（subjective attitude），是系属于主体的，表现这种真理靠的是"启发语言"（heuristic language）。对此，牟宗三也曾依据魏晋玄学中的言意之辨进行了解释。他认为，欧阳建所主张的"言尽意"，其中所尽之意必是形而下之意，尽是名实相应之尽。总之，名言、尽以及所尽之意理或物理，皆属于"可道世界"，即"外延真理"。与此不同，王弼的"立象以尽意，得意而忘象"即涵"尽而不尽"，是属于"言不尽意"一派。此处的"尽"是启发暗示之尽，不是名实相应之尽；而且其所尽者都是内容真理；其能尽之之名言也是内容名言，或者说是启发名言。凡"内容真理"皆为名言所不能尽，它是"主观性之花烂映发"。也就是说，名言所不尽的意理是关于"主体性本身"与"主观性之映发"所做成之"内容的体会"。[19] 其二，外延真理与内容真理虽然都是真理因而具有真理性，但是这两种普遍性是有差别的。外延的普遍性是抽象的普遍性（abstract universality），而内容的普遍性是具体的普遍性（concrete universality）。[20]

　　牟宗三的两种真理说,可以说从根本上讲,与熊十力的科学真理、玄学真理并没有什么差别。内容真理相当于熊十力所说的玄学真理,外延真理则相当于熊十力所说的科学真理。究竟什么是真理,这可能是哲学中最为重要、也是争论最多的问题之一。不同哲学派别的哲学家都基于自己的立场而对其提出了不同的看法。牟宗三所提出的两类真理说,实际上是基于他的两类知识划分的理论。外延的真理相应于认知的知识,它属于知识论领域。内容的真理相应于道德的知识,它属于道德形而上学的领域。由于在知识与道德的关系上,牟宗三更为重视的是道德,所以,内容真理的地位显然要高于外延的真理。在此,他依然重视的是以形而上学来统领知识论。

　　我们赞同的是对于知识与真理的狭义的理解,即在知识论之中的知识与真理。这样来看的知识是真正意义上的知识,这样来看的真理是真正意义上的真理,是具有客观性特性的真理。据此标准,牟宗三所谈论的"智知"即道德的知识,所主张的内容真理,从根本上讲并不是真正的知识和真理。它们实际上是伦理学与形而上学中的问题。牟宗三提出两类知识、两种真理,这表明他始终未能在知识(狭义上的)与道德、科学与形而上学之间进行明确的区分,而是以道德、形而上学来统领和归约知识与科学。在第13章,我们所谈论的便是牟宗三在知识与道德之关系问题上的偏失之处,并提出我们对这一问题的基本主张。

五、牟宗三两类知识、两种真理划分的问题所在

　　以上是牟宗三所提出的两类知识理论及其所连带出的两种真理观。所谓两类的知识,指的就是"识知"与"智知",它所涉及的是科学的知识与道德的知识,事实的知识与价值的知识,科学的知识论与道德的知识论之间的关系。两类真理观完全是由两类知识的说统中必然得出的一个结论,两种真理之间的关系,实际上完全可以从两类知识的关系中得到解答。

　　值得一提的是,牟宗三在探讨道德问题的时候并没有停留在道德行

为的一面,而是看到了有关道德之"知"的一面的重要性,从而避免了武断的伦理学。这正如贺麟所讲:

> 不批评地研究思有问题,而直谈本体,所得必为武断的玄学(dogmatic metaphysics);不批评地研究知行问题,而直谈道德,所得必为武断的伦理学(dogmatic ethics)。因为道德学研究行为的准则,善的概念,若不研究与行为相关的知识,与善相关的真,当然会陷于无本的独断。至于不理会知行的根本关系,一味只知下"汝应如此","汝应知彼",使由不使知的道德命令的人,当然就是狭义的、武断的道德家。而那不审问他人行为背后的知识基础,只知从表明去判断别人行为的是非善恶的人,则他们所下的道德判断也就是武断的道德判断。[21]

在中国现代哲学家当中,由于贺麟先生有着深厚的西方哲学背景和训练,所以他也十分重视知识论问题。他所提出的"知行合一新论",无疑具有打破传统观点而予以重新创发的特征。与朱熹、王阳明等人的价值的知行合一观不同,贺麟从传统哲学家将知行问题归于德行和心性涵养的制限中摆脱出来,他将知行问题主要归属于知识论和逻辑方面。在这点上,他无疑继承了西方哲学这样的一个传统:以知识论、逻辑学作为研究本体论和伦理学的前提或基础。于是,贺麟先生认为,道德意识是与道德行为相联的,知与行是统一的。而且知是行的本质,行只是知的表现,知永远决定行为,永远是目的。当然,我们在此也必须承认,贺麟的论述基础还是中国传统哲学的知行问题,他并没有以西方哲学意义上的知识论为题材,因此他并不是一名真正的知识论专家。

与贺麟一样,牟宗三也力图建构起知识论与伦理学、本体论之间的桥梁。他虽然继承了中国传统哲学的思想,但同时又力图赋予其新的阐释。他并没有局限于科学知识论,而且探讨了道德知识论的问题。例如,他对道德主体、道德主体所认识的物自身、道德主体的能力即"智的直觉"等等有关道德知识论方面的问题,均做出了自己独到的理解与阐释。与英国新黑格尔主义者格林(T. H. Green)在写作《伦理学导言》的时候一样，牟宗三也力图为伦理学建立某种知识论或形而上学的基础。

不过，我们认为，牟宗三的两类知识与两种真理理论具有严重的制限之处。他提出存在着另一类知识即道德知识，这是难以成立的一个说法。知识如果得以成立，那么它必须得发自心灵的两个基本的源泉。第一个是接受表象的能力，即对印象的感受性；第二个是通过这些表象来认识对象的能力，即概念的自发性与主动性。通过前者，对象被给予我们；通过后者，对象在与表象的关联中被思维。直观与概念是构成我们一切知识的要素，有概念而没有与之相适应的直观，或有直观而没有概念，都不能产生认识。这正如康德所言：

> 我们若是愿意把我们的内心在以某种方式受到刺激时感受表象的这种接受性叫作感性的话，那么反过来，那种自己产生表象的能力，或者说认识的自发性，就是知性。我们的本性导致了，直观永远只能是感性的，也就是只包含我们为对象所刺激的那种方式。相反，对感性直观对象进行思维的能力就是知性。这两种属性中任何一种都不能优先于另一种。无感性则不会有对象给予我们，无知性则没有对象被思维。思维无内容是空的，直观无概念是盲的。因此，使思维的概念成为感性的(即把直观中的对象加给概念)，以及使对象的直观适于理解(即把它们置于概念之下)，这两者同样都是必要的。这两种能力或本领也不能互换其功能。知性不能直观，感官不能思维。只有从它们的互相结合中才能产生出知识来。[22]

以上面判定知识的标准来看待牟宗三的"智知"，则它显然不是一种知识。对于"物自身"，我们没有知识得以构成的直觉和概念。另外，为了安排人文精神价值世界，牟宗三主张存在与科学知识不同的另一类知识，但其间存在着太多的理论预设，比如"人有限而可以无限"，"人有智的直觉"，"德性优先"，"物自身是一个价值意味的概念"等等。因这些预设本身存在着诸多的问题，他所提出的所谓的"智知"实际上也就困难重重,也很难具有理论上的合法性。知识与道德之间的关系,在牟宗三的哲学之中始终未能得到一个合理的处理。当他为了说明道德世界的时候,它将道德知识化;当他为了解释认知世界的时候,他又以道德界开存在界、现象界,从而又将知识道德化。

在道德领域,尽管牟宗三重视道德中"知"的一面,但他却忽视了"行"的一面;重视了境界,而轻视了工夫。事实上,知与行是同时发动的(coincident),在时间上二者不能分先后,它们是同一生理心理活动的两个方面。"无无知之行,亦无无行之知。知与行永远在一起(always together),知与行永远陪伴着(mutual accompaniment)。"[23] "理解离开知外无行,离开学问外无涵养,离开真理的指导外无道德。"[24] 也就是说,任何一种行为都含有意识的作用,任何一种知识都含有生理的作用。知行是永远合一,永远平行并进,永远同时发动,永远是一个心理生理活动的两面。牟宗三虽然重视了道德的认识的方面,但却未能强调与"知"相联的"行"的方面。

牟宗三将道德本心的意识的一面、"知"的一面也看做是知识,这是存在欠缺之处的。刚才我们提到,知识的形成必须得有认识对象的存在,而心性本体只是由内在体验所构造出来的非认识对象的体验对象。这种构造是在取消主客对立的基础上进行的,所以所构造出的是非知识的对象,而只能是一种属于思的对象。既然没有认识对象的存在,则以所谓的"智的直觉"来加以认识,实际上便无从进行。如果说对于儒家道德本体或心性主体的阐释是在于界定一种生活体验、一种生活方式、一种思维方式,这无疑是有道理的,但是说此种阐释成就的是另一种知识即"智知",这无论如何也是让人难以理解的。客观地讲,科学认识所得才是真正的知识,道德认识所获得的有关本体良知的认识,有关具有价值意味的"物自身"的认识,从本质上看并不是科学意义上的知识。更为合理的说法是,它是属于体验世界中的领会。这种领会,在准确的意义上讲,只能算是人可以具有的一种道德的境界。事实不同于价值,知识不同于道德,科学不同于体验,我们决不能将体验世界中的东西也看做是某类知识。

于是我们说,康德在《纯粹理性批判》中所提出的给知识与形而上学划清界限的主张,是有合理之处的。知识论的根本任务,就在于防止认识步入本来不是它所能达到的领域,这也正是批判哲学所以叫做批判的一个根本原因。"纯粹理性的一切哲学最大的、也许是惟一的用处只是消极的;因为它不是作为工具论用来扩张,而是作为训练用来规定界限,而且,它的不声不响的功劳在于防止谬误,而不是去揭示真理。"[25]

在"先验辩证论"部分,康德借助于给知性划定界限而明确地指出:灵魂、自由意志、上帝等形而上学的实体,由于不存在感性直观(感触直觉)的经验基础,也就是说感性经验不能提供有关这些实体的任何感性材料,从而这些实体因超出了知性所能适用的范围而不可能是认识的对象。一切证明灵魂、自由意志和上帝的理论学说,也就是康德时代所流行的"理性的心理学"、"理性的宇宙论"与"理性神学",均遭到了康德的批判而认为其是不成立的。在康德所提出的第三个、第四个二律背反[26]当中,正反两个命题都可以正确这一事实,充分地证明了知识与道德是分属于两个不同的领域。正题肯定了作为物自体而存在的自由意志和上帝的存在,它们不是认识的对象,不是感性直观的对象,而是属于道德伦理领域的实体,这是对的。反题否定了超自然、超因果的自由意志与作为万事万物原因的上帝,这也是对的。因为这是以作为经验世界的现象界为出发点,是与我们的感性直观和经验相一致的。可见,可知世界与可思世界,知识与道德是有着根本区别的。

以上便是牟宗三的两类知识、两种真理的理论。本书的第 2 章至第 8 章集中讨论和分析的是牟宗三的"识知"理论,第 9 章至第 11 章则论述的是他的"智知"理论,第 12 章的第 1 节则是从总体上来阐述牟宗三的两类知识理论。这两类知识,在他看来,并不是彼此分离的,而是密不可分的。这里面涉及到两个问题,第一个问题是:我们究竟如何来统一两类知识? 对此,牟宗三是借用佛家"一心开两门"思想来解决这一问题的。道德上的本心良知即道德主体,它所直接建构起来的是"本体界的存有论"或"无执的存有论"即"道德的形而上学",它成就的是道德的知识,本心良知的自我否定所间接开出的则是"现象界的存有论"或"执的存有论",它成就的是认知的知识。这样,"识知"与"智知"便在一个道德本心之下,得到了有机的统一。有关牟宗三以"一心开两门"来阐述两类知识关系的理论,我们将在本章第 2 节予以论述。第二个问题是:既然道德本心所直接建构起来的只能是"道德的形而上学"即"无执的存有论",那么它又何以能间接地建构起现象界、知识界即"执的存在论"? 对于这一问题,牟宗三是以"良知坎陷说"来做以回答的。他以具有道德性的"知体明觉"的自我否定来开显出知性主体,并以此进一步转出知性客体。"知体明觉"本身所具有的"智的直觉"成就的是"道德的知识",其开显出的知性主体与客体成就的是"认知的知识"。于是,本章的第 3 节将集中论述这一方面的理论。在前面所述的这两个问题中,前一个力图解决的是两类知识之关系中统一性的一面,它强调的是两类知识不是分离的而是统一在一起的;后一个则力图解决的是两类知识关系中分离性的一面,它重点在于指出两类知识本身所处的不同层次、不同地位及其可分离性。因此,在接下来的两节内容中,我们主要考察的便是牟宗三的"一心开两门"与"良知自我坎陷"思想。

第 2 节 道德本心与两类知识的关系

通过研析牟宗三的哲学,我们一定会发现,他在阐发自己哲学的时候,往往结合别人的思想而创发了许多新的术语,这些术语又往往成为其哲学的主要特色和内容。例如,在阐发"认知的知识"的时候,他曾提出"感触直觉"、"纯理"、"时空格度"、"知性三格度"等;在阐发"道德的知识"的时候,则提出了"道德主体"、"智的直觉"、"道德的形而上学"、"无执的存有论"、"执的存有论"、"良知自我坎陷"等等。

在这其中,"道德的形而上学"和"无执的存有论"不仅仅是两个牟宗三所独有的术语,它更多的是体现出来一种有关形而上学的理论。这一术语的提出,直接关联于道德主体。作为道德主体的本心,在牟宗三的理论体系当中可以从多个角度来加以言说。从"德性之知"处来讲,本心仁体或良知具有知是知非自定方向自立法则的作用。由于知是知非体现出来的是一种主观性,自立法则自定方向体现出来的是一种客观性,所以德性之知是就本心仁体的主观性与客观性而言的。从"智的直觉"处来讲,本心仁体具有自我活动而单表象其自己,亦即朗现其自己使其自己为一定然的呈现的作用。从本心仁体的普遍性处来讲,它不仅是可以开出道德界的道德主体,同时它还是开存在界的形而上实体。本心仁体作为一种自由无限心,具有绝对的普遍性。它既创发了道德行为,也在纯亦不已的道德实践中遍体万物而不遗,引发了"于穆不已"的宇宙秩序。

一、"道德的形而上学"与"道德底形而上学"

牟宗三的整个哲学体系如果以一个术语来概括的话,即是"道德的形而上学"。在《心体与性体》的"综论部",他曾对于具有六百年发展史的宋明儒学有一个基本的定性与定位,即认为其是"道德的形上学"的充分完成。儒家的内圣之学成德之教,就其为学来说,就是一道德哲学,它涵有本体与工夫两个方面。宋明儒就道德论道德,其中心问题在于讨论道德实践之所以可能的先验根据,这是心性本体问题,它是道德实践所以可能的客观根据。由此进而讨论实践的下手问题,这是工夫入路问题,它是道德实践所以可能的主观根据。由本体一面进行反省所达到的彻底本体,就是绝对无限的本心性体,它不但是我们道德实践的本体与根据,而且是宇宙生化的本体,一切存在的本体,于是,中国儒家的道德哲学就涵有一种"道德的形上学"。

那么究竟何谓"道德的形而上学"? 牟宗三自己的阐述是:

> "道德的形上学"云者,由道德意识所显露的道德实体以说明万物之存在也。因此,道德的实体同时即是形而上的实体,此是知体之绝对性。知体有三性:一曰主观性,二曰客观性,三曰绝对性。主观性者,知体之为"良心"也,即"独知"之知,知是知非(道德上的是非)之知也。客观性者其本身即理也。绝对性者其本身即"乾坤万有之基"也。[27]

"知体明觉"既是道德的实体,也是存有论的实体。道德的形而上学,就是以道德的进路来接近形上学,是由道德的进路对一切存在做"本体论的陈述"与"宇宙论的陈述"。

牟宗三认为,自己的"道德的形而上学"不同于"道德底形而上学"[28]。在他这里,"底"是形容词,而"的"是当做所有格用,这与今天所用的"的"字正好相反。"道德的形上学"强调的是以道德进入形而上学,即以道德为入路渗透到宇宙的本原,从而说明万物的存在。"道德底形而上学"则强调是对道德这一概念进行形而上学的分析,以形而上学地讨论道德本身的基本原理为主。因此,其研究的题材是道德而不是形而上学,形而上学只是一种借用,其意思等同于"形而上学的解释",它等于分解的推演,即为了说明道德的先验性。一句话,"道德的形而上学"与"道德底形而上学"的分别,就是纯哲学与道德哲学的分别。

毫无疑问,形而上学一直都是哲学中十分重要的一个部分,不同的哲学家往往从不同的角度而构建出了不同的形而上学体系。比如西方的亚里士多德、康德、海德格尔,中国的熊十力、冯友兰、金岳霖等,均提出了自己的独特的形而上学体系。就牟宗三在此问题上的论述而言,他基本上是继承了中国传统儒家心性哲学上的看法,即从道德的入路来谈论形而上学。他对于形而上学的上述定义,明显体现出来的是一种中国儒家心性哲学的情结。从陆九渊的"宇宙便是吾心,吾心即是宇宙"[29],王阳明所说的"天地万物,俱在我良知的发用流行中,何尝又有一物超于良知之外,能作得障碍"[30],到王龙溪与罗近溪依据《易传》"乾知大始"所谈的"乾知",我们都可以找到牟宗三所提出的道德形而上学的原始思想资具。

牟宗三的道德形而上学虽然有中国哲学,尤其是传统儒家心性哲学的影响,但它之所以能够被创发出来,是直接与康德哲学的贡献分不开的。不过,康德并没有提出一种牟宗三所提出的"道德的形而上学"。因为,很明显,中西哲学具有不同的"主体"概念,牟宗三的不能脱离内容的"主体性"与康德的先验的"主体性"并不相同。牟宗三"道德的形而上学"与康德的"先验哲学"的差异之处,比牟宗三所论述的要多得多。牟宗三立论的归宿是本体论,但康德"理性之批判"的最基本的意义就是对一切本体论之前提的批判。牟宗三不是依据"理性之批判"来重建中国哲学,而是将"先验哲学"作为"道德的形而上学"的知识论或科学的部分,这实际上是对传统儒学的一种再次解释而不是一种重建。

依据康德的著作,他在自己的哲学中并不承认存在着一种牟宗三意义上的"道德的形而上学",而只是认为对道德可以进行形而上学的解释,它属于牟宗三所说的"道德底形而上学"。例如,康德曾在《实践理性批判》的"序言"中写道:"自由概念的实在性既然已由实践理性的一条无可争辩的法则证明,它就构成了纯粹的、甚至思辨的理性体系的整个建筑的拱顶石,而所有其他概念(上帝的概念和不朽的概念)作为单纯的理念原来在思辨理性里面是没有居停的,现在依附于自由概念,与它一起并通过它得到安定和客观实在性,这就是说,这些概念的可能性已由自由是现实的这个事实得到了证明,因为这个理念通过道德法则展现了自己。"[31]

在此,康德通过作为道德法则之条件的自由的肯认,证明了对于思辨理性而言只具有消极意义且属于智思界的理念(上帝和不朽的理念)也具有可能性。但是,这种可能性绝不表明它们具有客观的存在性,而只能说明它们是思维中的存在物。可见,虽然康德与牟宗三一样也是将自由、上帝、灵魂放在道德领域中来加以研究,但他并不像牟宗三那样进而以道德来谈形而上学,而是以形而上学来谈道德,从而创立的是"道德的神学",而不是"道德的形而上学"。于是,在康德,自由、上帝与灵魂是实践理性的三个设准,它们在理论上无法证明而只有实践上的可能性。在牟宗三这里,三者则完全统一在道德本心这一个本体之中。

牟宗三不认同康德哲学的前提和方法,是源于他的中国哲学立场和情结。中国哲学家无论是古代的还是现代的,都未能将知识论看做是哲学的一部分,而是武断地将以本体论、宇宙论为内容的形而上学等同于哲学本身。以这样的一种先入之见,一种对待哲学本身的误读来谈论知识,不仅认识主体难以说清楚,真正知识体系的构建也困难重重。牟宗三虽然花费了大量工夫来力图摆脱中国哲学的上述误读,但却未能真正跳出传统的樊篱,未能真正实现中国哲学有如笛卡尔式的知识论转向。

牟宗三谈论形而上学的基本逻辑理路即是:将"心外无物"中道德意义上的心扩展为存在意义上的心,以此来谈论本体论与宇宙论,从而建立道德的形而上学。他首先依道德的进路来展露道德的实体,从而直接地开出道德界,这相当于康德的"道德底形上学",即道德的"形上学的解释"。不过牟宗三又认为,道德的实体虽然是由于人的道德意识而显露的,但却不限于人类而为一类名,不仅是我们道德行为的根据,不只是可以开出道德界,它是无限的实体,是生化之原理。因此,它不仅可以开出道德界同时也可以开出存在界。就这两开而统一于一个实体来说,所建立的是一圆教下的"道德的形而上学"(实践的形而上学),这种形而上学是依据道德的进路来对于万物的存在有所说明。

由此看来,从本质上讲,牟宗三的道德形而上学体现出来的是以人的道德意识所显现的道德实体来谈形而上学,这是一种人学本体论,一种人类中心主义的说统。他并未能处理好知识与道德的关系,而这又直接导致他在人与自然之关系的处理上也失之偏颇。

二、"本体界的存有论"与"现象界的存有论"

根据自己对形而上学的独特理解,牟宗三曾重新修改了康德对于形而上学的划分标准[32],他列出如下对于形而上学的划分法:(1)超越的哲学、纯粹知性的分解、现象界的存有论;(2)现象界的存有论所厘定的现象的(内在的)理性心灵学与理性物理学,此可总称为"内在的自然学"或"内在的形上学"(immanent metaphysics);(3)本体界的理性的心灵学(超越的灵魂论)、理性的宇宙学(关于世界之超越的知识或超越的世界学)、理性的神学(关于上帝之超越的知识或超越的神学),此可总称为"超验的自然学"或"超验的形上学"(transcendent metaphysics)。

牟宗三的"道德的形而上学",所处理的就是"超验的自然学"或"超绝的形上学",它指的就是"本体界的存有论"或"无执的存有论"。他于《现象与物自身》一书中明确地谈到了此点。他说:"'道德的形上学'重点在形上学,说明万物底存在。此是唯一的一个可以充分证成的形上学。

此独一的形上学,我们将名之曰'本体界的存有论',亦曰'无执的存有论'。此将证成'物自身'之确义与实义。"[33]在《圆善论》一书中,牟宗三同样谈到了这种意义上的"道德形而上学"。西方哲学肯定一个现象界之外的能够创造万物的存有,即一个无限性的个体存有,也就是上帝,它属于神学领域。牟宗三依据中国传统哲学,把这一神学还原于超越的存有论,它是"依超越的、道德的无限智心而建立者,此名曰无执的存有论,亦曰道德的形上学"[34]。

"道德的形而上学"是全体大用之学,上通本体界下开现象界。就"学"来说,是道德的形上学;就儒者之教来说,是内圣外王之教,是成德之教,因此道德的形而上学所涵蕴的是两层的存有论:一是"本体界的存有论",即"无执的存有论";一是"现象界的存有论",即"执的存有论"。牟宗三自己认为前者主要是取自于中国传统哲学,后者主要取自于康德哲学。

我们认为,牟宗三之所以能够提出两层存有论,主要是因为他依据人可有"智的直觉"而提出了"人虽有限而可无限"的主张。"人虽有限而可无限"稳定了现象与物自身的超越区分,因此这一主张是牟宗三建立"道德的形而上学"并提出两层存有论的最为基本的立言根据。"我们依'人虽有限而可无限',需要两层存有论:本体界的存有论,此亦曰'无执的存有论',以及现象界的存有论,此亦曰'执的存有论'。"[35]虽然"本体"与"现象"是从对象、客观的一面来规范存有论,而"无执"与"执"则是从主体一面来规范存有论,但是从基本处来讲,它们可以互相取代。

那么,究竟何谓无执或本体界的存有论? 牟宗三称,它是由道德本心自身开出的,这是以儒家的"无执的存有论"来立言的。儒家的主张是:

> 直接由我们的道德意识呈露那内在的道德实体。这是四无傍依而直接亲体挺立的,不是来回旋转,驰骋妙谈,以求解脱或灭度的。在这样面对所呈露的实体而挺立自己中,这所呈露的实体直接是道德的,同时亦即是形上学的。因此,此实体所贯彻的万事万物(行为物与存在物)都直接能保住其道德价值的意义。在此,万事万物都

是"在其自己"之万事万物。此"在其自己"是具有一显著的道德价值意义的。[36]

这种具有无限性和绝对普遍性的道德本心,具有存有论的创造性。它神感神应,圆照无方,通澈万物,使其如其本己而存在。本心直觉之即实现之,它既是一种存有论的呈现原则,也是一种创生与实现的原则。它成就的是德性之知即道德的知识。

何谓执或现象界的存有论?牟宗三认为,它是由道德本心转出的识心开出的。道德主体本来是一种无执的无限心,但是为了自我完满,它必须自我坎陷即自我否定。于是,它便转而为有执的有限心,即"识心"。牟宗三认为,对于"识心之执"的超越分解含有两层:第一层关涉的是识心之执的逻辑意义,由此来说明逻辑、数学与几何,并说明在知性的统思中只有"超越的运用"而没有"超越的决定"的那些逻辑概念,即因故、曲全、二用格度。第二层关涉的则是识心之执的存有论意义即康德所说的"超越哲学"、"纯粹知性之超越的分解"。存有论性格成就的是经验以及经验对象所以可能的范畴,由这两层合观可开出"现象界的存有论",即"执的存有论"。在此存有论之下确定"现象"的意义:现象是识心之执所挑起或绉起的东西,是有而能无,无而能有的。换言之,这样的识心所成就的就是见闻之知即科学知识。认识心有三种形态,即知性、想像以及感性。因为识心是一执执到底的。由感性所发的感性直观,可以借着时空形式条件来摄取现象,想像的作用是重现现象,同时建立感性摄取现象所需要的时空形式以及联结感性与知性的图型。知性的作用是运用概念来思辨现象。经过认识心的这三种形态的作用,现象始被决定成一个客观的对象,得到了客观化,于是经验知识得以形成。

三、"一心开两门"所体现出来的两类知识或两层存有论的关系

那么,牟宗三是如何规定两层存有论之间的关系的?对于道德本心与两层存有论之间的义理架构,牟宗三曾援引佛学《大乘起信论》中的"一心开两门"来做出了自己独到的解释。

《大乘起信论》中主张,如来藏自性清净心即超越的真常心可以开出二门,一是"生灭门",指的是生死流转的现象,有生有灭,刹那变化,所谓"诸行无常,诸法无我";另一面则是"真如门",它开出清净法界门。[37]借此,牟宗三说:"对无限心(智心)而言,为物自身;对认知心(识心、有限心)而言,为现象。由前者,成无执的(本体界的)存有论,由后者,成执的(现象界的)存有论。"[38]

我们从这个观点可以明显地看出,牟宗三采取的是一种观念论的观点。实际上,实在论者的论证或分析能力是优于观念论者的。中国哲学如若现代化,需要的是将观念论与实在论结合起来。这正如贺麟所言:"唯心论……亦须于理智的分析和论证的严密方面多用功夫。同时又须知道形式的分析与论证有其限度,且有趋于支离骛外之弊,故须注重文化的陶养和精神生活的体验,庶唯心论方有内容,有生命。"[39]牟宗三的道德形而上学体现出来的即是一种观念论,但他同时又运用了早年曾下过苦功而掌握的实在论的逻辑分析的方法。因此,牟宗三在中国哲学现代化的过程中,确实做出了杰出的贡献。

不过,牟宗三以《大乘起信论》的"一心开两门"架构来开显出现象界是有问题的。如果我们想要稳定和安立现象界,从而成就科学知识的世界,那么我们便必须得给予这个世界以独立的存在性。但是,在"一心开两门"的理论架构中,恰恰不能够提供这种独立性。《大乘起信论》上讲:"一切诸法唯依妄念而有差别,若离妄念,则无一切境界之相。是故一切法从本以来,离言说相,离名字相,离心缘相,毕竟平等,无有变异,不可破坏,唯是一心,故名真如,以一切言说假名无实,但随妄念,不可得故。"[40]作为识心之执的"妄念"对于"一心","生灭门"对于"真如门",并不存在成就科学知识所必须的独立性。牟宗三以"一心开两门"来言说现象界的存有论并以此开显知识世界,这在理论上讲是有失合理之处的。

通观牟宗三以"一心开两门"所建构起来的哲学体系,我们发现它在儒家心性之学的现代建构中确实取得了一定的理论成就,但问题是,他对于如何在儒家心性之学当中为知识理性确立某种独立的地位这一问题,仍然没有给予根本的解决。与熊十力、唐君毅、刘述先、杜维明等一些儒学学者一样，牟宗三并没有处理好知识与道德之关系的问题，两层存有论在他的哲学体系当中，其地位和作用是有明显差别的。"执的存有论"是道德本心的自我坎陷而成的，它只是"知体明觉"的"权用"，因而道德本心可以"无而能有"，也可以"有而能无"；而于"无执的存有论"处，则说"经用"。在"道德的形而上学"中，整个的知性活动是来源于德性世界的。这正如牟宗三所指出的：

> 识心之执与科学知识是知体明觉之所自觉地要求者。依此义而说"无而能有"，即它们本是无的，但依知体明觉之自觉地要求其有，它们便能有。……它们既是权用，则仍可把它们化而归于知体明觉之感应而不失知体圣德之本义。即依此义而说"有而能无"，即它们已经有了，然既是由自觉的要求而有，则它们亦可经由自觉的撤消而归于无。进一步，若以明觉而通之，则虽有不为碍，亦不必撤消，此亦是有而能无。无而能有，有而能无，由于是这样地进退自如，故此两者是一个轮子在知体明觉这个"天钧"上圆融无碍地转。[41]

道德本心对于识心与现象是"无而能有"，"有而能无"的。当其"无而能有"之时，见闻之知就能致其曲用；当其"有而能无"时，德性之知就能直道而行。于是，在德性主体的这一转出与转化中，体现了牟宗三对于德性之知与见闻之知所做的融通。在这种融通中，我们可以明晰地发现两类知识及其所成就的两层存有论的地位是不同的。"无而能有"，于是识心之执的出现是为了说明和成就科学知识。因此，于此不说烦恼。但是既然是识心之执，那么便含有烦恼的种子（佛家），私欲的种子（儒家），是非争辩的种子（道家）。牟宗三认为知性虽并不是烦恼，但烦恼之兴必然是由于知性。由"知体明觉"而下开知性是"菩提即烦恼"，这是"无而能有"。由知性而上返于明觉是"烦恼即菩提"，这是"有而能无"。以"烦恼"与"菩提"、"执"与"无执"，"有而能无"、"无而能有"来看待两层存有论，这本身便体现出来牟宗三于本质上对于"本体界存有论"的重视,对于"现象界存有论"的忽视。与儒学现代化相关的科学理性与知性世界的独立性问题,并没有在牟宗三的哲学体系当中得到根本性的解决,尽管他为此曾付出了种种艰辛的努力,并采取了现代逻辑理性的言说方式。

牟宗三未能真正在儒学视域内建构起知识理性,一方面体现出来他未能处理好本体论与知识论的关系问题。在他的哲学体系中,"无执的存有论"是根源的、第一位的,"执的存有论"是派生的、第二位的。由于"无执的存有论"成就的是真正的本体论世界,是道德的世界,而"执的存有论"成就的是知识的世界,因此两层存有论之地位的差异往往标识出了本体论与知识论孰重要孰次要这一问题。

牟宗三是以本体论来融摄和涵盖知识论的,以这样方式来处理的知识论显然失去了其独立性、客观性、本真性;以这样的知识论来获得的知识或者是道德本体笼罩下的道德知识,或者根本上就不是什么科学意义上的知识。因囿于儒家道德本位的立场,牟宗三依然未能处理好体验与认知间的关系。他认为两层存有论是在成圣、成佛、成真人的实践中带出来的。"就宗极言,是成圣、成佛、成真人:人虽有限而可无限。就哲学言,是两层存有论,亦曰实践的形上学。此是哲学之基型(或原型)。"[42]成圣、成佛与成真人,完全是属于体验中的事情,是人生境界中的问题,而成就科学知识的"现象界存有论",则属于认知中的事情,它绝对不是人生境界中的问题。牟宗三将两种不同的事情与问题混在一起,难免有牵强附会之嫌,因为它们本来是属于不同领域、不同范围中的两种东西。

牟宗三未能真正在儒学视域内建构起知识理性,另一方面也体现出来他未能处理好中国哲学与西方哲学之间的关系问题。由于"无执的存有论"主要取材于中国传统哲学,"执的存有论"主要取材于具有典型西方哲学特色的康德哲学,因此两层存有论的关系,从根本处来讲就是中国哲学与西方哲学的关系。看重"本体界的存有论"而轻视"现象界的存有论",体现出来的是牟宗三对于中国哲学的情有独钟。这实际上是在重唱近代中国以来所曾存在的"中体西用"的老调,此种深层文化心态使得他过分强调了中国文化的优长,而对于西方文化内在之体却体认不够。这难道不是一种文化本位主义在作怪么?后顾性的文化价值取向使得牟宗三始终以中国儒家思想来框定、解释现代社会,并强调向中国哲学传统的某种复归。这种以儒学作为中国现代化发展之根源的做法,是与时代发展的主流背道而驰的。面对当今全球化浪潮冲击下的多元文化共存的社会现实,我们确实应当诚恳切实地抛却这种文化本位主义理论,放弃狭隘的故步自封的民族主义心态,以坦荡的胸怀来迎接、消化、吸收外来的文化。因为以牟宗三这样的理论和心态来看待中西哲学的关系,这不仅获得不了我们传统所缺失的科学精神与民主政治,也会不幸地使我们本有的传统哲学变得不伦不类。

第3节 良知自我否定说及其问题所在

前文曾提到,牟宗三所强调的是"自由的无限心"即道德主体的重要性,它具有"智的直觉"的功能。但是,这里有一个不争的事实是:尽管科学知识是必要的,可是在中国传统哲学中又从来没有能系统地发展出一套知识系统。于是,如果要谈论知识,那么如何将道德与知识、德性主体与知性主体联系起来便显得尤其重要。牟宗三本人也承认,如何开出新外王即科学与民主政治,确实是儒家的当前使命。由于牟宗三重视的是"无执的存有论"而不是"执的存有论",是道德的知识而不是科学的知识,因此在他的理论视域之内,这种开出便自然而然地是应从道德本心,应从"知体明觉"处来寻求根据。对于如何由"知体明觉"来开出知性,从而开出科学知识这一问题,牟宗三是以"知性之辩证的开显"或"知体明觉之自我坎陷"说来加以解答的。可以说,"良知自我坎陷说是牟先生借以重铸中国哲学乃至中国文化的重要方式,是联结无执的存有论与执的存有论,中国传统哲学与康德哲学,道德理性与民主科学的枢纽"[43]。

一、《认识心之批判》：良知自我否定说的早期萌芽展示

《认识心之批判》（1956—1957）一书，实际上早在 1949 年之前就已经写完。在这本书中，牟宗三就曾多处谈到"坎陷"一词。例如，在论及"认识心"与"形上的心"之关系的时候，他主张认识心静处而与物对，因而具有外在关系。我们将溯其根源于形上的心之坎陷。形上的心是实现万有者，主宰贯彻万有者，与其所实现的万有为内在关系，因为它影响万有，万有离之便为非有。可是形上的心坎陷其自己转化而为识心，便退处而与物为对，只以觉照了别为性，不再如形上的心之为实现原则。由形上心坎陷而出的认识心，是形成格度与知识的必要条件。因为要想成就知识，作为理解的认识心必须陷于辨解中，而陷于辨解中必然有成就其辨解的格度。格度的成立是全就理解的坎陷一相来谈的，这一坎陷是我们全部知识形成的关键。[44]

可见，《认识心之批判》当中就已经体现出来牟宗三对于知识与道德、事实与价值、认识心与道德心、实然与应然之间关系的一个基本看法。对于这些关系，他更为强调的是后一方面，因为它们具有根源性和本真性。这种看法，为牟宗三后来具体提出"良知坎陷"说埋下了伏笔，打下了基础。当然，由于此时牟宗三是将学思重点放在逻辑学与知识论上面，所以他并未对于"道德的心"与民主科学的关系做出仔细的论述和研究，也没有具体解释"坎陷"的义涵，而只是随文点拨而已，更没有将道德之心与中国传统的心性之学尤其是王阳明的良知学说联系起来加以考察。因此，此时他还没有真正提出"良知自我坎陷"这一学说。实际上，只是在 20 世纪 50—70 年代的《王阳明致良知教》、《历史哲学》、《政道与治道》、《现象与物自身》等著作中，在处理"内圣"与"新外王"之关系的过程中，牟宗三才正式地对《认识心之批判》中所代表的以"道德心"来坎陷"认知心"这一理路进行了直接而鲜明的阐述。

那么，为什么牟宗三后来要提出大受争议的"良知坎陷"说？"良知自我坎陷"说提出的目的，概言之，就是为了解决中国传统儒家哲学中的内圣与外王之关系的问题。当然在牟宗三的理论当中，外王因被赋予了西方近代意义上的科学与民主的崭新内涵而被称之为"新外王",于是内圣开外王就转变成"道统"、"学统"与"政统"这三统之间的内在关系。三统之说实际上即是"内圣开出新外王"。这一思想在《王阳明致良知教》(1954)、《历史哲学》(1955)、《政道与治道》(1961)、《现象与物自身》(1975)四部书当中,得到了系统而详尽的展开和论述。

二、《王阳明致良知教》:良知自我否定说的中期阐述之一

在《王阳明致良知教》的第 3 章"致知疑难"中,牟宗三区分了知识宇宙与行为宇宙并以后者来统摄前者。为了将知识摄进良知教义中,他提出了"良知自我坎陷"说。

> 吾心之良知决定此行为之当否,在实现此行为中,固须一面致此良知,但即在致字上,吾心之良知亦须决定自己转而为了别。此种转化是良知自己决定坎陷其自己:此亦是其天理中之一环。坎陷其自己而为了别以从物。从物始能知物,知物始能宰物。及其可以宰也,它复自坎陷中涌出其自己而复会物以归己,成为自己之所统与所摄。如是它无不自足,它自足而欣悦其自己。此入虎穴得虎子之本领也。此方是融摄知识之真实义。在行为宇宙中成就了知识宇宙,而复统摄了知识宇宙。在知识宇宙中,物暂为外,而心因其是识心,是良知自己决定之坎陷,故亦暂时与物而为二。然及其会归于行为宇宙而为行为宇宙之一员,则即随行为宇宙之统摄于良知之天心天理而亦带进来。[45]

三、《历史哲学》:良知自我否定说的中期阐述之二

在《历史哲学》中,牟宗三以"综合的尽理之精神"与"分解的尽理之精神"来说明东西方文化背后所具有的基本精神的差异。"综合的尽理"中的"综合",是就"上下贯彻,内外贯通"一义来说的;"尽理"是尽实践的道德、政治之理。"分解的尽理"中的"分解",由智之观解(theoretical)来规定,它含有抽象义、偏至义、使用概念遵循概念之路以前进义;"尽

理"，则以逻辑、数学、科学为主。牟宗三认为，体现西方文化生命的"分解的尽理之精神"，其透现在外面，就是一个概念的心灵（conceptual mentality），即"智之知性形态"（understanding form）。体现中国文化生命的"综合的尽理之精神"，就是"智之直接形态"。

为了从具有如此特色的中国传统中开出"知性"与"政道"，牟宗三认为这需要一种"曲折"，即"转一个弯"。"精神，不但上升表现而为道德的主体，亦须下降表现而为'思想主体'（理解形态）。即此'思想主体'，便是精神表现之一曲折。逻辑、数学、科学，以及近代化的国家、政治、法律，俱在此一曲折层上安立。"[46]

四、《政道与治道》：良知自我否定说的中期阐述之三

在《政道与治道》当中，牟宗三则具体地提出了以"自我坎陷"作为由内圣开出新外王的具体途径。此时，他主要是着眼于知识论的层面来论述道德与知识之关系的，这主要体现在他对"理性之运用表现"（functional presentation of reason）与"理性之架构表现"（constructive presentation or frame-presentation of reason）之关系的论述上。"理性之运用表现"、"理性之架构表现"与"综合的尽理之精神"、"分解的尽理之精神"，都是牟宗三对于中西文化的解读方式，它们之间并没有什么差异，只是换一换概念罢了。"理性之运用表现"就是"综合的尽理之精神"下的方式，"理性之架构表现"就是"分解的尽理之精神"下的方式。它们所表明的一个核心论题是：实践理性与理论理性，价值理性与知识理性之间具有某种根本的差异。牟宗三也力图借此差异来说明，中国传统文化中为什么与人生社会问题紧密相关的内圣一面始终得到了高扬，而与科学民主相联的新外王却依然成为中华民族文化中缺少的一环。

具体讲来，牟宗三认为中国文化生命的特色是"理性之运用表现"，而缺乏"理性之架构表现"。这种运用中的理性是指"实践理性"来说的，"理性之运用表现"是"生活、是智慧，亦是德性，才情性理一起都在内"，它是"摄所归能"，"摄物归心"，它们二者都在免去对立，或者把对象收进自己的主体里面来，或者把自己投到对象里面去，成为彻上彻下的绝对。

内收是"全物在心",外投是"全心在物",这实际上是一回事。在此,如果我们强分"能"、"所"而说一个关系,那么这个关系便是属于隶属关系(sub-ordination)。"理性之运用表现"可以用"隶属关系"来规定。具体讲来就是:其一,从人格方面说,圣贤人格之感召是理性之运用表现;其二,从政治方面说,则理性之运用表现便是儒家德化的治道;其三,从知识方面说,则理性之作用表现便要道德心灵之"智"一面收摄于仁而成为道心之观照或寂照,这是一种智的直觉形态,而非知识形态。

"理性之架构表现",其底子是对待关系,由对待关系而形成一个"对列之局"(co-ordination)。这种架构中的理性是指非道德意义的"观解理性"或"理论理性"。具体讲来就是:其一,政道:此即安排政权之道;其二,政治:此即民主政体下的民主政治;其三,国家:此即因人民有政治上的独立个性而在一制度下重新组织起来的一个统一体;其四,法律:此即关于政权的、治权的以及权利义务的订立,也就是随政道之出现而来的法律;其五,科学知识:它是属于主客体间的认识关系。前四项是属于客观实践方面的。

这样看来,"理性之运用表现"是自德行发,它是属于内圣的事。牟宗三也坚持认为应当从内圣开出外王,虽然他也承认从"内圣之运用表现"中是直接推不出科学与民主政治的。那么他是如何论述从"理性之运用表现"转出"理性之架构表现"这一问题的呢?他不采取由内圣直通外王的办法,而是采取有一种转折之突变的曲通。他认为为了开出新外王,只能采取曲通而不是直通、曲转而不是直转的办法。这层转折有两方面的意义:"一、内圣之德性与科学民主有关系,但不是直接关系;二、科学民主有其独立之特性。"[47]

理性的"运用表现"与"架构表现"既独立而又相关,我们是如何将其贯通起来的呢?牟宗三认为道德理性虽然被称为实践理性,意在指导我们的行为,其直接作用在于成圣贤人格。但是诚心求知是一种行为,因此也应当为道德理性所要求,所决定。道德理性既然要求和意欲诚心求知这一行为,而若落下来真的去做此行为,那么从"主体活动之能"方面说,却必须转为"观解理性"(理论理性),也就是由动态的成德之道德理性转为静态的成知识之观解理性。牟宗三提出,这一步转,"我们可以说是道德理性之自我坎陷(自我否定)。经此坎陷,从动态转为静态,从无对转为有对,从践履上的直贯转为理解上的横列。在此一转中,观解理性之自性是与道德不相干的,它的架构表现以及其成果(即知识)亦是与道德不相干的。"[48]

在牟宗三看来,这种"自我坎陷",是实践理性自我要求的一个必然产物。因为道德主体本身就包含一种内在要求,要透过这种"自我坎陷"以寻求其自我实现,这是一种"辩证发展的必然性"。实践理性要求一个与其本性相违反的东西即理论理性,于是便形成了一种黑格尔辩证意义上的"矛盾"发展运动。他进一步指出:

> 德性,在其直接的道德意义中,在其作用表现中,虽不含有架构表现中的科学与民主,但道德理性,依其本性而言之,却不能不要求代表知识的科学与表现正义公道的民主政治。而内在于科学与民主而言,成就这两者的"理性之架构表现"其本性却又与德性之道德意义与作用表现相违反,即观解理性与实践理性相违反。即在此违反上遂显出一个"逆"的意义,它要求一个与其本性相违反的东西。这显然是一种矛盾。它所要求的东西必须由其自己之否定转而为逆其自性之反对物(即成为观解理性)始成立。它要求一个与其本性相违反的东西。这表面或平列地观之,是矛盾;但若内在贯通地观之,则若必须在此一逆中始能满足其要求,实现其要求,则此表面之矛盾即在一实现或满足中得消融。而此实现是一"客观的实现",如是则即在一客观实现中得消融。由此一消融而成一客观实现,即表示曲而能通。即要达到此种通,必须先曲一下。此即为由逆而成的转折上的突变。如果我们的德性只停在作用表现中,则只有主观的实现或绝对的实现。如要达成客观的实现,则必须在此曲通形态下完成。如只是主观实现,则可表之以逻辑推理;而如果是曲通由之以至客观实现,便非逻辑推理所能尽。此处可以使吾人了解辩证发展的必然性。[49]

由此可见，由"理性之运用表现"转为"理性之架构表现"，是理性的一种内在的辩证发展，也就是道德理性通过自我否定转而成为观解理性。而一旦"理性之架构表现"由"理性之运用表现"开出后，科学与民主便自然而然得到了安排。此处体现的理性自身通过自我否定所形成的辩证的发展，实际上是牟宗三吸取黑格尔哲学的一个结果。牟宗三此处的理论所隐含的一个问题是：他所理解的道德主体——良知本体，在中国传统哲学中是人本身境界的一种体现，其完满与否、实现与否，这完全是一种工夫上的事情，是纯粹道德实践修养中的事情，而与理论之事并无直接的关联。因此，实际上为了实现自身，它只能呈现而不能坎陷其自己，其完满与否全在处于境界中之人的体悟程度。

五、《现象与物自身》：良知自我否定说的晚期阐述

在1972—1973年间写成的《现象与物自身》一书里，牟宗三则主要是着眼于形而上学层面而正式提出了应从"知体明觉"处开知性，即直接提出了所谓的"良知自我坎陷"说，它被看做是联结"无执的存有论"与"执的存有论"、"道德的知识"与"认知的知识"的中间环节。

在这本书中，牟宗三同样承认科学知识是必要的，但是他又认为这在西方是"无者不能有，有者不能无"，而在中国则是"无而能有，有而能无"的。为何如此？他认为，依据西方传统，上帝是上帝，人是人，两不相属。就科学知识来说，上帝无而不能有，人有而不能无。但是依据中国的传统，人可是圣，圣亦是人。就其为人来说，他有科学知识，而且科学知识也是必要的；就其为圣来说，他越过科学知识而不滞于科学知识，科学知识变得不必要，这就是有而能无，无而能有。不过，牟宗三也承认，中国的儒释道三家虽然都有科学知识这一环，但是它们都重视上达，所以都未能正视这一环。于是，他自己主张应"上达下开"，即由"知体明觉"开出知性。

那么，究竟如何能由"知体明觉"开出知性？牟宗三认为，知性的开显是一种"辩证的开显"。所谓辩证的开显可如此加以说明：一方面，外部地说，人既是人而圣，圣而人，则科学知识原则上是必要的，而且也是可

能的,否则人义有缺。另一方面,内部地说,要成就那外部地说的必然,"知体明觉"不能永远停留在明觉的感应中,它必须自觉地自我坎陷即自我否定,转而为"知性"。知性与物为对,才能使物成为"对象",从而究知其曲折之相。"知体明觉"必须经由这一步自我坎陷,它才能充分实现其自己,这就是所谓辩证的开显。经由这一步自我坎陷,"知体明觉"才能解决那属于人的一切特殊问题,而且其道德的心愿也才能畅达无阻。否则的话,因险阻不能克服,其道德心愿便会枯萎而退缩。可见,牟宗三所强调的由道德主体自我坎陷来辩证地开显出知性主体,这乃是道德主体在自觉自愿情况下的道德要求。于是,全部知性活动都统摄和涵盖于了道德实践之中。

既然"知体明觉"开知性是为了说明和成就知识,那么"知体明觉"的这步开显的内在原因和动力又在哪里呢?牟宗三依据了《易传·系辞下》中的如下思想:"夫乾,天下之至健也,德行恒易以知险。夫坤,天下之至顺也,德行恒简以知阻。"他认为,良知良能至简至易,然而它未始不知有险阻。知道有险阻而想克服之,它必须转为知性。因此知险知阻中即含有一种辩证的伸展,良知自我坎陷以成认知的主体(知性)乃是其道德心愿所自觉地要求的。牟宗三称这一步曲折是必要的。经过这一曲,良知始能达,这便是"曲达"。这种必要是辩证的必要,这种曲达是辩证的曲达。它不只是"明觉感应"的直线的或顿悟的达,圆而神的达。于是,这样来开知性就被称为"辩证的开显",也正因此,知性的开显有其辩证的必然性。知性既然开立出来,那么感应中之物便被推出去而为"对象",不过此时的对象不再是"在其自己"的如相或自在相,不是由明觉之感应所显发和明通的物自身,而是作为现象的对象。"自由无限心"是道德意识所显露的道德实体,是无执无著的。

牟宗三进而说:

既朗现,我们进而即由自由无限心开"知性"。这一步开显名曰知性之"自由无限心"辩证的开显。知性,认知主体,是由自由无限心之自我坎陷而成,它本身本质上就是一种"执"。它执持它自己而静处一边,成为认知主体,它同时亦把"物之在其自己"之物推出去而视为它的对象,因而亦成为现象。现象根本是由知性之执而执成的:就物之在其自己而绉起或挑起的。知性之执,我们随佛家名之曰识心之执。识心是通名,知性是识心之一形态。知性、想像以及感性所发的感触直觉,此三者俱是识心之形态。识心之执是一执执到底的:从其知性形态之执执起,直执至感性而后止。我们由此成立一"现象界的存有论",亦曰"执的存有论"。现象之所以为现象在此得一确定的规定。[50]

在牟宗三看来,道德良知的自我坎陷,也就是由"知体明觉"开知性,由道德良知通过自身的自我否定来自觉地转出知性主体,从而实现科学的认知。"知体明觉"之自觉地自我坎陷,就是其自觉地从无执转为执[51]。自我坎陷就是执。坎陷者下落而陷于执。如果不这样地坎陷,那么便永远没有执,也不能成就知性即认知的主体。"知体明觉"自觉地要坎陷其自己即是自觉地要这一执。牟宗三明确地指出,他所使用的"执"这一概念,虽然来自于佛家,但是不完全与佛家的一样。此处的"执"不是无始无明的执,而是自觉地要执,所以也就是"难得糊涂"的执,因而也就是明的执,是"莫逆于心相视而笑"的执。

另外,自我坎陷这一执就是"知体明觉"之停住而自持其自己。所谓的"停住",就是从神感神应中显示出停滞相。"知体明觉"的神感神应本来是没有任何相的,因此知无知相,意无意相,物无物相。但是一停住便会显示出停滞相,因此是执。执是停住而自持其自己即是执持其自己。但是,"知体明觉"并不能真的执持其自己,因为它一执持,便不是它自己,而是它的明觉之光的凝滞而偏限于一边,因此是它自身的影子,而不是它自己。也就是说,"知体明觉"转为"认知主体"(知性)。认知主体是一个逻辑的我、形上的我、架构的我,即有"我相"的我,而不是那"知体明觉"之"真我"(无我相的我),同时也不是那由心理学意义的刹那生灭心态串系所虚构成的心理学的假我。它的本质作用是思,也称"思的有"(thinking being),"思维主体"(thinking subject),"思维我"(thinking self）。既然有此停住而自持其自己的"形式的我"，于是明觉感应中的物便被推出去而成为一所思的对象，即现象义的对象。这样认识中的主体与客体都具备了，知识论也就成立了。由良知的自我坎陷最终开出了知识论。

六、牟宗三良知自我否定说的问题所在

根据上面的论述，我们可以知道，牟宗三为了架构起内圣与外王即道德的知识与认知的知识而提出了"良知自我坎陷"说，它说的是良知、仁心或自由无限心、知体明觉通过自觉地自我否定转而为知性，以开出独立的智的知性形态。

牟宗三提出此说主要是为了将传统儒学现代化，以适应时代的需求。因为，他始终认为学问有三，缺一不可。它们分别是："一、道统之肯定，此即肯定道德宗教之价值，护住孔孟所开辟之人生宇宙之本源。二、学统之开出，此即转出'知性主体'以容纳希腊传统，开出学术之独立性。三、政统之继续，此即由认识政体之发展而肯定民主政治为必然。"[52] 牟宗三认为，传统的内圣之学是开不出科学与民主的，于是他提出了新的思路，即一种曲通或辩证的开显。他说：

> 通有直通与曲通。直通是以前的讲法，曲通是我们现在关联着科学与民主政治的讲法。我们以为曲通始能尽外王之极致。如只是直通，则只成外王之退缩。如是，从内圣到外王，在曲通之下，其中有一种转折上的突变，而不是直接推理。这即表示：从理性之运用表现直接推不出架构表现来。然则从运用表现转架构表现亦必不是直转，而是曲转。这曲转即表示一种转折上的突变。……没有德性，固不能有科学与民主政治，但有了德性，亦不能直接即有科学与民主政治。即在此义上，我们说这其中有一种转折上的突变。[53]

以逻辑上的术语来讲，德性只是成就科学与民主的形式上的必要条件，而不能成就实际的充足条件。在牟宗三看来，上述的转折有两方面的

意义：一是表明内圣之德性与科学民主有关系，但不是直接关系；二是科学民主有其独立的特性。于是，理性的运用表现与理性的架构表现既独立而又相关。从运用表现转出架构表现是一种曲通，曲通是以"转折的突变"来规定，而转折之所以为转折，是因为有一种"逆"的意义存在。

总体上来看，牟宗三良知坎陷说的本意是为了解决道德与知识、现象界的存有论与本体界的存有论、道德理性与科学民主乃至中学与西学的关系问题。他对于西方近代意义上的科学与民主的孜孜以求的精神以及所做出的种种努力，足以令我们敬佩和鼓舞。而且他对于科学与民主为何在中国传统文化中未能建构起来，以及如何去建立科学民主，均提出了其前人和同时代的人所难以具有的高深度、高层次、高水准的理论，这也值得我们去思考和借鉴。正如有的学者所指出的："应当承认，无论是就理论的圆融和思辨的精巧，还是就思想方向而言，'良知坎陷'说较之早期的'中体西用'论，及较之'如果中国人遵循墨子的善即有用的思想，或是遵循荀子的制天而不颂天的思想，那就很可能早就产生了科学'一类的说法，都高明得多。""百余年来，既维护民族本位又能够融摄西学——所谓鱼与熊掌兼得，乃是国人一个追求不已的梦想，'良知坎陷'可以说是此一梦想之最精巧亦最哲学的表述方式。"[54]"在如何重铸中国当代哲学的问题上，西方主义者强调对西方哲学的'移植'，文化保守主义者则突出对传统哲学义理的'复活'。牟宗三先生的'良知自我坎陷'说，既不同于'移植'论，也不是简单的'复活'说，它是一种所谓新的重铸方式。这种新方式表明：中国哲学的重铸有赖于中国传统哲学的进一步生成和完善。这种生成和完善与其说对传统心性之学的复活，不如说是基于传统哲学、融摄西方哲学的一种新的综合创造。"[55]

但是，对于牟宗三所采取的具体的途径，我们是如何也不会接受的。他的"良知自我坎陷"说，从总体上来讲，是难以自圆其说的，是不成功的。[56]我们不赞同有的学者的如下称颂说法："'良知自我坎陷'理论完成了儒家'内圣外王本末一贯之道'的新布局，完成了传统儒学的自我革命。"[57]事实上，尽管在不同的时期，牟宗三对于道德与知识、内圣与外王之关系的论述存在着某些具体的差别，但是从总体上讲，无论是"曲通",还是"良知自我坎陷"所体现出来的辩证开显,他所采取的理论论述的基本路向却是始终没有变化的。也就是说,他始终是将德性放在第一位,并力图以此来说明科学与民主。他依然认为外王是由内圣通出去,尽管他采取的是曲通而不是直通。在牟宗三的思想深处,道德理性作为超越的价值之源,它始终优先于知识与科学,科学只是道德理性的客观实现,也只有在道德的制衡下才能尽其力而去其弊。

因此,"牟宗三所采取的理路适足以说明他仍然没有突破'以仁为笼罩,以智为隶属'的思维架构,在此思维架构中,德性主体与知性主体、道德与知识仍然被处理为体用、本末、真与俗、经与权、第一义与第二义的关系。"[58]以这样的思维结构,如果如牟宗三所言可以开出科学与民主,那也是道德理性所笼罩下的科学与民主,而决不会是具有独立性、自主性的真正科学与民主。实际上,道德良知之所以开显,在牟宗三这里,并不是为了真正地开出科学与民主,而是为了成就道德理性本身的完满和客观化。因为德性如果只停留在运用表现中,则只有主观的实现或绝对的实现。于是,为了成就和达成德性的客观的实现,则必须在一种曲通的或辩证的方式下来加以完成。归根结底,德性的开显、良知的坎陷,不是为了开出科学与知识,而是为了实现德性的客观实现,是为了泛道德主义的实现。

由此看来,牟宗三因为大提大倡道德本心的本源性、第一位性,所以想力图通过道德的良知即自由无限心来坎陷出认知的世界,从而架构起道德界与知识界之间相联结的桥梁,这是有问题的。他之所以提出良知坎陷说,无疑是与他的中国儒学情结和缺乏对于现当代知识论的研究不无关联的。牟宗三未能对其同时代的知识论进行广泛而仔细的研究,而是采取了一种忽视或不关心的态度,这是其认识理论中的一个严重的不足。在研究知识论的时候,我们不应最终以中国传统哲学来诠释、消化甚至是归摄它,将自己本民族的东西高悬于西方之上。如果如此,这与西方中心主义相比,同样是一种武断而缺乏理性的妄见,最终只能是对本民族文化的过度狂热,是将其予以神化而高抬的文化本位主义的又一次再现。

反观我们中国的传统与现代哲学主流,缺少的难道不正是对于知识与科学的孜孜以求与理性探索吗？真正写出有份量的知识论著作的又有几人？我们若依然抱着传统情结不放（当然传统并非无好的，只是不应当将其神化），我们便永远开创不出真正意义上的科学理性与民主精神，更谈不上我们同现代西方知识论专家展开我们所久久未能进行而理应进行的真正的对话了。我们认为，牟宗三的良知坎陷说有如下几点是我们难以接受的：

第一，我们难以接受牟宗三单以道德的方式来规范和诠释形而上学或本体论的做法。

我们势必要问：以良知坎陷这样的方式来创生和安顿知识世界可能吗？牟宗三此处的逻辑理路是：先抬高和提升本体论，然后将其归结为道德本体，进而从道德本体的自我否定中开出知识世界。但是，本体论是否就是牟宗三所说的道德本体论？牟宗三以道德本体来谈论本体论无疑限制了本体论所应有的广阔范围。事实上，我们是无权彻底地否认人们以物质本体或精神本体等来谈论本体论的。牟宗三将本体溯源和归结为单一的道德本体，这只能是一种个人主观的成见和武断，而并无多少科学而合理的根据在里面。一句话，如果我们不以牟宗三的道德立场来说话，我们依然可以以其他多种多样的方式来谈论本体界的东西。

本体论属于形而上学领域，而形而上学并不是科学的世界，它是一种体验的世界，它可以因我们采取的路向的不同，而呈现出杂多的彩色。牟宗三的良知本心是超知识界（supra-intellectual）的东西，尽管它并不反对知识。他以道德本心说形而上学说本体论，想必只是一个路向罢了。但是他却声称他的道德形而上学是真正的超越的形而上学，这未免有些自负和夸大。而他以道德形而上学来开知识界，则尤其显得非理性。

第二，我们难以接受牟宗三所提出的良知进行自我否定或坎陷的理论根据。

假设如牟宗三所说，道德本体可以通过自我否定来开出认知世界，如知性主体、感性主体以及作为对象而存在的现象界，那么道德本体的自我否定，其根据和动力就在于"知险知阻"吗？我们凭什么说它必然要否定自己？绝对普遍、无限的道德实体或主体，它即存有即活动，因此为何要否定自己、要自我否定？处于主客不分即主客融会和谐的道德本体界怎么能够开出建立于主客二分的知识界？如何寻求和解释良知坎陷的根据？这一系列问题，无疑是牟宗三的良知坎陷说所必然要面对的。

　　牟宗三提出良知需要坎陷的理论根据之一是，道德良知因需要安排科学和民主而具有"形而上的必然性"。良知坎陷说是想在道德优先的主张下来安排不得不承认的科学与民主思想所不得已提出来的牵强理论，它最终是为了解决儒学的现代化难题，即如何将科学和民主的维度体现于儒家道德哲学之中这一难题。但问题是，因强调科学和民主而单以道德良知来加以安排并不具有可能性。因为我们多次谈到，科学和民主自身具有诸多独立于道德的基本特质，它们是无法用道德进行诠释的。牟宗三力图以道德来诠释科学和民主，这里暗含着良知的自我坎陷具有"形而上的必然性"，是有必然的理由的。但对此，牟宗三并没有进行系统的论述，也没有提供出任何一种可以为我们所充分认可和理解的理由。自我坎陷的真正理由最终被归为主体的有限性而不是主体的无限性，"形而上的必然性"是无论如何也找不到的。我们认为，内圣是开不出外王的，道德界是无论如何也产生不出知识界的。两个世界是分属于不同的领域，不可互相归结。

　　良知须进行自我坎陷具有"逻辑的必然性"或"辩证的必然性"，这是牟宗三所提出的第二个理论根据。但是，"牟先生所言'坎陷'无论是从'逻辑的必然性'还是'辩证的必然性'方面都很难找到内在的依据。他所说的本心、良知乃是纯净的道德心灵，它是超越的、空灵的，也是圆满具足的；它不需要'坎陷'，也不能够'坎陷'。"[59]

　　在此，牟宗三吸取了黑格尔的辩证法思想。他发表于 1951 年 6 月的《论黑格尔的辩证法》一文，便已经系统地表述了"良知坎陷"说的内在逻辑理路和方法论基础。黑格尔于《精神现象学》中认为，绝对精神的发展经历了肯定——否定——否定之否定的辩证发展历程，即由精神实体的自我否定而开创出非精神的自然界，再由自然界的自我否定而回到精神界。此时的精神成为绝对的即绝对精神、绝对观念、绝对理念。牟宗三良知自我坎陷的理路实际上与黑格尔的如出一辙。当然，在某些环节上，牟宗三的良知坎陷理论与黑格尔的客观精神的矛盾运动与辩证发展还存在着某些不同之处。

借用牟宗三的话来讲，黑格尔的理路是所谓的"从下面说上去"。黑格尔的作为正反合之正命题的逻辑界（存在界）起初是不完满或不能充分证成其自己的，而是通过两次否定回到自身后才不断地丰富和发展自己的。也就是说，绝对精神本身是存在着问题与矛盾的，因此为了化解这些问题和矛盾，它便须外在化自己，于是才有了精神的一系列的变化发展的漫长过程。并且，这种过程是无限的，因而才得以推动精神世界的永恒发展。与此相比，在牟宗三的哲学中，他所采取的是"从上面说下来"的进路。道德良知处的"知体明觉"虽然也是绝对的，但是它却是完满和谐的，其间并没有主客体之间的差别，没有矛盾，没有对立。可见，这种"绝对"与黑格尔的具有差别和矛盾的"绝对"相比，自然不可相提并论。

应当说牟宗三只是因为受到了唐君毅的影响而吸收了黑格尔的哲学精神，但是他并没有真正考察自己的自由无限心与黑格尔的绝对精神之间的根本差异。从道德本心处根本无须也不可能开出知识界，科学与民主的发展所需要的根据只能在于生活于现实生活中的人的有限性，而不是其无限性。对于道德的无限圆满性的追求，并不能作为我们发展科学知识与民主政治的终极性根据。对于道德在诸多现实社会生活领域之无能的体察和确证，这才是我们肯定科学与民主价值的真正原因所在。因此，力图由道德主体开出知识界，则是牟宗三为了解释和安顿他本人所无法否认并积极提倡的科学世界而不得已提出来的。单不说这种安顿的非逻辑性、牵强性、武断性、附会性，即使如他本人所说能由道德界开出知识界，那么如何能由这一有限的开显来表达和说明认知世界的无限发展，这也大成问题。更何况由道德本心所辩证开显的只能是道德性的行为或事，而根本不会是什么具有科学认知意义的非道德的现象与主体。

良知须进行自我坎陷的第三个理论根据是，这是道德的心愿所致。道德上的良知依据黑格尔的辩证法来否定自己，其最初的企图是为了其道德的心愿能够畅达无阻，是为了道德良知的曲达，这是道德心愿所自觉要求的。正是由于此种曲达才开出了知性主体与认识对象。可见，牟宗三的良知坎陷的初衷和根本目的,是为了道德主体的自我完满和发展,认知的世界在此并不是目的,而只是此完满和发展历程中所附带出来的东西。于是,知性主体乃至知性对象,其自身中都没有自己存在的根基,它们的存在是有"来历"的,即道德上的良知良能。这种被动地开显出来的认识世界如何能去成就积极而主动的认知的知识? 这样开显出来的世界只能是道德世界的附属品,而不能是真正意义上的科学知识世界。

总之,我们认为,牟宗三以德性来开出知性,最终并没有解决和安排好科学知识的世界,尽管他强调了知识世界的重要性并提出了诸多的理论根据。

第三,我们难以接受良知坎陷说所体现出来的泛道德主义。

由道德本心所开出的所谓的知识界,是难免带有道德的色彩和痕迹的,它时时被蒙上了一层道德的面纱,这其间所体现出来的是牟宗三的一种泛道德主义。知识界虽然涉及到伦理道德(如当今克隆技术、转基因技术所导致的人性问题讨论),但是知识本身并不是道德。科学属于客观的知识世界,它本身无国界,不因人而异;但道德有地域性、历史性、社会性。也许我们此处所应主张的倒是:对于一个正常人来讲,其拥有知识与否及拥有的程度大小,往往决定了一个人的道德水平。这是从知识看人性,而不是以道德论知识。当然,我们此处只是想依据反面的逻辑,来回应和反击牟宗三以道德来绝对地决定知识这一极端做法,而决不是主张知识可以决定道德。

第四,我们难以接受牟宗三所提出的从主客不分的道德境界可以开出主客二分的知识世界。

我们认为,所谓知识界的现象只能由作为认知主体的人和作为认知对象的客体互相作用才可以开出来。在知识或认识领域所强调的是客观性、事实性、必然性、公允性,它提倡价值、道德中立。在现实的认识过程中,如果保证认识能够进行下去的话,那么我们总得需要一个基本的理论前提,即主体与客体的二分。也就是既必须存在着作为对象而存在的客体即外物,也必须存在着从事认识活动的主体即认知者。稍加反思便可以知道,对于这一前提,我们不可能从道德实体那里获得一种根源性的说明。

为何如此？这是因为道德本心所成就的所谓的圣人、佛、真人，他们体现的是个人精神觉悟的提高，他们对于自由无限心之朗现的体察，按照牟宗三等儒家学者的看法，只能是在主体与客体不分的情况下才可达到的。这是一种境界，需要的是一种工夫。于是很显然，由他们所具有的道德本心是无论如何也不能通过一几之转而转出知识界的，因为知识界的成立只需要认识主体与认识客体之间的二元对立并形成一种认识关系便可以了，它根本不需要从什么道德本心那里开出来，不需要什么道德根据。

牟宗三本人畅谈以德性开知识，其逻辑理路是：首先以陆王心学的"先立乎其大者"的思想作为理论立论的出发点，由我们的道德意识来显露一自由的无限心，并由此来谈"智的直觉"，然后由自由无限心的"坎陷"、"曲折"来开出知性主体，从而成就知识界。但是，这样的一种理路，正如有的学者所指出的，它"讲道德很顺畅，讲知识却不无困难。首先必须说明而又难以说明的一个问题是：追求超越、追求无限，与人的知识、知性了无牵涉，且已达到了完满状态的本心性体、道德良知，何以又要坎陷自身而下开知性呢？换句话说，'绝对'也就意味着终结，它如何又能够在某种意义上成为过程和起点呢？"[60] 更何况正如我们事实上所看到的，迄今为止几乎无人能成为牟宗三所言的圣人。于是我们的一个必然结论即是：不能于百姓民众中实现的"圣王之学"，是很难说可以开出为普通民众所享用、所创发的科学知识的。道德本体论是如何也坎陷不出知识论的，无限心开不出有限心，"知体明觉"开不出认知主体，明觉之物开不出现象之物。牟宗三对于知识论的总体把握，依然没有摆脱掉中国传统儒学中的心学一派以心言性言理言物的老路。他未能处理好知识与道德、科学与宗教、有限与无限、事实与价值、认知与体验、科学知识与道德境界之间的关系。

最后，从事实层面，从现实社会的实际发展情况来看，我们也会发现良知坎陷说是有问题的。既然中国传统哲学在过去未能直通出科学与民主，现在牟宗三强调德性主体以曲通的方式来开显新外王难道就可以成功吗？现实的实际情况已经无情地证明：无论是直通还是曲通，内圣是如何也开不出、坎陷不出科学民主的。为了科学知识的获得，我们委实应当多采取一点"拿来主义"。良知坎陷说，无疑是以尊德性为第一位，这种站在儒家德性优位的立场来从事科学与民主之理论建构的做法，必然阻碍了科学民主建设的多元进路的可能性。这正如何信全先生所指出的：

> 站在儒家德性优位之立场，牟宗三此一理论建构，在实践儒学成德宗旨与兼融现代民主一义上，实为儒学中重要而不可或缺之一环。当然，就民主与科学的发展而论，此一道德理性辩证开展的过程，并非唯一之进路。不论是在儒学之外引进西方自由主义，或是在儒学之中挺立从朱熹到清学的道问学传统，皆足以提供民主与科学发展需要的对列之局。并且，其他历史中各种经验事实之缘会，在民主与科学的发展上，亦扮演重要的角色。[61]

　　而且就科学知识发展的事实层面来讲，牟宗三的良知坎陷说也面临着挑战。实际上，古往今来的科学研究者，当他们去从事理论研究和科学探索的时候，并不是先去挺立自己的道德本心，去呈现自己的良知本体，而是直接面对问题本身，继承和批判前人的研究成果，运用自己的智慧和艰辛来进行科学技术的研究和创新的。近现代科学发展的实践已经毫无争议地表明：科学的发展并不依赖于道德主体，"为知识而求知识"及"为真理而求真理"这一撇开价值因素的求知求真精神，始终贯穿着人类科学的发展史。知识与道德本来就是两个层面的问题，何况科学是属于全人类的，是无国界的，而道德则明显地体现出来一种民族性、地域性、文化性与社会性的品格。如果翻开人类漫长的科学发展史这部大书，我们必然发现道德良知与科学研究、善与真并无直接的关联，科学本身自始至终便具有着自身的客观独立性特质。诚然，道德良知可以作为人们从事科学认知时的一种道德规范或价值指导，但是决不能因此即将其看做是认知主体从事认识活动的必要条件。

　　也许有人会说，牟宗三的良知坎陷说只是一种理论的必然性，而无现实的必然性。它只是在理论层面上来处理中学与西学、道德理性与民主科学的关系,而并不能于实践层面解决科学民主乃至中国哲学甚至中国文化的问题。因此,我们不能站在现实的事实层面、现实的社会发展情况下来批判牟宗三的良知坎陷说。但是我们要说的是,无现实必然性的理论,其自身的意义和价值难道不令人质疑? 我们知道,儒家的一个基本的特质就是它的现实性品格。缺乏现实性关怀而只停留于纯粹理论层面来谈论某某理论某某主义,这实际上于现实实际问题的解决丝毫无补,而只能是一些文化精英们的精神上的自我满足与自我安慰罢了。

　　总之,牟宗三依据良知自我坎陷说而以道德实体开识心之执,这本质上是以道德本体论来决定和展现知识论。而事实上,在研究知识论的时候,我们只能站在知识论的立场,以知识论为核心,尽管知识论问题的探讨离不开本体论上的某种承诺。这一点,是我们随文多处提到的一点,它是我们的一个最为核心的主张。我们认为,牟宗三的良知自我坎陷说的一个最大理论症结即是:由主客统一的道德实体无论如何也开不出主客二元对立的知识论,形而上学中的明觉感应之物无论如何也不可能成为对象之物。

注　释

[1]熊十力:《新唯识论》(语体文本),见《熊十力全集》(第3卷),武汉:湖北教育出版社2001年版,第16页。

[2]熊十力对于"本心"与"习心"的有关论述,可参看《新唯识论》(语体文本),见《熊十力全集》(第3卷),第370—434页。

[3]熊十力:《新唯识论》(语体文本),见《熊十力全集》(第3卷),第20页。

[4]牟宗三:《认识心之批判》(下),见《牟宗三先生全集》(19),台北:联经出版公司2003年版,第640页。

[5]牟宗三:《现象与物自身》,见《牟宗三先生全集》(21),第39页。

[6]牟宗三:《现象与物自身》,第64页。

[7]牟宗三:《认识心之批判》(下),第719页。

[8]牟宗三:《认识心之批判》(下),第641页。

[9]牟宗三对于第一种意义上的真理的理解,主要体现在他于1937年9月发表在

《哲学评论》第 6 卷第 2/3 合期上的一篇长文中，即《觉知底因果说与知识底可能说》。在文中，牟宗三认为，"范畴"、"设准"与"所与"是组成知识的三个独立的因子，概念或理论是结果。三个因子无真妄可言，只有作为结果的概念或理论才有真妄可言。真理论是知识论的圆成。关于此请参看牟宗三：《觉知底因果说与知识底可能说》，《牟宗三先生早期文集》（上），见《牟宗三先生全集》（25），第335—343 页。

[10]牟宗三：《中国哲学十九讲》，见《牟宗三先生全集》（29），第 20 页。

[11]牟宗三：《评罗素新著〈意义与真理〉》，见《牟宗三先生全集》（17），第 130 页。

[12]当熊十力先生最初到北大哲学系讲课时，二十三岁的牟宗三正在北京大学念大学三年级，从那时起他便开始认识熊十力。不过，起初只是在课堂上见过熊十力，"未曾去拜访，或谈过什么。熊先生在北大只正式上过一次课，而我便去听了一次。他讲的是《新唯识论》，那时此书刚出版，是文言本，当时熊先生很高兴。"（牟宗三：《熊十力先生追念会讲话》，《时代与感受》，见《牟宗三先生全集》（23），第 275—276 页）后来，经邓高镜先生介绍，于中央公园今雨轩，牟宗三和熊十力正式会面而真正互相认识。此后，牟宗三曾多次去熊十力住处，受益匪浅。

有一次，在拜访中熊十力曾对他说："你不要以为你懂，你其实不懂！"牟宗三对此很有感受，认为熊十力的这种对待青年人的态度"可以使你研究学问，从某一范围内的学问中突破，突进到另一领域去。"他进而说："假如我们是念物理或数学，那懂得便是懂得，假如我们是作历史考据，找材料，材料证明了，事实上对是对，不对便是不对，这种真理我名之曰'外延真理'（extensional truth）。外延的真理是平面的，尽量把自己的生命推到一边，以表示客观，又把自己所研究的对象推出去，使其对象化、客观化。我们处在这一层次领域内，并不能知道还有另一层次领域的真理。"牟宗三自己认为，经过熊先生的这一棒喝："你不懂，就是懂了也不算"，那感受便不同了。（牟宗三：《熊十力先生追念会讲话》，《时代与感受》，第 279—280 页）

假如是数学的真理，如 2 + 2 = 4，一旦懂了就是永远算的，怎能不算呢？材料证明对就是对，错便是错，不能再辩。那么究竟什么样的真理可以说你懂了但却不算数呢？"我马上便想到我当时看过的宋明儒的语录，其中的程伊川一段话，他说十七、八岁时已读《论语》，五十岁、六十岁也读，到现在七十岁还是在读《论语》，但年年读时的感受不同（程子曰：'颐自十七、八读《论语》，当时已晓文义,读之愈久,但觉意味深长。'),十七、八岁时读《论语》,也不能说是完全不懂,但十七、八岁时读与六十、七十岁时读的感受是否一样呢? 理解是否相同呢? 当然不相同。既是不相同,我站在六、七十岁时的理解说我以前没有了解,这总可以吧。这种真理不是数学的真理,不是考据的真理,不是靠证据来分辨真伪的真理,而是内容真理(intensional truth)。"(牟宗三:《熊十力先生追念会讲话》,《时代与感受》,第 280—281 页)

可以说,牟宗三此处谈到的感受上的转变,实际上说的是熊十力使他从单一地专研于西方哲学,而开始重视和认同中国传统哲学中的关于道德精神的大智大慧。此次因思想上的感受而提出的两种真理说,事实上贯穿和影响了牟宗三此后整个一生的学问致思方向。

[13]这封信即是指《十力语要卷二》中的《答唐君毅》,它也曾刊载在 1936 年 8 月 10 日《文哲月刊》第 1 卷第 7 期,题名为《科学真理与玄学真理(答唐君毅)》。

[14]熊十力:《十力语要卷二·答唐君毅》,见《熊十力全集》(第 4 卷),武汉:湖北教育出版社 2001 年版,第 191 页。

[15]熊十力,《十力语要卷二·答唐君毅》,见《熊十力全集》(第 4 卷),第 191—193 页。

[16]关于此例子,可参看熊十力:《十力语要卷二·答唐君毅》,见《熊十力全集》(第 4 卷),第 186 页;或《新唯识论》(语体文本),见《熊十力全集》(第 3 卷),第 13—14 页。

[17]牟宗三:《现象与物自身》,"序",第 12—13 页。

[18]牟宗三关于内容命题的详细论述,大致说来是这样的:内容命题其所以为"内容的",它的最基本的意义,可以从两个方面来说:一是系属于主体,二是有实际内容或实际的意义。关于此可参看其《理则学》,《牟宗三先生全集》(12),第 33—37 页。

[19]牟宗三以"言意之辨"来解说两种真理的思想,可参看其《才性与玄理》一书的第 7 章"魏晋名理正名",见《牟宗三先生全集》(2),第 269—329 页。

[20]关于此段与上段论述,可参看牟宗三《中国哲学十九讲》中的第二讲即"两种真理以及其普遍性之不同",见《牟宗三先生全集》(29),第 19—43 页。

[21]贺麟:《五十年来的中国哲学》,北京:商务印书馆 2002 年版,第 130—131 页。

[22]康德:《纯粹理性批判》,邓晓芒译,A51 = B75,北京:人民出版社 2004 年版,第 52 页。

[23]贺麟:《五十年来的中国哲学》,第134页。

[24]贺麟:《五十年来的中国哲学》,第156页。

[25]康德:《纯粹理性批判》,邓晓芒译,A795 = B823,第606页。

[26]第三个二律背反是:正题,"按照自然律的因果性并不是世界的全部现象都可以由之导出的惟一因果性。为了解释这些现象,还有必要假定一种由自由而来的因果性";反题,"没有什么自由,相反,世界上一切东西都只是按照自然律而发生的。"第四个二律背反是:正题,"世界上应有某种要么作为世界的一部分、要么作为世界的原因而存在的绝对必然的存在者";反题,"任何地方,不论是在世界之中,还是在世界之外作为世界的原因,都不实存有任何绝对必然的存在者。"(康德:《纯粹理性批判》,邓晓芒译,A445 = B473,A453 = B481,第374、380页)

[27]牟宗三:《现象与物自身》,第96—97页。

[28]关于此可参看牟宗三《心体与性体》的"综论"部分,以及《现象与物自身》的第2章"德行底优先性"。

[29]《陆九渊集·杂说》。

[30]《传习录·下》,见《王阳明全集》,上海:上海古籍出版社1997年版,第106页。

[31]康德:《实践理性批判》,韩水法译,北京:商务印书馆2001年版,"序言"。

[32]有关康德对于形而上学的分类,可参看他的《纯粹理性批判》"先验方法论"部分中的第3章即"纯粹理性的建筑术"。在这一章中,康德认为形而上学可划分为"纯粹理性思辨的运用的形而上学"和"纯粹理性的实践的运用的形而上学",即"自然的形而上学"和"道德的形而上学"两部分。而形而上学,在这个词的狭义上是由"先验哲学"和"纯粹理性的自然之学"组成的。前者只处理在与一般对象有关的概念与原理的系统中的知性与理性,而不考虑可能被给予出来的对象(这是 Ontologia 即本体论);后者研究自然,即所予对象的可能总和,因而就是"自然之学"——虽然它是合理的自然之学。在这种关于自然的合理研究中,理性的使用不是内在的就是超验的。内在的自然之学包括"合理的物理学"和"合理的心理学"。超验的自然之学包括"合理的宇宙论"和"合理的神学"。于是康德认为形而上学的全部体系是由四个主要部分构成的:"本体论","合理的自然科学","合理的宇宙论","合理的神学"。

[33]牟宗三:《现象与物自身》,第39页。

[34]牟宗三:《圆善论》,见《牟宗三先生全集》(22),第330页。

[35] 牟宗三:《现象与物自身》,第30页。

[36] 牟宗三:《现象与物自身》,第451页。

[37]《大乘起信论》相传为马鸣菩萨所造,南北朝时来华译师真谛三藏所译。其中谈到:"所言法者,谓众生心,是心则摄一切世间法、出世间法,依于此心显示摩诃衍义。"(《大正藏》第32卷,第575页)又讲:"依一心法有两种门,云何为二? 一者心真如门,二者心生灭门,是两种门皆各总摄一切法。"(《大正藏》第32卷,第576页)此中依于众生心之一法开出说明本体界的"真如门"及说明现象界的"生灭门",以此两门来作为说明存有现象的理论框架。将存有论归结于心法,以及由心法开出真如、生灭两门,就是《大乘起信论》的"一心开两门"之说。牟宗三对于"一心开两门"的有关论述,可参看其《中国哲学十九讲》的第14讲,"《大乘起信论》之'一心开两门'",见《牟宗三先生全集》(29);《中西哲学之会通十四讲》的第7讲,"一心开两门:中国哲学对于智思界是积极的,对于感触界是消极的(就成立知识言);西方哲学则反是",见《牟宗三先生全集》(30);《佛性与般若》(上),第2部第5章第2节"《起信论》之'一心开两门'",见《牟宗三先生全集》(3)。

[38] 牟宗三:《现象与物自身》,"序",第17页。

[39] 贺麟:《五十年来的中国哲学》,第47页。

[40]《大乘起信论·心真如门》,《大正藏》第32卷,第576页。

[41] 牟宗三:《现象与物自身》,第183页。

[42] 牟宗三:《现象与物自身》,"序",第17页。

[43] 颜炳罡:《整合与重铸——当代大儒牟宗三先生思想研究》,台北:台湾学生书局1995年版,第327页。

[44] 以上内容参见牟宗三:《认识心之批判》(上),见《牟宗三先生全集》(18),第13页;《认识心之批判》(下),第610—611页。

[45] 牟宗三:《从陆象山到刘蕺山》,见《牟宗三先生全集》(8),第206—207页。

[46] 牟宗三:《历史哲学》,见《牟宗三先生全集》(9),第44—45页。另外,牟宗三关于"分解的尽理之精神"与"综合的尽理之精神"的详细论述,可参看其《历史哲学》的第3部第2章"综合的尽理之精神之历史文化的意义"。

[47] 牟宗三:《政道与治道》,见《牟宗三先生全集》(10),第62页。

[48] 牟宗三:《政道与治道》,第64页。

[49] 牟宗三:《政道与治道》,第63页。

[50]牟宗三:《现象与物自身》,"序",第8—9页。

[51]"执"与"无执"是佛学中的术语。佛家主张"无常"与"无我",即认为宇宙间的一切事物都是因缘和合而成,都是刹那生灭,没有自性。相对于"无常"、"无我"而言的即是"我执"(也称"人我执")和"法执"("法我执")。"我执"与"法执",就是把因缘和合、没有自性的"我"、"法"执定为实有的存在,由此遂产生种种"虚妄分别"。这两种执是一切罪恶和烦恼的根源。另外还有"遍计执",它指的是周遍计度,妄分差别,执有实我、实法。可见,"执",是执著、僵持、停滞之义。如果破除了"我执"、"法执",认识到诸行无常,诸法无我,便可证入真如实相,这便是"无执"。

[52]牟宗三:《道德的理想主义》,"序",见《牟宗三先生全集》(9),第9页。

[53]牟宗三:《政道与治道》,第62页。

[54]郑家栋:《牟宗三》,台北:东大图书股份有限公司2000年版,第89页。

[55]颜炳罡:《整合与重铸——当代大儒牟宗三先生思想研究》,第325页。

[56]对于牟宗三"良知坎陷"说的批评以傅伟勋的较为典型,他认为此说具体有三个难点:第一,"就事实言,几乎所有的科学工作者并不先(有意识地)去挺立自己的道德主体性或呈现良知,然后才去从事于纯粹知性的科学探索的,因此牟先生的说法并无经验事实的根据。"第二,"就科学知识的产生过程(即科学发展史)言,并无所谓道德主体性的挺立或本心本性的自我觉醒在先,而后才有科学知识的形成与发展的。……'善'的创造体现('人伦道德'层面)与'真'的探索展现('知性探求'层面)是必须俨予分辨的两种事体。"第三,"'自我坎陷',严格地说,应指在生命更高层次的价值取向上我们的道德主体对于(从事于科学探索的)认知主体施行一种道德上的指导(moral guidance)或价值上的规制(valuational regulation)。……无论如何,牟先生使用'自我坎陷'、'有执'等等负面字眼来重建儒家知识论,仍有泛道德主义偏向之嫌,仍令人感到,'自我坎陷'说的形成,还是由于当代新儒家为了应付尊重'知性探求'独立自主性的西方科学与哲学的强烈挑激,而被迫谋求儒家思想的自我转折与充实(决非所谓'自我坎陷')的思维结果,仍不过是张之洞以来带有华夏优越感的'中学为体,西学为用'这老论调的一种现代式翻版而已,仍突破不了泛道德主义的知识论框架,而创造地发展合乎新时代需求的儒家知识论出来。"(傅伟勋:《儒家思想的时代课题及其解决线索》,《从西方哲学到禅佛教》,北京:三联书店1996年版,第446—448页。另外,可见其著的《批判的继承与创造的发展》,台北:东大图书股份有

限公司 1986 年版,第 30—31 页）

[57]颜炳罡:《整合与重铸——当代大儒牟宗三先生思想研究》,第 359 页。

[58]郑家栋:《本体与方法——从熊十力到牟宗三》,沈阳:辽宁大学出版社 1992 年版,第 338 页。

[59]郑家栋:《当代新儒学史论》,南宁:广西教育出版社 1997 年版,第 166 页。

[60]郑家栋:《断裂中的传统》,北京:中国社会科学出版社 2003 年版,第 113 页。

[61]何信全:《儒学与现代民主》,北京:中国社会科学出版社 2001 版,第 84 页。

第 13 章 知识与道德辨正

根据以上诸章的考察,我们知道,牟宗三十分明确地提出了两类知识即"认知的知识"与"道德的知识"以及两种真理即外延的真理与内容的真理,同时他也对于这两类知识、两种真理的关系提出了自己的独到看法。关于这两种知识和真理,随着他本人对于中国传统哲学研究的不断深入,道德知识与内容真理一面也便逐步地占据了绝对的统领地位。实际上,对于两类知识与两种真理的划分及其关系的分疏,也就是对于事实世界与价值世界、知识与道德、科学与玄学之关系这一重大哲学问题的探讨和解决。牟宗三关于知识论问题的探讨范围可以以此来做以粗略的规定。在牟宗三的上述知识论思想研究中,他是以道德主体为优先性的,主张由道德本心开道德界进而开存在界,由道德性之本体的自我坎陷来开知性主体乃至想像与感性,因此强调道德对于知识[1]的决定作用,所有这些抬高道德知识而实际上不自觉地忽视或贬低了科学知识的做法,都是我们所万万不能赞同的。

尽管与其他一些传统及现代儒学家不同,牟宗三本人认识到传统儒学乃至整个中国传统哲学在科学知识方面所具有的根本局限性,因而十分强调和重视科学知识在现代中国哲学发展中的重要意义和价值,并且为此做了诸多的理论和思想上的努力。

但是,综观其整个知识理论,这种重视依然是没有摆脱以德性为主、由德性开知性这一根本的内圣外王的传统儒学的基本立场,也并没有从根本上站在知识论的立场以知识论为出发点来谈论科学知识。因此,他所提倡和竭力阐发的"认知的知识"也就往往是在道德驾驭下的一种不占主导地位的知识,它最终必然无实际的意义而流于消亡。可以说,这是作为新儒家的牟宗三在研究知识论的过程中所必然陷入的一个理论窠臼,也是由他本人所代表的文化保守主义者所内具的一个始终难以摆脱和治愈的一块硬伤。本章即是围绕道德与知识的关系这一核心的总的问题,来从整体上重新审视和批判牟宗三在这一理论上的制限之处,并以此来对其知识论思想做以批判性的总结。

第1节　牟宗三的德性优先说

在有关知识与道德之关系的问题上,牟宗三并不是自始至终便持有德性优先说的。他的哲学经历了由知识与道德并重到德性优先于知识的发展历程。之所以会发生这样的理论转变,一方面是因为他对于康德哲学的研究是不断深入和变化的;另一方面也是因为他对于中国哲学的研究和解释有一个发展的阶段。

如果我们留意的话,在牟宗三撰写《觉知底因果说与知识底可能说》之时,他还是承认知识世界与道德世界是有区别的,不可混同的。尽管它们之间有联系,那也是互为影响与互有补助的。因此,他并没有持有如其在《现象与物自身》中所提出的道德知识优先于认知知识的看法。当时他认为有意义的生活可以分三个方面:真妄界,善恶界,美丑界。他说真妄界是由"抵回[2]而至观念"。观念的产生是因为生活的流转过程有疑难或打断。观念就是解决这一疑难,恢复打断的计划或主意。由观念再进而解析世界解决问题,便是知识问题。这是科学家的世界,也是知识的

世界。关于善恶界,他说是"由抵回而至道德理想"。知识的世界在解决
知识问题,"为认取,为求是,为理解";道德的世界为改造现实问题,"为
评衡,为立应,为附加(添加人之主张)。两者固互为影响,互有补助,但
实有分别,不可混同"[3]。也就是说,牟宗三此时坚决主张知识与道德不
是同一范畴中的东西,不可混淆。

　　　　道德与知识不能视为同一范畴。知识当然也可以成为客观价
　　值,当然也可以列入文化大流中;但是这个知的关系却不是价值问
　　题,却不是文化学中的问题。知识之列入文化非知与被知这个关系,
　　乃是知之结果。将知之结果价值化而归于一,以使其与道德同为一
　　文化范畴下的目,这乃是多加了一次工,在其根本上是不同的。[4]

可见,无价值的意义世界属于物理世界,有价值的意义世界属于伦理
世界。在牟宗三此时的理论中,明显体现出来了这两个世界间的区别。

但是在牟宗三1944年发表的"纯粹理性与实践理性"一文中,却已
经体现出来将道德放在首位的倾向。他说:"以我个人的见解,是肯定实
践理性统驭纯粹理性,实践理性是最后的。而且形上实体亦只能由实践
理性来把握,这个问题是既根本又重要。"[5]到了其写作《智的直觉与中
国哲学》之时,他因为对康德与海德格尔关于现象与物自身之解说的不
满,于是提出了与中国传统哲学直接相联的"智的直觉"这一思想,这表
明他开始从《认识心之批判》所探讨的与认知的知识有关的问题,转向与
道德知识有关的问题。而《现象与物自身》的正式发表,则最终标志着牟
宗三以道德来谈论和统领知识之主张的确立。

在《现象与物自身》一书中,牟宗三认为,人所首先最关心的是
自己的德性、自己的人品。他说人生而在"存在"中,在行动中。"在
存在的行动"中,人也必然同时与其周遭的世界相接触,因而也必然
有见闻之知。这是一个起码的事实。但是人所首先最关心的是他自己的
德行、自己的人品,因为行动更有笼罩性与综纳性。行动包摄知识于其
中而为其自身的一个附属品。他首先意识到他的行动的实用上的得当不

得当,马上跟着也意识到道德上的得当不得当。处事成务,若举措不得当,那么达不到目的,因此,他难过。待人接物,若周旋不得当,他觉得羞耻。羞耻是德行上的事。这是最尖锐,最凸出,而最容易为人所意识到的。知识不及,技艺不及,是能力问题。德性不及是道德问题。前者固也可耻,但不必是罪恶;可是德行不及之愧耻于心则是罪恶之感。

因此,牟宗三认为人首先所意识到的是德行,对于德行加以反省以求如何成德而使心安,这也是首要的问题,而且那也是最容易为人所首先意识到的。所以即使是求知,也是首先求这种知,这就是宋明儒所谓"德性之知"。单对于经验知识(见闻之知)做反省以求如何获得并改进之,这乃是后起的事,这是把行动中的附属品单提出来加以注意,这是一个专题,而综纲性的问题则是在德行。于是,牟宗三下了一个断语:"我依中国传统宣说:德行优先于知识。"[6]

牟宗三据此把康德所列的关于理性的全部事业的问题逆转次序而重列如下:(1)我应当做什么? (2)我可希望什么? (3)我能知道什么? ① 我能以"识"知什么? ②我能以"智"[7]知什么? (4)人是什么?

那么,为什么牟宗三在知识论的研究过程中会从中早期对于认知知识的痴迷和热爱转向对于道德知识的炽热研究? 正如我们上文曾随文点到的,他之所以具有这种思想上的转变并提出与认知知识相对的道德知识而以后者为核心,这主要因为他继承了中国儒家知识论的思想。儒家知识论的基本特色主要有三个方面:其一,儒家分辨"见闻之知"与"德性之知"这两种知识;其二,建立两类知识的目的是在标榜儒家的泛道德主义立场。也就是说,德性之知优先于见闻之知,前者是本,后者是末;其三,儒家之所以具有德性之知优先于见闻之知的独特价值判断,主要是为了强调知行合一,而知行合一论的旨趣则是在乎标榜"行"(人格修养、道德实践、治国平天下等)是"知"的目的。[8]牟宗三基本上是在具有如此特色的儒家知识论的范围内来谈论知识与道德的。

第 2 节　牟宗三由认知知识转向道德
知识研究的原因探析

　　牟宗三由认知知识转向道德知识的研究,具体讲来,主要有两方面的原因:一是与中国传统儒家哲学中强调"德性之知"与"见闻之知"的分别有关;二是与中国传统儒学所主张的内圣外王的思想是密不可分的。儒家哲学明确主张实践高于认识,道德高于知识。因此,我应当做什么的伦理学问题而不是我能认识什么的知识论问题,才是儒家哲学理论的真正出发点。当然,作为新儒家代表人物的牟宗三也始终未能走出传统儒学的这一樊篱。

一、儒家传统中"德性之知"与"见闻之知"之分思想的继承

　　实际上,中国哲学本质上是一种价值哲学,是对宇宙价值、人生价值、人类价值、社会价值的深深肯定与体验,是以肯定、实现生命的意志为中心。于是,人类的思考、知识、决定、行为,都是在这个价值世界中来得以安排和说明的。用价值来规范知识、人生或人的行为,这最终昭示出了价值为本、知识为末,价值为先、知识为后这一事实。牟宗三在处理知识与道德之关系的时候,无疑是受到了中国哲学中以价值宇宙来安排知识之传统的强烈影响。他自己曾言:"智的直觉之知与感触直觉之知并不同质同层,此即儒者所分别的德性之知与见闻之知。"[9]

　　应当说,在中国传统哲学中从张横渠开始便正式提出了"德性之知"与"见闻之知"的分别,他曾说:"大其心,则能体天下之物;物有未体,则心为有外。世人之心止于闻见之狭。圣人尽性,不以见闻桔其心,其视天下无一物非我。孟子谓尽心则知性知天,以此。天大无外,故有外之心不足以合天心。见闻之知,乃物交而知;非德性所知。德性所知,不萌于见闻。"[10]又有:"诚明所知,乃天德良知;非闻见小知而已。天人异用,不足以言诚;天人异知,不足以尽明。所谓诚明者,性与天道,不见乎小大之

别也。"[11] 在此之后,程伊川在讲学的过程中也有类似的说法。他说:
"见闻之知,非德性之知。物交物则知之,非内也,今之所谓博物多能者
是也。德性之知,不假见闻。"[12] 另外,王龙溪也更为明确地讲道:

> 人心莫不有知,古今圣愚所同具。直心以动,自见天则。德性之
> 知也。泥于意识;始乖始离。夫心本寂然,意则其应感之迹。知本浑
> 然,识则其分别之影。万欲起于意,万缘生于识。意胜则心劣,识显
> 则知隐。故圣学之要,莫先于绝意去识。绝意,非无意也。去识,非
> 无识也。意流于心,心为之主,则意为诚意,非意象之纷纭矣。识根
> 于知,知为之主,则识为默识,非识神之恍惚矣。
> 知一也。根于良,则为本来之真;依于识,则为死生之本。不可
> 以不察也。知无起灭,识有能所。知无方体,识有区别。譬之明镜之
> 照物,镜体本虚,妍媸黑白自往来于虚体之中,无加减也。若妍媸黑
> 白之迹,滞而不化,镜体反为所蔽矣。镜体之虚,无加减,则无生死,
> 所谓良知也。变识为知,识乃知之用。认识为知,识乃知之贼。[13]

在王艮看来,心(形上的天心)与意(意象)相对,知(良知)与识(识
神)相对,他重视和强调的是良知与天心。不管怎么说,他与横渠、伊川
均注重"德性之知"与"见闻之知"的分别。"见闻之知"是具有知识意义
的经验知识。无论是粗朴材料的获得,还是进一步研究外物的质、量与关
系,这些都是经验知识。从认知活动上讲,"见闻之知"所表示的心灵活
动是"萌于见闻",是在感触的知觉中呈现,是囿于经验而限于经验的范
围。它以物为认识的对象,以我们的感性、想像、知性或认知心为认识的
主体。与此不同,"德性之知"更多地是涉及心性涵养、伦理规范、道德实
践、人格教育乃至仁政德治等与道德相关的东西,涉及道德主体性的自我
挺立。这种知识,是道德本心的明觉发用。它发于性体之知,也就是知爱
知敬、知是知非,"当恻隐时自然恻隐,当羞恶时自然羞恶,当宽裕温柔时
自然宽裕温柔,当发强刚毅时自然发强刚毅"[14]。它是当辞让自辞让之
知,因此当然无关于见闻,也不萌于见闻。"德性之知"只是表示由超越

的道德本心的知用来反显德性心灵的无外,也就是心体性体的无外,性体道体的无外,因此实际上并无认知意义。它不与物对,无能所的关系。"德性之知"就是随着本心仁体之如是润而如是知,也就是此本心仁体之常润而常照。遍润一切而无遗,即圆照一切而无外。这种圆照之知不是在主客关系中呈现,它无特定之物为其对象,因而其心知主体也不为特定之物所限,因此既不是感性主体,也不是知性主体,而是圆照主体即德性主体。它超越了主客关系之模式而消化了主客相对的主体相与客体相,它是朗现无对的心体大主之圆照与遍润。[15]

牟宗三即是因为深深受到中国传统儒学中"德性之知"与"见闻之知"之传统分疏的影响,才最终提出了以德性主体开道德界、存在界,进而开知识界的立场和主张。我们认为,以道德界开出的道德形而上学实际上是一种境界形态的形而上学,而不是一种实有形态的形而上学。当然,对于两种形而上学,我们不能说它们孰好孰坏。可是不管主张什么样的形而上学,我们是不赞同像牟宗三这样以形而上学来开出知识论的。

二、儒家传统"内圣外王"思想的继承

通过前几章的论述,我们可以明显地看出,牟宗三对于知识与道德之关系的处理,基本上是继承了儒家"内圣外王"的基本立场。当然,他所强调的外王是一种新外王,新外王即是外而在政治上行王道,外而在学问上行科学。它有两个意思,一是要求民主政治,这是新外王的形式意义、形式条件,事功得靠此解决;一是科学,它是新外王的材质条件,也就是新外王的材料、内容。牟宗三十分重视科学的重要意义。他说:

> 讲良知、讲道德,乃重在存心、动机之善,然有一好的动机却无知识,则此道德上好的动机亦无法表达出来。所以,良知、道德的动机在本质上实即要求知识作为传达的一种工具。例如见人重病哀号,有好心救之,然却束手无策,空有存心何用? 要有办法,就得有知识。所以有人说西医中发明麻醉药者为大菩萨,菩萨讲慈悲,然若只是空讲慈悲,又有何用? 发明麻醉药,使人减少多少痛苦,不是大慈大悲

的菩萨吗？所以，不论佛教表现慈悲、或是儒家表现道德动机，要想贯彻其内在的目的，都得要求科学、肯定科学。[16]

　　尽管科学知识是新外王的一个材质条件，但是在牟宗三看来，它必须得套在民主政治下才能充分实现。缺乏民主政治的形式条件而孤离地讲中性的科学，是不足以称为真正的现代化。民主政治与科学是相辅相成紧密相联的。不过，他又认为科学与民主尽管是新外王，但毕竟属于外王层次，它们与内圣的道德修养相比，并不是根本的。儒学特别重视的是：每一个人都要通过道德的实践，建立自己的道德人格、挺立自己的道德人品。因此，"若是真想要求事功、要求外王，唯有根据内圣之学往前走，才有可能"[17]。

　　基于以上两点具体原因的分析，我们可以得出结论：牟宗三归根结底是将德行放在了第一位。

第3节　质疑：牟宗三的德性优先说

　　牟宗三之所以强调德行的优先性、纲维性与笼罩性，基本上是因为他以中国传统儒家哲学所力畅的"德性之知"作为理论的出发点，并因此而重视人的内在道德修养问题，从而以内圣来开出外王。我们认为，在这一层面上讲的"德性之知"，它更多地是属于人生境界的问题。但是既然可以归属于人生境界领域，那么道德境界显然并不是我们社会中普遍民众所能具有的。

　　中国现代哲学家冯友兰就曾根据人对于宇宙人生的觉解程度的不同，将人生境界划分为自然境界、功利境界、道德境界、天地境界四个层次。自然境界的特征是："在此种境界中底人，其行为是顺才或顺习底。"功利境界的特征是："在此种境界中底人，其行为是'为利'底。所谓'为利'，是为他自己的利。……他的行为，或是求增加他自己的财产，或是求发展他自己的事业，或是求增进他自己的荣誉。他于有此种种行为时，他了解这种行为是怎样一回事,并且自觉他是有此种行为。在此种境界中底人,其行为虽可以有万不同,但其最后底目的,总是为他自己的利。"道德境界的特征是:"在此种境界中底人,其行为是'行义'底。"天地境界的特征是:"在此种境界中底人,其行为是'事天'底。在此种境界中底人,了解于社会的全之外,还有宇宙的全,人必于知有宇宙的全时,始能使其所得于人之所以为人者尽量发展,始能尽兴。"[18]

冯友兰认为,在这四种人生境界之中,"自然境界、功利境界的人,是人现在就是的人;道德境界、天地境界的人,是人应该成为的人。前两者是自然的产物,后两者是精神的创造。自然境界最低,其次是功利境界,然后是道德境界,最后是天地境界。它们之所以如此,是由于自然境界,几乎不需要觉解;功利境界、道德境界,需要较多的觉解;天地境界则需要最多的觉解。道德境界有道德价值,天地境界有超道德价值。"[19]

可见,自然境界与道德境界是人所属于的实然世界,实际上所是的世界。道德境界与天地境界是人所属于的应然世界,应当成为的世界。既然四种境界源于人的觉解程度的不同,那么由于人的觉悟的不同,所以在现实生活中也就有了凡人、贤人、圣人的区别。但既然四种境界是一种层次上的差异,那么作为牟宗三所强调的道德世界便只能是一些能够达到此层次的人所具有的境界,显然不是所有从事现实活动的人都能达到的。客观而公允地讲,功利作为第二个层次的境界,往往是人类大众所具有的水平。这正如冯友兰所讲:"我们不说,所有底人的行为,或人的所有底行为,都是以求他自己的利为目的底。我们亦不说,人应该求他自己的利。我们只说,大多数底人的行为,或普通人的大多数行为,都是以求他自己的利为目的底。"[20]因此,如果我们抛开现实社会中绝大多数民众都处于功利境界这一事实情况不谈,而去更多地强调和畅谈人的道德本性,这便既不符合实际,也是在追求一种难以实现的不具现实性的道德理想主义的海市蜃楼。

我们认为,牟宗三的德行优先说是难以成立的。站在重视德行的立场,我们可以主张德行优先;但是站在重视知识的立场,我们也可以主张知识优先。从逻辑上讲,这样做有何不可?牟宗三以德行来开知性,以内圣来开科学与民主,这是完全做不到的。他论证德性优先,是根据他对人的生存的道德性分析。诚然,现实的人如果生存下去,他必然得处于世界当中,面对自然、面对动物、面对自己的同类——人。在这种周遭的面对中,当然涉及到诸多的道德问题,如关于人与自然的关系问题,在今天即有人类中心主义所带来的生态平衡的破坏、自然环境的恶化等问题。关于人与动物之间的关系问题,就有人类因过度地为一己之私而灭绝人性地捕杀动物,从而导致大量长期与我们共同生存于一个地球家园的动物不断地永久消失。关于人与人之间的关系问题,也存在着知识经济交往中的诚信问题,一些国家所拥有的核武器正时刻威胁着整个人类之生存的问题,更为严重的是当今地区性的局部冲突所带来的人道主义的灾难问题,等等。

但是,这些因人处于周遭的世界中所产生的道德问题,并不是我们在生存过程中所遇到的诸多问题中唯一首要而必要的一个,它实际上并不具有牟宗三所言称的优先性、综纲性的地位。试想,如果我们看到现实社会中千百万民众所说、所做,我们还能这样客观而富有信心地断言德性优先吗? 也许有人会说我们不能以现实实际层面中的情况来反驳牟宗三于理论层面上所理想地预设的东西,但是不关注于芸芸众生之日常现代化的哲学难道还可以称之为真正的哲学吗? 我们将哲学玄学化、抽象化、思辨化、书斋化的时间难道还不长吗? 如果我们看到当今绝大多数民众都是从现实的实际生活利益出发来从事行动,如果我们承认层出不穷的罪犯所表现的恶劣人性之举,那么我们说人于周遭的世界中首先以德行为优先,这显然是不合情理也不符合事实的一种主观思想上的臆断,它至多只是一种强调道德独占鳌头的道德理想主义和传统主义情结在作怪。这种做法既无助于民众道德水平的真正提升,也有害于科学知识的现实获取。

具体讲来,我们认为德行之所以不具有优先地位的理由是这样的:

一方面,从大的范围来看,知识论、本体论、宇宙论、伦理学、宗教学、人类学、社会学、经济学等等,都是我们面对不同种类的问题所形成的关于这些问题的理论。什么东西被带入问题中,便相应地有什么样的理论。

这些问题在不同的时期,不同的领域,往往都可能成为人类所首要关心的问题。于是,我们没有理由单提出人类生存问题中的道德领域以作为人类行为的核心,来从其中开出知识的世界。因此,我们认为,牟宗三的如下说统是我们所完全不能同意的:"以中国传统为典型,先说德行,后说知识。或这样说:先说德性之知,知本体,并知物自身;后说见闻之知,知现象。"[21] 我们主张,道德问题与其他人类生存中所产生的问题,从本质上讲,具有同等的意义和地位。牟宗三单单以道德为人类优先的行为,这是他的泛道德主义与道德理想主义,以及他的儒家本位主义与文化一元论所造成的一个不恰当的理论结论。

另一方面,道德问题在人类生存的过程中所面临的诸多问题中并不占据优先地位,这个主张的另一个立言根据是由我们人类现实生活的实际境况决定的。在某一历史阶段、某一时刻,我们可以因为为了改变人的生存状况而将知识与科技的发展放在第一位,这种对知识的直接高度重视也在某种程度上为人类德性水平的提高提供了坚实的物质保障与基础。这正如《管子·牧民》篇所讲:"仓廪实则知礼节,衣食足则知荣辱。"虽然道德在更多的意义上是指的一种自律的行为,但物质的前提是不可或缺的。在茹毛饮血的时代,我们是难以谈论现代文明社会所具有的现代道德的。当然,也许有人会说,人类千百年来为了物质上的丰裕而造成的非道德行为是举不胜数的。但是,我们要说的是,对于物质本身的追求是没有什么道德不道德的问题,道德问题涉及到的实际上是我们以什么方式通过何种手段来达到物质上的追求。

进一步讲,如果我们关注于人类的现实行为,关注于大众层面的民众,我们便会发现:他们在自己的各种人类行为中,基本上考虑的是自己的生活水平如何提高,子女的学业和就业问题,社会的繁荣与稳定,国家的和平与发展等等诸如此类的实际而现实的问题,而并不像牟宗三所讲的首先关注于自己行为的道德问题。事实上,即使有所关注,也只是在从事行动中所连带而发的。当一个人因失业而去人才大市场寻求一份工作之时,他首要考虑的是这样的问题:我能找到一个录用我的用人单位吗?如果找到,薪水又是多少?有了这样的薪水我又如何去支配我的未来日子的日常生活？尽管人类在日常交往过程中,可能在诸多方面都会涉及到法律所不能解决的道德问题、德性问题,但我们却很难说它们是第一位的,具有优越于其他问题的权利,诚然我们也希求一个道德秩序良好的社会。所以,我们不同意牟宗三所说的道德具有优先性这一主张。牟宗三对于道德地位的优先考虑和重视,实际上是在哲学研究过程中未能做到我们所应保持的伦理中立立场。正如罗素所言:

> 迄今为止,在哲学上很少有人寻求过伦理中立,也很难曾经获得过伦理中立。人们都记得他们的愿望,并且联系到他们的愿望来判断哲学。当认为善恶观念必定为理解世界提供一把钥匙的信念从具体科学中被驱逐出以后,这一信念便一直在哲学中寻找避难所。但是,如果哲学不是一串令人欢愉的梦,那么这种信念甚至必须得从这个最后的避难所中驱逐出去。直接追求幸福的人并不是最能得到幸福的,这是一个老生常谈的道理。同样的道理对于善也是真的。无论如何,在思想上,那些忘记善恶而只求认识事实的人,比那些通过自己欲望的歪曲来看待世界的人更可能会获得善。[22]

牟宗三以德性来统领哲学中一切问题的做法,确实有悖于我们所希望达到的伦理中立立场。在我们人类生活的各个阶段,德性往往起着十分重要的作用。不过,人之道德性的一面特质,却往往取决于人对于自身及外在世界的认知程度。以知识来看待和处理人性问题,日益成为知识经济时代的一个重要特征。

总之,牟宗三强调德性之知,强调由内圣开出新外王,这是一种儒家的知识论立场,它无疑暴露了儒家思想本身的独断与制限。这种知识论最终是贬抑了"认知知识"的独立性与重要性,并造成了道德价值问题与经验事实问题之间始终存在的夹杂与混扰。而事实是,"德性之知"与"见闻之知"是属于两个不同领域的东西,一属科学知识,一属人伦道德,它们具有平等的地位。于是,我们对于牟宗三知识论的一个主要的批判便放在了知识与道德的关系问题上。

第4节　二元分立:知识与道德关系的真谛

德性优先说更为明确地体现出牟宗三未能处理好知识与道德之间的关系。通过前面诸章的分析,我们已经看到,牟宗三以其丰富的理论内容,庞大的思想体系,处理了知识与道德这一个始终萦绕于哲学家之间的艰深而难解的问题。公允地讲,他杂糅康德哲学与中国儒家哲学,并没有真正解决好此问题。与胡适以科学取代道德或将道德变为科学的科学主义做法一样,牟宗三以道德来统领与涵摄科学的主张也未能真正解决好知识与道德的关系问题。与其说他解决了问题,还不如说其精深的理论体系只是使问题解决的复杂性、艰深性更为突出地暴露出来更为妥当。

一、知识与道德具有本质的区别,它们分属于不同的领域

在知识与道德之关系问题上,我们采取的一种基本的态度和主张是:知识与道德分属于两个不同的领域,它们具有各自不同的本质特征,是不可以用一方来统摄和规约另一方的。也就是说,知识与道德同为人类社会发展所必须。没有知识的世界是一个不幸福的世界,没有道德的世界是一个无秩序的世界。知识与道德均是一个社会性的范畴,知识是社会中的知识,道德是社会中的道德,并没有游离于社会之外的纯粹知识与纯粹道德。知识与道德在我们人类社会当中均扮演着自己特殊的角色,而不能互换身份。如果我们以一方统辖另一方,则或者会如牟宗三过分夸大道德的作用而陷入道德本位主义的窠臼当中,或者会陷入西方社会所一度出现的因过分强调技术理性和工具理性而导致的知识至上主义的泥潭。这两种极端的对待知识与道德的态度,都是我们所不能秉持和肯认的。

在西方,苏格拉底首先提出著名的"道德即是知识"的理论,它说的是道德基于知识,知识是构成德行的先决条件。这强调了知与行的统一,使得道德与学术携手并进。这一说统无疑给当时重视宇宙论本体论研究

的哲学界开辟了一个新领地,它标志着一些哲学家开始关注和重视与人自身相关的伦理问题。但是,苏格拉底本人并没有处理好道德与知识之间的关系。而且如果我们纵观西方哲学传统,苏格拉底的这一主张实际上并没有占据主导地位,而只不过是昙花一现罢了。在他之后的希腊罗马世界,影响人们的是以柏拉图的理念说、亚里士多德的本体与属性学说为代表的理性主义。

当然我们也承认知识与价值在某种程度上,在一定的限度内是有联系的。比如就价值对知识的重要性而言,"价值是生命本身的一种实现,此乃不容否认的现象。因此,人们接受价值、需要价值,而不能没有价值,人的行为以价值为主导,人生意义的来源是价值,价值构成个人与社会的生活目标"。就知识的重要性来说,价值问题需要知识来加以解决,价值行为也需要知识来引导。知识具有两大作用:第一,"知识能够增益对价值的把握与了解,而价值也需要不断地诠释与不断地认识,如此才能化为意志的力量,成为充实与实现生命潜力的根源"。第二,"通过知识对价值的反省,我们可以改变或重建价值,把不切合生活的价值淘汰,并把切合生活与生命世界的价值创造出来。此即知识具有改变价值的作用"[23]。

但是,知识和价值虽有联系,可是此种联系是枝节的,是以知识与道德的二元分离为前提的。知识不能解决价值的问题,同样价值也不会解决知识中的问题,二者的区别和界限是根本的,这样才能在知识与道德各自拥有绝对独立性的前提下来谈论它们相对的关联。因此所谓的"知识的价值论"与"价值的知识论"[24],虽然看到了知识与价值二者之间的关联,但并未真正捕捉和重视二者的根本差异之所在。与此相对照,牟宗三的"道德形而上学"则显然在知识与价值的关系上,也同样陷入了混淆知识与道德的错误之中。他所采取的立场,在我们看来,也的确显得有些极端和片面。科学一层论固然不好,但以道德与本体而开出知识界,则又明显体现出了一种道德价值一元论的错误。这是以儒家的有色眼镜来看待科学知识世界的存在与价值。在对待知识与道德之关系的问题上,我们采取和赞同的是一种多元主义。我们既重视知识的地位和作用,也不反对道德在一定的范围内所发挥的现实意义和价值。于是,我们不主张以一方统领和涵摄另一方,而是将其分属于不同的领域,道德的归给道德,知识的归给知识。

实际上,纵观西方哲学史,有许多哲学家都在知识与道德、理论与实践之间做出了明确的区分。比如,洛克于《人类理解论》中在反对天赋观念时,就承认了实践原则和思辨原则的区别;休谟将事实与价值严格区分,认为二者互不相关,并主张价值纯粹是人的一种建构,不可以与知识系统、方法及组织相提并论;费希特在《全部知识学的基础》中,即把自我规定非我中规定非我的自我叫做实践自我;把在自我被非我规定中被非我规定的自我叫做理论自我。讨论实践自我的活动是实践知识学,讨论理论自我的乃是理论知识学。谢林在《先验唯心论体系》中,将先验哲学划分为四个部分,即探讨经验可能性的理论哲学、实践哲学、关于自然目的的哲学以及艺术哲学。其中的理论哲学与实践哲学是分别解决不同问题的,因而具有明晰的界限。

在将知识与道德进行区别的哲学家当中,康德的论述也许是最为理性而深刻的。他明确地区分了知识与理念,理论理性和实践理性。他说:"如果我们就哲学凭借概念而包含有事物的理性认识的诸原则(而不单是像逻辑学那样不对客体作区别而包含有一般思维形式的诸原则)而言,把哲学像通常那样划分为理论哲学和实践哲学,那么我们做得完全对。""哲学被划分为在原则上完全不同的两个部分,即作为自然哲学的理论部分和作为道德哲学的实践部分(因为理性根据自由概念所做的实践立法就是这样被称呼的),这是有道理的。"[25]也就是说,在康德的哲学中,作为同属于理论认识能力的知性、理性与判断力是被严格地加以区分的,它们分属于不同的领域。就知性在认识能力方面含有先天的构成性认识原则而言,属于自然领域;就理性在欲求能力方面含有先天构成性原则而言,属于自由的领域;就判断力为愉快和不愉快的情感而言,它属于艺术的领域。因此:

　　知性对于作为感官客体的自然是先天地立法的,以在一个可能经验中达到对自然的理论知识。理性对于作为主体中的超感官东西的自由及其独特的原因性是先天立法的,以达到无条件地实践的知识。前一种方法下的自然概念的领地和后一种方法下的自由概念的领地,与它们有可能独自(每一方根据自己的基本规律)对对方拥有的一切交互影响相反,由于使超感性的东西与现象分离开来的那个巨大的鸿沟,而被完全隔离开来了。自由概念在自然的理论知识方面什么也没有规定;自然概念在自由的实践规律方面同样也毫无规定:就此而言,从一个领地向另一个领地架起一座桥梁是不可能的。[26]

可见,我们的全部认识能力只有两个领地,即自然概念的领地和自由概念的领地,因为认识能力是通过这两者而先天地立法的。于是,哲学也据此分为理论哲学和实践哲学。"通过自然概念来立法是由知性进行的并且是理论性的。通过自由概念来立法是由理性造成的并且只是实践性的。"[27]"理性和知性对于同一个经验的基地拥有两种各不相同的立法,而不允许一方损害另一方。因为自然概念对于通过自由概念的立法没有影响,正如自由概念也不干扰自然的立法一样。"[28]对于这两种不同的理性,康德在论述它们的时候,所采取的路线是完全不同的。对于理论理性,他采用的路线是从感性的时空直观形式到知性的概念范畴再到理性的二律背反等;对于实践理性,则正好相反,他采取的路线是从理性的道德法则与自由意志到作为概念的善恶再到感性的道德情感等。

联系牟宗三的理论来考察,我们发现,虽然他也承认存在认知的领域与道德的领域,但是他所做的工作,却更多的是力图以道德来统领和开出认知的世界。于是,两个领域的区别便变得不重要了,而是它们的统一成为了其理论所关注的重心。他提倡道德的优先性,从而以道德本体的自我坎陷来开出知性主体,这实际上是以形而上学(道德的)来解释认识领域的问题。但道德形而上学本身如何加以认识,是靠"智的直觉"吗? 这里的问题是,"智的直觉"可能吗? 如果可能,又何以可能? 我们认为,即使如牟宗三所称"智的直觉"是可能的,它也不是可以交流的。它纯属于主观私人特质的东西,它只可意会不可言传,属于不可言说的非名言世界。因此,我们无法用言语、概念来对其加以表达,从而获得清晰的概念和理论。我们认为,被归属于本心的知性主体与价值主体,是存在于本心之性向的不同维度上,而不是在唯一的或一维的向度上,它们实际上分别具有各自独立自足的存在依据。既然不存在一维的向度,那么何以会发生牟宗三所言称的由此及彼的开显、转出与坎陷?

二、道德的形而上学与科学的知识论具有本质的区别,它们分属于哲学中的不同领域

牟宗三所力倡的道德形而上学的世界,实际上纯粹属于一种体悟的世界,境界形态的世界。认识其否,认识的全面还是片面与否,全在个人悟性的高低与多少。从而对于这样的一个世界,我们只能以价值标准来衡定,而无法以客观事实的标准来判定。这正如冯友兰所讲,真正的形而上学是一片空灵的。有体悟和直悟的人可以智思此形而上学世界,他可以据此而成为圣人或佛或真人。尽管这种体悟绝不是一件容易的事情,而且也几乎没人做到此点。但此处的义理是具有理性上的必然性的,是我们所不能否认的。我们当然不能站在纯粹科学的角度,来否决非科学领域的境界形态中的形而上学。

不过,这种形而上学毕竟是不同于认知的世界的。与道德的形而上学世界不同,知识论的世界是时刻与事实、经验相关联的,它关涉的是感性、想像、记忆、知性这样的认识形态。在这个世界中,认识主体之间不是封闭的,不是处于一种自闭的状态,而是与他人处于永远开放的交流当中。我在认识的过程中既可以和他人交流所得与感受,交流研究方法与经验教训,也可以在一次认识活动之后将自己的认知所得展示或传输给他人,以便接受别人的批判,从而修正自己的错误之处。当然,自己的成就也会影响他人的认知,他人也会因此影响而改变自己的想法,修订自己的认识成果。

于是,主体与主体之间在认识的全过程中(认识的准备、认识过程、认识结果)建立了一种广泛的主体间的交往之网。每一个人均是网中的一个节点,谁也离不开谁,他们的纯粹分离必然意味着这一整全的网络出现了破缺,也就是表明了认知全过程遭到了破坏。当然,我们并不否认每一个体所本有的相对独立性,即他有其自己所在或所处的点,而不是别的点。他处于自己的位置,从自己的自我出发,而不是同时占有他人所处的点,或转为他人所占据的位置。我们毫无选择地只能从我们自身的网点出发,来从事认识活动。不过,对于主体相对独立性的这种承认,并不否认他们所处于其中的绝对关联,即全部的网络,否则他们也就丧失了自己所处于其上的点。

我们知道,牛顿的三大经典物理学定律,是牛顿本人在前人基础之上依据自己的认知而提出来的具有普遍性客观性的定律。我们以此来解释宏观世界,为整个人类带来了诸多领域的翻天覆地的变化。这是牛顿将自己所研究出的物理学定律放置于与他人所处的认识关系中,并进行验证或烤炼而得出来的一种科学成果。但是随着人类对于世界的不断的和深入的认识,随着人类社会生活对理论需求的不断增加,我们的问题也会随之不断地提出和涌现。于是,人们发现牛顿的三大力学定律在宇观和微观世界,并无其在宏观世界中所具有的有效性、确切性、客观性、普遍性、必然性。这样,爱因斯坦出现了。他修正补充了牛顿力学,从而提出了广义与狭义的相对论,并以此而解决了诸多牛顿经典物理学所不能解决和无法完全解决的疑难问题。

不过,尽管爱因斯坦的相对论时至今日依然有效力,比如我们利用其来探索浩瀚的宇宙,来考究遥远的星河,但是我们也必须承认,人类的认识是无限发展的,因为世界是永恒运动与无限发展的。所以,我们不能否认在未来会有其他牛顿、爱因斯坦的理论所难以解决的大量问题。但是不管怎么说,无论何时何地的认知者们,只要他们之间继续不断地交流和交往,不断地去探索世界的奥秘,那么他们必然会创发出无穷的新理论、新知识,从而去推动整个人类社会不断向着更高阶段前进和发展。这里面所隐含着的一个最为基本的事实是:主体间的交流是不可避免的。知识的成果有待修正和检验,有待于社会的承认,这是知识社会学的问题。因为人,作为从事现实认识活动的主体,是现实地处于社会大家庭中的一员,他无法独立地去生存与认识。尤其是在今日信息化的社会,一个人作为地球村的一个村民的特征,变得越来越明显和突出。他的认识虽然具有强烈的主观性与私人性色彩,但这并不意味着此种成就不会在某一时期、某一阶段会成为大家普遍认同的客观而公共的知识。人类正是在不断交流、不断认识和不断地辩证否定中而稳步前进与逐渐成长起来的。

道德的形而上学和知识论事实上是属于两个不同的领域,无论以形而上学来讲知识论,还是以知识论来谈形而上学,在我们看来,都是不成功的。康德对于纯粹理性进行批判,正是为了在知识论与形而上学、信仰之间划清界限,既保证科学知识领域,也给道德与信仰留下地盘,从而既反对了休谟的怀疑论也反对了莱布尼兹——沃尔夫的独断论。他的批判哲学的最终目的就是要将属于"思"的与属于"知"、属于"在"的分开,从而另辟一个途径来重建信仰与宗教,重建一种科学的形而上学,这也正是其《实践理性批判》中所力图解决的。20 世纪的存在主义大师海德格尔,可以说正是沿着康德的这一路向而追问人的终极关怀与精神家园,他对于思、语言与诗的重视和论述即可证明此点。

既然形而上学与知识论处于两个不同的领域,那么我们如何可以以存在于知识论领域中的东西,来认识知识论领域之外的形而上的本体?所谓的知识形而上学是不能成立的。比如,冯友兰本人就曾力图以知识领域内的逻辑分析方法,来建构他自己的真正空灵的形而上学。遗憾的是,这种努力最终被证明为是一种妄想,是缺乏合理性的。形而上学的世界实际上是一种体验的世界,是我们始终不应也不能以科学的方法与科学的认识途径来加以感知、触摸和探索的,这便是可以言说和不可言说的分隔。对于形而上学的认识,也许只能采取一种负的方法(冯友兰认为同时还应以逻辑分析方法来讲形而上学,我们认为这是不对题的),凭此理路大概才会切入形而上世界的真际之域。

三、有无规范成分:知识与道德、科学与伦理学相区分的标准

如果将道德看做是一种知识,一种特殊的知识,将伦理学看做是一种知识形式,那它不会是道德哲学家要想使它成为的东西,即不会提供道德

指导。知识可以分为综合陈述和分析陈述,综合陈述告诉我们事实,分析陈述是空洞的。伦理学应当是一种什么样的知识呢? 如果它是综合的,它就会告诉我们事实。这种伦理学是一种描述伦理学,它告诉我们各种人和各个社会阶级的伦理习惯。这种伦理学是社会学的一部分,但它不具有规范性,这不是牟宗三所谈论意义上的伦理学。如果伦理学是分析的知识,那么它就会是空洞的,也不能告诉我们应当做什么,这也不是牟宗三所谈论意义上的伦理学。牟宗三的主张是,既将德性良知看做是道德规范的根据,又将其看做是由智的直觉所认识所获得的一种知识。但是,将规范性与知识性二者结合起来,这究竟可能么? 对此,我们的答案是否定的。

通过对知识的现代分析,已经使得一种认识性的伦理学变得不可能,因为知识并不包含任何规范成分,因而不能充当伦理学的解释。在知识与道德之关系的问题上,牟宗三所犯的是一种伦理——认识平行论的谬误(the micracy of ethico-cognitive parallelism)。这一理论的始作俑者是苏格拉底。在柏拉图的《美诺篇》中,苏格拉底和美诺之间有这样一段探讨"什么是美德"的对话:

> 苏格拉底　……让我们对美德也采用同样的方法。由于我们不知道它是什么或它像什么,因此让我们采用假设来进行研究,要么假定它是可教的,要么假定它是不可教的。我们会说:"如果美德是可教的或不可教的,那么美德一定是灵魂的什么属性呢?"首先,如果美德不是知识,那么人们有可能教它吗? 或者用我们刚才使用过的语言,有可能提醒其他人吗? 我们不必过多地顾忌用什么名称来称呼这个过程,而只需要问美德可教吗? 人所教的都是知识,这一点不是很清楚吗?
>
> 美诺　我也这样想。
>
> 苏格拉底　但另一方面,如果美德是某种知识,那么它显然可教。
>
> 美诺　当然。[29]

从上述柏拉图《美诺篇》的部分对话中,我们可以确信地得出这样一个结论:正如几何学被称之为一种知识形式一样,美德也是一种知识形式。柏拉图和苏格拉底用"美德就是知识"这一论题建立了伦理——认识平行论,也就是把伦理领悟认为是认识即知道的一个形式的理论。一个人如果做出一个不道德的行动,那么他就是无知,就像在几何学上出了错的人是无知的一样。

在近代哲学当中,将伦理——认识平行论极端化的哲学体系便是斯宾诺沙(1632—1677)的伦理学,它是苏格拉底"美德就是知识"见解的较精致形式。在这个体系中,斯宾诺沙模仿欧几里得的几何公理构造,力图将伦理学建立在和几何学同样的坚实基础上。与欧几里得几何学一样,他的《伦理学》从公理和公设开始,然后引出一个个定理来,这部书在某种程度上讲可以成为一本几何教科书。最终,他利用苏格拉底对伦理学的理智化思想来建立起一种轻视情感的伦理学。他为自己的伦理学提供了一种基础性的说明。伦理知识并不只是理性领悟的产物,它也是可以由逻辑推导获得的。伦理学之所以是知识,不只是因为它的基本原理是"真的",而且也原于它服从逻辑推理的原则,并允许采取逻辑证明来建立道德规条之间的关系。斯宾诺沙之后,康德以先天综合判断对于伦理——认识平行论再次进行了论证。康德认为,正如数学和物理学公理一样,伦理学公理(它们可以被归结为一个被称之为"绝对命令"的公理)也是一种先天综合判断,而先天综合判断包括了认识的和伦理的公理,并以理性的本质为它的终极根源。"在我之上的星空和居我心中的道德法则"所体现出来的对于认识规律和道德规律的双重承认,是康德伦理——认识平行论的最明晰的呈现。

伦理——认识平行论对伦理学实际上是帮了一个倒忙。如果这种平行论能够通得过,如果德性是知识,那么伦理规条便失去了它们的命令性质。二千年来要想把伦理学建立在一个认识基础上的企图乃是对知识的一种误解的结果,是认为认识包含一种规范成分的错误见解的结果。

那么伦理学的本性为何? 伦理学是以一定的道德前提或道德公理为

基础而构成的一个有秩序的体系。这些前提或公理的根据不是依据于伦理体系本身,相反,它们恰恰是伦理体系建立的根据。这些前提或公理,实质上是一些为了社会得以良好运行下去而应当在全体社会成员中加以操守的最核心的基本规范,它们的根据是源于一种道德约定。很明显,这些作为伦理体系建构基础的规范,并不是必然的和自明的真理。逻辑所能保证的只是从这些基础性的规范(道德公理)过渡到次要的道德规范的蕴涵关系的合理性、正确性。伦理学的语言表达式都不是某种陈述,而是一些表述意愿的指令或命令。与陈述句不同,指令或命令不可以用认识上的真假来判定,它们无所谓认识上的真与假,而只具有价值判定上的合理与不合理。有关道德上的指令句与知识上的陈述句之间的区别,我们可以在此举一个简单的例子来加以说明。如果你告诉我,太阳的光芒传到我们地球大概需要 8 分钟的时间,我说"是的",这意味着我也认为太阳的光芒传到我们地球大概需要 8 分钟的时间。然而,如果你告诉我,偷盗是一种不好的行为,我以"说得对"来表示我的同意。你所说的是一个指令,是你的意志的表述,即"你愿意没有偷盗的行为发生";我的回答相应的也是指令,它意味着我也愿意没有偷盗的行为发生。

当然,这并不是说指令或命令不具有意义,而是具有一种与陈述句具有的认识意义相区别的工具意义、实用意义。道德指令或命令的一个最重要的特征便是,我们将它视为一个命令,并且深深地感受到,如果我们自身能够很好地生活在一个社会当中,我们便总是处在它的接受方面。我们的意愿动作是一种第二意愿动作,它是对某种道德权威所发出的命令的某种反应,这样的道德权威可以被归为宗教上的崇拜对象(如上帝、耶稣、真主、佛、菩萨等)、我们的道德良知良能、我们心中的道德规律,等等。道德权威的选择往往具有灵活性的特征。不过,从本质上讲,道德命令即是一些由义务感伴随的意愿动作,这些意愿动作不仅适用于我们,也适合于他人。如,不许杀人,不许偷盗,不许说谎等等。道德命令与其他命令的根本区别就在于一种普遍的义务感。

由于道德命令是一种集体的约定,它具有普遍的义务感,因此道德命令或规范的践行和操守,便更多的是要求一种道德主体内在的自律性行为,是要求道德认知与道德践行的统一,即知与行的合一。道德命令的规范性特征告诉我们的是,我们在这个社会上应当怎样。与此不同,知识上的认知行为并不具有道德所具有的规范性特征。知识所追求的是认知主体对外在的认知对象的真理性把握,它与行并无直接的关联性。真理性的知识告诉我们的是,世界和我们自身究竟是怎样的。康德曾在《实践理性批判》结论部分的开篇,便讲到了一个至理名言:"在我之上的星空和居我心中的道德法则"。它所表征的就是每一个人应当坚守认识规律和道德规律的两重性。

综上所述,我们认为,牟宗三所执持和倡导的儒家"内圣外王"之说是很有问题的。成为圣人或真人或佛是形而上领域中的境界形态的东西,它是靠个人体悟修养才有可能达到的一种理想的精神家园,一种极致的完满人格。试问,从此处我们如何可以开出事实领域内的科学与民主?上帝,自由意志,灵魂,是不会带给我们现实的真正的知识的。我们无法乞求上帝能带给我们 windows XP 视窗操作系统、Norton 杀毒光盘的,它们是上帝所无能为力的。它们完全是人类基于现实的需要,随着认识的发展而发明创造出来的。也许,这便是我们人类伟大于上帝的地方。

我们主张,知识与价值世界是分属于两个完全不同的领域,二者的关联是次要的,其本质差别则是主要的。知识与道德,无论谁来作为"主人",对于另一方的"仆人"来说都是不公平和不公正的。这种擅自越权的行为势必会导致两种不良的后果:一是变为"主人"的一方因其所处的地位而会擅自扩大和利用它的权力,并忽视甚至漠视仆人所拥有的合法权利,最终会扼杀其真正自由的发展。二是作为"仆人"的一方因其顺从"主人",所以其自身的本真性便遭到了破坏,不再是如相的本己之我;其自身的创造性也丧失殆尽,不再有真正意义上的发展。牟宗三以道德本心来安排知性主体,以道德界开知识界,同样会带来这样的不良后果。知识无法因此而可能,无法因此而真正开出和形成,所谓的道德也会因此而不伦不类。所以,我们反对他在知识与道德关系上所采取的看法,因为我们始终坚持认为:事实与价值毕竟是身份平等而不是一个统治另一个的两个人,因而事实上根本没有什么主人和仆人间所存在的地位上的高低与逻辑上的先后之分。

注　释

[1]我们此处的"知识"是指狭义上的科学知识。

[2]何谓"抵回"？感觉能引起对于感觉世界的主观态度,这个初步的主观态度被牟宗三称为"抵回"。

[3]牟宗三:《觉知底因果说与知识底可能说》,《牟宗三先生早期文集》(上),见《牟宗三先生全集》(25),台北:联经出版公司2003年版,第299页。

[4]牟宗三:《觉知底因果说与知识底可能说》,《牟宗三先生早期文集》(上),第300页。

[5]牟宗三:《纯粹理性与实践理性》,《牟宗三先生早期文集》(上),第369页。

[6]牟宗三:《现象与物自身》,见《牟宗三先生全集》(21),第22页。

[7]牟宗三认为此处的"智"指"智的直觉"。《维摩诘经·观如来品》上说:"不可以智知,不可以识识"。牟宗三说,此处即是援引佛经的此句话而将知识分为"以识识"与"以智知"两种,并认为它们在我们人身上即可见。其中"以识识"即是见闻之知或科学知识,它是可以用我们的识去了别的。"以智知"即是德性之知。在道家,两类知识的表达是"为学"与"为道"。

[8]关于此三点,请参看傅伟勋:《儒家思想的时代课题及其解决线索》,《从西方哲学到禅佛教》,北京:三联书店1996年版,第441—442页。

[9]牟宗三:《智的直觉与中国哲学》,见《牟宗三先生全集》(20),第234页。

[10]张载:《正蒙·大心篇》。

[11]张载:《正蒙·诚明篇》。

[12]《河南程氏遗书·卷第二十五·伊川先生语十一》,见程颢、程颐《二程集》(上),北京:中华书局2004年版,第317页。

[13]王艮:《龙溪语录》。

[14]陆九渊:《象山学案·答朱济道语》。

[15]实际上,牟宗三也曾明确指出德性之知不是科学知识问题。例如在《中西哲学之会通十四讲》中,他认为儒家重视德性之知,而德性之知是很难了解的,假如对它有真正的了解,那么德性之知的境界是什么境界？所担负的责任与作用又是什么？对于这些问题的回答并不是纯粹的知识问题,"德性之知严格讲不是知识的问题。依西方讲,以科学知识为标准,见闻之知才是知识问题,德性之知

不是知识问题。"(牟宗三:《中西哲学之会通十四讲》,见《牟宗三先生全集》(30),第103页)牟宗三视"德性之知"为一种不同于科学知识的道德知识。

[16]牟宗三:《从儒家的当前使命说中国文化的现代意义》,《时代与感受》,见《牟宗三先生全集》(23),第338—339页。

[17]牟宗三:《从儒家的当前使命说中国文化的现代意义》,《时代与感受》,第336页。

[18]冯友兰:《新原人》,见《三松堂全集》(第4卷),郑州:河南人民出版社2000年版,第498—500页。

[19]冯友兰:《中国哲学简史》,见《三松堂全集》(第6卷),郑州:河南人民出版社2001年版,第285页。

[20]冯友兰:《新原人》,见《三松堂全集》(第4卷),郑州:河南人民出版社2000年版,第532页。

[21]牟宗三:《现象与物自身》,第23页。

[22]Bertrand Russell, *Our Knowledge of the External World.* Chicago and London: The Open Court Publishing Company, 1915. p. 28.

[23]李翔海编:《知识与价值——成中英新儒学论著辑要》,北京:中国广播电视出版社1996年版,第312—313页。

[24]这两个术语是成中英提出来的。所谓"知识的价值论"(axiology of knowledge or epistemoaxiology),"就是对于知识如何引导价值,理性如何引导意志,如何发挥知识在价值上的意义,如何使知识配合整体的价值、基本价值的认识,促使知识的宇宙切合人的需要;同时也探寻出知识宇宙的意志基础何在,使生命的意义不限于知识的平面,而是用知识来开拓生命的平面,使生命发挥内在的意义。"总之,"对知识价值化、对知识说明意志活动,以及知识对于整体的生命意志的贡献及其间关系的认知,以取得与价值相辅相成的关系地位",这样的分析与了解,不论是在何种层次,都可以称为"知识的价值论"。所谓"价值的知识论"(epistemology of values or axio-epistemology),"是指自知识的立场来宣示、了解及认知价值的形成条件及本源,同时也是了解、认知价值的结构与意义。进而了解、认知知识对价值之形成和重建,以及对意志活动的影响。更进而整建吾人对生命应有的整体关系的认识。"关于此见李翔海编:《知识与价值——成中英新儒学论著辑要》,第316页。

[25]康德:《判断力批判》,邓晓芒译,北京:人民出版社2002年版,"导言",第5页。

[26]康德:《判断力批判》,"导言",第30—31页。

[27]康德:《判断力批判》,"导言",第8页。

[28]康德:《判断力批判》,"导言",第9页。

[29]柏拉图:《柏拉图全集》(第1卷),王晓朝译,北京:人民出版社2002年版,第518—519页。

参 考 文 献

一、牟宗三本人的著作及其文章*

1. 著作

[1]《周易的自然哲学与道德函义》,见《牟宗三先生全集》(1)。

[2]《心体与性体》(第一册),见《牟宗三先生全集》(5)。

[3]《道德的理想主义》,见《牟宗三先生全集》(9)。

[4]《历史哲学》,见《牟宗三先生全集》(9)。

[5]《政道与治道》,见《牟宗三先生全集》(10)。

[6]《康德〈纯粹理性之批判〉》(上、下),见《牟宗三先生全集》(13—14)。

[7]《康德的道德哲学》,见《牟宗三先生全集》(15)。

[8]《名理论》,见《牟宗三先生全集》(17)。

[9]《认识心之批判》(上、下),见《牟宗三先生全集》(18—19)。

[10]《智的直觉与中国哲学》,见《牟宗三先生全集》(20)。

[11]《现象与物自身》,见《牟宗三先生全集》(21)。

[12]《圆善论》,见《牟宗三先生全集》(22)。

[13]《时代与感受》,见《牟宗三先生全集》(23)。

[14]《人文讲习录》,见《牟宗三先生全集》(28)。

[15]《中国哲学的特质》,见《牟宗三先生全集》(28)。

[16]《中国哲学十九讲》,见《牟宗三先生全集》(29)。

[17]《中西哲学之会通十四讲》,见《牟宗三先生全集》(30)。

[18]《四因说演讲录》,见《牟宗三先生全集》(31)。

---

   * 此书写作所涉及到的牟宗三的著作及文章均以《牟宗三先生全集》(台北:联经出版公司 2003 年版)为标准,不过这不包括全集所未能收录的《生命的学问》一书。

[19]《五十自述》,见《牟宗三先生全集》(32)。

[20]《生命的学问》,台北:三民书局股份有限公司 2003 年版。

2. 文章

[1]《辩证法是真理吗?》,《牟宗三先生早期文集》(上),见《牟宗三先生全集》(25)。

[2]《公孙龙子的知识论》,《牟宗三先生早期文集》(上)。

[3]《觉知底因果说与知识底可能说》,《牟宗三先生早期文集》(上)。

[4]《评罗素新著〈意义与真理〉》(译述),《牟宗三先生译述集》,见《牟宗三先生全集》(17)。

[5]《怀特海论知觉两式》(译述),《牟宗三先生译述集》。

[6]《论纯理》,《牟宗三先生早期文集》(上)。

[7]《纯粹理性与实践理性》,《牟宗三先生早期文集》(上)。

[8]《评述杜威论逻辑》,《牟宗三先生译述集》。

[9]《知觉现象之客观化问题》,《牟宗三先生早期文集》(上)。

[10]《我了解康德的经过》,《牟宗三先生晚期文集》,见《牟宗三先生全集》(27)。

[11]《〈康德知识论要义〉序》,《牟宗三先生晚期文集》。

[12]《逻辑实证论述评》,《牟宗三先生晚期文集》。

[13]《罗素与中国知识分子——1970 年 2 月 13 日于罗素纪念会》,《时代与感受续编》,见《牟宗三先生全集》(24)。

[14]《我的学思经过》,《时代与感受续编》。

[15]《康德与西方当代哲学之趋势》,《牟宗三先生晚期文集》。

[16]《哲学之路——我的学思进程》,《时代与感受续编》。

[17]《学思·译著——牟宗三先生访谈录》,《时代与感受续编》。

[18]《超越的分解与辩证的综合》,《牟宗三先生晚期文集》。

[19]《两重"定常之体"》,《牟宗三先生晚期文集》。

[20]《客体事与主体事》(译),《牟宗三先生译述集》。

二、关于牟宗三的研究著作(以著作出版的时间先后为序)

[1]牟宗三先生七十寿庆论文集编辑组编:《牟宗三先生的哲学与著作》,台北:台湾学生书局 1978 年版。

[2]郑家栋:《现代新儒学概论》,南宁:广西人民出版社1990年版。

[3]郑家栋:《本体与方法——从熊十力到牟宗三》,沈阳:辽宁大学出版社1992年版。

[4]郑家栋编:《道德理想主义的重建——牟宗三新儒学论著辑要》,北京:中国广播电视出版社1993年版。

[5]黄克剑、周勤:《寂寞中的复兴——论当代新儒家》,南昌:江西人民出版社1993年版。

[6]黄克剑、林少敏编:《牟宗三集》(当代新儒学八大家集之七),北京:群言出版社1993年版。

[7]颜炳罡:《整合与重铸——当代大儒牟宗三先生思想研究》,台北:台湾学生书局1995年版。

[8]王岳川编:《牟宗三学术文化随笔》,北京:中国青年出版社1996年版。

[9]蔡仁厚:《牟宗三先生学思年谱》,台北:台湾学生书局1996年版。(另见《牟宗三先生全集》(32))

[10]蔡仁厚、杨祖汉编:《牟宗三先生纪念集》,台北:东方人文学术研究基金会1996年版。

[11]郑家栋:《当代新儒学史论》,南宁:广西教育出版社1997年版。

[12]颜炳罡:《牟宗三学术思想评传》,北京:北京图书馆出版社1998年版。

[13]颜炳罡:《当代新儒学引论》,北京:北京图书馆出版社1998年版。

[14]黄克剑:《百年新儒林——当代新儒学八大家论略》,北京:中国青年出版社2000年版。

[15]幺峻洲:《当代新儒学与当代新儒家》,北京:教育科学出版社2000年版。

[16]郑家栋:《牟宗三》,台北:东大图书股份有限公司2000年版。

[17]吴汝:《一代儒哲牟宗三》,香港:经要文化出版有限公司2001年版。

[18]李山:《牟宗三传》,北京:中央民族大学出版社2002年版。

[19]闵仕君:《牟宗三道德的形而上学研究》,成都:巴蜀书社2005年版。

[20]陈迎年:《感应与心物——牟宗三哲学批判》,上海:上海三联书店2005年版。

[21]杨泽波:《牟宗三三系论论衡》,上海:复旦大学出版社2006年版。

[22]王兴国:《契接中西哲学之主流——牟宗三哲学思想渊源探要》,北京:光明日报出版社2006年版。

[23]王兴国:《牟宗三哲学思想研究》,北京:人民出版社2007年版。

[24]殷小勇:《道德思想之根——牟宗三对康德智性直观的中国化阐释研究》,上海:复旦大学出版社2007年版。

三、其他参考著作(以著作出版的时间先后为序)

[1]傅种孙、张邦铭:《罗素算理哲学》,上海:商务印书馆1924年版。

[2]张东荪:《认识论》,上海:世界书局1934年版。

[3]郑昕:《康德学述》,北京:商务印书馆1984年版。

[4]胡伟希:《金岳霖与中国实证主义认识论》,上海:上海人民出版社1988年版。

[5]韩水法:《康德物自身学说研究》,台北:台湾商务印书馆1990年版。

[6]胡军:《金岳霖》,台北:东大图书股份有限公司1993年版。

[7]孙振青:《知识论》,台北:五南图书出版有限公司1994年版。

[8]张耀南:《张东荪知识论研究》,台北:洪业文化实业有限公司1995年版。

[9]康德:《纯粹理性批判》,蓝公武译,北京:商务印书馆1995年版。

[10]张耀南编:《知识与文化:张东荪文化论著辑要》,北京:中国广播电视出版社1995年版。

[11]金岳霖:《知识论》,北京:商务印书馆1996年版。

[12]冯契:《认识世界和认识自己》,见《冯契文集》(第1卷),上海:华东师范大学出版社1996年版。

[13]冯契:《逻辑思维的辩证法》,见《冯契文集》(第1卷),上海:华东师范大学出版社1996年版。

[14]冯契:《人的自由和真善美》,见《冯契文集》(第3卷),上海:华东师范大学出版社1996年版。

[15]张岱年:《知实论》,见《张岱年全集》(第3卷),石家庄:河北人民出版社1996年版。

[16]张岱年:《认识·实在·理想》,见《张岱年全集》(第1卷),石家庄:河北人民出版社1996年版。

[17]胡军:《知识论引论》,哈尔滨:黑龙江教育出版社1997年版。

[18]〔英〕罗素:《数理哲学导论》,晏成书译,北京:商务印书馆1999年版。

[19]康德:《纯粹理性批判》,韦卓民译,武汉:华中师范大学出版社2000年版。

[20]〔英〕康蒲·斯密:《康德〈纯粹理性批判〉解义》,韦卓民译,武汉:华中师范大学出版社 2000 年版。

[21]齐良骥:《康德的知识学》,北京:商务印书馆 2000 年版。

[22]〔英〕A. N. 怀特海:《观念的冒险》,周邦宪译,贵阳:贵州人民出版社 2000 年版。

[23]罗素:《对莱布尼兹哲学的批评性解释》,段德智、张传有、陈家琪译,北京:商务印书馆 2000 年版。

[24]杨祖陶、邓晓芒:《康德〈纯粹理性批判〉指要》,北京:人民出版社 2001 年版。

[25]康德:《实践理性批判》,韩水法译,北京:商务印书馆 2001 年版。

[26]劳思光:《康德知识论要义新编》,香港:香港中文大学出版社 2001 年版。

[27]〔英〕A. N. 怀特海:《自然的概念》,张桂权译,北京:中国城市出版社 2002 年版。

[28]康德:《道德形而上学原理》,苗力田译,上海:上海人民出版社 2002 年版。

[29]胡军:《道与真——金岳霖哲学思想研究》,北京:人民出版社 2002 年版。

[30]温纯如:《认知、逻辑与价值:康德〈纯粹理性批判〉新探》,北京:中国社会科学出版社 2002 年版。

[31]陈嘉明:《知识与确证——当代知识论引论》,上海:上海人民出版社 2003 年版。

[32]郑家栋:《断裂中的传统》,北京:中国社会科学出版社 2003 年版。

[33]李泽厚:《批判哲学的批判——康德述评》,天津:天津社会科学院出版社 2003 年版。

[34]贡华南:《知识与存在——对中国近现代知识论的存在论考察》,上海:学林出版社 2004 年版。

[35]〔英〕苏珊·哈克:《证据与探究——走向认识论的重构》,陈波等译,北京:人民大学出版社 2004 年版。

[36]康德:《纯粹理性批判》,邓晓芒译,北京:人民出版社 2004 年版。

[37]〔德〕M. 石里克:《普通认识论》,李步楼译,北京:商务印书馆 2005 年版。

[38]徐向东:《怀疑论、知识与辩护》,北京:北京大学出版社 2006 年版。

[39]胡军:《知识论》,北京:北京大学出版社 2006 年版。

[40]罗素:《我们关于外间世界的知识》,陈启伟译,上海:上海译文出版社 2006

年版。

［41］Kant, Immanuel. *Critique of Pure Reason*, translated by Norman Kemp Smith. London：Macmillan, 1929.

［42］Russell, Bertrand. *The Principles of Mathematics*. London：George Allen and Unwin LTD, 1942.

［43］Arne NaEss and Alastair Hannay(Eds). *Invitation to Chinese Philosophy*, Universitetsforlaget, 1972.

［44］Ayer, Alfred J.. *The Foundations of Empirical Knowledge*. London and Basingstoke：The Macmillan Press LTD, 1979.

［45］Russell, Bertrand. *Theory of Knowledge：the* 1913 *Manuscript*, edited by Elizabeth Ramsden Eames. London：George Allen & Unwin Ltd. , 1984.

［46］Heidegger, Martin. *Kant and the Problem of Metaphysics*, translated by Richard Taft. Bloomington and Indianapolis：Indiana University Press, 1990.

［47］Dewey, John. Logic：*The theory of Inquiry. see*, *John Dewey：The Later Works*, 1925-1953(Volume 12：1938) , edited by Jo Ann Boydston. Edwardsville：Southern Illinois University, 1991.

［48］Kant, Immanuel. *The Moral Law：Groundwork of the Metaphysics of Morals*, translated and analysed by H. J. Paton. London and New York：Routledge, 1991.

［49］*Kant and Contemporary Epistemology*, edited by Paolol Parrini. Dordrecht：Kluwer Academic Publishers, 1994.

［50］Kant, Immanuel. *Critique of Practical Reason*, translated and edited by Mary Gregor；with an introduction by Andrews Reath. Cambridge：Cambridge University Press, 1997.

［51］Russell, Bertrand. *An Inquiry into Meaning and Truth*. London：Routledge, 1997.

［52］*Kant's Groundwork of the Metaphysics of Morals：critical essays*, edited by Paul Guyer. Lanham：Rowman & Littlefield Publishers, Inc. , 1998.

［53］Russell, Bertrand. *The Problems of Philosophy*. Oxford：Oxford University Press, 1998.

［54］Greenberg, Robert. *Kant's Theory of a Priori Knowledge*. University Park：The Pennsylvania State University Press, 2001.

［55］*Immanuel Kant：Groundwork of the Metaphysic of Morals in focus*, edited by Lawrence Pasternack. London：Routledge, 2002.

汉英术语对照表[*]

B

半心理的 semi-mental

包含 includes

悖理 absurd

本体 substance

本体界 noumena

本体界的存有论 noumenal ontology

本体界的实体 noumenal reality

本体论 ontology

本体论的陈述 ontological statement

本体论的实在 ontological reality

本体论的实体 ontological substance

本体属性 substance-attributes

本体宇宙论的 onto-cosmological

本体之概念 the concept of substance

本质 essence

本质属性 essential attributes

---

[*] 众所周知,牟宗三是一位中西合璧的哲学家,他在行文过程中往往大量使用了英文术语,并赋予了它们一种独特的中文翻译。在他的有些著作中,几乎页页都使用了数量不菲的英文术语,这无疑增加了读者对于其思想的客观准确的把握和理解。因此,为了便于更好地理解牟宗三的哲学思想,根据北京大学哲学系陈来先生的建议,作者特此以汉语拼音为顺序编排了这个汉英术语对照表,它主要是参照牟宗三本人的著作而撰成的。

本质意义 essential meaning

必然的 necessary；apodictic

必然对象 necessary object

必要(的)条件 necessary condition

辨解的 discursive

辨解的辩证 discursive dialectic

辨解的知性 discursive understanding

变形 modifications

辩证的必然性 dialectical necessity

辩证的发展 dialectical development

辩证的诡辩 dialectical paradox

辩证的思考 dialectical thinking

辩证历程 dialectical process

表象 representation

表象的思想 representative thought

并列关系 co-ordination

并无印象 no impression

博爱 universal love

不断的流 constant flux

不会表现观念时就没有了生命 no idea therefore no life

不(决)定原则 principle of indeterminate

不可理解 unintelligible

不可缺少的 indispensable

不完整符；不完整的符号 incomplete symbol

怖栗 tremble

布列相 coordination-form

C

材料 data

材质的 material

参与 participate

差别性 differentiality

常住相 permanence

超绝的 transcendent

超绝的分解 transcendent analytic

超绝的自然学 transcendent physiology

超绝世界 transcendent world

超绝(的)形上学 transcendent metaphysics

超绝形上学的决定 transcendent-metaphysical determination

超越的 transcendental

超越的安立 transcendental justification

超越的对象 = X transcendental object = x

超越的分解 transcendental analysis;transcendental analytic

超越的根据 transcendental ground

超越的观念论 transcendental idealism

超越的观念性 transcendental ideality

超越的或超离的实在论 transcendental realism

超越的解释 transcendental exposition

超越的解析 transcendental analytics

超越的决定 transcendental determination

超越的灵魂论 transcendental doctrine of the soul

超越的逻辑学 transcendental logic

超越的区分 transcendental distinction

超越的实在论 transcendental realism

超越的世界学 transcendental science of the world

超越的统觉 transcendental apperception

超越的推证 transcendental deduction

超越的我 transcendental ego

超越的型范 transcendental norm

超越的性格 transcendental character

超越的原理 transcendental principle

超越的运用 transcendental operation

超越对象 transcendental object

超越感 sense of transcendence

超越形上学 transcendent metaphysics

超越意义的二元论 dualism in transcendental sense

超越原则 transcendent principle

超自然 super nature

程态 modality

程态概念 modal concept

程序 procedure

呈现的客观化 presentational objectification

呈现的直接性之模式 mode of presentational immediacy

呈现(之)原则 principle of presentation

成心 habitual mind

诚意 sincerity

持续体 permanence

充分的形式化 full formalization

充分条件;充足条件 sufficient condition

充足理由 sufficient reason

重叠变形之分析的 tautologically analytic

重现 reproduction

重新的和解 reconciliation

抽象的概念 abstract concept

抽象的普遍性 abstract universality

抽象思考 abstract thinking

出现 occurring

创变性 creativity

创造性的本身,创造性自己 creativity itself

创造原理 principle of creativity

纯粹(的)概念 pure concept

纯粹的普遍性 pure universality

纯粹逻辑或形式逻辑 pure logic or formal logic

纯粹形式概念 pure formal concept

纯粹意识 pure consciousness

纯理性 pure reason

纯灵 pure spirit

纯思 pure thought

纯型 pure form

纯知性 pure understanding

纯智地 pure intellectually

纯智所思的世界 intelligible world

词项 term

存疑的或或然的观念论 problematic or skeptical idealism

存有 being

存有论 ontology

存有论的洞见 ontological insight

存有论的概念 ontological concept

存有论的涉指格 ontological reference-scheme

存有论的(创造的)实现原则 principle of ontological or creative actualization

存有论的推断 ontological inference

存有论的圆满 ontological perfection

存有论的证明 ontological proof

存在 existence

存在的感受 existential susceptibility

存在公理 existence-theorems

存在即被知,存在就是被感知 to be is to be perceived

存在物 entities, essents

存在性 being of existents

存在学上的地位 ontological status

存在主义 existentialism

D

大用 function

单称命题 singular proposition

单纯的本体 simple substance

单一性 singularity

单子 monad

道德冲动 moral impulse

道德的必然性 moral necessity

道德的创造 moral creation

道德的创造性 moral creativity

道德的含义 moral implication

道德的进路,道德的入路 moral approach

道德的内容 moral content

道德(上)的善 moral good

道德的神学 moral theology

道德的实体 moral substance

道德(的)心,道德心灵 moral mind

道德的形上学,道德的形而上学 moral metaphysics

道德的应当 moral ought

道德的真我 moral self

道德的证明 moral proof

道德的主体性 moral subjectivity

道德底形上学,道德底形而上学 metaphysics of morals

道德法则 moral law

道德感 moral sense

道德理想主义 moral idealism

道德理性 moral reason

道德性 morality

道德意识 moral consciousness

道德秩序 moral order

道之客观性 objectivity of T'ao

德 virtue

德性即知识 virtue is knowledge

底据 underlying ground

第二性 secondary qualities

第二(层)序 second order

第一(层)序 first order

第一性 primary qualities

第一因 first cause

吊诡 paradox

定然的律令;定言令式 categorical imperative

定义 definition

东西 particulars

动态的 dynamic

动相 moment

独断的理性主义 dogmatic rationalism

度向 dimension

对立的套数 alternative system

对列之局 co-ordination

对偶性 duality

对偶性原则 principle of duality

对象概念 object concept

对象化 objectification

对象性 objectivity

对象一般 object in general

对象字 object words

多 multiplicity

多元的 pluralistic

惰性 inertia

E

二律背反 antinomy

二用格度 the formal scheme of is-is not or affirmation-negation

F

法则性 lawful

凡 all

凡现实的就是合理的 what is actual is rational

反对 reaction

反题 antithesis

反省 reflection

范畴 category；categories

范畴之超越的推证 transcendental deduction of category

范畴之形而上的推证 metaphysical deduction of category

泛道德主义 panmoralism

非感性的直觉 non-sensible intuition

非实物 non-entity

分解的 analytic

分析命题 analytic proposition

佛教式的存有论 Buddhistic ontology

否定命题 negative proposition

福 happiness

符征 type

符号逻辑 symbolic logic

副词的片语 adverbial phrase

G

概念的分解 conceptual analysis

概念的诗歌 conceptual poem

概念的思考 conceptual thinking

感触的知觉 sensible perception

感触界 phenomena；sensible world

感触条件 sensible condition

感触物 sensible entities；phenomena

感触直觉 sensible intuition

感觉 sense;sensation

感相 sense-data;sensum;sensa

感性 sensibility

感性的 sensible

感性的形式 form of sensibility

感性之主观的形式 subjective form of sensibility

感性直觉 sensible intuition

感应 affections

格度 formal-scheme

格式 schema;form

格言 maxim

个别性 individuality

个体的灵魂 individual soul

个体性 individuality

个体性原则 principle of individuality

给予 given

根据 ground

根据归结 ground-consequence

根据归结形式图式 the formal scheme of ground-consequence

根源的说明 original interpretation

根源的思想 original thought

公道(正) justice

共通的模式 common pattern

共在相 co-existence

构成规律 rule of formation

构造 construction

构造的 constitutive

构造性的 constructive

构造原则 principle of construction;constitutive principle

固有的 intrinsic;innate

固有的限制或内在的限制 intrinsic limitation

观解，观论 theorizing

观解的 theoretical

观解的形上学 theoretical metaphysics

观解知识 theoretic knowledge

观念论 idealism

观念性 ideality

观照 contemplating

关系 relation

广度的真理 extensional truth

广度量 extensive magnitude

规律 rule

规律或形式概念 rule or form concept

规模 schema

规模性 schematism

轨约原则 regulative principles

H

含糊不清 obscure

涵蕴 implication；implies

函值 function

和好 conciliate

和合 conciliation

互解 mutually understand

化学法则 chemical law

幻象 illusion

混暗了的直觉 confused perception

活动 activity

或然的 problematic

或然命题 problematic proposition

J

基本的存有论 fundamental ontology

基层 basic order

基督徒 follower of Christ

基体 substance;substratum

基型 archetypes

积极的知识 positive knowledge

机械的 mechanical

记忆 memory

记忆(念旧)法则 law of mnemonic

加拿普 Carnap

假科学 pseudo-science

假象 illusion

假然(条件)命题 hypothetical proposition

架构表现 constructive presentation;frame-presentation

见识 insight

建设的 constructive

交互范畴 category of community

交替可能的系统 alternative system

结构的设准 structural postulate

结果 effect

解释 interpretation

界定 define

进路 approach

精神的 spiritual

精神生命 spiritual life

经验 experience

经验的分析 empirical analysis

经验的概念 empirical concept

经验的观念论 empirical idealism

经验的实在论 empirical realism

经验的实在性 empirical reality

经验地 empirically

经验意义的二元论 dualism in empirical sense

经验之分别 empirical distinction

经验知识 empirical knowledge

经验主义 empiricism

静态的 static

净化 purification

敬之功能 function of reverence

久历 duration

惧怕 fear

具体的 concrete

具体的解悟 concrete understanding

具体的内容 concrete content

具体的普遍 concrete universal

具体的普遍者(性) concrete universals(universality)

具体的哲学 concrete philosophy

具体的整全 concrete whole

具体化原则 principle of embodiment or concretion

决定 determination

决定(了)的对象 determined object

决定原则 principle of determinate

觉识 experience;consciousness

觉象 idea

觉相 percept

觉知 perception

绝对的单一 absolute unity

绝对统一性 absolute unity

K

康德的传统 Kantian tradition

科学知识 scientific knowledge

可分离的因果线之设准 postulate of separable causal-line

可塑性 plasticity

客观的 objective

客观的存有;客观的实在物 objective being

客观的绝对自存体 objective, absolute self-subsistent real being

客观的了解 objective understanding

客观的实在性 objective reality

客观的有效性 objective validity

客观的自由 objective freedom

客观地被肯断 objectively asserted

客观定相 objective determination

客观化 objectification

客观(的)实有 objective being;objective entity

客观(的)妥实性;客观(的)妥效性 objective validity

客体 object

客体事 objects

客体性 objectivity

肯定否定形式图式 the formal scheme of is-is not or affirmation-negation

肯定否定之二用 affirmation-negation;is-is not

肯定命题 affirmative proposition

空间 space

空间关系 spatial relations

空时连续性之设准 postulate of spatio-temporal continuity

恐怖 dread

恐怖的概念 concept of dread

扩延 extension

扩展的辩证 expansive dialectic

L

莱布尼茨—沃尔夫系统 Leibniz-Wolf system

类 class;set

类推的设准 postulate of analogy

类型说 theory of types

理论的(知解的)形上学 theoretical metaphysics

理论科学 theoretical science

理论理性 theoretical reason

理念 idea

理上的自由 rational freedom

理想性 ideality

理型 idea;form

理性的诡谲 cunning of reason

理性的说明 rational interpretation

理性的心理学 transcendental doctrine of the soul

理性的宇宙论 transcendental science of the world

理性上的必然性 rational necessity

理性原则 principle of reason

理性之架构表现 constructive presentation of reason

理性之运用表现 functional presentation of reason

理性主义 rationalism

理由 reason

理智的概念 intellectual concept

理智的游戏 intellectual play

理智物 noumena;intelligible entities;intelligibilia

理智主义 intellectualism

隶属关系 sub-ordination

力学的 dynamical

历史的必然性 historical necessity

历史的理由 historical reason

历史根源 historical origin

连续性 continuity

联想 association

良心 conscience

良知 conscience；intuitive knowledge

量 quantity

量的无限或数的无限 quantitative infinite or mathematical infinite

量性之定相 quantitative forms or modes

灵魂不灭 immortality of soul

刘易斯 C. I. Lewis

路数 approach

伦常关系 ethical relation

伦理的道德性 ethical morality

逻辑 logic

逻辑程序 logical procedure

逻辑代数 algebra of logic

逻辑的必然性 logical necessity

逻辑的陈述 logical statement

逻辑的分别 logical distinction

逻辑(的)分析 logical analysis；logical analytic

逻辑的功能 logical function

逻辑的可能性 logical possibility

逻辑的涉指格 logical reference-scheme

逻辑(的)推理 logical inference

逻辑的我 logical ego

逻辑根源 logical origin

逻辑构造 logical construction

逻辑关系 logical relation

逻辑句法 logical syntax

逻辑命题 logical proposition

逻辑世界 logical world

逻辑原子论 logical atomism

逻辑主义 logistic

逻辑思考 logical thought

逻辑思考的理性 logical reason

逻辑思考上的比较 logical comparison

逻辑字 logical words

M

矛盾 contradiction

美的自由 beautiful freedom

面相 aspects

描述词 descriptive term

描述的说明 descriptive interpretation

名 term

名理 logic

命题 proposition

命题函值 propositional functions

命题态度 propositional attitude

命题形式 propositional form

模式 pattern

摹状说 theory of description

某物一般 something in general；thing in general

N

内感；内在感觉 inner sense

内容 intension

内容的了解 intensional understanding

内容的命题 intensional proposition

内容的普遍性 intensional universality

内容意义 intensional meaning

内容真理 intensional truth

内指的使用 immanent use

内在道德性 inward morality；inner-morality

内在的 immanent

内在的律则 intrinsic law

内在的性格 immanent character

内在关系 internal relation

内在化 innerize

内在(的)形上学 immanent metaphysics

内在形上学的决定 immanent-metaphysical determination

内在原则 immanent principle

内在自然学 immanent physiology

念旧的 memonic

P

排中律 law of excluded middle

判断 judgment

判断表 table of judgment

批判的处理 critical treatment

批判的分析 critical analytic

批判的考察 critical examination

批判哲学 critical philosophy

偏称全称形式图式 the formal scheme of all-some or whole-part

偏见 prejudice

凭借 means

破坏性的 destructive

普遍的征相 universal characteristic

普遍性 universality

普遍性的概念 universal concept

普遍性相 universal characteristics

普博 universal

Q

启发性的语言 heuristic language

潜存 potential;latent

强度的真理 intensional truth

强度量 intensive magnitude; intensive quantity

清楚的罪恶观念 clear concept of sin

清楚而分明的观念 clear and distinct idea

清明的知觉 clear perception

情感的语言 emotional language

曲全 all, some; whole-part

曲全格度 the formal scheme of all-some or whole-part

躯体 physical body

全称命题 universal proposition

全体大用 full function

全体的与部分 whole and part

确然命题 apodictic proposition

R

人 human being

人格 personality

人格神 personal God

人性 human nature

认识的心 cognitive mind

认识论 epistemology

认识论的 epistemological

认识论的对偶性 epistemology duality

认识论的多元论 epistemological pluralism

认识论的推述 epistemological deduction

认知的呈现原则 principle of cognitive presentation

认知(的)能力;认知机能 cognitive faculty

认知心 cognitive mind

如果,则 if, then

S

三位一体 Trinity

摄取 prehension；apprehend

摄取之综合 synthesis of apprehension

设准 postulate；postulates

深奥 profound

深透 penetrating

神 God

神爱 divine love

神而人 God-man

神秘主义 mysticism

神圣意志 Holy will

神学的道德学 theological ethics

神意 divine will

神知 divine understanding

神之对其自己 God for itself(Himself)

神之在其自己 God in itself(Himself)

神之在而且对其自己 God in-and-for itself(Himself)

生命原则 principle of life

生起 happening

生起事 occurrences

生物学(上)的创造性 biological creativity

生物(学的)生命 biological life

矢向型式 vector-form

时间 time

时间关系 temporal relations

时间空间之形而上的解析 metaphysical exposition of time and space

时空格度；时空形式图式 the formal scheme of time-space

时空关系说 relation theory of time and space

时空绝对说 absolute theory of time and space

十诫 the ten commandments

实践的存有论 practical ontology

实践的独断形上学 a practical dogmatic metaphysics

实践的形上学 practical metaphysics

实践方面的 practical

实践理性 practical reason

实然命题 assertoric proposition

实体 reality；entity

实体范畴 category of substance

实体性 substantiality

实体性的自由 substantial freedom

实现原理 principle of actualization

实现(化之)原则 principle of actualization

实有 being

实在论 realism

实在性 reality

识见 insight

识心 cognitive mind

事；事件 event

事素 event

事态 states of affairs

属性 attribute

数 number

数学的 mathematical

数学原理 Principia Mathematica

衰退 decline

双重意义 double meaning

双重性 double character

思辨理性 speculative reason

思辨哲学 speculative philosophy

思辨知识 speculative knowledge

思的有 thinking being

思考 speculation；thought

思维我 thinking self

思维主体 thinking subject

思想 thought

思想主体 thought-subject；understanding

素朴实在论 na？ve realism

所有 all

所与 given

T

他律 heteronomy

套套逻辑 tautology

特别的模式 special pattern

特称命题 particular proposition

特殊的 particular

特殊的决定 special determination

特殊的因果性 special causality

特殊法则 particular law

特殊机缘 particular occasion

特殊性 particularity

特种因果性 special causality

体性学 ontology

天人 heavenly man；holy man，Sage

天心 heavenly mind；holy mind

条件的系列 series of conditions

条件命题 conditional proposition

条理 order

通常的语言 ordinary language

同一化 identification；identify

同质的 homogeneous

统觉 apperception

图式（图型）schema

图型说 schematism

推理自己 inference itself

推论（推断）inference

推证 deduction

W

外感；外在感觉 outer sense

外延的命题 extensional proposition

外延性原则 principle of extensionality

外延真理 extensional truth

外指的使用 transcendent use

外在的 external

外在的对象 external object

外在关系 external relation

玩弄字眼 play of words

完整符 complete symbol

唯我论 solipsism

唯心论 idealism

唯心论者 idealist

唯心主义 idealism

谓词 predicate

未（被）决定的对象 undetermined object

我 ego

我思故我在 I think therefore I am

无定命题 indefinite proposition

无穷公理 axiom of infinity

无条件的 unconditional

无限的 infinite

无限的存有 infinite being

无限类 infinite class

无限数 infinite number

无限心 infinite mind

无意义的 nonsensical; meaningless

无知觉 no perception

无执 nonattached

物化 materialization

物理的 physical

物理的关系或事实的关系 physical or factual relation

物理法则 physical law

物理上的概念 physical concept

物理事件 physical events

物理现象 physical phenomena

物相 object

物之在其自己, thing-in-itself; things in themselves

物质 matter

物质本体 material substance

物质现象 material phenomena

物质之结构 material structure

物自身 thing-in-itself

物自体 noumenon

X

析取 disjunction

析取命题 disjunctive proposition

牺牲 sacrifice

系词 copula

系列 series

先验的 a priori

先验的综合 a priori synthesis

先验范畴 a priori category

先验概念 a priori concept

先验感性论 transcendental aesthetic

先验幻象 transcendental illusion

先验条件 a priori condition

先验形式 a priori form

先验主义 apriorism

显现 appearing

线索 clue

现实的 actual

现实的无限 actual infinite

现实的缘起 actual occasion

现象 appearance

现象界 phenomena

现象界的存有论 phenomenal ontology

现象学 phenomenology

现象学的还原 phenomenological reduction

现于我们的眼前 appears to us

限制性 limitation

限制原则 principle of limitation

想象之机能 faculty of imagination

想象作用 imagination

消极的 negative

消极意义的知识 negative knowledge

消融的辩证 reconciliatory dialectic

邪路 misleading

絜和 conjunction

心理的 psychological

心理学意义的我 psychological ego

心灵 mind

心灵学 psychology

心所 mental states

心态 mental states；mentality

心之主观建构 subjective constitution of mind

心子 monad

心子的多元论 monadological pluralism

心子论 monadology

新儒学 Neo-Confucianism

向量 dimensions

相 object

象征 symbol

形成之理；形构原则 principle of formation

形而上的必然性 metaphysical necessity

形而上的创造性 metaphysical creativity

形而上的实体 metaphysical reality

形而上学 metaphysics

形而上学的道德学 metaphysical ethics

形而上学的圆满 metaphysical perfection

形式 form

形式的存有 formal being

形式的了解 formal understanding

形式的我 formal self

形式科学 formal science

形式逻辑 formal logic

形式体性学 formal ontology

形式条件 formal condition

形式性 formal

形式性的概念 formal concept

形式直觉 formal intuition

形式主义 formalism

型范 norm

性相 characteristics

虚无(性) nothingness；negation

学院的 academic

循环 circle

Y

严格涵蕴系统 system of strict implication

一 unity

一堆特殊的事件 a group of events

一切 all

一无所有 nothing

一元的 monistic

依观看或知见之路讲形上学 metaphysics in the line of vision

依实有之路讲形上学 metaphysics in the line of being

意指 meaning

意指的分析 intensional analysis

意志 will

意志底因果性 causality of will

意志自由 freedom of will

因故 ground-consequence

因故格度 the formal scheme of ground-consequence

因果的效应性之模式 mode of causal efficacy

因果法则 law of causality

因果范畴 category of causality

因果相 cause and effect

因果效应 causal efficacy

因果性 causality

印证 verification；verify

影象 image

映照 reflect

永相 eternal objects

有（些） some

有情众生 living being

有限的 finite

有限的存有 finite being

Z

哲学的概念 philosophical concept

哲学的论辩 philosophical argument

哲学架构 philosophical frame

哲学间架 philosophical frame

哲学的洞见 philosophical insight

哲学的说明 philosophical interpretation

哲学的语言 philosophical language

哲学性的分析 philosophical analysis

哲学识见 philosophical insight

真理 truth

真正的创造性 real creativity

真正的理想性 real ideality

真假函值 truth function

真人 authentic man

真实存有 real being

真实的 real

真实的本体 real substance

真实的可能性 real possibility

真实的生命 real life

真实的统一 real unification

真实的统一体 real unity

真实的主体 real subject

真实主体性 real subjectivity

真我 real self

真值涵蕴 material implication

正面的存在 positive being

正题 thesis

证实 verify

政治格局 political frame

知解理性 theoretical reason

知觉 perception

知觉者 percipients

知识论 the theory of knowledge

知识形态 modes of knowledge

知性 understanding

知性世界 world of the understanding

知性形态 understanding-form

知性之存有论性格 ontological character of understanding

知性之逻辑性格 logical character of understanding

(有)执 attached

执持之于一起 holding together

直接呈现 presentational immediacy

直接反应 immediate response

直觉 intuition

直觉的 intuitive

直觉的确定性 intuitive certainty

直觉的知性 intuitive understanding

只是一个形式 mere form

指示词 denoting term

置定 positing

质 quality

质的 qualitative

质的无限 qualitative infinite

智的直觉 intellectual intuition

智思界 intelligible world; noumenon; noumena

智思物 noumena; intelligible entities; intelligibilia

中立一元论 neutral monism

中座 percipients

种类 kind

终极 ultimate

终身性的工作 life work

众多性 plurality

主词 subject

主断 assertion

主观的 subjective

主观的表象 subjective representations

主观的观念论 subjective idealism

主观的态度 subjective attitude

主观的形式 subjective form

主观的自由 subjective freedom

主观觉象论 subjective idealism

主观性 subjectivity

主观之虚构 subjective fiction

主观自由 subjective freedom

主客关系 subject-object relation

主体 subject

主体事 subjects

主体性 subjectivity

主谓命题 predicative proposition

转形规律 rule of transformation

准持续体的设准 postulate of quasi-permanence

准确的科学 exact science

资具 means

自存 self-existence

自存状态 state of self-existence

自然 nature

自然的 natural

自然法则 natural law

自然结果 natural consequence

自然界 natural world

自然科学 physical science

自然世界 natural world; physical world

自然因果性 causality of nature

自然学 physiology

自我 ego;self

自我否定 self-negation;self-denial

自我坎陷 self-negation

自我肯定 self affirmation

自我中心 ego-centric

自我中心困境 the ego-centric predicament

自我中心中的特体(事);自我中心中的特殊现象 ego-centric particulars

自相矛盾 self-contradiction

自由底因果性 causality of freedom

自由意志 free will

自足 self-sufficient

宗教的道德性 religious morality

综持在一起 holding together

综合 synthesis

综合关系 synthetical relation

综合统一 synthetical unity

综摄 synopsis

综体 totality

总集 sum

总体性 totality

罪恶感 sense of sin or guilt

最高善 summum bonum;highest good

作用 function

后　　记

　　一般说来,在写完某部作品之后,作者本人往往会写上一些言词来表达自己的感受和感谢之情,我当然也不能例外。这不是说自己难以摆脱这种俗套,而是当自己经过漫长的艰辛岁月终于完成这部著作后,发现有许多想说的东西已经油然生起。

　　本书是在我的同名博士论文《"识知"与"智知"——牟宗三知识论思想研究》基础上修改而成的。2001—2004 年间,我在北京大学哲学系攻读中国哲学专业博士学位,因为自己长期感兴趣于哲学中的知识论以及中国哲学,所以最终选择以牟宗三的知识论思想作为论文研究的内容。在三年多的撰写过程中,自己深深感受到了学术研究的不易。为了论文的写作,每每坐在桌前要写到午夜之后,身体时常会因长时间久坐而出现腰肌劳损的阵痛。我深深地体会到了学术研究是一种劳心费神的工作,它更多的是要求研究者具有一种持之以恒的坚韧精神,一种无怨无悔的自我选择。

　　在本书写作过程中,自己依据牟宗三哲学的基本文本,并结合自身多年来在知识论方面的研究成果,对牟宗三的知识论思想既从总体上也从细节上做了整理、分析与批判。但是,众所周知,牟宗三及康德的哲学是一种典型的学院式的思辨哲学,因此对于他们思想的研读和分析往往存在着重重困难,单只是对于《纯粹理性批判》、《认识心之批判》的研读便需许多遍的重复,这种理解和诠释上的困难也体现在本书的行文之中。再有,因牟宗三的知识论思想广泛地涉及西方数学哲学、数理逻辑、西方哲学史、中国传统的儒释道哲学等诸多方面的内容,因自己学力十分有限,所以本书在问题的深入分析及宏观把握上往往显示出来很多不足之处,这些都决定了本书在内容上定有需要修正的地方。在此,我真诚地希望学界同仁能对本书提出批评指正,以便自己今后能对其中所涉及的众多哲学问题继续予以展开和研究。

接下来,我要表达一些自己十分想说的感谢之辞。首先,这本书的撰成是与我的恩师北京大学哲学系胡军先生分不开的。自从 1991 年起,我便游学于其处,至我 2004 年博士毕业为止,大概算来已有十三年之久。胡先生不仅对于本书的写作曾提供了具体的、不厌其烦的细心指导和诸多国内少见的重要研究材料,而且更为重要的是,正是因他本人多年的学术精神和品行操守潜移默化的影响,才最终使我逐渐奠定了自己的学思方向和治学旨趣。其次,要感谢北京大学的陈来、李中华、张学智等先生对我的耐心指导,感谢清华大学的王中江、胡伟希两位先生在博士论文答辩过程中所给予的诸多建设性意见,感谢以徐晓风先生为首的哈尔滨师范大学政治教育系众多老师的多方鼓励和支持。再次,由于本书是黑龙江省教育厅人文社科研究项目,其出版得到了哈尔滨师范大学博士科研启动基金以及学术著作出版基金的大力赞助,因此在此对有关部门一并表示谢意。再次,我还要感谢我的爱人董芳芳。她虽然不研究哲学而是一名英语教学工作者,但她始终一贯地在物质上支援我,在学术上认同我,这促成了一种我从事哲学事业的长久动力。她从来没有对我的学术追求表现出丝毫的不理解之处,这令我十分感激。最后,我将由衷感谢人民出版社的陈亚明与王萍两位编辑。如果没有陈编辑对于学术著作出版的积极热情和多方联系,如果没有王编辑劳心费神的细致编辑,想必这部著作也难以在今日顺利出版。

刘 爱 军

2004 年 4 月北京大学万柳公寓第 1 稿

2007 年 3 月哈尔滨第 2 稿

2008 年元旦期间哈尔滨修改稿

责任编辑:王　萍
装帧设计:刘冬梅
版式设计:程凤琴
责任校对:湖　催

图书在版编目(CIP)数据

"识知"与"智知"——牟宗三知识论思想研究/刘爱军 著.
-北京:人民出版社,2008.6
ISBN 978 - 7 - 01 - 007089 - 6

Ⅰ. 识…　Ⅱ. 刘…　Ⅲ. 牟宗三(1905～1995)-认识论-研究
Ⅳ. B261.5

中国版本图书馆 CIP 数据核字(2008)第 079679 号

"识知"与"智知"

SHIZHI YU ZHIZHI

——牟宗三知识论思想研究

刘爱军　著

人民出版社 出版发行
(100706　北京朝阳门内大街 166 号)

北京集惠印刷有限责任公司印刷　新华书店经销

2008 年 6 月第 1 版　2008 年 6 月北京第 1 次印刷
开本:710 毫米×1000 毫米 1/16　印张:26.75
字数:410 千字　印数:0,001 - 3,000 册

ISBN 978 - 7 - 01 - 007089 - 6　定价:52.00 元

邮购地址 100706　北京朝阳门内大街 166 号
人民东方图书销售中心　电话 (010)65250042　65289539